Die Haftung des herrschenden Unternehmens-Gesellschafters im qualifizierten faktischen GmbH-Konzern

Europäische Hochschulschriften

Publications Universitaires Européennes
European University Studies

Reihe II
Rechtswissenschaft

Série II Series II
Droit
Law

Bd./Vol. 3535

PETER LANG
Frankfurt am Main · Berlin · Bern · Bruxelles · New York · Oxford · Wien

Gabriele Milanovic

Die Haftung des herrschenden Unternehmens-Gesellschafters im qualifizierten faktischen GmbH-Konzern

Eine methodologische Untersuchung des Analogieschlusses zu den §§ 302, 303 AktG

PETER LANG
Europäischer Verlag der Wissenschaften

Die Deutsche Bibliothek - CIP-Einheitsaufnahme

Milanovic, Gabriele:

Die Haftung des herrschenden Unternehmens-Gesellschafters im qualifizierten faktischen GmbH-Konzern : eine methodologische Untersuchung des Analogieschlusses zu den §§ 302, 303 AktG / Gabriele Milanovic. - Frankfurt am Main ; Berlin ; Bern ; Bruxelles ; New York ; Oxford ; Wien : Lang, 2002
(Europäische Hochschulschriften : Reihe 2, Rechtswissenschaft ; Bd. 3535)
Zugl.: Hagen, Fernuniv., Diss., 2001
ISBN 3-631-39213-3

D 708
ISSN 0531-7312
ISBN 3-631-39213-3

www.peterlang.de

Für meine Mutter

Vorwort

Die Arbeit hat dem Fachbereich Rechtswissenschaft der FernUniversität-Gesamthochschule- in Hagen im Sommersemester 2001 als Dissertation vorgelegen.

Herzlich danken möchte ich Herrn Prof. Dr. Eberhardt von Olshausen für die Übernahme des Erstgutachtens und dafür, dass er es mir ermöglicht hat, wesentliche Teile der Arbeit während meiner Tätigkeit als wissenschaftliche Mitarbeiterin an seinem Lehrgebiet für Bürgerliches Recht, Unternehmens- und Wirtschaftsrecht in Hagen zu erstellen.
Ein besonderer Dank gebührt dem Zweitgutachter, Herrn Prof. Dr. Peter Raisch, für seine nachhaltige Unterstützung, seine stetige Gesprächsbereitschaft und seinen wertvollen Rat.
Schließlich sage ich meinen Kolleginnen und Kollegen am Lehrgebiet, insbesondere Fr. Dr. Beate Maasch, herzlichen Dank für zahlreiche fruchtbringende Gesprächsrunden.

Hagen, im Juli 2002 Gabriele Milanovic

Inhaltsverzeichnis

1. Teil: Einleitung

§ 1: Darstellung der Thematik

Die vorliegende Arbeit widmet sich der Suche nach einer dogmatisch stimmigen und für den Rechtsanwender praktikabelen Haftungsgrundlage für die Inanspruchnahme des herrschenden Unternehmens-Gesellschafters im „qualifizierten faktischen GmbH-Konzern“.

Dieser, dem geschriebenen Recht fremde, Begriff wurde im Jahre 1972 vom Arbeitskreis GmbH-Reform[1] geprägt und steht seit zwei Jahrzehnten im Mittelpunkt der Konzernrechtsdiskussion,[2] ohne dass es bisher gelungen ist, seinen Inhalt eindeutig zu bestimmen.[3] Die Unsicherheit in bezug auf seine rechtliche Behandlung dokumentiert sich bereits in den unterschiedlichen Funktionen, die man ihm zuweist. Nach einer Meinung soll er die Grenze zulässiger Konzernleitung markieren: zeichnet sich die Einflussnahme der Konzernobergesellschaft auf die Geschäftsführung der von ihr abhängigen Unternehmen durch einen hohen Grad an Leitungsdichte aus, so sei der Wechsel vom legitimen einfachen faktischen Konzern zum illegitimen qualifizierten faktischen Konzern erreicht.[4] Weitaus häufiger dient der Begriff des qualifizierten faktischen GmbH-Konzerns aber als Umschreibung der Tatbestandsvoraussetzungen, die es erlauben sollen, die Rechtsfolgen des aktienrechtlichen Vertragskonzerns analog §§ 302, 303 AktG auf den faktischen GmbH-Konzern anzuwenden. Und in dieser haftungsrechtlichen Funktion liegt er auch der vorliegenden Arbeit zugrunde.

Erstmals in seiner „*Autokran*“-Entscheidung aus dem Jahre 1985 - und seither in ständiger Rechtsprechung[5] - sprach sich der II. Zivilsenat des BGH für eine analoge Anwendung der aktienvertragskonzernrechtlichen Regeln der §§ 302, 303 AktG auf den GmbH-Konzern aus und ermöglichte es damit, den herrschenden Unternehmens-Gesellschafter mit einer Verlustausgleichspflicht zugunsten der

---

[1] Arbeitskreis GmbH-Reform, 1972, S. 49 ff.

[2] *Lehmann*, in: FS für Beusch, 1993, S. 479: "Begriff...eroberte sich innerhalb weniger Jahre einen festen Platz in der dogmatischen Begriffswelt und gehört zum täglichen Brot des Konzernrechtlers"; *Zöllner*, in: Gedächtnisschrift Knobbe-Keuk, 1997, S. 369: "Die mit dem Stichwort des qualifizierten Konzerns verbundene Problematik stellt die wohl größte Herausforderung für die gegenwärtige Rechtsfortbildung im deutschen Konzernrecht dar".

[3] *Altmeppen*, 1991, S. 1; *Deilmann*, 1990, S. 58; *Ebenroth*, AG 1990, 188; *Jansen*, 1993, S. 58; *Lutter*, AG 1990, 179, 180; *Scheffler*, AG 1990, 173.

[4] So *Kleindiek*,, 1991, S. 216; *Kropff*, in: FS *Goerdeler*, 1987, S. 259, 265; *Stein*, ZGR 1988, 163, 180, 182.

[5] Eine Liste der einschlägigen Judikate findet sich im Anhang I dieser Arbeit.

konzernierten GmbH (§ 302 Abs. 1 AktG) oder - im Falle ihrer Insolvenz - mit einer Ausfallhaftung zugunsten der Gesellschaftsgläubiger (§ 303 Abs. 1 AktG) zu überziehen. Während die überwiegende Schrifttumsmehrheit dem BGH darin zustimmte, dass die qualifizierte, d.h. dauerhaft und umfassend ausgeübte Fremdherrschaft über eine GmbH die Herausbildung spezifisch konzernrechtlich geprägter Haftungsregeln notwendig macht und auch der von ihm gewählte normative Ansatz (Analogie zu den §§ 302, 303 AktG) auf überwiegende Billigung stieß,[6] gingen die Auffassungen über die korrekte Ausgestaltung des haftungsauslösenden Tatbestandes weit auseinander. Der Disput über das zugrunde zu legende Haftungskonzept spaltete das rechtswissenschaftliche Schrifttum in zwei Lager:

- Die Vertreter der sogenannten **„Zustands-“ oder „Strukturhaftung“**[7] sehen den zutreffenden Anknüpfungspunkt für die qualifizierte GmbH-Konzernhaftung in der Schaffung eines Konzernorganisationszustandes. Der Tatbestand des qualifizierten faktischen Konzerns ist danach erfüllt, wenn das herrschende Unternehmen im faktischen GmbH-Konzern organisationsrechtliche Leitungsstrukturen schafft, die dazu führen, dass die unternehmerischen Entscheidungskompetenzen der beherrschten GmbH auf die Obergesellschaft verlagert und dort zentralisiert werden.

- Demgegenüber begreifen die Anhänger einer **„Konzernleitungs-“ bzw. „Verhaltenshaftung“** den qualifizierten faktischen Konzern als einen *Rechtsverletzungstatbestand.* Haftungsgrund für den Verlustausgleich ist danach die

---

[6]Vgl. die Nachweise in den Fn. 7, 8, 9 und 11. **Gegen eine Analogie** zu den §§ 302, 303 AktG sprechen sich aus: *Altmeppen*, 1991, S. 53 ff, 74 ff.; *ders.*, DB 1991, 2225, 2228; *Bauder*, BB 1993, 1103, 1104; *Bälz*, AG 1992, 277, 293 f.; *Gäbelein*, GmbHR 1992, 273, 275; *Heidenhain*, LM Nr.6 zu § 302 AktG 1965, S. 1327, 1328; *Hoffmann-Becking*, in: Heidelberger Konzernrechtstage, 1992, S. 89, 103; *ders.*, in: Verhandlungen des 59. DJT, 1992, Bd. II, S. R 8, R 27; *Kern*, 1998, S. 168 f.; *Kleinert*, in: FS Helmrich, 1994, S. 667, 671; *Kübler*, in: FS Heinsius, 1991, S. 397, 422 ff.; *ders.*, NJW 1993, 1204, 1205; *Mülbert*, 1995, S. 488; *Müller*, in: FS Rowedder, 1994, S. 277, 293; *Rehbinder*, in: FS Kübler, 1997, S. 493, 497; *Röhricht*, ZGR 1999, 445, 466; Rowedder/*Koppensteiner*, Anh. nach § 52 Rdnrn. 72 ff.; *Schanze/Kern*, AG 1991, 421; *Schanze*, AG 1993, 376, 378; *Timm*, NJW 1992, 2185, 2194; *Versteegen*, 1993, S. 237 ff.; *Wilhelm*, 1998, Rdnrn. 562 f.

[7]*Assmann*, JZ 1986, 928, 934; *ders.*, in: FS 100 Jahre GmbH-Gesetz, 1992, S. 657, 698 ff., 704; *Baur*, 1992, S. 171; *v. Becker*, 1994, S. 137; *Decher*, DB 1990, 2005, 2007; *Deilmann*, 1990, S. 158 ff.; *Ebenroth*, AG 1990, 188, 193 ff.; *Ebenroth/Wilken*, BB 1991, 2229, 2230; *Emmerich*, GmbHR 1987, 213, 218 ff.; *Hüffer*, 1999, § 302 Rdnr. 5; *Konzen*, NJW 1989, 2977, 2986; *Möhring*, 1992, S. 174 ff.; *Schmidt*, BB 1985, 2074, 2076 f.; *ders.*, ZIP 1989, 545, 549 ff.; *ders.*, ZIP 1991, 1325, 1329; *ders.*, ZIP 1993, 549, 551; *Sonnenschein/Holdorf*, JZ 1992, 715, 719; *Ulmer*, AG 1986, 123, 124; *ders.*, NJW 1986, 1579, 1582; (anders aber *Ulmer*, in: Heidelberger Konzernrechtstage, 1992, 65, 73: Hier spricht er sich für eine Verhaltenshaftung aus); *Vonnemann*, BB 1990, 217, 221; *Wiedemann*, ZGR 1986, 656, 665 f.; *ders.*, DB 1993, 141, 152; *Winter*, 1988, S. 208; *Ziegler*, WM 1989, 1077, 1078.

„nachhaltige Beeinträchtigung des Eigeninteresses der beherrschten Gesellschaft". Eine solche „Eigeninteressenverletzung" soll vorliegen, wenn das herrschende Unternehmen seine Leitungsmacht gegenüber der abhängigen Gesellschaft dazu missbraucht, dieser - unter Verstoß gegen das Schädigungsverbot der §§ 311, 317 AktG, die gesellschaftsrechtliche Treuepflicht oder die Kapitalerhaltungsregeln - Schädigungen zuzufügen, die durch Einzelausgleich nicht kompensierbar sind.

Innerhalb des Lagers der „Verhaltenshafter" differieren die Meinungen allerdings in bezug auf Tatbestandsverwirklichung und Beweislastverteilung. Ein Teil des Schrifttums spricht sich dafür aus, den qualifizierten faktischen Konzern auf einem „Doppeltatbestand" basieren zu lassen: Zusätzlich zum Merkmal der nachhaltigen Eigeninteressenbeeinträchtigung soll der *strukturelle* Befund der zentralistischen Konzernführung („dauernde und umfassende Leitung", „unternehmerische Eingliederung der abhängigen Gesellschaft") treten.[8]

Umstritten ist bei den Anhängern eines zweigliedrigen Tatbestandes allerdings, ob der Nachweis der „dauernden und umfassenden Führung der Geschäfte der abhängigen GmbH" durch das herrschende Unternehmen die tatsächliche *Vermutung* gestatte, dass auf „deren Belange zugunsten des Konzerninteresses nicht ausreichend Rücksicht genommen worden ist".[9] Demge-

---

[8]*Buchner/Weigl*, DNotZ 1994, 580, 594 f.; *Burgard*, WM 1993, 925, 930; *Drüke*, 1990, S. 177 ff.; *Emmerich/Sonnenschein*, 1997, § 24 a I 2 c, S. 402; *Eschenbruch*, 1996, Rdnrn. 3429, 3433 ff.; *Flume*, DB 1992, 25, 26 f.; *Greiffenhagen*, Wpg 1993, 525, 527; *Gummert*, WiB 1994, 217, 220; *Kölling*, NZG 2000, 8, 13; *Kohl*, MDR 1993, 715, 717; *Krieger*, in: Heidelberger Konzernrechtstage, 1992, 41, 43 ff.; *Limmer*, 1992, S. 301; *ders.*, DStR 1993, 765, 767; *Lutter*, ZGR 1982, 244, 266; *ders.*, ZIP 1985, 1425, 1429; *ders.*, in: Entwicklungen im GmbH-Konzernrecht, ZGR Sonderheft 6, 1986, 192, 207 f.; (anders *ders.* aber jetzt in DB 1994, 129, 130: "Erforderlich für eine Ausfallhaftung des herrschenden Unternehmens entsprechend §§ 302, 303 ist nunmehr ... die Leitung der abhängigen GmbH, die jedoch weder dauernd noch umfassend sein muß, sich also auch in einzelnen Leitungsmaßnahmen erschöpfen kann); *Mutter*, JuS 1993, 999, 1003; *Priester*, in: FS Semler, 1993, 561, 566; *Schulze-Osterloh*, ZIP 1993, 1838, 1839; *Semler*, in: FS Goerdeler, 1987, 551, 574, 576; *Stimpel*, ZGR 1991, 144, 153; *ders.*, in: Heidelberger Konzernrechtstage, 1992, 5, 8; *Weigl*, 1996, S. 91 ff., 141 ff.; *Westermann*, ZIP 1993, 554, 556 f.; *Ziegenhain*, ZIP 1994, 1003, 1007. So auch BAG, "Betriebsrentenanpassung", GmbHR 1994, 315, 316; "Schifffahrtsgesellschaft", AG 1999, 184, 185.

[9]So noch der BGH in: "Autokran" BGHZ 95, 330, 344; "Video" BGHZ 115, 187, 194; "Stromlieferung" BGHZ 116, 37, 41. *Hommelhoff*, DB 1992, 309, 310 ff. (anders aber *ders.* jetzt in ZGR 1994, 395, 400); *Priester*, in: FS Semler, 1993, 561, 570; *Schwark*, JuS 1987, 443, 450; *Stimpel*, ZGR 1991, 144, 153; *ders.*, in: Heidelberger Konzernrechtstage, 1992, S. 5, 8, 11, 15; *Timm/Geuting*, ZIP 1992, 821, 824; *Ulmer*, in: Heidelberger Konzernrechtstage, 1992, S. 65, 74 ff. Zumindest eine Indizwirkung knüpfen *Buchner/Weigl*, DNotZ 1994, 580, 598, *Kiethe/Groeschke*, BB 1994, 2149, 2151 und Hachenburg/*Ulmer*, Anh § 77, GmbH-Konzernrecht, Rdnrn. 129, 150 an die Ausübung dichter Leitungsmacht. **Gegen** die Berechtigung einer tatsächlichen Vermutung sprechen sich aus: Jetzt der BGH in "TBB", BGHZ 122, 123, 131; *Brandner*, in: Heidelberger Kon-

genüber legen andere Schrifttumsvertreter - in Übereinstimmung mit der jetzigen Auffassung des BGH[10] - dem qualifizierten faktischen Konzern einen eingliedrigen Tatbestand zugrunde: Haftungsgrund für die Verlustausgleichspflicht des herrschenden Unternehmens analog § 302 Abs. 1 AktG ist danach allein die nachhaltige Beeinträchtigung des Eigeninteresses der beherrschten GmbH, deren Folgen durch Einzelausgleich nicht behoben werden können. Der diesbezügliche Nachweis obliegt dem Gläubiger, wobei diesem allerdings Substantiierungserleichterungen an die Seite gestellt werden sollen.[11]

Der Standpunkt des BGH zu dem geschilderten Theorienstreit schwankte. In den Entscheidungen *„Tiefbau"* und *„Video"* stärkte er zunächst die Position der Strukturhafter, indem er die Haftung analog §§ 302 f. AktG ausdrücklich nicht als eine solche wegen schuldhaft nicht ordnungsgemäßer Geschäftsführung verstanden wissen wollte,[12] sondern sie als „Pflicht zur Übernahme des Risikos, das sich aus der Einbindung der abhängigen Gesellschaft in die übergeordneten Konzerninteressen ergibt", deklarierte.[13] Einer reinen Strukturhaftung wollte er hier aber auch nicht das Wort reden, wie seine Aussage belegt, „dass Grundlage der Verlustübernahmepflicht im GmbH-Konzern lediglich die Vermutung ist, bei umfassender Führung der Geschäfte der abhängigen GmbH sei auf deren Belange zugunsten des Konzerninteresses nicht ausreichend Rücksicht genommen worden und darin liege der Grund für die eingetretenen Verluste".[14] Unter dem Eindruck der massiven Schrifttumskritik, die insbesondere der 1. Leitsatz seiner *„Video"*-Entscheidung hervorrief

---

zernrechtstage, 1992, S. 207, 214; *Drygala*, GmbHR 1993, 317, 327 f.; *ders.*, ZIP 1992, 1628; *Goette*, DStR 1993, 568, 570; *Hoffmann-Becking*, in: Heidelberger Konzernrechtstage, 1992, S. 89, 95 ff.; *Kindler*, JuS 1992, 636, 641; *Kleindiek*, ZIP 1991, 1330, 1333 ff.; *ders.*, DZWir 1993, 177, 179; *Knobbe-Keuk*, DB 1992, 1461, 1463 f.; *Kohl*, MDR 1993, 715, 718; *Kowalski*, GmbHR 1993, 253, 258; *Lutter*, in: Heidelberger Konzernrechtstage, 1992, S. 183, 196; MünchKomm.-BGB/*Reuter*, Vor § 21 Rdnr. 34; *Westermann*, in: Heidelberger Konzernrechtstage, 1992, S. 21, 38; *ders.*, ZIP 1993, 554, 555 f.; *Zöllner*, JZ 1992, 381, 384.

[10]BGHZ 122, 131 "TBB"; BGH, NJW 1994, 446 "EDV"; BGH, ZIP 1994, 1690, 1692 "Freiberufler-Konzern"; BGH, NJW 1995, 1544, 1545 "Architekten-Konzern"; BGH, GmbHR 1996, 366, 367 "Stahl-Alu-O.& Sohn GmbH"; BGH, WM 1997, 316 "Wochenkonzern".

[11]*Drygala*, NJW 1995, 3237, 3238; *ders.*, GmbHR 1993, 317, 322; Scholz/*Emmerich*, 2000, Anh. § 44, GmbH-Konzernrecht, Rdnrn. 99 ff.; *Goette*, DStR 1993, 568, 570; *Habersack*, NZG 1999, 171; *Hommelhoff*, ZGR 1994, 395, 420; *Kleindiek*, DZWir 1993, 177, 179 f.; *Kowalski*, GmbHR 1993, 253, 255 f.; *Krieger*, ZGR 1994, 375, 378 ff.; *Kropff*, AG 1993, 485, 489; *Lutter*, JZ 1993, 580; *Lutter/Drygala*, ZGR 1995, 557, 569; *Michalski/Zeidler*, NJW 1996, 224, 228; *Noack*, GmbHR 1996, 153, 157; *Püggeler*, JA 1995, 438; *Schneider*, WM 1993, 782, 783; *Stodolkowitz*, ZIP 1992, 1517, 1521 f.; Hachenburg/*Ulmer*, Anh § 77, GmbH-Konzernrecht, Rdnr. 129 f.; Baumbach/Hueck/*Zöllner*, Schlussanh. I, GmbH-KonzernR, Rdnrn. 88 f.

[12]BGHZ 107, 7, 18 "Tiefbau"; BGHZ 115, 187, 194 "Video".

[13]BGHZ 115, 187, 194.

[14]BGHZ 115, 187, 194.

> „Der Allein- oder Mehrheitsgesellschafter einer GmbH, der gleichzeitig deren alleiniger Geschäftsführer ist und sich außerdem als Einzelkaufmann unternehmerisch betätigt, haftet grundsätzlich nach den Haftungsregeln im qualifizierten faktischen Konzern..."

und die in dem Vorwurf gipfelte, die rechtsfortbildend entwickelte qualifizierte GmbH-Konzernhaftung analog §§ 302, 303 AktG sei verfassungswidrig, da sie den das gesamte GmbH-Recht prägenden Haftungsausschluss gem. § 13 Abs. 2 GmbHG für große Teile der mittelständischen Wirtschaft aufhebe,[15] vollzog der II. Zivilsenat des BGH in seiner *„TBB"*-Entscheidung dann die Abkehr von der Zustandshaftung hin zur Verhaltenshaftung.

Wenn sich auch die vorliegende Arbeit der Haftungsthematik im qualifizierten faktischen GmbH-Konzern widmet und der schon jetzt als unüberschaubar und ausufernd empfundenen literarischen Aufbereitung dieses „gesellschaftsrechtlichen Dauerbrenners"[16] einen weiteren Beitrag hinzufügt, so geschieht dies aus der Besorgnis, dass sich, im Gefolge der *„TBB"*-Entscheidung, in Rechtsprechung und Schrifttum die Meinung konsolidiert, die GmbH-Konzernhaftung analog §§ 302, 303 AktG fuße auf einem Rechtsverletzungstatbestand.[17] Eine dahingehende Ausgestaltung ihres Haftungstatbestandes würde diese Anspruchsgrundlage auf eine falsche - da mit den Normzwecke der als Analogiegrundlage herangezogenen Regeln der §§ 302, 303 AktG unvereinbare - dogmatische Grundlage stellen. Darüber hinaus wäre die Chance vertan, der abhängigen GmbH und ihren Gläubigern mit den Konzernhaftungsregeln analog §§ 302, 303 AktG eine schlagkräftige Waffe gegen ihre intensive Fremdsteuerung durch den herrschenden Unternehmens-Gesellschafter an die Hand zu geben. Denn ein als Verhaltenshaftung ausgestalteter Haftungstatbestand begegnet gravierenden Nachweisschwierigkeiten.[18] Nicht von ungefähr hat die höchstrichterliche Recht-

---

[15] *Flume*, DB 1992, 25, 28; *ders.* ZIP 1992, 817, 820; *Altmeppen*, DB 1991, 2225; *Bauder*, BB 1992, 1009, 1015; *Gäbelein*, GmbHR 1992, 273, 275; *Knobbe-Keuk*, DB 1992, 1461, 1464; *Timm*, GmbHR 1992, 213, 219.

[16] So *Altmeppen*, DB 1994, 1912.

[17] Verschiedene Äußerungen des Schrifttums lassen darauf schließen, dass in der aktuellen Rechtsprechungslinie ein Abschluss der wissenschaftlichen Diskussion über die dogmatisch korrekte Haftungskonzeption der qualifizierten GmbH-Konzernhaftung gesehen wird: *Altmeppen*, DB 1994, 1912 "...die Sache müsse endlich erledigt sein, nachdem der BGH im TBB-Urteil die Weichen in die richtige Richtung gestellt hat..."; *Eschenbruch*, 1996, Rdnr. 3430 "Die Rechtsprechung muß nunmehr als gefestigt angesehen werden"; *Fleischer*, ZHR 163 (1999) 461 f. "Das Konzernhaftungsrecht ist nach stürmischen Zeiten in eine Phase der Konsolidierung eingetreten...der Schulenstreit zwischen konzernrechtlicher Struktur- und Verhaltenshaftung scheint mit der TBB-Entscheidung des Bundesgerichtshofs vorerst beigelegt"; *Heidenhain*, LM § 302 AktG 1965 Nr. 6 "Die Praxis wird aufatmen"; *Krieger*, ZGR 1994, 375, 394 "Mit TBB sind die Weichen richtig gestellt"; *Kübler*, NJW 1993, 1204, 1205 "Mit diesem Urteil (TBB) dürfte ein gewisser Abschluss der Entwicklung erreicht sein...".

[18] *Kölling*, NZG 2000, 8, 16.

sprechung - seit *„TBB"* - in nahezu allen ihr zur Entscheidung vorgelegten Fällen eine konzernrechtliche Haftung analog §§ 302, 303 AktG verneint.[19]

Die vorliegende Arbeit wird den Nachweis erbringen, dass die aktienvertragskonzernrechtlichen Regeln der §§ 302, 303 AktG eine *Gefährdungshaftung* begründen und die analoge Übertragung ihrer Rechtsfolgen auf den faktischen GmbH-Konzern damit zwingend an einen strukturell geprägten Tatbestand anknüpft. Dieser ist in der bewussten Schaffung eines, die wirtschaftliche Unselbständigkeit der konzernierten GmbH begründenden, Konzernorganisationszustandes zu erblicken. Gleichzeitig entkräftet sie die im Schrifttum geäußerten Befürchtungen, die auf einem strukturell geprägten Tatbestand fußende qualifizierte GmbH-Konzernhaftung durchbreche die, durch das Beherrschungsprimat der Gesellschafterversammlung, ihre Dispositionsbefugnis über das Gesellschaftsvermögen und die Haftungstrennung gem. § 13 Abs. 2 GmbHG geprägte, allgemeine GmbH-Haftungsordnung und begründe Wertungswidersprüche zum Insolvenz-, EG- und Verfassungsrecht.

Zu diesem Zweck bedient sich diese Abhandlung des Mittels einer methodologisch abgesicherten Analyse des Analogieschlusses zu den §§ 302, 303 AktG und nimmt damit bewusst eine Gegenposition[20] zu den Literaturstimmen ein, die glauben, auf eine dogmatische Legitimation der Rechtsfortbildung zur qualifizierten GmbH-Konzernhaftung verzichten zu können, wenn diese im Ergebnis zu rechtspolitisch wünschenswerten Resultaten führt, wie etwa eine vermeintlich erreichte Sachgerechtigkeit oder die Wiederherstellung des wirtschaftlichen Friedens:

> *Bauder* (BB 1993, 1103) „Das neue Urteil ist sehr zu begrüßen...Ob es dogmatisch überzeugt..., ist demgegenüber zweitrangig";
>
> *Greiffenhagen* (Wpg 1993, 525, 533) „Die durch „Video" eröffnete Beurteilung auf der Grundlage rechtsdogmatisch möglicherweise zutreffender Ansätze einer Zustands- oder gar Gefährdungshaftung wurde dem Unternehmensalltag und unternehmerischen Handeln nicht gerecht; sie störte den wirtschaftlichen Frieden erheblich...";
>
> *Kübler* (NJW 1993, 1204) „...Nicht weniger erfreulich ist, wie der Senat verfährt. Er enthält sich umfangreicher dogmatisch deduzierender Exkurse und ar-

---

[19] Eine Ausnahme bildet lediglich die "Sanierungs-KG"-Entscheidung des BAG, ZIP 1996, 333. Die Urteilsbegründung ist allerdings wenig überzeugend, da sie die Vorgabe des II. Zivilsenats des BGH - Fehlen von einschlägigen Einzelausgleichsansprüchen - missachtet.

[20] Die Notwendigkeit eines methodisch korrekten Analogieschlusses bejahen ebenfalls: *Bitter/Bitter*, BB 1996, 2153, 2158; *Koch*, 1997, S. 111 f.; *Kulka*, DZWir, 1995, 45, 46; *Limmer*, 1992, S. 309; *Müller*, in: FS Rowedder, 1994, S. 277, 288; *Rehbinder*, AG 1986, 85, 86; *Versteegen*, 1993, S. 15 ff.; *Wilhelm*, DB 1986, 2113.

gumentiert statt dessen eng am Sachverhalt. Zwar bleibt es formal beim konzernrechtlichen Ansatz der analogen Anwendung der §§ 302, 303 AktG. Aber der - ohnehin nie geringe - Abstand zu diesen Vorschriften wird beträchtlich erweitert";

Lutter (ZIP 1985, 1425, 1432) „Auch wer das Ergebnis billigt, mag zweifeln, ob die Begründung überzeugt: Soll man die Lösung autonom-rechtsfortbildend entwickeln oder aber in - nicht minder freier - Anlehnung an Vorschriften, die *dafür* allenfalls Tendenzen erkennen lassen? Wahrscheinlich formuliert die Frage letztlich ein *rechts-ästhetisches* Problem und ist daher intersubjektiv nicht lösbar..."

Westermann (ZIP 1993, 554, 555 f.) „Eine Klärung bzgl. der rechtsdogmatischen Einordnung der Haftung der Muttergesellschaft stand nicht im Vordergrund des Interesses...Zwar wird man dogmatische Fragen dieser Art nicht auf Dauer im Hintergrund belassen können, ... aber um zunächst einmal die um sich greifende Verunsicherung abschwächen zu können, mag der jetzt eingeschlagene Weg, zumal in Verbindung mit Hinweisen auf die notwendige Erprobung an weiterem Fallmaterial, sein Gutes haben."

Eine solche „methodische Freizügigkeit" birgt die Gefahr unkalkulierbarer Überraschungen - gerade die Rechtsprechung zur qualifizierten GmbH-Konzernhaftung mit ihrem ständigen Wechsel zwischen den Konzepten von Verhaltens- und Zustandshaftung bildet ein beredtes Beispiel hierfür - und verstößt gegen die Grundsätze von Rechtssicherheit und Rechtsstaatlichkeit. Die Außerachtlassung der korrekten methodischen Vorgehensweise beim Analogieschluss birgt die Gefahr, gesetzgeberisch vorgegebene Regelungskonzepte zugunsten einer ergebnisorientierten Billigkeitsentscheidung aufzugeben und somit die Bindung der rechtsprechenden Gewalt an das Gesetz, also an die Vorgaben der Legislative nach Art. 20 Abs. 3, 97 Abs. 1 GG, zu untergraben.[21] Der Richter ist bei seiner Entscheidungsfindung dazu aufgerufen, eine Falllösung zu finden, die sich am besten in die geltende Rechtsordnung einfügt. Ihm obliegt es demgegenüber nicht, die Rolle eines Ersatzgesetzgebers einzunehmen und unter Berücksichtung rechtspolitischer, ökonomischer und ähnlicher „außergesetzlicher" Argumente nach einer „optimalen" Entscheidung zu suchen. Nach dem Gewaltenteilungsgrundsatz kommt es ausschließlich dem demokratisch legitimierten Parlament zu, alle wesentlichen Entscheidungen für das Zusammenleben der Staatsbürger zu treffen.[22]

---

[21]Vgl. *Heinsius*, AG 1986, 99, 105.

[22]*Langenbucher*, 1996, S. 23 ff.; *Neuner*, 1992, S. 54 ff.

§ 2: Methodische Vorgehensweise

A. Konkretisierung des Untersuchungsgegenstandes

Die Suche nach einer dogmatisch stimmigen Haftungsgrundlage im qualifizierten faktischen GmbH-Konzern muss mit der Konkretisierung des Untersuchungsgegenstandes beginnen. Es ist mit anderen Worten festzulegen, für welche konkreten Lebenssachverhalte geeignete Haftungsinstrumente gefunden werden sollen. Der schillernde, mit den unterschiedlichsten Facetten belegte Begriff des „qualifizierten faktischen GmbH-Konzerns“ ist hier wenig hilfreich. Angesichts des Fehlens seiner positivrechtlichen Normierung werden Zweifel laut, ob man diesem „Phänomen“ überhaupt auf den Grund kommen kann.[23] In der Tat spiegelt sich in dem Bemühen, das „Schlagwort“[24] des qualifizierten faktischen Konzerns durch die Herausbildung abstrakter Definitionen in einen subsumtionsfähigen Rechtsbegriff mit verbindlichen Rechtsfolgen zu transformieren, die zunehmende Verselbständigung eines Begriffes wider, der ursprünglich lediglich im Zusammenhang mit einer geplanten, aber nicht verwirklichten GmbH-Konzernrechtskodifikation entstanden ist. Dieses Vorgehen birgt die Gefahr einer ergebnisorientierten Auslegung.[25]

Statt nach einer klassifikatorischen Definition des „qualifizierten faktischen Konzerns“ zu suchen, die alle hierunter zu subsumierenden Fallkonstellationen eindeutig und abschließend umfasst, sollte man sich vielmehr die Defizite des kodifizierten aktiengesetzlichen Konzernrechts vergegenwärtigen, die schon die „Erfinder“ dieses Begriffs wie auch die höchstrichterliche Rechtsprechung, gestützt auf eine umfangreiche literarische Aufbereitung,[26] dazu veranlasst hatten, nach neuen Wegen zur rechtlichen Behandlung der Ausübung von Konzernleitungsmacht zu suchen. Für den Fall, dass die Konzernspitze das abhängige Unternehmen zentral leitet, sich ständig und umfassend auch in die Ausübung des operativen Tagesgeschäftes einschaltet und dabei das Eigeninteresse der Konzerntochter außer Acht lässt, ohne diese intensivierte Konzernleitung durch den Abschluss eines Beherrschungsvertrages zu legalisieren, stellt das dualistische Haftungssys-

---

[23] *Decher*, DB 1990, 2005, unter Bezugnahme auf Beiträge zum Kieler Symposion vom November 1989 m.w.N.

[24] So *Stodolkowitz*, ZIP 1992, 1517, 1521. *Schanze*, in: Mestmäcker/Behrens (Hrsg.), 1991, S. 473, 499 Fn. 119, bezeichnet ihn als "Blankettbegriff"; *Röhricht*, ZGR 1999, 445, 465, spricht in diesem Zusammenhang von einem "Unwort".

[25] *Schanze*, in Mestmäcker/Behrens (Hrsg.),1991, S. 473, 499, Fn. 119; *Seydel*, 1995, S. 331 ff.

[26] *Centrale für Gesellschaften mbH Dr. Otto Schmidt*, (Hrsg.), Der GmbH-Konzern, 1976; Unternehmensrechtskommission, 1980, S. 832 ff., *Emmerich*, AG 1975, 253 ff., 285 ff., *Lutter*, ZGR 1982, 244 ff.; *Schilling*, in: FS Hefermehl, 1976, S. 383 ff.; *Ulmer*, ZHR 148 (1984), 391 ff.; *Verhoeven*, GmbH-Konzern-Innenrecht, 1978.

tem des kodifizierten Aktienkonzernrechts keine unmittelbare Lösung bereit. Eine solche (zeitlich) dauerhafte und (sachlich) umfassende Beherrschung der abhängigen Gesellschaft wird technisch ermöglicht durch die Schaffung zentralistischer Leitungsstrukturen (Personenverflechtungen auf der Geschäftsführungsebene; Übernahme zentraler Unternehmensfunktionen).

Beispiele für derartige intensive Beherrschungsverhältnisse liefern die Sachverhalte der einschlägigen Judikate zur qualifizierten GmbH-Konzernhaftung:

Die „*Autokran*"-Entscheidung beschreibt die zielgerichtete Leitung eines Unternehmensverbundes unter Außerachtlassung der rechtlichen Selbständigkeit der abhängigen Tochtergesellschaften. Der herrschende Unternehmens-Gesellschafter behandelt die abhängigen Gesellschaften mbH, als handele es sich hierbei um *bloße Betriebsabteilungen eines einheitlichen Unternehmens.*

> Der Beklagte war (wirtschaftlicher) Alleingesellschafter und -geschäftsführer von sieben Gesellschaften mbH, deren Unternehmenstätigkeit in der Vermietung von Autokränen bestand. Die Buchführung und Finanzierung aller Gesellschaften konzentrierte er bei der VOZ-GmbH, die ebenfalls in seinem Alleinbesitz stand. Über Factoring-Verträge übernahm die VOZ das gesamte Inkasso. Die vereinbarte Vergütung entsprach dabei der kalkulierten Gewinnspanne für die Weitervermietung, so dass den Gesellschaften keine Möglichkeit zur eigenständigen Liquiditätsbildung blieb. Im Rahmen einer einheitlichen Geschäftsplanung dirigierte der Beklagte die von den einzelnen Gesellschaften geleasten Kräne zwischen diesen hin und her.

Diese vollständige Beherrschung der Geschäftstätigkeit der abhängigen Gesellschaft wird häufig zu dem Zweck eingesetzt, ein bestehendes unternehmerisches Risiko im Konzerninteresse auf diese zu übertragen. Ein anschauliches Beispiel liefert das „*Freiberufler-Konzern*"-Urteil des BGH.

> Der Fall betrifft einen im Bausektor tätigen Unternehmensverbund. An den beteiligten Gesellschaften, einer Architekten-GbR, einer OHG und einer GmbH, waren die beklagten beiden Architekten zu gleichen Teilen beteiligt. Zwischen der OHG und der GmbH bestand ein Rahmenvertrag, wonach die OHG im Kundenauftrag schlüsselfertige Bauvorhaben zu Festpreisen erstellte - die notwendigen Architektenleistungen erbrachte die GbR - und die GmbH als Generalunternehmerin mit der Durchführung dieser Bauvorhaben beauftragte. Letztere trug dabei das volle Bauunternehmerrisiko. Da sie über keine eigenen sachlichen und personellen Mittel verfügte, wurden ihr diese zur Durchführung der einzelnen Projekte von der OHG kostenlos zur Verfügung gestellt. Sofern das von der OHG ausgehandelte Entgelt dies zuließ, erhielt die GmbH eine Vergütung in Höhe von 1,5 % der tatsächlichen Baukosten.

Eine weitere typische Motivation zur Zentralisierung der Leitungsmacht bei der Konzernobergesellschaft dokumentieren die Urteile *„Video"* und *„Stahl-Alu-O. & Sohn GmbH"*.

> Die wiedergegebenen Sachverhalte stellen beredte Beispiele für die sogenannte „GmbH-Stafette" dar. Der Alleingesellschafter/-geschäftsführer nutzte seine strukturell bedingte umfassende Einflussmöglichkeit dazu, die vorhandenen Ressourcen „seiner" GmbH (Anlagevermögen, Personal, Know-how, Kundenstamm) in einem geplanten, kontinuierlich ablaufenden Prozess des „Auslaufenlassens der Geschäftstätigkeit" auf eine zu diesem Zweck gegründete 100% ige Tochter-GmbH zu übertragen.

Die vorliegende Untersuchung widmet sich der Aufgabe zu klären, ob derartige Fälle einer qualifizierten Fremdsteuerung der abhängigen GmbH durch ihren herrschenden Unternehmens-Gesellschafter haftungsrechtlich handhabbar sind. Dabei stehen zwei Fragen im Vordergrund:

1. Haftet der herrschende Unternehmens-Gesellschafter seiner GmbH gegenüber für eingetretene Verluste?
2. Haftet der herrschende Unternehmens-Gesellschafter im Falle der Insolvenz seiner GmbH den Gesellschaftsgläubigern gegenüber für die Verbindlichkeiten der Gesellschaft?

B. Gang der Untersuchung

Die Antworten auf die aufgeworfenen Haftungsfragen sind im geltenden Recht zu suchen. In Ermangelung eines spezifischen GmbH-Konzernrechts ist zunächst im klassischen Zivil- und Gesellschaftsrecht nach Anspruchsgrundlagen zu suchen, die eine Inanspruchnahme des herrschenden Unternehmens-Gesellschafters rechtfertigen. Lässt sich eine unmittelbar anwendbare Regelung nicht finden, so ist in einem zweiten Schritt zu prüfen, ob eine analoge Anwendung der aktienkonzernrechtlichen Schutzregeln in Betracht kommt.

Im **2. Teil** der Arbeit wird die Haftung des herrschenden Unternehmens-Gesellschafters gegenüber „seiner" GmbH behandelt. Die Prüfung beginnt mit einer Analyse der einschlägigen, unmittelbar anwendbaren Haftungsnormen des Gesellschaftsrechts (§ 1). Es wird nachgewiesen, dass das gesellschaftsrechtliche Instrumentarium (Kapitalerhaltungsregeln der §§ 30 ff. GmbHG, Vorbelastungshaftung, Organhaftung, gesellschaftliche Treuepflicht) keine ausreichenden Sanktionen bereithält um angemessen auf die Gefahren reagieren zu können, die durch eine, von außenstehenden Interessen geleitete, intensive Beherrschung der Geschäftstätigkeit einer abhängigen GmbH entstehen.

Es schließt sich die Erörterung einer *analogen* Anwendung der den faktischen AG-Konzern betreffenden Schutzregelungen der §§ 311, 317 AktG an (§ 2). Diese führt zu dem Ergebnis, dass - entgegen der herrschenden Meinung in Rechtsprechung und Literatur - einer entsprechenden Übertragung der aktienkonzernrechtlichen Regeln auf die Verhältnisse im (einfachen) faktischen GmbH-Konzern keine Hinderungsgründe entgegenstehen, das auf Einzelausgleich gerichtete Schutzsystem aber scheitert, wenn die abhängige GmbH von der Konzernspitze qualifiziert beherrscht wird, da die schädigenden Fremdsteuerungsakte hier nicht isoliert festgestellt und in ihren Auswirkungen quantifiziert werden können. Diesem „Versagen“ kann mit einem „Austausch“ der Rechtsfolgen, weg vom gesetzlich angeordneten Einzelausgleich hin zum Globalausgleich in Form einer Verlustdeckungspflicht, nicht begegnet werden, da ein solches Vorgehen weder materiell-rechtlich begründbar ist, noch mit Hilfe prozessualer Beweislastregeln legitimiert werden kann.

Das Kapitel endet mit einer ausführlichen Analyse einer *analogen* Anwendung der aktienvertragskonzernrechtlichen Norm des § 302 AktG (§ 3). Diese belegt die, für den Analogieschluss notwendige, Rechtsähnlichkeit zwischen dem Tatbestand des aktienkonzernrechtlichen Vertragskonzerns und den Verhältnissen in der von ihrem herrschenden Unternehmens-Gesellschafter qualifiziert beherrschten GmbH: Die Verlustausgleichspflicht gem. § 302 Abs. 1 AktG reagiert auf die Gefahren, die der vertragskonzernierten AG durch den Verlust ihrer wirtschaftlichen Selbständigkeit drohen, indem sie das unternehmerische Verlustrisiko der AG auf das herrschende Unternehmen überträgt. Derselben Gefährdungslage sieht sich eine GmbH ausgesetzt, die ihre wirtschaftliche Autonomie dadurch verliert, dass ihr herrschender Unternehmens-Gesellschafter organisatorische Maßnahmen ergreift (Verlagerung zentraler Unternehmensführungsbereiche, personelle Verflechtungen auf der Geschäftsführungsebene), die seine umfassende „Außenherrschaft“ strukturell absichern.

Der **3. Teil** der Arbeit widmet sich der Auslotung des Gläubigerschutzes in der qualifiziert beherrschten GmbH. Auch hier steht zunächst die Klärung der Frage an, ob sich unmittelbar anwendbare Regelungen für eine Inanspruchnahme des herrschenden Unternehmens-Gesellschafters durch die Gesellschaftsgläubiger fruchtbar machen lassen (§ 1). Es wird nachgewiesen, dass die einschlägigen Anspruchsgrundlagen als geeignete Haftungsgrundlagen ausscheiden, da ihr tatbestandlicher Anwendungsbereich zu eng ist (Eigenkapitalersatzrecht, Insolvenzverschleppungshaftung, Dritthaftung aus culpa in contrahendo, Deliktshaftung) oder ihre dogmatische Legitimation jedenfalls für die hier relevanten Fallkonstellationen misslingt (Durchgriffshaftung).

Es schließt sich die Prüfung einer Analogie zu § 303 AktG an, die aufzeigt, dass die Gläubiger einer qualifiziert beherrschten GmbH, die wegen Vermögenslosigkeit liquidiert wurde, ohne dass ein Insolvenzverfahren durchgeführt wurde, gegenüber dem (ehemals) herrschenden Unternehmens-Gesellschafter einen unmittelbaren Zahlungsanspruch für ihre noch offenen Gesellschaftsforderungen haben.

Den Abschluss der Arbeit bildet eine Zusammenfassung ihrer Ergebnisse im **4. Teil**.

2.Teil: Haftung des herrschenden Unternehmens-Gesellschafters gegenüber „seiner“ GmbH

§ 1: Analyse der *unmittelbar* anwendbaren gesellschaftsrechtlichen Anspruchsgrundlagen

A. Die Kapitalerhaltungsvorschriften der §§ 30, 31 GmbHG

§ 31 Abs. 1 GmbHG gewährt der GmbH gegenüber ihren Gesellschaftern einen Rückerstattungsanspruch von zu Unrecht erfolgten Vermögenstransfers. Ob sich dieser Ersatzanspruch, wie im Schrifttum teilweise behauptet,[27] dazu eignet, die in einen Konzernverbund einbezogene GmbH ausreichend vor Schädigungen durch ihren, sie intensiv beherrschenden, Unternehmens-Gesellschafter zu schützen, ist im folgenden anhand einer näheren Erörterung seiner Tatbestandsmerkmale zu prüfen.

I. Analyse des haftungsauslösenden Tatbestands des § 31 Abs. 1 GmbHG

1. Auszahlung gem. § 30 Abs. 1 GmbHG

Unter **Auszahlungen** i.S.d § 30 Abs. 1 GmbHG versteht man rechtsgeschäftliche und tatsächliche Leistungen *aller Art*, die auf Seiten der GmbH zu einer wertmäßigen Verringerung ihres Gesellschaftsvermögens führen[28] und - korrespondierend dazu - auf Seiten des Gesellschafters eine *Vermögensmehrung* bewirken.[29] Steht den Zuwendungen aus dem Gesellschaftsvermögen allerdings eine *gleichwertige Gegenleistung* des begünstigten Gesellschafters gegenüber, so wird das Nettovermögen der Gesellschaft nicht geschmälert und der durch die §§ 30 f. GmbHG zu gewährleistende Kapitalerhaltungsschutz ist gewahrt.[30]

---

[27] So Roth/*Altmeppen* , Anh § 13, Rdnrn. 122, 135 ff., 170, 173 ff.; *ders.* DB 1994, 1912, 1913; *Ehlke,* DB 1986, 523, 526; *Willburger,* 1994, S. 182, 187 f.

[28] BGHZ 31, 258, 276; BGHZ 122, 333, 337; Baumbach/Hueck/*Fastrich*, § 30 Rdnr.12; *Lutter/Hommelhoff*, § 30 Rdnr. 8; Rowedder/*Rowedder*, § 30 Rdnr. 17; Hachenburg/*Goerdeler/Müller*, § 30 Rdnr. 56.

[29] *Kleffner*, 1994, S. 45; a.A. Hachenburg/*Goerdeler/Müller*, § 30 Rdnr. 62.

[30] BGHZ 31, 258, 276; *Lutter/Hommelhoff*, § 30 Rdnr. 8; Scholz/*Westermann*, 2000, § 30 Rdnr. 13; *Kleffner*, 1994, S. 47.

Das Auszahlungsverbot des § 30 GmbHG umfasst dabei nicht nur solche Zuwendungen an Gesellschafter, die sich in der Handelsbilanz negativ niederschlagen, sondern alle Auszahlungsakte die zu einer *realen* Schmälerung des gebundenen Vermögens führen.[31]

a) Typische Konzernleitungsmaßnahmen, die unter das Tatbestandsmerkmal der Auszahlung fallen

Sucht man in den wiedergegebenen Sachverhalten der einschlägigen Entscheidungen zur qualifizierten GmbH-Konzernhaftung[32] nach Schilderungen die sich unter den Tatbestand der Auszahlung gem. § 30 Abs. 1 GmbHG subsumieren lassen, so finden sich hierfür positive Beispiele, die klassifizierend in folgende Fallgruppen eingeteilt werden können:

- *Austauschgeschäfte zu nicht marktgerechten Konditionen*

  Das „*Autokran*"-Urteil[33] schildert eine unentgeltliche zeitweilige Nutzungsüberlassung. Der Beklagte hatte im Zuge einer einheitlichen Geschäftsplanung die Autokräne der einzelnen Gesellschaften von Fall zu Fall zwischen diesen hin- und herdirigiert und nach Bedarf eingesetzt, ohne dies zwischen den betroffenen Gesellschaften zu verrechnen.

  In der „*Tiefbau*"-Entscheidung[34] zahlte die abhängige GmbH überhöhte Pachtzinsen (Gesamtverlust: 287.222 DM) an eine Tochtergesellschaft ihrer (wirtschaftlichen) Mehrheitsgesellschafterin.

  Im „*Stahlschutz*"-Urteil des BAG[35] führte der geschäftsführende Unternehmens-Gesellschafter der abhängigen H-GmbH an eine Schwestergesellschaft ca. 10 Mio. DM ab, die als Gegenleistungen für Fremdleistungen deklariert wurden. Tatsächlich standen diesen Zahlungen aber nur Fremdleistungen in Höhe von nicht einmal 10 % dieses Betrages gegenüber.

  Der Sachverhalt des Urteils des OLG Düsseldorf vom 26.11.1998[36] schildert ebenfalls Belastungen der abhängigen GmbH zugunsten anderer Konzernunter-

---

[31] *Stimpel*, in: FS 100 Jahre GmbH-Gesetz, 1992, S. 335, 340 f.; Baumbach/Hueck/*Fastrich*, § 30 Rdnr. 7; *Kleffner*, 1994, S. 47 ff.,70; Hachenburg/*Goerdeler*/*Müller*, § 30 Rdnrn. 41 f.; Rowedder/*Rowedder*, § 30 Rdnr. 11.

[32] Vgl. die Quellenangaben im Anhang der Arbeit.

[33] BGHZ 95, 330, 338.

[34] BGHZ 107, 7, 13.

[35] GmbHR 1994, 625.

[36] GmbHR 1999, 123.

nehmen. Sie habe die Buchhaltung für verschiedene andere Unternehmen unentgeltlich miterledigt, ihre Mitarbeiter seien bei anderen Schwesterunternehmen beschäftigt worden, Büroräume, Telefonanschluss und Kraftfahrzeuge seien anderen Unternehmen kostenlos zur Verfügung gestellt worden.

Geprägt wird diese Fallgruppe dadurch, dass die GmbH es unterlässt, einen konkret realisierbaren Gewinnaufschlag geltend zu machen. Dies gilt auch für die Überlassung von selbstgeschaffenen - und daher in der Bilanz nicht zu aktivierenden - immateriellen Vermögensgegenständen des Anlagevermögens, wie z.B. Patente, Markenzeichen, Know-how, EDV-Software.[37]

- *Übernahme von Verbindlichkeiten des/der Gesellschafter(s)*

  Der herrschende Unternehmens-Gesellschafter im „*Autokran*"-Urteil hatte zwei der sieben Leasingnehmer-Gesellschaften mbH angewiesen, die Rechnungen für den Ausbau des landgutähnlichen Privatbesitzes seiner Familie in Höhe von 500 000 bis 800 000 DM zu bezahlen.[38]

  In der „*TBB*"-Entscheidung gab der Beklagte sowohl für seine einzelkaufmännischen Unternehmen als auch für die fünf von ihm geleiteten und in seinem Allein- bzw. Mehrheitsbesitz stehenden Gesellschaften, unter welcher sich auch die TBB-GmbH befand, gegenüber der Bremer Landesbank eine Erklärung ab, mit der die sechs Unternehmen die gesamtschuldnerische Haftung für die Verbindlichkeiten jedes einzelnen von ihnen übernahmen; die Bank wurde ermächtigt, die Kontostände „jeweils vor Saldenaufnahme zu verrechnen".[39] Von dieser Saldenverrechnungsermächtigung machte diese auch Gebrauch. Darüber hinaus übereignete der Beklagte zur teilweisen Begleichung der Verbindlichkeiten der Unternehmensgruppe sämtliche Büromaschinen und -einrichtungen der TBB-GmbH an die Bank und trat ihr auch alle offenen Forderungen dieser Gesellschaft gegen die mit ihr vertraglich verbundenen Bauherren ab.

- *Gewinnausschüttungen, die zur Unterbilanz führen oder diese verstärken*

  In der „*Gergen*"-Entscheidung des OLG Saarbrücken[40] griff der faktische Geschäftsführer und (wirtschaftliche) Mehrheitsgesellschafter unmittelbar schädigend in das Gesellschaftsvermögen der abhängigen GmbH ein, indem er Kundenzahlungen unmittelbar seinem Privatkonto gutschreiben ließ.

Bei anderen, in den einschlägigen Judikaten beschriebenen, vom herrschenden Unternehmens-Gesellschafter veranlassten Geschäftsführungsakten ist ihre Qua-

---

[37]Vgl. die Übersicht bei *Kleffner*, 1994, S. 52; Hachenburg/*Goerdeler/Müller*, § 30 Rdnr. 41; Rowedder/*Rowedder*, § 30 Rdnr. 10.

[38]BGHZ 95, 330, 339.

[39]BGHZ 122, 123, 128 f.

[40]ZIP 1992, 1623.

lifizierung als Auszahlungen i.S.d. § 30 Abs. 1 GmbHG demgegenüber zumindest umstritten:

- *Kreditgewährung an die Gesellschafter*

Der Begriff der Kreditgewährung umfasst hier sowohl die Darlehensvergabe (§ 607 BGB) als auch die Stundung von Forderungen. Da beide Vorgänge nicht zu einer unmittelbaren Vermögensminderung auf Seiten der GmbH führen und sich auch nicht bilanztechnisch auswirken - die Darlehensgewährung bewirkt nur einen Aktiventausch,[41] die Forderungsstundung ist lediglich vermerkpflichtig (§ 268 Abs. 4 HGB) - wird ihnen in der Literatur eine kapitalsicherungswidrige Wirkung teilweise abgesprochen, jedenfalls soweit der Rückzahlungsanspruch werthaltig ist.[42] Andere Autoren betrachten die Kreditgewährung im Zeitpunkt der Unterbilanz als generell unzulässig; sie begründen dies mit der Überlegung, dass die Vermögenslage der Gesellschaft und die Haftungssituation ihrer Gläubiger sich dann verschlechtere, wenn Kapital oder andere Wirtschaftsgüter gegen eine gestundete Forderung ausgetauscht werden, da die Gesellschaft das „verliehene" Kapital in dieser Zeit nicht zu Geschäftszwecken einsetzen bzw. die Vermögensgegenstände gewinnbringend verkaufen oder zu Sicherungszwecken einsetzen könne, es sich bei diesen Vorgängen also nicht um kapitalsicherungsrechtlich „neutrale" Geschäfte handele.[43] Eine vermittelnde Auffassung schließt eine Auszahlung i.S.d. § 30 Abs. 1 GmbHG in Fällen der Kreditgewährung *nur* aus, wenn für diese eine werthaltige Sicherheit bestellt wurde und angemessene Zinsen gezahlt werden.[44]

> Einen eindeutigen Fall einer kapitalsicherungswidrigen Kreditgewährung beschreibt die *„Sanierungs-KG"*-Entscheidung des BAG.[45] Auf Veranlassung des Unternehmens-Gesellschafters gewährte die abhängige H.-KG einem anderen Unternehmen, an welchem dieser eine stille Beteiligung hielt, ein ungesichertes Darlehen in Höhe von 400.000,- DM zu einem Zinssatz von 8 %, welches wegen Vermögensverfall der Darlehensnehmerin nicht zurückgezahlt wurde.
>
> Auch in der Entscheidung des OLG Düsseldorf vom 26.11.1998[46] ist die Rede von hohen Außenständen (11 Mio. DM), die der abhängigen GmbH gegenüber Schwesterunternehmen zuständen und auf Geld- und Sachdarlehen beruhten.

---

[41] *Kleffner*, 1994, S. 64.

[42] *Lutter/Wahlers*, AG 1989, 1, 14; Baumbach/Hueck/*Fastrich*, § 30 Rdnr. 7; *Koppensteiner*, ZHR 155 (1991), 97, 104; *Schmidt*, 1997, § 37 III 1 c, S. 1132.

[43] *Stimpel*, in: FS 100 Jahre GmbH-Gesetz, 1992, S. 335, 347 ff.

[44] *Kleffner*, 1994, S. 67 f.

[45] ZIP 1996, 333.

[46] GmbHR 1999, 123.

- *Sicherheitsleistungen zugunsten von Gesellschaftern*

    In der BGH Entscheidung *„Architekten-Konzern"*[47] trat die abhängige Gesellschaft an ein anderes Tochterunternehmen Werklohnforderungen in Höhe von ca. 2 Mio. DM zur Sicherung für ausstehende Honorarforderungen in Höhe von 100.000 DM ab.

Auch die Frage, ob bereits die Bestellung einer Sicherheit - ohne dass von dieser tatsächlich Gebrauch gemacht wird - gegen das Auszahlungsverbot des § 30 Abs. 1 GmbHG verstößt, wird im Schrifttum kontrovers diskutiert. Teile der Literatur sehen hierin generell ein kapitalsicherungswidriges Verhalten,[48] befürworten dies jedenfalls bei Sicherungsbestellung im Zustand der Unterbilanz der GmbH[49] oder jedenfalls dann, wenn die Inanspruchnahme der Sicherheit schon bei ihrer Bestellung so große Wahrscheinlichkeit erlangt, dass bei gewissenhafter kaufmännischer Beurteilung für diese eine Rückstellung zu machen wäre.[50] Andere Schrifttumsstimmen verneinen demgegenüber die Klassifizierung einer Sicherheitsleistung als Auszahlungstatbestand gem. § 30 Abs. 1 GmbHG kategorisch.[51] Eine vermittelnde Meinung differenziert zwischen den Adressaten der Sicherheitsleistung: Ist der Gesellschafter selbst der Sicherungsnehmer, so liege in der Bestellung noch keine Gesellschaftsvermögensbeeinträchtigung, sondern lediglich eine -gefährdung, da die GmbH ihm gegenüber gem. § 30 Abs. 1 GmbH die später erfolgende, tatsächliche Inanspruchnahme verweigern könne, wenn diese zu Lasten des gebundenen Vermögens geht; ist aber - wie häufig - ein *Dritter* Sicherungsnehmer, so scheide ihm gegenüber eine spätere Leistungsverweigerung seitens der Gesellschaft aus. Hier rechtfertige bereits die Sicherungsbestellung die Bejahung einer den Gesellschafter begünstigenden Auszahlung.[52] *Kleffner* erweitert diesen Ansatz noch dahingehend, dass er nicht nur nach den Adressaten, sondern auch nach der Art der Sicherungsleistung differenzieren will. Im Falle einer dinglichen Sicherheit bejaht er eine Auszahlung immer schon im Zeitpunkt der Bestellung, da der besicherte Gegenstand bereits zu diesem Zeitpunkt dem Zugriff der anderen Gesellschaftsgläubiger entzogen werde.[53]

---

[47]BGH, NJW 1995, 1544.

[48]Schön, ZHR 159 (1995), 351, 362.

[49]Rowedder/*Rowedder*, § 30 Rdnr. 20.

[50]Baumbach/Hueck/*Fastrich*, § 30 Rdnr. 19; *Lutter/Hommelhoff*, § 30 Rdnrn. 30 ff.; Scholz/*Westermann*, 2000, § 30 Rdnrn. 31 a, 31 b.

[51]Hachenburg/*Goerdeler/Müller*, § 30 Rdnr. 66; *Sonnenhol/Groß*, ZHR 159 (1995), 388, 399.

[52]*Stimpel*, in: FS 100 Jahre GmbH-Gesetz, 1992, S. 335, 355 ff.; *Kleffner*, 1994, S. 62 f.

[53]*Kleffner*, 1994, S. 63.

b) Typische Konzernleitungsmaßnahmen, die *nicht* unter das Tatbestandsmerkmal der Auszahlung fallen

Schließlich lassen sich den Entscheidungen zum qualifizierten GmbH-Konzern aber auch Konzernleitungsmaßnahmen entnehmen, die einerseits für die Führung eines Unternehmensverbundes typisch sind, andererseits den Tatbestand der Auszahlung gem. § 30 Abs. 1 GmbHG aber gerade *nicht* erfüllen:

- *Konzernveranlasste Umstrukturierungsmaßnahmen*

Veranlasst die Konzernspitze im Rahmen ihrer strategischen Konzernplanung bei einzelnen Konzernmitgliedern die Durchführung von Umstrukturierungsmaßnahmen, wie z.B. die Aufgabe bestimmter Geschäftsbereiche zugunsten eines anderen Konzernunternehmens, die Änderung der Produktpalette, ein regional begrenztes Wettbewerbsverbot etc., so führt dies in der Regel nicht zu einer konkret bemessbaren Vermögensverschiebung i.S.d. §§ 30, 31 GmbHG, da diese Maßnahmen typischerweise nicht isoliert erfolgen, sondern einhergehen mit der Zuweisung anderer positiv wirkender Konzerneffekte oder Ausgleichszahlungen.

> Ein Beispiel für derartige Umstrukturierungen liefert die „*Warmwassergeräte*"-Entscheidung des BAG.[54] Auf Veranlassung der Konzernmutter gab die H. GmbH & Co. KG ihr bisheriges Produktionsprogramm (Herstellung von Heizeinsätzen, Standspeichern, Kleingeräten und Wandspeichern) auf und übernahm stattdessen die Herstellung der von den Schwesterunternehmen benötigten Rohbehälter sowie die Grobblechverarbeitung. Darüber hinaus übernahm sie den Vertrieb der Kleingeräte und erlitt - nach eigenem Vortrag - hier Verluste, da die von ihr zu zahlenden (Konzern-)Einkaufspreise höher lagen als die zuvor bei ihr angefallenen Produktionskosten.
>
> In den Entscheidungen des BAG vom 14.12.1993 „*Betriebsrentenanpassung*"[55] und vom 4.10.1994 „*AEG-Betriebsrentenanpassung*"[56] waren die Tochtergesellschaften von den Konzernmüttern dazu veranlasst worden, florierende Geschäftsbereiche bzw. Produktlinien auf andere Konzernschwestern zu übertragen. Finanzielle Nachteile erlitten sie dadurch aber nicht, da sie durch Beherrschungs- und Gewinnabführungsverträge abgesichert waren.

- *Übertragung von „konzern-dienenden" Funktionen auf die abhängige Gesellschaft*

---

[54]AG 1991, 434.

[55]GmbHR 1994, 315.

[56] ZIP 1995, 491.

Sowohl bei der Gründung als auch nachträglich, im Wege von Umstrukturierungen, kann der abhängigen GmbH seitens ihrer Gesellschafter die Rolle einer rein dienenden Konzerngesellschaft zugewiesen werden.

Im *„EDV"*-Urteil[57] des BGH war die abhängigen S-GmbH dazu gegründet worden, neue Produkte, insbesondere ein vom herrschenden Unternehmens-Gesellschafter erdachtes patentierfähiges diakritisches Zeichensystems, zu entwickeln.

In der Entscheidung *„Freiberufler-Konzern"*[58] war die abhängige GmbH Mitglied einer Unternehmensgruppe, die gemeinsam schlüsselfertige Bauvorhaben zu Festpreisen erstellte. Nach dem zugrundeliegenden Rahmenvertrag oblag ihr als Generalunternehmerin das volle Bauunternehmerrisiko. Dagegen lagen die Gewinnchancen nahezu ausschließlich bei den Konzernschwestern. Von den seitens der W. und K. OHG mit den Bauherren vereinbarten Festpreisen erhielt die GmbH neben dem Vorschuss für die tatsächlichen Baukosten lediglich 1,5 % „Provision", allerdings nur unter der Voraussetzung, dass die Festpreise dafür ausreichende Deckung boten. Da die abhängige GmbH über keine eigenen Sach- und Personalmittel verfügte, konnte sie auch keine zusätzlichen Gewinne durch die Übernahme von Bauprojekten außerhalb der Unternehmensgruppe erzielen.

Ähnlich verhielt es sich im *„Fertighaus"*-Urteil[59] des BGH. Hier war die beherrschte GmbH aus der Betriebsaufspaltung einer Baugesellschaft hervorgegangen, die bis 1973 Fertighäuser herstellte. Die mit einem Mindeststammkapital von 20.000 DM gegründete GmbH sollte fortan die Erstellung der Häuser durchführen, während die ursprüngliche Baugesellschaft deren Vertrieb übernahm. Sie setzte den jeweiligen Kaufpreis für die Häuser nach Listenpreisen fest und leitete die erhaltenen Entgelte - abzüglich einer 10 %igen Provision - an die GmbH weiter. Das benötigte Anlagevermögen hatte sie der GmbH verkauft und den Kaufpreis (260.000 DM) kreditiert. Darüber hinaus übernahm sie die Buchführung der GmbH und stellte dieser ihre Büroräume sowie ihren Bauhof zur Verfügung.

Auch das BAG hatte in seinem *„Möbel-KG"*-Urteil[60] einen Fall der klassischen Betriebsaufspaltung zu entscheiden. Die Vertriebsgesellschaft (H. Möbelwerke GmbH & Co. KG) behielt das Eigentum am Betriebsgrundstück und den Produktionsanlagen, die sie der Produktionsgesellschaft (H. GmbH & Co. KG) zur Nutzung zur Verfügung stellte. Des weiteren beschaffte sie die erforderlichen Rohstoffe zur Möbelproduktion und verkaufte diese der Produktionsgesellschaft. Sie war deren einzige Auftraggeberin. Die von ihr an die Produktionsge-

---

[57]NJW 1994, 446.

[58]BGH, ZIP 1994, 1690.

[59]BGHZ 68, 312.

[60]BAG, ZIP 1999, 723.

sellschaft zu zahlenden Kaufpreise für die hergestellten Möbel waren so kalkuliert, dass letztere nur mit einem geringen Gewinn arbeitete. Alle Arbeitnehmer, auch diejenigen, die ausschließlich Aufgaben der Vertriebsgesellschaft übernahmen, waren bei der Produktionsgesellschaft angestellt. Die monatlich fälligen Lohnzahlungen überstiegen ihre Einlagen (Stammkapital der Komplementär-GmbH 50.000 DM sowie Kommanditeinlagen in gleicher Höhe) um ein Vielfaches.

Der vom OLG Dresden entschiedene Rechtsstreit *„Sächsisches Porzellanwerk Freiberg GmbH"*[61] beschreibt einen Fall, in welchem die abhängige GmbH vom herrschenden Unternehmen schon im Zeitpunkt ihrer Gründung mit einer existenzvernichtenden Aufgabenstellung belastet worden war. Die beklagte GmbH, eine Immobiliengesellschaft, erwarb im Rahmen eines sog. Asset-Deals die Produktion der Porzellanwerke F-GmbH. Grund- und Anlagevermögen sowie Bestände und immaterielle Werte der F-GmbH wurden auf die Beklagte übertragen, die sich gleichzeitig verpflichtete, in sonstige bestehende Lieferverträge einzutreten. Die F-GmbH hatte in den letzten Geschäftsjahren vor Übergang auf die Beklagte bereits Verluste in Millionenhöhe erwirtschaftet, wobei sich allein der Personal- und Materialaufwand im Geschäftsjahr 1993 auf mehr als 5 Mio. DM belief. Zur Fortführung der Porzellanproduktion gründete die Beklagte die Porzellanwerk F GmbH mit einem Mindeststammkapital von 50.000 DM und stellte dieser das Betriebsgrundstück, das bewegliche Anlagevermögen, Fertigungs-Know-how etc. zur Nutzung zur Verfügung. Obwohl die Beklagte der abhängigen Gesellschaft in der Folgezeit Zwischenfinanzierungsdarlehen in Höhe von ca. 1,4 Mio. DM zur Verfügung stellte, machte letztere schon in den ersten 4 Monaten Verluste in Höhe von 760.000 DM. Es bestand somit zu keiner Zeit auch nur die theoretische Möglichkeit, dass die abhängige Gesellschaft sich bei der aufgezwungenen Fortführung der höchst verlustreichen Porzellanproduktion für längere Zeit hätte am Markt halten können. Die Motivation der Muttergesellschaft beim Kauf dieses maroden Unternehmens hatte auch nicht in der Fortführung eines produzierenden Gewerbes bestanden, sondern lag in der Absicht, Eigentum an den Betriebsgrundstücken zu erlangen.

Schließlich befassen sich das BAG-Urteil *„Rank Xerox"*[62] und der BGH-Beschluss vom 13.1.1997[63] mit Konzerntöchtern, denen die Rolle einer (reinen) Vertriebsgesellschaft zugewiesen wurde.

Allen geschilderten Fallkonstellationen ist gemeinsam, dass sie sich einer Unterordnung unter die Kapitalschutzvorschriften der §§ 30 f. GmbHG entziehen, da das Tatbestandsmerkmal der Auszahlung nicht gegeben ist. Selbst wenn sich die auf die Konzerntöchter übertragenen Risiken realisieren - diese Annahme liegt nahe, da alle abhängigen Gesellschaften in den genannten Fallschilderungen in-

---

[61] OLG Dresden, GmbHR 1997, 215.

[62] ZIP 1992, 1566.

[63] DStR 1997, 503.

solvent wurden -, fehlt es an einer *realen* Vermögensminderung der abhängigen Gesellschaft, die mit einer Vermögensmehrung auf Seiten des herrschenden Unternehmens-Gesellschafters oder anderer Konzernschwestern korrespondiert. Die Ausrichtung des Unternehmensgegenstandes der konzernierten Gesellschaft, weg von einer autonomen, gewinnorientierten Geschäftstätigkeit, hin zu einer rein dienenden „Konzern-Funktionseinheit", weist die unternehmerischen Gewinnchancen von Anfang an der Konzernspitze zu. Diese Gewinn*chancen* waren - selbst wenn sie etwa durch die Aufnahme von Vertragsverhandlungen mit anderen Unternehmen konkrete Gestalt angenommen hatten - zu keinem Zeitpunkt dem Vermögen der abhängigen Gesellschaft zuzurechnen. Die §§ 30 f. GmbHG vermögen das Gesellschaftsvermögen aber nur vor *tatsächlichen* Vermögensabflüssen zu schützen.[64]

Zu weit geht demgegenüber die Auffassung *Altmeppens*,[65] der den Anwendungsbereich der §§ 30 f. GmbHG auf alle Fälle nicht marktgerechten „Wirtschaftens" seitens der GmbH-Gesellschafter ausdehnen will. Darunter versteht er etwa die Übertragung „hochriskanter Arbeiten" oder den Verzicht auf die Nutzung aller Chancen zum Vermögenserwerbs bzw. seiner Erhaltung. Er stützt diese teleologische Erweiterung des Tatbestandsmerkmals der **Auszahlung** auf die Behauptung, eine GmbH, die sich im Stadium der Unterbilanz befände, dürfe von ihren Gesellschaftern nur nach streng *marktwirtschaftlichen Grundsätzen* geführt werden. Jede im weitesten Sinne zugunsten des Gesellschafters erfolgende Abweichung hiervon, d.h. jeder „Altruismus" der GmbH, laufe auf eine Leistung societatis causa, also auf eine Einlagenrückgewähr i.S.d. §§ 30, 31 GmbHG hinaus.

Diese Auffassung findet im Gesetz keine Stütze. Einerseits bieten die Kapitalerhaltungsregeln keinen Schutz vor einer ruinösen Unternehmensführung. Des weiteren ist es den Gesellschaftern im Rahmen ihrer Satzungsautonomie unbenommen, ihrer GmbH einen Unternehmensgegenstand zuzuordnen, der von dem typischen Unternehmenszweck einer ungebundenen GmbH, nämlich der *Gewinnerzielung in Selbständigkeit*, abweicht. Warum diese zulässige Ausrichtung der GmbH auf dienende Funktionen innerhalb des Unternehmensverbundes nicht mehr gelten soll, wenn sie in einen Zustand der Unterbilanz gerät und ein Vereiteln oder Umleiten von „Gewinnchancen" nunmehr eine Haftung des Alleingesellschafters gem. §§ 30, 31 GmbHG heraufbeschwören soll, ist nicht erkennbar. Dem Begründungsversuch *Altmeppens*,[66] ein Alleingesellschafter, der seine GmbH im Zustand der Unterdeckung für „eigene" Interessen wirtschaften lasse, hindere diese an der Verfolgung *ihres* Unternehmensinteresses, ist explizit zu wi-

---

[64]Hachenburg/*Goerdeler/Müller*, § 30 Rdnr. 61; *Willburger*, 1994, S. 173.

[65]Roth/*Altmeppen*, Anh. § 13 Rdnrn. 137, 138; *ders.*, DB 1994, 1912, 1915.

[66]*Altmeppen*, 1991, S. 73 f.

dersprechen. Denn das Unternehmensinteresse dieser Tochtergesellschaften ist gerade nicht auf die Erzielung von Gewinnen ausgerichtet;[67] dies kann sich allein durch die Verschlechterung ihrer wirtschaftlichen Situation nicht ändern. Eine Ausdehnung des Anwendungsbereichs der Kapitalerhaltungsregelungen, die nahezu jede schädigende Konzernleitungsmaßnahme in eine Zuwendung societatis causa uminterpretiert, überstrapaziert das Tatbestandsmerkmal der Vermögensauszahlung i.S.d. § 30 GmbHG.[68]

- *Das gezielte „Auslaufenlassen" der Geschäftstätigkeit der abhängigen GmbH*

Die Entscheidungen *„Video"*[69], *„Stahl-Alu-O.&Sohn"*[70], BGH Beschluss v. 3.11.1997[71], OLG München, Urteil v. 3.12.1997[72], OLG Oldenburg, Urteil v. 24.10.1996[73], OLG Bamberg, Urteil v. 10.5.1995[74] beschäftigen sich mit Fällen des bewussten „Auslaufenlassens" des Geschäftsbetriebs einer abhängigen Gesellschaft zugunsten eines anderen Konzernunternehmens (Stichwort: GmbH-Stafette). Charakteristisch für ein solches Verhalten ist, dass der herrschende Gesellschafter das gesamte operative Geschäft des abhängigen Unternehmens auf ein anderes - zu diesem Zweck gegründetes - Konzernunternehmen überträgt, indem er ersterem kontinuierlich alle Ressourcen (Personal, Betriebsmittel, Know-how, Liquidität, Geschäftsaufträge) entzieht. Können die einzelnen Übertragungsakte konkret festgestellt und beziffert werden, so handelt es sich hier um Auszahlungstatbestände i.S.d. § 30 Abs. 1 GmbHG. Häufig wird es sich aber - wie die genannten Fälle zeigen - um einen schleichenden, nicht in seine Einzelakte aufspaltbaren Prozess handeln, der sich erst in seinem finalen Ergebnis - wirtschaftliche Vernichtung der abhängigen GmbH - offenbart. Eine Subsumtion dieser Fälle unter die §§ 30, 31 GmbHG wäre nur dann zu bejahen, wenn bereits der *abstrakte* Verzicht der abhängigen GmbH auf Gewinn- bzw. Geschäftschancen zugunsten eines anderen Konzernunternehmens die Kriterien einer Vermögensverlagerung i. S. d. §§ 30 f. GmbHG erfüllen könnte.[75] Dies ist zu verneinen. Das Gesellschaftsvermögen ist durch die bloße *Chance* auf einen gewinnbringenden Geschäftsabschluss noch nicht konkret bereichert. Dies gilt zweifellos bei

---

[67]Eine satzungsmäßige Einschränkung auf eine "gewinnlose" GmbH erkennen auch Baumbach/Hueck/*Fastrich*, § 29 Rdnr. 68, an.

[68]So auch *Wilhelm*, 1998, S. 168, Fn. 350; Rowedder/*Koppensteiner*, Anh. nach § 52 Rdnr. 76.

[69]BGHZ 115, 187.

[70]BGH, GmbHR 1996, 366; ergänzt durch OLG Köln, Urt. v. 26.8.1996, GmbHR 1997, 220.

[71]DStR 1997, 1937.

[72]GmbHR 1998, 285.

[73]GmbHR 1998, 286.

[74]AG 1998, 191.

[75]So Roth/*Altmeppen*, Anh. § 13 Rdnrn. 137, 140; *Brandes*, ZGR 1989, 244, 254.

einer rein bilanziellen Bewertung des Tatbestandsmerkmals der Auszahlung, ist aber auch bei der Zugrundelegung einer wirtschaftlichen Betrachtungsweise zu bejahen. Erst wenn weitere Umstände hinzukommen, die die Annahme einer verfestigten Geschäftsbeziehung rechtfertigen - etwa das Bestehen von Rahmenverträgen über zukünftige Leistungen - kann der Geschäfts*chance* ein Kapitalwert zugemessen werden und ihre Überleitung auf die Gesellschafter würde zu einer konkreten Vermögensverschiebung erstarken.[76] Nur wenn eine *gewinnorientierte* Gesellschaft auf eine *realisierbare* Gewinnchance verzichtet, ist eine Auszahlung i.S.v. § 30 Abs. 1 GmbHG anzunehmen, denn die realisierbare Gewinnchance ist bereits dem Gesellschaftsvermögen zuzurechnen.[77] Die Einbeziehung eines lediglich abstrakt ermittelten Gewinnanteils in das Gesellschaftsvermögen würde § 30 Abs. 1 GmbHG demgegenüber in eine Sanktionsvorschrift für eine *unterlassene Vermögensmehrung* umwandeln; dies ist mit dem Kapital*erhaltungs*grundsatz nicht vereinbar.[78]

Die konzerninduzierte Weiterleitung von *Geschäftschancen* erfüllt daher grundsätzlich nicht die Voraussetzungen des Tatbestandsmerkmals der Auszahlung und löst keine Haftung nach §§ 30, 31 GmbHG aus.[79]

Zusammenfassend ist festzustellen, dass sich bestimmte, gerade im Unternehmensverbund häufig anzutreffende, strategische Leitungsmaßnahmen, wie etwa die konzerninduzierte Umstrukturierung der Tochtergesellschaft, ihre Ausrichtung als rein „dienende" Funktionseinheit oder ihr gesteuertes „Auslaufenlassen" zugunsten anderer Konzernunternehmen, der Subsumtion unter das Tatbestandsmerkmal der Auszahlung in der Regel entziehen, so dass die §§ 30 f. GmbHG diesem schädigenden Verhalten des herrschenden Unternehmens-Gesellschafters keine Schranken zu setzen vermögen.

2. „Verbotene" Auszahlung i.S.d. § 30 Abs. 1 GmbHG

Der Anwendungsbereich des Kapitalschutzrechts des GmbHG erfährt eine weitere Beschränkung dadurch, dass Zugriffe der Gesellschafter auf das Gesellschaftsvermögen nach § 30 Abs. 1 GmbHG nicht *schlechthin* verboten sind, sondern nur

---

[76] Vgl. *Willburger*, 1994, S. 173.

[77] *Servatius*, GmbHR 1998, 723, 727.

[78] *Servatius*, GmbHR 1998, 723, 727; *Tries*, 1991, S. 196 ff.

[79] Im Ergebnis ebenso, wenn auch nicht konkret auf das Fehlen des Tatbestandsmerkmal der Auszahlung abstellend: *Assmann*, JZ 1986, 881, 887 m. Fn. 70; *Ulmer*, AG 1986, 123, 127; *Stodolkowitz*, ZIP 1992, 1517, 1525.

insoweit als dass das Vermögen der GmbH durch Auszahlungen unter den nominellen Wert des Stammkapitals sinkt.

a) Umfang der gesetzlichen Vermögensbindung

Das Gesellschaftsvermögen setzt sich aus Barmitteln, Guthaben, Anlagen, Immobilien, Forderungen und sonstigen Rechten gegenständlich zusammen, stellt also eine „Ist-Größe" dar, die allerdings - durch Gewinne und Verluste - ständigen Wertschwankungen unterliegt. Demgegenüber bezeichnet das Stammkapital eine *rechnerische* Größe,[80] einen in der Bilanz einzusetzenden Wert, der lediglich einen „Soll-Betrag" repräsentiert. Die Höhe des Stammkapitals wird von den Gesellschaftern im Gesellschaftsvertrag festgelegt, § 3 Abs. 1 Nr. 3 GmbHG, und im Handelsregister bekannt gemacht, § 10 Abs. 1 GmbHG.

Die Beziehung zwischen Stammkapital und Gesellschaftsvermögen wird über die *Bilanz* hergestellt. Dabei besteht weitgehend Einigkeit darüber, dass für die Beurteilung der Auszahlungsfähigkeit gem. § 30 GmbHG eine den Anforderungen des § 42 GmbHG entsprechende Jahresbilanz maßgeblich ist, deren Wertansätze sich nach den fortgeführten *Buchwerten* der Aktiva (im Gegensatz zu Verkehrs- oder Liquidationswerten) richten[81]. Die Gesellschaft ist an ihre bisherige Bewertungspraxis gebunden und kann diese nicht willkürlich wechseln, um etwa stille Reserven zu realisieren.[82]

Deckt das Aktivvermögen der Gesellschaft ihre echten Passiva (Verbindlichkeiten und Rückstellungen) zuzüglich des Stammkapitals nicht mehr, so liegt eine **Unterbilanz** vor; dieser Zustand darf durch eine Auszahlung an Gesellschafter weder herbeigeführt noch weiter vertieft werden.[83] Darüber hinaus gilt das Auszahlungsverbot des § 30 Abs. 1 GmbH *unmittelbar* auch im Falle der **Überschuldung**.[84] Dieser finanzielle Zustand ist gegeben, wenn die Verbindlichkeiten

---

[80] *Joost*, ZHR 148 (1984), 27; Rowedder/*Rittner/Schmidt-Leithoff*, § 5 Rdnr. 2; Scholz/*Westermann*, 2000, § 30 Rdnr. 13 f.

[81] BGHZ 109, 334, 337ff.; *Kleffner*, 1994, S. 43; *Stimpel*, in: FS 100 Jahre GmbH-Gesetz, 1992, S. 335, 337; Scholz/*Westermann*, 2000, § 30 Rdnr. 14.

[82] Baumbach/Hueck/*Fastrich*, § 30 Rdnr. 6; Hachenburg/*Goerdeler/Müller*, § 30 Rdnrn. 31 f.; Scholz/*Westermann*, 2000, § 30 Rdnr. 14.

[83] Roth/*Altmeppen*, § 30 Rdnr. 6; Baumbach/Hueck/*Fastrich*, § 30 Rdnr. 7; *Fleck*,, in: FS 100 Jahre GmbH-Gesetz, 1992, S. 391 ff.; *Kleffner*, 1994, S. 27; *Lutter/Hommelhoff*, § 30 Rdnr. 2; Scholz/*Westermann*, 2000, § 30 Rdnr. 17.

[84] Der BGH hatte sich in diesen Fällen zunächst für eine lediglich entsprechende Anwendung der §§ 30, 31 GmbHG ausgesprochen, um so der unerwünschten Rechtsfolge einer unbeschränkten Ausfallhaftung der Mitgesellschafter gem. § 31 Abs. 3 GmbHG zu entgehen (BGHZ 60, 324, 331; BGHZ 67, 171, 174). Diese Auffassung ließ aber den Umstand außer Acht, dass angesichts der bloß rech-

der Gesellschaft ihr Aktivvermögen übersteigen. Die Rückzahlungspflicht des begünstigten Gesellschafters ist im Falle der Überschuldung nicht auf die Höhe des Stammkapitals beschränkt. Sie erfasst den gesamten zur Beseitigung der Überschuldung erforderlichen Betrag *zuzüglich* des fehlenden Nominalkapitals, sofern der Wert der vom Gesellschafter verbotsweise erhaltenen Zuwendung diese Summe deckt.[85/86]

Der *maßgebliche Zeitpunkt* zur Beurteilung der Frage, ob das Gesellschaftsvermögen der Vermögensbindung gem. § 30 Abs. 1 GmbHG unterliegt, ist derjenige der Auszahlung selbst; bei einem zugrundeliegenden Verpflichtungsgeschäft ist hier auf den Zeitpunkt der Erfüllung, nicht des Abschlusses abzustellen.[87]

Untersucht man die wiedergegebenen Sachverhalte der einschlägigen Entscheidungen zur qualifizierten Konzernhaftung auf Angaben zum Vorliegen einer Unterbilanz/Überschuldung im Zeitpunkt der Auszahlungsakte, so enthält nur das *„Tiefbau"*-Urteil (Überschuldung bereits im Gründungsstadium) eine eindeutig positive Aussage.

In der Entscheidung *„Autokran"* sprechen gewisse Indizien für die Annahme, dass die Leasingnehmer-Gesellschaften sich permanent in finanziellen Schwierigkeiten befanden und somit Auszahlungen aus dem gebundenen Vermögen erfolgt sein können. So verfügten die Gesellschaften über kein eigenes Inkasso; alle Forderungen gegen deren Kunden waren im Zusammenhang mit den mit der VOZ-GmbH geschlossenen Factoring-Verträgen global an diese abgetreten worden. Darüber hinaus entsprach die vereinbarte Factoring-Vergütung „exakt" der kalkulatorischen Gewinnspanne für die Weitervermietung der Autokräne. Damit war den Gesellschaften die Möglichkeit genommen, selbständig Gewinne zu erwirt-

---

nerischen Wirkung des Kapitalschutzes die eine Überschuldung herbeiführende oder vertiefende Auszahlung das zur Stammkapitaldeckung notwendige Vermögen ebenfalls angreift und weiter vermindert. Daher spricht sich die h.M. für eine **unmittelbare** Anwendung der §§ 30, 31 GmbHG aus, so jetzt auch BGH, NJW 1990, 1730, 1732; Roth/*Altmeppen*, § 30 Rdnr. 11; Baumbach/Hueck/*Fastrich*, § 30 Rdnr. 9; Scholz/*Westermann*, 2000, § 30 Rdnr. 18.

[85]Roth/*Altmeppen*, § 30 Rdnr. 12; *Lutter/Hommelhoff*, § 31 Rdnr. 8.

[86]Von der Haftung des durch die Auszahlung begünstigten Gesellschafters zu unterscheiden ist die Frage nach der möglichen Inanspruchnahme der Mitgesellschafter. Der Umfang ihrer Haftung gem. § 31 Abs. 3 GmbHG wird nach h.M. auf den Betrag des Stammkapitals beschränkt: Hachenburg/*Goerdeler/Müller*, § 30 Rdnr. 46; *Lutter/Hommelhoff*, § 31 Rdnr. 21; Baumbach/Hueck/*Fastrich*, § 31 Rdnr. 17; *Ulmer*, in: FS 100 Jahre GmbH-Gesetz, 1992, S. 363, 372. Für eine darüber hinausgehende Haftungsbeschränkung auf den Betrag der Stammeinlage sprechen sich aus: *Schmidt*, BB 1985, 154, 157; *ders.*, 1997, § 37 III, 3 b; Scholz/*Westermann*, 2000, § 31 Rdnr. 18. Für eine unbeschränkte Ausfallhaftung plädieren: *Fabritius*, ZHR 144 (1980), 628, 635; *Immenga*, ZGR 1975, 487, 491; *Kleffner*, 1994, S. 182.

[87]Hachenburg/*Goerdeler/Müller*, § 30 Rdnr. 63; Baumbach/Hueck/*Fastrich*, § 30 Rdnr. 11.

schaften und Rücklagen zu bilden. Schließlich hatte die VOZ entgegen ihrer vertraglichen Verpflichtung zu keiner Zeit etwaige Jahresüberschüsse ausgezahlt.[88]

Demgegenüber lassen sich den Entscheidungen *„TBB"*, *„Architekten-Konzern"*, *„Stahl-Alu-O. & Sohn"*, *„Stahlschutz"* und *„KAUG-Zahlungen"* Anhaltspunkte dafür finden, dass eine Auszahlung *gebundenen* Vermögens gerade nicht erfolgte: Im *„TBB"*-Fall erteilte der beklagte Unternehmens-Gesellschafter die Saldenverrechnungsermächtigung zwei Jahre *vor* der Insolvenz der Unternehmensgruppe.[89] Im *„Architekten-Konzern"*-Urteil[90] war die abhängige GmbH dazu in der Lage, den Beklagten zur Sicherung von Honoraransprüchen (über ca. 100.000 DM) Werklohnforderungen in Höhe von insgesamt etwa 2 Mio. DM abzutreten. Im Fall *„Stahl-Alu-O. & Sohn"* erzielte die betroffene B-GmbH im Jahre 1989 noch Umsatzerlöse von rund 1,4 Mio. DM und war damit zumindest zu Beginn der mit dem Ziel des „Auslaufenlassens" verbundenen Aktivitäten des Beklagten im Jahre 1990 wirtschaftlich gesund.[91] Auch in der *„Stahlschutz"*-Entscheidung des BAG spricht die Sachverhaltsbeschreibung, wonach sich im Herbst und Winter 1982/83 die Auftragslage verschlechterte und seit Dezember 1983 die Löhne nur noch unregelmäßig gezahlt wurden,[92] gegen die Annahme, dass die im Geschäftsjahr 1981 ausgewiesenen überhöhten Zahlungen für Fremdleistungen das Stammkapital der H-GmbH bereits tangiert hatten. Im Fall *„KAUG-Zahlungen"* schließlich geriet die GmbH & Co. KG erst durch die Nichteinbringbarkeit von offenen Forderungen in Höhe von rd. 1,4 Mio. DM gegen ihre Hauptschuldnerin, die R-OHG, in wirtschaftliche Schwierigkeiten.[93]

In den letztgenannten Fällen wären die §§ 30, 31 GmbHG somit nicht einschlägig.

b) Überlegungen zur teleologischen Erweiterung des Anwendungsbereichs der Kapitalschutzregeln

Um den Schutz der GmbH vor schädigenden Eingriffen der Gesellschafter in das Gesellschaftsvermögen zu erhöhen, werden im Schrifttum verschiedene Vorschläge zur teleologischen Erweiterung des Auszahlungsverbotes des § 30 Abs. 1 GmbHG über seinen Wortlaut hinaus diskutiert:

---

[88]BGHZ 95, 330, 337, 339.
[89]BGHZ 122, 123, 128f.
[90]BGH, NJW 1995, 1544, 1545.
[91]GmbHR 1997, 220, 221.
[92]GmbHR 1994,625.
[93]BSG, GmbHR 1995, 46, 49.

aa) Ausdehnung des Auszahlungsverbotes auf „existenzgefährdende Leistungen" oberhalb der Stammkapitalgrenze

Fleck leitet aus dem Gesichtspunkt des Gläubigerschutzes ein Verbot für Auszahlungen und ihnen wirtschaftlich entsprechende Vermögensdispositionen auch oberhalb der Stammkapitalgrenze ab, wenn dadurch betriebsnotwendiges Vermögen angegriffen und die *Existenz* der Gesellschaft in so hohem Maße *gefährdet* wird, dass ihr wirtschaftlicher Zusammenbruch in naher Zukunft mit hoher Wahrscheinlichkeit zu erwarten ist.[94]

Auch *Ulmer*[95] möchte in Fällen der *Bestandsgefährdung* einer GmbH das Kapitalauszahlungsverbot des § 30 Abs. 1 GmbHG bereits greifen lassen, wenn das - auf der Grundlage von am going-concern-Prinzip ausgerichteten Bewertungsmaßstäben - festgestellte Gesellschaftsvermögen noch Rücklagen in Höhe der Auszahlungen aufweist. Hierzu wählt er einen bilanztechnischen Lösungsansatz: In Fällen *existenzgefährdender* Auszahlungen an Gesellschafter soll die im Rahmen des § 30 Abs. 1 GmbHG erforderliche Vermögensbilanzierung nicht mehr unter der Prämisse der Unternehmens*fortführung* erfolgen, d.h. die Vermögensgegenstände wären nicht nach den aus der Jahresbilanz fortgeschriebenen Wertansätzen zu bemessen, sondern nach ihren niedrigeren Liquidationswerten.

Ob diese Bemühungen zur teleologischen Ausweitung des Anwendungsbereiches der GmbH-rechtlichen Kapitalschutzregeln im Normzweck der §§ 30, 31 GmbHG eine Stütze finden können, ist zweifelhaft,[96] kann hier aber dahingestellt bleiben. *Ulmer* dehnt den Zeitraum *verbotener* Auszahlungen auf den Zustand der *Existenzgefährdung* der GmbH aus und erweitert den haftungsauslösenden Tatbestand damit um einen unbestimmten Rechtsbegriff, dessen Ausfüllung neue Abgrenzungsprobleme aufwirft. Selbst wenn man seinem Vorschlag folgte, würde dies den Schutz der von ihrem Unternehmens-Gesellschafter qualifiziert beherrschten abhängigen GmbH nicht wesentlich erhöhen. Denn die hohe Intensität und Dichte der in diesen Fallkonstellationen ausgeübten Leitungsmacht hat zur Folge, dass sich einzelne, vom herrschenden Unternehmens-Gesellschafter veranlasste Vermögenstransaktionen nicht mehr isoliert feststellen und bewerten lassen. Diese Nachweisschwierigkeiten schließen auch den Zeitpunkt ihrer Vornah-

---

[94]*Fleck*, ZGR 1990, 31, 36 f.; *ders.*, in: FS 100 Jahre GmbH-Gesetz, S. 391, 398 f. Ihm im Ergebnis zustimmend, allerdings vorwiegend auf einen *gegenstandsbezogenen* Vermögensschutz (Abgabe betriebsnotwendiger Maschinen, Patente, aber auch Liquidität) abstellend: *Lutter/Hommelhoff*, § 30 Rdnr. 5.

[95]*Ulmer*, in: FS Pfeiffer, 1988, S. 853, 868 f.; Scholz/*Westermann*, 2000, § 30 Rdnrn. 14, 16.

[96]Kritisch *Kleffner*, 1994, S. 95 f. Ausführliche Erörterungen zum Normzweck der Kapitalschutzregeln der §§ 30 ff. GmbHG folgen unter GP 3. Teil, § 1 D. II. 3. b) bb), S. 213 ff.

me ein und lassen sich durch eine partielle Erweiterung des haftungsauslösenden Zeitraumes nicht beseitigen.

bb) Analoge Anwendung des § 31 Abs. 1 GmbHG auf verdeckte Gewinnausschüttungen

Vereinzelt wird im Schrifttum eine analoge Anwendung des Rückgewähranspruchs des § 31 Abs. 1 GmbHG auf sogenannte *verdeckte Gewinnausschüttungen* (vGA) propagiert.[97] Dabei geht der hier im gesellschaftsrechtlichen Kontext[98] gebrauchte Begriff über die Definition einer Auszahlung i.S.d. § 30 GmbHG hinaus und umfasst jede Vermögenszuwendung der Gesellschaft an einen ihrer Gesellschafter, der keine gleichwertige Gegenleistung gegenübersteht, unabhängig davon, ob durch diese Leistung das zur Erhaltung des Stammkapitals erforderliche Gesellschaftsvermögen tangiert wird.[99]

Für einen solchen Analogieschluss besteht allerdings kein Bedürfnis.[100] Die Auszahlung von Gesellschaftsvermögen an Gesellschafter jenseits einer ordnungsgemäßen Gewinnverteilung gem. § 29 GmbHG verstößt gegen gesellschaftsinterne Pflichtenbindungen und unterliegt daher klassischen zivilrechtlichen und gesellschaftsrechtlichen Schutzinstrumenten. Zu denken ist hier etwa an einen Bereicherungsanspruch der Gesellschaft gem. § 812 BGB für den Fall, dass einer Vermögenszuwendung an einen Gesellschafter kein wirksamer Gesellschafterbeschluss gem. §§ 29, 46 Nr. 1 GmbHG zugrunde liegt.[101] Bei Verstößen gegen den Gleichheitsgrundsatz kommen Unterlassungs- oder Beseitigungsansprüche in Betracht. Setzt ein Gesellschafter seinen beherrschenden Einfluss dazu ein, sich zu

---

[97] *Flume*, 1983, § 8 IV 2 e, S. 294 f.; ebenso *Lutter/Hommelhoff*, § 29 Rdnrn. 50 ff.; *Schneider*, ZGR 1985, 279, 285. *Winter*, ZHR 148 (1984), 579, 601, bejaht die analoge Anwendung des § 31 Abs. 1 GmbHG auf einen solchen, unter Verstoß gegen gesellschaftsrechtliche Bindungen erlangten Vermögensvorteil, stützt sich zu ihrer Begründung aber auf die Verletzung von innergesellschaftlicher Kompetenzverteilung, Gleichbehandlungsgrundsatz und Treuepflicht; damit bleibt offen, ob er mit dem Rückgriff auf eine Analogie zu § 31 GmbHG nur eine Rechtsfolgen- oder auch eine Rechtsgrundverweisung befürwortet.

[98] Ursprünglich stammt der Begriff aus dem Steuerrecht und dient hier der Identifikation des körperschaftssteuerpflichtigen Gewinns einer Gesellschaft in bezug auf vermögenswerte Leistungen, die diese ihren Gesellschaften außerhalb der Verteilung des Jahresergebnisses gem. § 29 GmbHG, also gewissermaßen **"verdeckt"** zuwendet.

[99] Scholz/*Westermann*, 2000, § 30 Rdnr. 3; *Lutter/Hommelhoff*, § 29 Rdnr. 50; Baumbach/Hueck/*Fastrich*, § 29 Rdnr. 76; *Winter*, ZHR 148 (1984), 579, 601.

[100] Scholz/*Emmerich*, 2000, § 29 Rdnr. 103 f.; *Hager*, ZGR 1989, 71, 76 ff., 87 ff.; Baumbach/Hueck/*Fastrich*, § 29 Rdnr. 76; *Schmidt*, 1997, § 37 III 2 d, S. 1138 f.; Scholz/*Westermann*, 2000, § 30 Rdnr. 22.

[101] *Schmidt*, 1997, § 37 III 2 d, S. 1138 f.; Baumbach/Hueck/*Fastrich*, § 29 Rdnr. 76.

Lasten der GmbH einen Sondervorteil zu verschaffen, so verletzt er unter Umständen seine gesellschaftliche Treuepflicht und macht sich schadensersatzpflichtig.

3. Gesellschafter als Adressat des Auszahlungsverbots

Das Auszahlungsverbot des § 30 Abs. 1 GmbHG richtet sich gegen den Gesellschafter.

Betrachtet man die Sachverhalte der einschlägigen Konzernhaftungs-Entscheidungen, so fällt auf, dass in zahlreichen Fällen[102] die Vermögenszuwendung nicht unmittelbar an den Unternehmens-Gesellschafter selbst, sondern an Schwestergesellschaften der geschädigten Gesellschaften mbH erfolgte. Da diesen keine Gesellschafterstellung zukommt, stellt sich die Frage, ob auch derartige Vermögensverschiebungen dem Anwendungsbereich der §§ 30, 31 GmbH unterfallen.

In Rechtsprechung[103] und Literatur[104] ist grundsätzlich anerkannt, dass Leistungen an Nichtgesellschafter den Kapitalschutzregelungen unterfallen können, wenn zwischen dem empfangenden Dritten und dem Gesellschafter eine besondere *Nähebeziehung* besteht, wie sie sich etwa aus verwandtschaftlicher oder wirtschaftlicher Verbundenheit ergeben kann.

Ein solches - auf einer wirtschaftlichen Einheit beruhendes - Näheverhältnis kommt insbesondere bei verbundenen Unternehmen i.S.d §§ 15 ff. AktG in Betracht.[105] Nach einhelliger Meinung führt die mit dem besonderen wirtschaftlichen *Näheverhältnis* begründete Zurechnung der unmittelbar an eine Konzern-

---

[102] "Tiefbau", "Video", "TBB", "Stahl-Alu-O.& Sohn GmbH", "Fertighaus", BGH, Beschluss v. 3.11.1997, "Stahlschutz", "Sanierungs-KG", "Möbel-KG", "KAUG-Zahlungen", OLG Düsseldorf, Urteil v. 26.11.1998, OLG München, Urteil v. 3.12.1997, OLG Dresden, Urteil v. 19.12.1996, OLG Oldenburg, Urteil v. 24.10.1996, OLG Bamberg, Urteil v. 10.5.1995.

[103] BGHZ 81, 311, 315; BGHZ 81, 365, 368; BGH, WM 1986, 237, 239; BGH, NJW 1991, 1057, 1059.

[104] Roth/*Altmeppen*, § 30 Rdnr. 17; *Fleck*, in: FS 100 Jahre GmbH-Gesetz, 1992, S. 391, 412 ff.; Hachenburg/*Goerdeler/Müller*, § 30 Rdnr. 52; *Lutter/Hommelhoff*, § 30 Rdnr. 25; Baumbach/Hueck/*Fastrich*, § 30 Rdnr. 17; Rowedder/*Rowedder*, § 30 Rdnr. 16; Scholz/*Westermann*, 2000, § 30 Rdnrn. 28 f.

[105] BGHZ 81, 365, 368; BGH, GmbHR 1986, 113, 114; Roth/*Altmeppen*, § 30 Rdnr. 31; *Lutter/Hommelhoff*, § 30 Rdnr. 25; Baumbach/Hueck/*Fastrich*, § 30 Rdnr. 17; *Jaschinski*, 1997, S. 205; *Schneider*, ZGR 1985, 279, 297; Baumbach/Hueck/*Zöllner*, Schlussanh. I, GmbH-Konzernrecht, Rdnrn. 84 f.

tochtergesellschaft geflossene Leistung an die Gesellschafterin (Konzernmutter) zu ihrer Rückerstattungspflicht gem. § 31 Abs. 1 GmbHG.[106]

Allerdings ginge es zu weit, wollte man jede Leistung an ein Unternehmen des Konzernverbundes allen anderen Konzernmitgliedern zurechnen und diese somit der Erstattungspflicht des § 31 Abs. 1 GmbH unterwerfen.[107] Eine solch weitgehende Ausdehnung des Anwendungsbereichs der §§ 30, 31 GmbHG würde die rechtliche Selbständigkeit der einzelnen Konzernunternehmen völlig außer Acht lassen.

Es bedarf daher der Herausbildung eines besonderen Zurechnungsgrundes. Teilweise knüpft man hier an eine *Veranlassung* der Leistung *durch* den Gesellschafter an,[108] wobei diese zu vermuten sein soll, wenn zwischen Gesellschafter und Zuwendungsempfänger eine Unternehmensverbindung i.S.d. §§ 15 ff. AktG besteht.[109]

Andere Literaturstimmen verlangen, dass die Leistung an das Drittunternehmen im Ergebnis zu einer (mittelbaren)*Vorteilsgewährung* an den Gesellschafter führt.[110] Dieser Vorteil wird nicht schon durch die Werterhöhung seines Beteiligungsanteils an der leistungsempfangenden Tochtergesellschaft begründet, da diese mit einer entsprechenden Wertminderung auf Seiten der leistenden Gesellschaft korrespondiert.[111] *Jaschinski*[112] stellt daher das zusätzliche Erfordernis auf, dass die Muttergesellschaft Einfluss auf die *Gewinnverwendung* in der empfangenden Konzerngesellschaft besitzt und damit indirekt einen Zugriff auf die

---

106 BGHZ 81, 365, 367; Roth/*Altmeppen*, § 29 Rdnr. 58; Baumbach/Hueck/*Fastrich*, § 31 Rdnr. 12; *Jaschinski*, 1997, S. 212; Rowedder/*Rowedder*, § 31 Rdnr. 7; *Schmidt*, 1997, § 37 III 2 e; Scholz/*Westermann*, 2000, § 30 Rdnr. 35. Kritisch: *Schneider*, ZGR 1985, 279, 299.

107 *Fleck*, in: FS 100 Jahre GmbH-Gesetz, 1992, S. 391, 415; Scholz/*Westermann*, 2000, § 30 Rdnr. 34.

108 *Fleck*, in: FS 100 Jahre GmbH-Gesetz, 1992, S. 391, 416; Baumbach/Hueck/*Hueck*, § 31 Rdnr. 12; *Messer*, ZHR 159 (1995), 375, 377; *Schneider*, ZGR 1985, 279, 297; *Ulmer*, ZHR 148 (1984), 391, 401; Scholz/*Westermann*, 2000, § 30 Rdnr. 35. Gegen das Kriterium einer Veranlassung sprechen sich aus: *Flume*, 1983, § 8 IV 2 e, S. 296; *Jaschinski*, 1997, S. 206; *Kleffner*, 1994, S. 82; *Kühbacher*, 1993, S. 67 ff.; *Willburger*, 1994, S. 174; *Winter*, ZHR 148 (1984), 579, 591; Baumbach/Hueck/*Zöllner*, Schlussanh. I, GmbH-KonzernR, Rdnr. 85.

109 BGHZ 81, 311, 315 für den Fall eines eigenkapitalersetzenden Gesellschafterdarlehens unter Bezugnahme auf die im RegE zur GmbH-Novelle 1977 geplanten Gleichstellung von Forderungen der Gesellschafter mit Forderungen eines mit einem Gesellschafter oder der Gesellschaft verbundenen Unternehmens in § 30 Abs. 5; BGH, NJW 1984, 1036. *Fleck*, in: FS 100 Jahre GmbH-Gesetz, 1992, S. 391, 415; *Schneider*, ZGR 1985, 279, 297; auch *Willburger*, 1994, S. 174 geht von einer widerleglichen Vermutung für eine Veranlassung aus, knüpft diese aber an eine zumindest indirekte persönliche Vorteilsgewährung an den Gesellschafter.

110 *Döllerer*, 1990, S. 51; *Jaschinski*, 1997, S. 208 ff.; *Kleffner*, 1994, S. 80 f.

111 *Jaschinski*, 1997, S. 209; Scholz/*Westermann*, 2000, § 30 Rdnr. 35.

112 *Jaschinski*, 1997, S. 209 ff.

Leistung hat. Da die Intensität der Einflussnahme des herrschenden Unternehmens in den verschiedenen Konzernierungsformen differiert, soll eine unwiderlegliche Vermutung für eine derartige *mittelbare* Vorteilserlangung zu Lasten der Muttergesellschaft nur im Falle des Bestehens eines Vertragskonzerns oder eines qualifizierten faktischen Konzerns greifen, den einfachen faktischen Konzern aber nicht einschließen.[113]

Eine abschließende Klärung der Frage, welchem der oben genannten Zurechnungskriterien der Vorzug zu geben ist, kann hier unterbleiben, da die Sachverhalte der analysierten Konzerhaftungs-Entscheidungen hinreichende Aussagen sowohl für eine *Veranlassung* der verbotenen Vermögenstransaktionen durch den Unternehmens-Gesellschafter (dieser war - zumindest nach wirtschaftlicher Betrachtung - in allen Fällen Alleingesellschafter) als auch für eine mittelbare *Vorteilsgewährung* an diesen enthalten.

4. Notwendigkeit einer gegenstandsbezogenen Rückabwicklung gem. § 31 Abs. 1 GmbHG

Die Gesellschaft kann nach § 31 Abs. 1 GmbHG vom begünstigten Gesellschafter die Rückgewähr der geleisteten „Zahlungen“ verlangen. Dies bezieht sich nach h.M. auf das unter Verstoß gegen § 30 Abs. 1 GmbHG „Erlangte“, sieht also eine gegenstandsbezogene Rückabwicklung vor.[114]

Damit setzt der Rückerstattungsanspruch des § 31 Abs. 1 GmbHG voraus, dass die an den begünstigten Gesellschafter geflossenen Leistungen konkret nachgewiesen werden müssen, d.h. gegenständlich im einzelnen erfasst und wertmäßig beziffert werden können.

Gerade hier liegt in den Fällen qualifizierter faktischer Konzernherrschaft die Schwachstelle, wie ein Blick auf die einschlägigen Judikate beweist: Lediglich in den Fällen *„Tiefbau“*, *„Architekten-Konzern“* und *„Sanierungs-KG“* wurden Auszahlungen nach Art und Höhe konkret festgestellt. In allen anderen Entschei-

---

[113] Zu einer ähnlichen Abgrenzung - allerdings bezogen auf das Merkmal der "wirtschaftlichen Einheit" i.S. einer Nähebeziehung - kommen auch *Sonnenhol/Groß*, ZHR 159 (1995), 388, 402, die allerdings für die einfache Unternehmensverbindung gem. §§ 15 ff. zumindest eine *widerlegliche* Vermutung sprechen lassen wollen.

[114] Baumbach/Hueck/*Fastrich*, § 31 Rdnr. 13; Hachenburg/*Goerdeler/Müller*, § 31 Rdnr. 12; *Lutter/Hommelhoff*, § 31 Rdnr. 7; Rowedder/*Rowedder*, § 31 Rdnr. 9; *Ulmer*, in: FS 100 Jahre GmbH-Gesetz, 1992, S. 363, 376 ff.; Scholz/*Westermann*, 2000, § 31 Rdnr. 2. A.A. *Joost*, ZHR 148 (1984), 27, 53 f., der sich für einen grundsätzlich in Geld bestehenden Wertausgleichsanspruch ausspricht.

dungen fehlen Angaben, die eine Konkretisierung der Erstattungsansprüche ermöglichen. Dies wird in den Entscheidungsgründen teilweise ausdrücklich mit einer mangelhaften Buchführung bzw. deren vollständiger Nichtvorlage erklärt,[115] ein Beleg dafür, dass die vereinzelt im Schrifttum vertretene Auffassung,[116] verdeckte Gewinnausschüttungen im Konzern seien immer und verhältnismäßig einfach über die Buchhaltung kontrollierbar, nicht haltbar ist. In anderen Fällen erfolgte eine Rückverweisung an das Berufungsgericht zur weiteren Sachaufklärung.[117] In der Mehrzahl der Fälle hat sich das erkennende Gericht mit der Erörterung von Einzelausgleichsersatzansprüchen gar nicht beschäftigt. Dies wird verständlich, führt man sich die jeweiligen Motive vor Augen, die der beklagte Unternehmens-Gesellschafter seiner Einflussnahme auf die Geschäftsführung der abhängigen Gesellschaften mbH zugrundegelegt hatte. Sowohl die Fälle der einseitigen **Verlagerung von Marktrisiken** auf die Tochtergesellschaft (*„EDV“*, *„Freiberufler-Konzern“*, *„Fertighaus“*, *„Möbel-KG“*, *„Sächsisches Porzellanwerk Freiberg GmbH“*) als auch die Sachverhaltsgestaltungen, die ein **„Auslaufenlassen“** der Gesellschaft durch Bildung einer GmbH-Staffette behandeln (*„Video“*, *„Stahl-Alu-O. & Sohn“*, BGH Beschluss v. 3.11.1997, OLG München, Urteil v. 3.12.1997, OLG Oldenburg, Urteil v. 24.10.1996, OLG Bamberg, Urteil v. 10.5.1995) zeichnen sich durch eine *vollständige Usurpation* der abhängigen Gesellschaften zugunsten anderer Konzernunternehmen aus. Diese vollzieht sich in einem dauerhaften Prozess umfassender und damit unkontrollierbarer Einflussnahme auf die Geschäftsführung der abhängigen Konzerntöchter. Die schädigenden Auswirkungen dieser vollständigen Einverleibung lassen sich weder ihrer Art nach isolieren noch wertmäßig erfassen. Ein auf Einzelausgleich gerichteter Ersatzanspruch - wie ihn § 31 GmbHG darstellt - ist hier zum Scheitern verurteilt.

II. Ergebnis der Tatbestandsanalyse

Die Analyse der Tatbestandsmerkmale der §§ 30, 31 GmbHG hat ergeben, dass die Kapitalerhaltungsregeln des GmbH-Rechts nicht dazu in der Lage sind, der qualifiziert beherrschten GmbH ausreichenden Schutz vor schädigenden Einflussnahmen seitens ihres herrschenden Unternehmens-Gesellschafters zu gewähren. Bereits tatbestandsmäßig scheiden verschiedene, für den Unternehmensverbund typische Konzernleitungsmaßnahmen (konzernintegrierende Strukturmaßnahmen;

115"Autokran", BGHZ 95, 330, 338; "Stahlschutz", BAG, GmbHR 1994, 625.

116So Rowedder/*Koppensteiner*, 2. Aufl. 1990, Anh § 52 Rdnr. 61; *Willburger*, 1994, S. 176.

117"TBB", BGHZ 122, 123, 132; "KAUG-Zahlungen", BSG, GmbHR 1995, 46; "Stahl-Alu-O. & Sohn", BGH, GmbHR 1996, 366.

funktionelle „Indienstnahme“ der Tochtergesellschaft, gezieltes „Auslaufenlassen“ der abhängigen GmbH) aus dem Anwendungsbereich der §§ 30, 31 GmbHG aus.

Darüber hinaus treten erhebliche Nachweisschwierigkeiten auf, wenn das herrschende Unternehmen seine Leitungsmacht über die abhängige GmbH dauernd und umfassend ausübt. Wegen der Dichte der Einflussnahme werden die Verhältnisse so unübersichtlich, dass sich die Fremdsteuerung der abhängigen GmbH seitens des herrschenden Unternehmens-Gesellschafters nicht mehr in einzelne, in ihren Auswirkungen quantifizierbare, Geschäftsführungsakte aufspalten lässt. Damit versagt das auf Einzelausgleich ausgerichtete Haftungssystem der § 30 f. GmbHG.

III. Behebbarkeit der Nachweisschwierigkeiten mit Hilfe des Zivilprozessrechts?

Altmeppen[118] glaubt dem Problem der Unkontrollierbarkeit von Konzernleitungsmacht bei qualifizierter Beherrschung im Hinblick auf die Einhaltung des Stammkapitalerhaltungsgebots mit beweisrechtlichen Mitteln begegnen zu können. Zum Nachweis des haftungs*begründenden* Tatbestandes verlangt er zunächst, dass die Gläubiger an Einzelbeispielen darlegen, dass in der GmbH vor ihrer Insolvenz zugunsten des herrschenden Gesellschafters oder ihm nahestehender Personen/Konzernunternehmen nicht so gewirtschaftet wurde, wie dies marktwirtschaftlichen Grundsätzen entspricht. An eine solche „unwirtschaftliche Betriebsführung“ knüpft er den **Anscheinsbeweis**, dass sie nach der Lebenserfahrung zunächst zu Verlusten bei der GmbH und letztlich zu ihrer Insolvenz führte. Da die Undurchschaubarkeit der vom herrschenden Unternehmens-Gesellschafter gesteuerten GmbH-Geschäftsführung es den Gläubigern aber regelmäßig auch unmöglich machen wird, darzulegen, ob und über welchen Zeitraum hinweg die marktwirtschaftlichen Grundsätze in der GmbH entgegen §§ 30, 31 GmbHG zugunsten des „Konzerns“ missachtet wurden, soll es nach *Altmeppen* des weiteren genügen, Indizien hierfür ins Feld zu führen. Als geeignetes Indiz kommt seiner Meinung nach in erster Linie eine dem herrschenden Unternehmens-Gesellschafter zurechenbare Störung der Kontrollmöglichkeit seiner Einflussnahme in Betracht, welche sich in einer nicht ordnungsgemäßen Buchführung dokumentiert.

Dieser beweisrechtliche Lösungsansatz *Altmeppens* stößt auf erhebliche Bedenken. Bereits aus materiellrechtlicher Sicht ist ihm entgegenzuhalten, dass er - wie

---

[118] Roth/*Altmeppen*, Anh § 13 Rdnrn. 132, 136, 155 f., 177 ff.; *ders.*, DB 1994, 1912, 1915 f.

oben dargelegt - die Grenzen des Tatbestandsmerkmals der „verbotenen Auszahlung" gem. § 30 Abs. 1 GmbHG missachtet, wenn er bereits ein „gegen marktwirtschaftliche Grundsätze" verstoßendes Geschäftsleitungsverhalten als tatbestandsmäßig erachtet. Aber auch der von ihm propagierte Rückgriff auf verschiedene, dem Bereich der *subjektiven Beweislast* angehörende,[119] Beweiserleichterungen vermag den zwingenden Schluss auf die zu beweisende Haupttatsache nicht zu rechtfertigen, wonach die bei der qualifiziert beherrschten GmbH eingetretenen, in ihrer Insolvenz endenden, Verluste auf kontinuierlich begangene Verstöße ihres herrschenden Gesellschafters gegen das Stammkapitalerhaltungsgebot zurückzuführen sind.

Man mag *Altmeppen* zwar darin zustimmen, dass ein Erfahrungssatz im Sinne einer **Anscheinsbeweisregel** dafür fruchtbar zu machen ist, dass eine „gegen marktwirtschaftliche Grundsätze" verstoßende Betriebsführung zu Vermögensverlusten bei der beherrschten GmbH führt. Dieser prima-facie-Beweis lässt aber - wie *Altmeppen* selber einräumt[120] - nicht den Schluss darauf zu, dass es über die mit Einzelbeispielen belegten Fälle unwirtschaftlicher Betriebsführung hinaus weitere kapitalsicherungswidrige Vorkommnisse oder sogar einen dahingehenden „Dauerzustand" gegeben hat. Noch schwerwiegender wirkt aber der Umstand, dass die Gläubiger der qualifiziert beherrschten GmbH wegen ihres fehlenden Einblicks in die Verhältnisse des herrschenden Unternehmens-Gesellschafters regelmäßig gar nicht erst dazu in der Lage sein werden, konkrete Einzelfälle einer unwirtschaftlichen Betriebsführung darzulegen und zu beweisen und damit den prima-facie-Beweis auszulösen. *Altmeppen* will diesem „Beweisnotstand" mit einer „Intransparenzhaftung" begegnen. Bestehe **Undurchsichtigkeit** bezüglich der Frage, „ob und über welchen Zeitraum hinweg und mit welchen konkreten Auswirkungen zum Nachteil der Gläubiger die marktwirtschaftlichen Grundsätze in der GmbH (entgegen §§ 30, 31) zugunsten ihres Gesellschafters oder ihm nahestehender Personen/Unternehmen mißachtet wurden", so müssten Indizien herangezogen werden, die auf die unwirtschaftliche Betriebsführung schließen ließen.[121] Eine solche Indizwirkung weist er der Feststellung einer, dem herrschenden Unternehmens-Gesellschafter zuzurechnenden, mangelhaften Buchführung in der GmbH zu. Diese Auffassung findet in prozessualen Grundsätzen zur Beweiserleichterung aber keine Stütze.

---

[119] A.A. Zöller/*Greger*, 1999, Vor § 284 Rdnrn. 28, 33, § 286 Rdnr. 20, der den "Beweiserleichterungen" keine prozessuale, das (Regel-)Beweismaß reduzierende Wirkung zuschreibt, sondern ihnen die Rolle einer richterrechtliche Modifizierung von schwer beweisbaren Tatbestandsmerkmalen des materiellen Rechts zuweist.

[120] DB 1994, 1912, 1916.

[121] Roth/*Altmeppen*, Anh § 13 Rdnr. 178.

Aus beweisrechtlicher Sicht könnte der Verstoß gegen Dokumentationspflichten als ein beweisvereitelndes Verhalten gewertet werden. Die **Beweisvereitelung** beschreibt ein vorsätzliches oder fahrlässiges Verhalten des Gegners der beweispflichtigen Partei, das es dieser unmöglich macht, den ursprünglich möglichen Beweis zu erbringen.[122] Eine in die Verantwortung des Unternehmens-Gesellschafters fallende fehlerhafte oder unvollständige Buchführung wäre demnach als Beweisvereitelung zu werten, wenn die klagende GmbH (oder ihre Gläubiger) die Möglichkeit gehabt hätte, mit Hilfe einer ordnungsgemäß geführten Dokumentation den Beweis für kapitalsicherungswidrige Eingriffe seitens der „Konzernspitze" zu führen. Dies ist, wie ein Blick auf die gesetzlichen Dokumentationspflichten der GmbH beweist, der Fall: Gemäß § 41 GmbHG sind die Geschäftsführer einer GmbH dazu verpflichtet, für die ordnungsgemäße Buchführung der Gesellschaft zu sorgen. Diese Pflicht zielt darauf ab, die Vermögenslage der Gesellschaft ersichtlich zu machen, § 238 Abs. 1 S. 1 HGB. Zu diesem Zweck werden alle Zu- und Abflüsse an Werten des Geschäftsvermögens dokumentiert und über alle Geschäftsvorfälle Rechenschaft abgelegt, wobei diese sich in ihrer Entstehung und Abwicklung verfolgen lassen müssen, § 238 Abs. 1 S. 3 HGB. Des weiteren sind gem. § 257 Abs. 1 Ziff. 2-4 HGB die Geschäftskorrespondenz und die Buchungsbelege sechs Jahre aufzubewahren. Ergänzend zur Buchführungspflicht ist die Gesellschaft zur Erstellung eines jährlichen Inventars verpflichtet, in welchem alle Vermögensgegenstände, Forderungen und Schulden wertmäßig festgestellt werden müssen, sowie zur Aufstellung einer jährlichen Bilanz und einer Gewinn- und Verlustrechnung, § 242 HGB.

In einer ordnungsgemäßen Buchführung sind somit alle Ereignisse dokumentiert, die eine unmittelbare Veränderung des Gesellschaftsvermögens bewirken. Sie vermag den Nachweis für wirtschaftlich unangemessene Rechtsgeschäfte zwischen der GmbH und dem herrschenden Unternehmens-Gesellschafter oder dessen Töchterunternehmen zu erbringen. Auch werden sonstige schädigende Geschäftsführungsmaßnahmen des herrschenden Unternehmens erfasst, die das Gesellschaftsvermögen unmittelbar tangieren (Übernahme von Verbindlichkeiten zugunsten der Konzernmutter oder Schwestergesellschaften). Selbst für den Fall, dass eine Bilanzierung im Sinne einer materiellen Buchung nicht vorgeschrieben ist, da mit der vom herrschenden Unternehmens-Gesellschafter veranlassten Geschäftsführungsmaßnahme eine unmittelbare Vermögensschmälerung noch nicht einhergeht - zu denken ist hier etwa an die Übernahme der Haftung zugunsten von Konzernunternehmen wie sie der „TBB"-Entscheidung zugrunde lag - unter-

---

[122]MünchKomm.-ZPO/*Prütting*, § 286 Rdnr. 77.

liegt die GmbH einer Angabepflicht nach §§ 251, 268 Abs. 7, 285 Nr.3, 298 Abs. 1 Nr.2, 314 Abs. 1 Nr. 6 c HGB.[123]

Die Rechtsfolgen die an eine Beweisvereitelung zu knüpfen sind werden kontrovers diskutiert.

Die weitestgehende Ansicht spricht sich für eine **Beweislastumkehr** aus.[124]

Die Anknüpfung einer derartig weitreichenden, die gesetzlich vorgegebene Risikoverteilung umkehrenden Rechtsfolge an ein beweisvereitelndes Verhalten wird aber zu Recht abgelehnt.[125] Sie würde zu einer unzulässigen Auflösung der Grenzziehung zwischen den Ebenen der normativ bestimmten Beweislastverteilung einerseits und der Beweiswürdigung andererseits führen.

Praxisnäher und überzeugender argumentiert dagegen die Auffassung, die an eine Beweisvereitelung die widerlegbare *Vermutung* der Richtigkeit der Behauptungen der beweisbelasteten Partei knüpft; der Richter darf in diesen Fällen entgegen § 286 ZPO auch dann vom Vorliegen einer Behauptung ausgehen, wenn er sich vom Vorliegen der Tatsache nicht hat überzeugen können.[126] Dieses Ergebnis rechtfertigt *Prütting* zutreffend mit einem Analogieschluss zu den §§ 427, 441 Abs.3, 444, 446, 453 Abs.2, 454 Abs. 1 ZPO.

Diese *Richtigkeits*-Fiktion kann aber nur an die Behauptung *konkreter* Einzeltatsachen anknüpfen. Gerade dies ist in Fällen qualifizierter Beherrschung aber nicht möglich. Hier steht in der Regel nur das Ergebnis der dauerhaften Einflussnahme des herrschenden Unternehmens-Gesellschafters auf die Geschäftsführung der abhängigen GmbH fest, nämlich der Eintritt von Vermögensverlusten bis hin zu ihrer Insolvenz. Die diesen desolaten Zustand verursachenden Einzeleingriffe bleiben demgegenüber im Dunkeln. Die rein punktuell wirkenden Beweisverei-

---

[123]So *Greiffenhagen*, Wpg. 1993, 525,530 f.

[124]So die ältere Rechtsprechung, BGHZ 6, 224. In diese Richtung argumentierte ursprünglich auch *Altmeppen* (1991, S. 68 f.), der dem geschäftsführenden Alleingesellschafter einer GmbH, der gegen die Grundsätze ordnungsgemäßer Buchführung verstoßen hat, im Falle der Insolvenz seiner GmbH die Pflicht auferlegen wollte, zu beweisen, dass die Vermögenslosigkeit nicht auf verbotener Einlagenrückgewähr oder anderem pflichtwidrigen Verhalten beruht. Gelänge ihm der Nachweis "rechtmäßigen Verhaltens" nicht, so führte dies zu Ersatzansprüchen der GmbH gegen ihren Gesellschafter gem. §§ 30, 31 GmbHG. Zur Begründung dieser Beweislaständerung bezog er sich auf das Verbot des venire contra factum proprium. In seinen späteren Beiträgen zu diesem Thema (DB 1994, 1912, 1916; Roth/*Altmeppen*, Anh § 13 Rdnrn. 178 f.) greift er diesen Lösungsansatz allerdings - zumindest explizit - nicht mehr auf.

[125]MünchKomm.-ZPO/*Prütting*, § 286 Rdnr. 80.

[126]MünchKomm.-ZPO/*Prütting*, § 286 Rdnr. 86.

telungsgrundsätze vermögen diesem „Beweisnotstand" folglich nicht abzuhelfen.[127]

B. Die Vorbelastungshaftung der Gründergesellschafter

Es stellt sich die Frage, ob die rechtsfortbildend entwickelte Vorbelastungshaftung geeignete Ansätze dazu liefern kann, die schadensstiftende Ausübung intensiver Konzernleitungsmacht durch das herrschende Unternehmen haftungstechnisch zu sanktionieren.

I. Inhalt der Vorbelastungshaftung

Der Schutz des GmbH-Gesellschaftskapitals wird ergänzt durch die rechtsfortbildend entwickelte **Vorbelastungshaftung.**[128] Diese betrifft diejenigen Verbindlichkeiten, die im Gründungsstadium der GmbH entstanden sind.

Nach dem grundlegenden BGH-Urteil vom 9.3.1981[129] haften die Gründungsgesellschafter einer GmbH ihrer Gesellschaft gegenüber unbeschränkt für die Differenz zwischen dem Stammkapital (abzüglich solcher Gründungskosten, die der Sache nach zu Lasten der GmbH gehen) und dem tatsächlichen Wert des Geschäftsvermögens im Zeitpunkt der Eintragung. Da es sich hier um eine einlageähnliche Haftung handelt, werden die Gesellschafter nicht gesamtschuldnerisch, sondern - ihrer Beteiligungsquote entsprechend - anteilig zur Verantwortung gezogen, wobei sich ihre Haftsumme allerdings durch eine Ausfallhaftung gem. § 24 GmbHG erhöhen kann.

Rechtsgrund für die Vorbelastungshaftung ist nach herrschender Lehre der *Unversehrtheitsgrundsatz.*[130] Auf diese dogmatische Grundlage stellt ersichtlich auch der BGH ab, wenn er ausführt, es sei „ein Kerngedanke des Kapitalgesellschaftsrechts, die juristische Person nur mit einem garantierten Mindestkapital als der unerlässlichen Betriebs- und Haftungsgrundlage (rechtlich) ins Leben treten zu lassen"; „darauf, daß die GmbH wenigstens im Augenblick ihrer Eintragung,

---

[127] *Reiner*, 1995, S. 312.

[128] Synonym verwandt werden häufig die Begriffe Differenz- oder Unterbilanzhaftung.

[129] BGHZ 80, 129.

[130] Grundlegend *Lutter*, 1964, S. 49 ff., 126 ff.; *Stimpel*, in: FS Fleck, 1988, S. 345, 348; Hachenburg/*Ulmer*, § 11 Rdnr. 81.

in dem sie als solche entstehe, über den öffentlich verlautbarten Haftungsfonds tatsächlich verfüge, soll sich der Rechtsverkehr verlassen dürfen".[131]

Für den automatischen Übergang nichteintragungsnotwendiger Verbindlichkeiten der Vor-GmbH auf die GmbH im Zeitpunkt ihrer Eintragung soll bei Bargründungen allerdings die Einschränkung gelten, dass die Gründer die Geschäftsführer zur vorzeitigen Aufnahme der Geschäftstätigkeit ermächtigt haben. Der BGH verlangt hierfür eine *übereinstimmende* Zustimmung sämtlicher Gründer.[132] Nach anderer Auffassung[133] ist für die Haftung allein maßgeblich, wer das Risiko eigenmächtigen Geschäftsführerhandelns zu tragen habe. Die fehlende Ermächtigung der Gesellschafter führe mithin nur zu einem Ausgleich im Innenverhältnis, nicht aber zu einer Einschränkung der Vertretungsmacht nach außen; der Grundsatz des § 37 GmbHG gelte bereits in der Vor-GmbH.[134]

Die Vorbelastungshaftung ist stichtagsbezogen auf den Zeitpunkt der Handelsregistereintragung ausgerichtet. Ihr Umfang wird ermittelt durch die Aufstellung einer sog. Vorbelastungsbilanz.

II. Eignung der Vorbelastungshaftung zum Schutz der abhängigen GmbH vor Schädigungen durch ihren Unternehmens-Gesellschafter

Beispiele für ein mögliches Eingreifen der Vorbelastungshaftung zu Gunsten der abhängigen GmbH liefern die Urteile *„Tiefbau"* und *„Sächsisches Porzellanwerk Freiberg GmbH"*.

> In der *„Tiefbau"*-Entscheidung übernahm die beherrschte S-GmbH noch im Gründungsstadium den Maschinen- und Fuhrpark des früheren Unternehmensträgers zu einem Preis von 3 Mio. DM. Da sie schon zu diesem Zeitpunkt überschuldet war,[135] ist zu unterstellen, dass das Gesellschaftsvermögen im Zeitpunkt ihrer Handelsregistereintragung eine Unterbilanz mindestens in dieser Höhe aufwies. Die Beklagte als (mittelbare) herrschende Gesellschafterin hielt 96 % der Gesellschaftsanteile, so dass die S-GmbH gegen sie einen Zahlungsanspruch aus der Vorbelastungshaftung in Höhe von ca. 2,9 Mio. DM hätte geltend machen können.

---

[131] BGHZ 80, 129, 136.

[132] BGHZ 80, 129, 139.

[133] *Roth*, ZGR 1984, 597, 609; *Schmidt*, ZHR 156 (1992), 93, 108 f.

[134] *Schmidt*, ZHR 156 (1992), 93, 109.

[135] BGHZ 107, 7, 12.

In der Entscheidung *„Sächsisches Porzellanwerk Freiberg GmbH"*[136] hatte die beklagte GmbH eine 100 %ige Tochter-GmbH mit einem Mindeststammkapital von 50.000,- DM gegründet und auf diese, während sie sich noch im Gründungsstadium befand, einen nicht rentablen Unternehmensbereich übertragen, der mit monatlichen Aufwendungen für Personal- und Materialaufwand in Höhe von ca. 440.000,- DM belastet war. Zum Zeitpunkt der Handelsregistereintragung, der frühestens drei Monate später erfolgte (die Angaben im Entscheidungsabdruck sind widersprüchlich), waren hierdurch bereits Verbindlichkeiten von mindestens 1,3 Mio. DM entstanden, denen keine nennenswerten Einnahmen gegenüberstanden. Auch hier wäre eine Vorbelastungshaftung der Alleingesellschafterin zu bejahen gewesen; das OLG Dresden ging auf diese Fragestellung allerdings nicht ein.

Die genannten Beispiele demonstrieren eindrucksvoll, dass die in die Gründungsphase einer GmbH fallenden Verbindlichkeiten eine beachtenswerte Höhe erreichen können, der Vorbelastungshaftung also ein nicht zu unterschätzender wirtschaftlicher Stellenwert in bezug auf die Aufbringung des Gesellschaftskapitals zukommt. Dem spezifischen Schutzbedürfnis, dem die abhängige oder konzernverbundene GmbH unterliegt, vermag sie aber nicht gerecht zu werden. Hier bedarf es eines Haftungsinstruments, welches dazu geeignet ist, auf die schädigenden Folgen permanent ausgeübter Konzernleitungsmacht in der „fertigen", werbend am Markt agierenden GmbH zu reagieren. Die Vorbelastungshaftung bezieht sich ausschließlich auf ihr Gründungsstadium. Mit der Eintragung der GmbH in das Handelsregister endet ihr Wirkungsbereich.

C. Die Organhaftung

Einige Autoren des rechtswissenschaftlichen Schrifttums sprechen sich dafür aus, den Gesellschafter einer GmbH, der auf die Geschäftsführung seiner Gesellschaft maßgeblichen Einfluss nimmt, einer Organhaftung zu unterwerfen. Verletzt er schuldhaft die Interessen der GmbH so soll er sich dieser gegenüber schadensersatzpflichtig machen. Eine solche, gesetzlich nicht geregelte, Gesellschafter-Innenhaftung könnte ein geeignetes Instrument zur Sanktionierung nachteilig wirkender, qualifizierter Konzernherrschaft in der GmbH sein. Dies setzt aber voraus, dass sie sich dogmatisch überzeugend herleiten lässt. Die gegebenen Begründungen für eine Organhaftung variieren und sollen im folgenden näher hinterfragt werden.

---

[136] OLG Dresden, GmbHR 1997, 215.

I. Darstellung der Begründungsansätze für eine Organhaftung

1. Die Organhaftung als Ausdruck eines allgemeinen Rechtsgrundsatzes

Jan Wilhelm entwickelte in seiner Habilitationsschrift 1981 die Grundlagen einer Organhaftung.[137] Ausgangspunkt seiner Überlegungen ist die Forderung nach konsequenter Anerkennung der Eigenständigkeit der GmbH als juristische Person; ihre Rechtssubjektivität schlage sich insbesondere in ihrer Verselbständigung gegenüber den Mitgliedern nieder. Das Gesellschaftsvermögen sei ausschließlich der juristischen Person zuzurechnen. Die Gesellschafter, „die - allein oder im Zusammenwirken mit anderen...- geschäftsführend, leitend oder beherrschend die Geschicke der GmbH (mit) bestimmen...",[138] verwalteten lediglich fremdes Vermögen und übten somit fremdbezogene Macht (wohl zu verstehen als Ausübung von Rechten, die der Gesellschaft zustehen) aus. Da nach einem allgemeinen Rechtsgrundsatz jede fremdbezogene Machtausübung pflichtgebunden sei,[139] unterlägen auch die bestimmungsmächtigen Gesellschafter einer GmbH bei der Ausübung organschaftlicher Macht einer Sorgfaltspflicht.

Den Sorgfaltsmaßstab (Sorgfalt eines ordentlichen Geschäftsmannes) und die an einen Pflichtverstoß knüpfende Rechtsfolge (Schadensersatzpflicht gegenüber der Gesellschaft) leitet *Wilhelm* aus § 43 Abs. 1 und 2 GmbHG ab.[140]

Als tatbestandsmäßiges Verhalten kommt seiner Meinung nach neben einer aktiven, das Gesellschaftsvermögen schädigenden, Einflussnahme auf die Geschäftsführung der GmbH auch eine bloße Untätigkeit des einflussmächtigen Gesellschafters in Form einer Nichtverhinderung nachteiliger Geschäfte des (formalen) Geschäftsführers in Betracht.[141]

Mit nahezu identischer Begründung bejaht auch *Altmeppen* eine allgemeine Sorgfaltshaftung des sich an der organschaftlichen Leitung der GmbH beteiligenden, herrschenden Gesellschafters.[142] Allerdings soll diese Haftung mit Rücksicht auf ihren gläubigerschützenden Zweck nur greifen, wenn das Gesellschaftsvermögen unter die Stammkapitaldeckungsziffer gesunken ist.[143] Einen schadenser-

---

[137] *Wilhelm*, 1981, S. 330 ff.

[138] *Wilhelm*, 1981, S. 355 f.

[139] *Wilhelm*, 1981, S. 337.

[140] *Wilhelm*, 1981, S. 356.

[141] *Wilhelm*, DB 1986, 2113, 2117 f.; *ders.*, 1981, S. 356.

[142] *Altmeppen*, 1991, S. 60 ff.; *ders.*, ZIP 1996, 909, 912; ZIP 1997, 1173, 1183; Roth/*Altmeppen*, § 13 Rdnrn. 24 ff., 71 ff., § 43 Rdnrn. 54 ff., Anh § 13 Rdnr. 171.

[143] Roth/*Altmeppen*, § 13 Rdnr.73.

satzpflichtigen Sorgfaltsverstoß bejaht *Altmeppen* etwa für den Fall, dass der herrschende Gesellschafter das Gesellschaftsvermögen im Zustand der Unterdeckung durch Vermögenstransaktionen minimiert, wobei - anders als in den Fällen der verbotenen Einlagenrückgewähr gem. §§ 30, 31 GmbHG - der Eintritt eines geldwerten Vorteils beim Gesellschafter nicht erforderlich sei. Des weiteren führt er - entgegen der herrschenden Meinung - auch die haftungsrechtliche Inanspruchnahme des herrschenden Gesellschafters wegen *Insolvenzverschleppung* dogmatisch auf die Organhaftung zurück und bejaht hier ein reines Innenhaftungskonzept.[144] Außerhalb des Insolvenzverfahrens soll jedem Gläubiger das Recht zustehen, analog den aktienrechtlichen Vorschriften des Gläubigerverfolgungsrechts (§§ 62 Abs. 2, 93 Abs. 5, 116, 117 Abs. 5, 309 Abs. 4 S. 3, 310 Abs. 4, 317 Abs. 4, 318 Abs. 4 AktG) den Verlustausgleichsanspruch der Gesellschaft durch das Begehren der Zahlung an sich selbst geltend zu machen. Schließlich subsumiert er die Fälle der *qualifizierten Unterkapitalisierung* einer GmbH unter diese Haftungsgrundlage. Hier sieht er das haftungsbegründende Verhalten des Gesellschafter in dem sorgfaltswidrigen Betreiben von riskanten Geschäften zum Nachteil des konkret vorhandenen (zu geringen) Gesellschaftsvermögens; das durch die Fortsetzung der Geschäftstätigkeit eingegangene, unvertretbare Risiko realisiere sich im Eintritt bzw. der Vermehrung von Verlusten bis hin zum Wegfall des gesamten Gesellschaftsvermögens. Dies löse eine Schadensersatzverpflichtung des veranlassenden Gesellschafters aus.[145]

2. Die Organhaftung als Analogieschluss zu § 43 GmbHG

Einen in der dogmatischen Begründung und tatbestandlichen Ausgestaltung abweichenden Ansatzpunkt wählen diejenigen Autoren, die § 43 GmbHG nicht - wie *Wilhelm* - lediglich zur Festlegung des Sorgfaltsmaßstabes heranziehen wollen, sondern die Organhaftung der GmbH-Gesellschafter auf eine analoge Anwendung dieser Norm stützen.[146] Den Grund für die Haftung sehen sie in der faktischen Durchbrechung der gesetzlichen Kompetenzordnung in der GmbH. Nähmen die Gesellschafter in maßgeblichem Umfang Geschäftsführungsfunktionen wahr, begäben sie sich also in die Rolle eines faktischen Geschäftsführers, so müssten sie auch den-selben Sorgfaltspflichten unterliegen, die für die gesetzlich bestellten Geschäftsführungsorgane gelten.

---

[144] *Altmeppen*, ZIP 1997, 1173, 1183; *ders.*, ZIP 1999, 881, 882; Roth/*Altmeppen*, § 64 Rdnrn. 35 ff. Ebenso *Wilhelm*, ZIP 1993, 1833, 1837; *Altmeppen/Wilhelm*, NJW 1999, 673, 678 ff., 681.

[145] Roth/*Altmeppen*, § 13 Rdnrn. 24 ff., 71 ff.; *Altmeppen*, ZIP 1999, 881, 882 f.

[146] *Blaurock*, in: FS Stimpel, 1985, S. 553, 563; *Falkenstein*, 1992, S. 111 ff.; *Geitzhaus*, GmbHR 1989, 397, 403; *Konzen*, NJW 1989, 2977, 2985; *Schulze-Osterloh*, ZGR 1983, 123, 158 f.; Scholz/*Schneider*, 2000, § 43 Rdnrn. 18 ff.

Hinsichtlich der zu fordernden Intensität der Leitungsmachtausübung durch den Gesellschafter verlangt man zwar nicht die völlige Verdrängung des formalen Geschäftsführers, wohl aber eine hohe Eingriffsdichte,[147] die sich etwa in einem Ansichziehen von Entscheidungen der unternehmerischen Tagespolitik[148] oder einer nach außen hervortretenden Übernahme von Geschäftsführungsfunktionen dokumentieren soll.[149]

3. Die Organhaftung als Sanktion für die Verletzung mitgliedschaftlicher Sorgfaltspflichten

Karsten Schmidt[150] propagiert eine verschuldensabhängige Haftung der GmbH-Gesellschafter gegenüber ihrer Gesellschaft wegen Verletzung ihrer mitgliedschaftlich begründeten Sorgfaltspflichten. Auch dieser Haftungsgrund lässt sich, seiner Zielsetzung nach, dem „Oberbegriff" der Organhaftung unterordnen. Dogmatisch leitet *Schmidt* eine solche Verhaltenshaftung aus der zwischen der Gesellschaft und jedem einzelnen Gesellschafter bestehenden *Sonderrechtsverbindung*[151] her; diese begründe Schutz- und Sorgfaltspflichten, deren schuldhafte Verletzung eine Schadensersatzpflicht auslöse. Es sei den Gesellschaftern etwa verboten, existenzgefährdende Eingriffe in das Vermögen der werbenden GmbH vorzunehmen, das Unternehmen trotz evidenter Unterkapitalisierung fortzuführen, gegen § 30 GmbHG verstoßende verdeckte Gewinnausschüttungen zu tätigen oder insolvenzverschleppende Maßnahmen zu veranlassen.[152]

Als taugliche Haftungssubjekte anerkennt *Schmidt* aber - anders als *Wilhelm* - nur herrschende Gesellschafter, die durch *positives* Tun in sorgfaltswidriger Weise zu einer Schädigung der Gesellschaft beitragen.[153]

Der Frage, ob dieser auf einem mitgliedschaftlich begründeten Sonderrechtsverhältnis fußende Begründungsansatz *Schmidts* zu der Bejahung einer dogmatisch begründbaren und praktikabelen Haftungsgrundlage der qualifiziert konzernierten GmbH gegen ihren herrschenden Gesellschafter führt, wird wegen der themati-

---

147 *Konzen*, NJW 1989, 2977, 2985; *Schulze-Osterloh*, ZGR 1983, 123, 159.

148 *Blaurock*, in: FS Stimpel, 1985, S. 553, Fn 36.

149 *Geitzhaus*, GmbHR 1989, 397, 403; ebenso *Falkenstein*, 1992, S. 112.

150 *Schmidt*, ZIP 1986, 146, 148 f.; *ders.*, ZIP 1988, 1497, 1505 ff.; *ders.*, ZIP 1989, 545, 546 f.; *ders.*, 1997, § 9 IV 1 c, § 37 III 3 c.

151 Ähnlich *Flume*, 1983, § 8 I, S. 259, 270.

152 *Schmidt*, ZIP 1986, 146, 148.

153 *Schmidt*, ZIP 1988, 1497, 1506; anders *Wilhelm*, DB 1986, 2113, 2117 f.; *ders.*, 1981, S. 356.

schen Nähe im Rahmen der Erörterungen zur gesellschaftlichen Treuepflicht näher nachgegangen.

II. Kritik an der Organhaftung

Die These von der unbeschränkten Organhaftung der bestimmungsmächtigen Gesellschafter einer GmbH ist in Rechtsprechung[154] und Schrifttum[155] überwiegend auf Ablehnung gestoßen.

Die Auffassung *Wilhelms*, wonach die Gesellschafter, sofern sie über das Gesellschaftsvermögen bestimmen, fremdes Vermögen verwalten und damit besonderen Sorgfaltspflichten unterliegen,[156] findet im GmbH-Recht keine Stütze. Obwohl das Gesellschaftskapital in einem Sondervermögen verselbständigt wurde und der Gesetzgeber ihm die Funktion zuweist, einerseits der Erhaltung des Betriebskapitals des Unternehmens und andererseits der Gläubigerbefriedigung zu dienen,[157] verfügen die Gesellschafter über erhebliche, rechtlich gesicherte Eingriffsmöglichkeiten in dasselbe. Jenseits des Stammkapitalerhaltungsgebots sind diese nicht daran gehindert, sich am Gesellschaftsvermögen persönlich zu bereichern. Selbst *Wilhelm* räumt ein, dass diese schwache Vermögensbindung die gesetzgeberische Rechtsauffassung vom Miteigentum der Gesellschafter am Gesellschaftsvermögen dokumentiert.[158] Dieser eindeutigen gesetzgeberischen Wertung widerspräche es, setzte man den GmbH-Gesellschafter mit ihrem Geschäftsführer gleich und sähe ihn ausschließlich als Treuhänder der Gesellschaftsinteressen bzw. Verwalter des Gesellschaftsvermögens an; vielmehr verfolgt er zumindest *auch* Eigeninteressen.[159]

---

[154] BGHZ 93, 146, 150 ; BGHZ 119, 257, 261; BGH, ZIP 1993, 917.

[155] *Assmann*, JZ 1986, 928; *Becker*, 1997, S.129 ff.; *Drüke*, 1990, S. 44 ff.; *Drygala*, 1991, S. 108 ff.; *Fleck*, ZGR 1990, 31, 35 f.; Rowedder/*Koppensteiner*, § 43 Rdnr. 58; *Lutter*, ZGR 1982, 244, 252 f.; *Lutter/Hommelhoff*, Anh § 13 Rdnr. 18; *Mertens*, in: FS Fischer, 1979, S. 461, 464 ff.; *Orth*, DStR 1994, 250, 254; *Paschke*, AG 1988, 196, 202; *Priester*, ZGR , 1993, 512, 525; Münch-Komm.-BGB/*Reuter*, Vor § 21 Rdnr. 18; *Schanze*, AG 1982, 42, 43; Scholz/*Schneider*, 2000, § 43 Rdnr. 16; *Ulmer*, ZHR 148 (1984), 391, 414; *Versteegen*, 1993, S. 119 f; *Vonnemann*, BB 1990, 217, 218ff.; *Weitbrecht*, 1990, S.53 f.; *Winter*, 1988, S. 117 ff., 195 ff.

[156] *Wilhelm*, 1981, S. 338 f.

[157] Begründung des Entwurfs zu einem GmbH-Gesetz von 1892, RG-Aktenstück Nr. 660 S. 3729 f.

[158] *Wilhelm*, 1981, S. 344.

[159] *Becker*, 1997, S. 133; *Drygala*, 1991, S. 109 f.; Rowedder/*Koppensteiner*, § 43 Rdnr. 58. Noch weitergehend argumentieren *Priester*, ZGR 1993, 512, 525, und *Röhricht*, Wpg. 1992, 766, 784, wonach die Gesellschafter nicht Treuhänder, sondern Eigentümer der GmbH sind bzw. diese zu jedem ihnen gutdünkenden gesetzlich erlaubten Zweck einsetzen dürfen.

Auch ein Rückgriff auf die Wertungen der aktienkonzernrechtlichen Haftungsregeln der §§ 311, 317 AktG vermag die Organhaftungsthese nicht zu stützen. *Wilhelm* sieht in diesen Normen eine positivrechtliche Bestätigung seiner Theorie.[160] Er verweist auf die Begründung des Regierungsentwurfs zu § 317 AktG

> „Sie (§ 317 AktG) verschärft die im geltenden Recht in § 101 AktG 1937 (jetzt § 117 AktG) mitgeregelte Haftung für die Ausnutzung eines beherrschenden Einflusses auf die Gesellschaft, weil ein beherrschender Einfluß einerseits besondere gesellschaftsrechtliche Pflichten begründet, andererseits verstärkt die Gefahr eines Mißbrauchs mit sich bringt“[161]

und leitet hieraus eine diesen Regelungen immanente gesetzliche Wertung des Inhaltes ab, dass fremdbezogene Machtausübung allgemein - also nicht nur bezogen auf Konzernsachverhalte - die haftungsrechtliche Verantwortlichkeit des einflussnehmenden Gesellschafters einer Kapitalgesellschaft auslöse.

Ähnlich argumentiert *Altmeppen*,[162] der in der grundsätzlichen Freistellung des Mehrheits- oder Alleingesellschafters von einer organschaftlich begründeten Sorgfaltshaftung einen Wertungswiderspruch zu den §§ 117, 317 AktG zu erkennen glaubt.

Diese Überlegungen greifen indes zu kurz. Mit der Schaffung eines „Rechts der verbundenen Unternehmen“ im Dritten Buch des AktG 1965 reagierte der Gesetzgeber auf die besonderen Gefahren, die sich für Aktionäre und Gläubiger dadurch ergaben, dass sich ihre AG - im Gefolge des stetig wachsenden wirtschaftlichen Drangs zur Unternehmenskonzentration - immer mehr vom klassischen, die gesetzgeberische Leitidee widerspiegelnden Modell einer Gesellschaft mit weit gestreutem Aktienbesitz entfernte und sich stattdessen in die Abhängigkeit eines Großaktionärs begab. Kam dem bestimmungsmächtigen Groß- bzw. Mehrheitsaktionär Unternehmensqualität zu, so war zu befürchten, dass er seine Herrschaftsmacht nicht im gemeinsamen Interesse aller Aktionäre ausübte, sondern an seinen anderweitigen unternehmerischen Interessen ausrichtete.[163] Dieser Gefahr der Interessenkollisionen, die man allgemein unter dem Stichwort „Konzerngefahr“ diskutiert, sollte durch die Einführung besonderer, die Minderheitsaktionäre und Gläubiger der abhängigen AG schützender Ersatzansprüche (§§ 311 ff., 302 ff. 319 ff. AktG) begegnet werden. Bei den §§ 311, 317 AktG handelt es sich somit um *spezielle* Regelungen, die die Abhängigkeit der Gesellschaft von einem

---

[160] *Wilhelm*, 1981, S. 349 ff.; *ders.*, 1998, Rdnrn. 563 f.

[161] Zitiert nach *Kropff*, Aktiengesetz, 1965, S. 418.

[162] *Altmeppen*, 1991, S. 61; Roth/*Altmeppen*, § 13 Rdnr. 72.

[163] Begründung des RegE zu § 311, in: *Kropff*, Aktiengesetz 1965, S. 408; BGHZ 95, 330, 334; *Limmer*, 1992, S. 43; *Möhring*, 1992, S. 94; *Rehbinder*, AG 1986, 85, 93; *Ulmer*, ZHR 148 (1984), 391, 396.

Unternehmen voraussetzen. Die Deutung dieser Normen als positivrechtliche Fixierung eines allgemein geltenden Grundsatzes der Haftungsverantwortung für die Ausnutzung eines beherrschenden Einflusses bzw. die Ausübung von Leitungsmacht geht somit fehl.[164]

Auch der Schrifttumsmeinung, die sich für eine tatbestandsmäßig reduzierte, auf die Fälle der faktischen Übernahme der Geschäftsführerposition beschränkte Organhaftung der GmbH-Gesellschafter *analog* § 43 GmbHG ausspricht, ist die Gefolgschaft zu verweigern.

Ein solcher Analogieschluss widerspricht der im GmbH-Gesetz verankerten eindeutigen Kompetenzverteilung zwischen Geschäftsführern und Gesellschaftern. Den GmbH-Gesellschaftern kommt - anders als etwa den Aktionären in der AG - schon kraft Gesetzes eine übergeordnete Geschäftsführungskompetenz zu, da sie den Geschäftsführern gegenüber weisungsbefugt sind, §§ 37 Abs. 1, 38 Abs. 1, 46 Nr. 5 und 6 GmbHG. Darüber hinaus sind sie in ihrer Gesamtheit das oberste Willensbildungsorgan der GmbH und gem. § 45 Abs. 1 GmbHG dazu in der Lage, ihre Befugnisse gesellschaftsvertraglich beliebig weit zu fassen. Die Ausübung dieses umfassenden Weisungsrechts hat der Gesetzgeber bewusst nicht unter schadensersatzbewehrte Sorgfaltspflichtanforderungen gestellt.[165]

Gegen eine analoge Anwendung des § 43 Abs. 2 GmbHG auf den herrschenden GmbH-Gesellschafter spricht des weiteren der Umstand, dass die Gesellschafter dazu in der Lage sind, die den Geschäftsführer treffende Haftung zu beeinflussen. Per argumentum e contrario ergibt sich aus § 43 Abs. 3 S. 3 GmbHG, dass eine Haftung der Geschäftsführer für Sorgfaltsverletzungen jenseits der engen Grenzen des § 30 GmbHG ausscheidet, wenn sie (lediglich) einen Beschluss der Gesellschafter befolgen.[166] Dabei kann hier dahingestellt bleiben, ob sich aus dem genannten Umkehrschluss die grundsätzliche Zulässigkeit nachteiliger, das Gesellschaftsvermögen sorgfaltswidrig schmälernder Gesellschafterweisungen ableiten und damit ein unbeschränktes Schädigungsrecht der Gesellschafter jenseits der Grenzen des § 30 GmbHG begründen lässt,[167] oder ob die Haftungsfreistellung des Geschäftsführers gem. § 43 Abs. 3 S. 3 GmbHG lediglich als notwendiges

---

[164] *Drüke*, 1990, S. 46; *Orth*, DStR 1994, 250, 254; *Schanze*, AG 1982, 42, 44; *Versteegen*, 1993, S. 102; *Weitbrecht*, 1990, S. 56.

[165] *Drüke*, 1990, S. 45; *Drygala*, 1991, S. 108; *Lutter/Hommelhoff*, Anh § 13 Rdnr. 18; *Paschke*, AG 1988, 196, 202; *Ulmer*, ZHR 148 (1984), 391, 414; *Versteegen*, 1993, S. 119 f.; *Weitbrecht*, 1990, S. 53.

[166] Einhellige Meinung: BGHZ 31, 258, 278; BGHZ 122, 333, 336; *Lutter/Hommelhoff*, § 43 Rdnr. 22; Rowedder/*Koppensteiner*, § 43 Rdnr. 26; Hachenburg/*Mertens*, § 43 Rdnr. 67; Scholz/*Schneider*, 2000, § 43 Rdnrn. 95

[167] *Drüke*, 1990, S. 47; *Drygala*, 1991, S. 108; *Ulmer*, ZHR 148 (1984), 391, 415; *Vonnemann*, BB 1990, 217, 219; *Weitbrecht*, 1990, S. 54.

Korrelat zu der ihm auferlegten Gehorsamspflicht gem. § 37 Abs. 1 GmbHG zu verstehen ist.[168] Festzuhalten bleibt jedenfalls, dass die Möglichkeit, den organschaftlich bestellten Geschäftsführer durch eine Gesellschafterweisung von der Haftung freizustellen, auch dem Gesellschafter zu Gute kommen müsste, der wegen Ausübung der Stellung eines faktischen Geschäftsführers analog § 43 Abs. 2 GmbHG zur Haftung herangezogen werden soll.[169] Seine Haftung gegenüber der GmbH wäre also beschränkbar und über die Schranken könnte er selber (mit-)bestimmen. Dies ließe die gesamte Haftungskonstruktion letztlich leer laufen.

Wenn *Wilhelm*[170] gerade in der eben beschriebenen Exkulpationsmöglichkeit eine Schutzlücke zum Nachteil der GmbH vor sorgfaltswidriger Einflussnahme seitens ihrer Gesellschafter erblickt, so mag ihm darin aus rechtspolitischer Sicht zuzustimmen sein. Diese vermeintliche Lücke darf allerdings nicht *de lege lata* durch die Etablierung einer allgemeinen Sorgfaltshaftung der Gesellschafter geschlossen werden. Ein solches methodisches Vorgehen ließe den entgegenstehenden Willen des Gesetzgebers außer Acht. Dieser war anlässlich der GmbH-Novelle 1980 Schrifttumsvorschlägen zur Schaffung einer Organhaftung[171] bewusst nicht nachgekommen.

Zusammenfassend bleibt festzuhalten, dass sich für eine unter dem Stichwort Organhaftung diskutierte verschuldensabhängige Verhaltenshaftung des die Geschäftsführung der GmbH maßgeblich beeinflussenden Gesellschafters keine gesetzliche Rechtfertigung finden lässt. Diese Haftungskonstruktion scheidet daher als Mittel zur Handhabung qualifizierter GmbH-Konzernherrschaft aus.

---

[168] *Becker*, 1997, S. 105; *Versteegen*, 1993, S. 97.

[169] BGHZ 119, 257, 261; *Mertens*, in: FS Fischer, 1979, S. 461, 465; *Winter*, 1988, S. 196 f.

[170] *Wilhelm*, 1981, S. 345 f.; ihm im Ergenis folgend Roth/*Altmeppen*, § 13 Rdnr. 72.

[171] Die *Unternehmensrechtskommission* hatte sich in der Tat für die Einführung einer organschaftlichen Haftung auch des nicht geschäftsführenden Mehrheitsgesellschafters entsprechend § 43 GmbHG ausgesprochen, vgl. *Unternehmensrechtskommission*, Verhandlungsbericht, 1980, Tz.1673.

D. Die gesellschaftliche Treuepflicht

I. Eignung des Treuepflichtansatzes als Haftungsgrundlage für die qualifiziert beherrschte GmbH

Über die Existenz einer gesellschaftlichen Treuepflicht auch im Recht der Kapitalgesellschaften besteht heute in Rechtsprechung[172] und Schrifttum[173] weitgehend Einigkeit. Treuebindungen bestehen danach sowohl in der Beziehung zwischen der Gesellschaft und ihren Mitgliedern als auch zwischen den Gesellschaftern untereinander.[174]

Haftungsrechtliche Relevanz kommt der Treuepflicht im Rahmen ihrer Funktion zu, der Ausübung mitgliedschaftlich begründeter Herrschaftsmacht Schranken zu setzen.[175] Der (Mehrheits-)Gesellschafter einer GmbH ist danach dazu verpflichtet, bei Einflussnahmen auf die Geschäftsführung stets das Gesellschaftsinteresse zu beachten und Maßnahmen zu unterlassen, die zu einer Schädigung der Gesellschaft oder ihrer Minderheitsgesellschafter führen.

Gerade auf diese „Schrankenfunktion" rekurriert die herrschende Meinung in Rechtsprechung und Lehre, wenn sie sich dafür ausspricht, die gesellschaftliche Treuepflicht als Grundlage für die Ausbildung eines GmbH-Konzernrechts im Bereich der (einfachen) faktischen Unternehmensverbindungen heranzuziehen.[176] Das herrschende Unternehmen überschreite die Grenzen zulässiger Konzernleitungsausübung dann, wenn es seine Einflussmöglichkeit auf die Geschäftsführung

---

[172] Für die GmbH: BGHZ 65, 15, 18f. "ITT"; BGHZ 95, 330, 340 "Autokran"; für die AG: BGHZ 71, 41 "Kali- und Salz"; BGHZ 103, 184, 194f. "Linotype"; BGHZ 129, 136 "Girmes".

[173] Grundlegend *Ballerstedt*, 1949, S. 117 ff., 181 ff.; *Zöllner*, 1963, S. 335 ff.; *Immenga*, 1970, S. 261 ff. Ablehnend *Flume*, 1983, § 8 I, S. 268 ff.; *ders.*, ZIP 1996, 161.

[174] *Dreher*, DStR 1993, 1632; *Lutter*, ZHR 162 (1998), 164, 166; BGHZ 103, 184, 194 (zur AG); BGHZ 65, 15, 18 (zur GmbH).

[175] Diesen Aspekt des Korrelats für gesteigerte Einwirkungsmöglichkeiten hebt insbesondere *Zöllner*, 1963, S. 335 ff. als Geltungsgrund für die Treuepflicht hervor; ebenso *Hüffer*, in: FS Steindorff, 1990, S. 59, 73 ff.; *Immenga*, in: FS 100 Jahre GmbH-Gesetz, 1992, S. 189, 204; *Lutter/Hommelhoff*, § 14 Rdnrn. 18, 21, 29; *Winter*, 1988, S.77 ff., *ders.*, ZGR 1994, 570, 581 f.; BGHZ 129, 136, 143 f.

[176] Grundlegend BGHZ 65, 15, 18 ff. "ITT"; BGHZ 95, 330, 340 "Autokran". *Assmann*, JZ 1986, 928 f.; *ders.*, in: FS 100 Jahre GmbH-Gesetz, 1992, 657, 670, 681; *Dreher*, DStR 1993, 1632; *Drüke*, 1990, S. 122 ff.; Scholz/*Emmerich*, 2000, § 13 Rdnr. 38, Anh. § 44, GmbH-Konzernrecht, Rdnrn. 68, 70; *Ensthaler/Kreher*, BB 1995, 1422, 1423; *Immenga*, in: FS 100 Jahre GmbH-Gesetz, 1992, S. 189, 196; *Konzen*, NJW 1989, 2977, 2985; *Lutter*, AcP 180 (1980), 84, 114 f.; *ders.*, ZIP 1985, 1425, 1428 ff.; *ders.*, ZHR 162 (1998), 164, 166; *Lutter/Hommelhoff*, Anh. § 13 Rdnr. 17; *Raiser*, ZHR 151 (1987), 422, 429 f.; MünchKomm.-BGB/*Reuter*, Vor § 21 Rdnr. 43; Hachenburg/*Ulmer*, Anh. § 77, GmbH-Konzernrecht, Rdnrn. 71 ff.; Baumbach/Hueck/*Zöllner*, Schlussanh. I, GmbH-KonzernR, Rdnrn. 53 a ff.

der GmbH dazu „missbraucht“, sich Sondervorteile zu verschaffen.[177] Die Spannbreite dieser in Konzernverhältnissen besonders häufig auftretenden Interessenkollisionen reicht von der „verdeckten Gewinnausschüttung“[178] über die Verlagerung von Aktivitäten und Ressourcen in den Bereich der Konzernmutter[179] bis hin zur Umleitung von Geschäftschancen auf andere Konzerngesellschaften.

Der Anwendungsbereich denkbarer Treuepflichtverstöße geht aber noch über die Fälle eines konkreten „Vermögenstransfers“ innerhalb der Unternehmensverbindungen hinaus. Der herrschende Unternehmens-Gesellschafter handelt bereits dann treuwidrig, wenn er die abhängige GmbH zu besonders riskanten Geschäften veranlasst oder Strukturmaßnahmen durchführen lässt, die dazu geeignet sind, die eigenständige Gewinnerzielungsmöglichkeit, die Selbständigkeit oder letztendlich die Überlebensfähigkeit der abhängigen Gesellschaft nach Auflösung der Konzernverbindung zu gefährden. [180]

Auch die Palette der Rechtsfolgen, die sich an einen Treuepflichtverstoß knüpfen können, ist weitgefasst. Beruht die Pflichtverletzung auf einem Gesellschafterbeschluss, so eröffnet sich die Möglichkeit der Beschlussanfechtung analog § 243 AktG. Treuwidrige Einflussnahmen des herrschenden Unternehmens außerhalb der Gesellschafterversammlung können zu Unterlassungsansprüchen der Minderheit und - bei *schuldhafter* Pflichtverletzung - zu Schadensersatzansprüchen der abhängigen GmbH gegen den herrschenden Unternehmens-Gesellschafter führen. Im letzteren Fall kommt nach dem Grundsatz der Naturalrestitution gem. § 249 BGB zunächst die Rückgängigmachung des schädigenden Eingriffs in Betracht; daran ist etwa zu denken bei einer konzernindizierten Koordination der Produktionsprogramme, der Zentralisierung wesentlicher unternehmerischer Entscheidungsbereiche (zentrales Cash-Management, zentrale Wahrnehmung der Buchführung), Umstrukturierungsmaßnahmen (Ausgliederung wichtiger Betriebsteile, z.B. Produktion, Vertrieb, Forschung) oder Abgabe wesentlicher Ressourcen (Betriebe, lukrative Märkte, unersetzbares Personal, Know-How). Scheidet eine Rückgängigmachung aus praktischen Gründen aus oder ist sie zur Deckung der entstandenen Schäden nicht ausreichend, so kommt statt dessen oder darüber hinaus Schadensersatz durch Geldleistung in Betracht.[181]

---

[177] Hachenburg/*Ulmer*, Anh § 77, GmbH-Konzernrecht, Rdnrn. 78 ff.

[178] Ein Beispiel stellt die Belastung der Tochtergesellschaften mit einer Konzernumlage ohne Gegenwert dar, wie sie der grundlegenden "ITT"-Entscheidung, BGHZ 65, 15, zugrunde lag.

[179] BGHZ 89, 162 "Heumann/Ogilvy".

[180] *Zöllner*, ZHR 162 (1998), 235, 240 ff.; Baumbach/Hueck/*Zöllner*, Schlussanh I, GmbH-KonzernR, Rdnr. 55.

[181] Baumbach/Hueck/*Zöllner*, Schlussanh I, GmbH-KonzernR, Rdnr. 55.

Auf den ersten Blick scheint die an eine Treuepflichtverletzung geknüpfte Haftung des herrschenden Unternehmens-Gesellschafters ein ausgesprochen leistungsfähiges Instrument zu sein, um auf die für Konzernverhältnisse charakteristische Gefahr der Fremdbeherrschung angemessen reagieren zu können.

Diesem positiven Befund halten kritische Stimmen in der Literatur aber entgegen, die Treuepflichtlösung weise systemimmanente Schwächen auf, die ihre haftungsrechtliche Wirkung weitgehend ins Leere laufen ließen. Lege die Treuepflicht dem Gesellschafter die Pflicht auf, bei Ausübung seiner mitgliedschaftlich vermittelten Mehrheitsmacht das Gesellschaftsinteresse zu berücksichtigen, so komme im Umkehrschluss dazu gerade dem *Gesellschaftsinteresse* die Funktion zu, die zwischen der GmbH und ihren Mitgliedern bestehende Pflichtenbindung zu konkretisieren. Werde das Gesellschaftsinteresse - wie von der Rechtsprechung[182] und der herrschenden Meinung im Schrifttum[183] angenommen - definiert als die Zusammenfassung der Gesellschafter(einzel)interessen, so hätte dies zur Folge, dass es in der eingliedrigen GmbH an einer Treuebindung fehlen müsste. Denn das Interesse des Alleingesellschafters wäre mit dem Interesse der GmbH gleichzusetzen.

Die Schadensersatzpflicht wegen Treuepflichtverletzung würde darüber hinaus auch in der mehrgliedrigen Gesellschaft ausscheiden, wenn die Minderheitsgesellschafter den Maßnahmen des herrschenden Unternehmens-Gesellschafters zustimmten.

Schließlich folge aus der Dispositionsbefugnis der Gesellschafter über das Gesellschaftsinteresse, dass diese - und in herausgehobener Position der Mehrheitsgesellschafter - die Macht besäßen, über die Determinierung von Unternehmensgegenstand und -zweck Inhalt und Schranken der sie bindenden Treuepflichten selber zu bestimmen. Damit werde die Funktion der Treuepflicht als Einwirkungskontrolle weitgehend entwertet.

Zur Klärung der Frage, ob die behaupteten Effizienzeinbrüche tatsächlich zu einem weitgehenden Versagen des haftungsrechtlichen Treuepflichtansatzes führen, bedarf es einer näheren Auseinandersetzung mit der dogmatischen Herleitung von Treuepflichten in der GmbH.

---

[182] BGHZ 95, 330, 340; BGHZ 119, 257, 262; BGHZ 122, 123, 129, BGHZ 122, 333, 336.

[183] *Drüke*, 1990, S. 49 f., 122; *Koppensteiner*, in: FS Steindorff, 1990, S. 79, 111; Rowedder/*Koppensteiner*, § 43 Rdnrn. 5, 60; Anh. zu § 52 Rdnrn. 37, 51 a; *Limmer*, 1992, S. 62; *Lutter*, ZIP 1985, 1425, 1428; *Lutter/Hommelhoff*, § 13 Rdnr. 22, Anh. § 13 Rdnr. 42; *Rehbinder*, AG 1986, 85, 94; MünchKomm.-BGB/*Reuter*, Vor § 21 Rdnrn. 27, 44; *Röhricht*, Wpg 1992, 766, 785; Scholz/*Schneider*, 2000, § 43 Rdnr. 108; *Semler*, in: FS Goerdeler, 1987, S. 551, 559; *Stimpel*, ZGR 1991, 144, 158 f.; *Versteegen*, 1993, S. 108 ff.; *ders.*, DB 1993, 1225, 1230; *Willburger*, 1994, S. 23; Baumbach/Hueck/*Zöllner*, Schlussanh. I, GmbH-KonzernR, Rdnr. 83.

II. Dogmatische Grundlage von Treuebindungen in der GmbH

Das Vorhandensein von gesellschaftlichen Treuepflichten wurde zunächst nur in bezug auf Personengesellschaften bejaht. Hier fand man in der den Gesellschaftern gem. § 705 BGB auferlegten Förderpflicht eine normative Stütze. Das gesetzliche Leitbild dieser Gesellschaftsform als einer personenrechtlichen Vereinigung, die auf eine enge Verbundenheit zwischen ihren Mitgliedern abstellt, war prägend für die dogmatische Herleitung einer besonderen Pflichtenbindung der Gesellschafter: Nach älterer Auffassung im Schrifttum leitete sich die Treuepflicht aus einer *Vertrauensbeziehung* zwischen den Gesellschaftern her, die auf dem Abschluss des Gesellschafsvertrages und ihrem persönlichen Zusammenwirken gründete.[184] *Hueck* bejahte „echte" Treuepflichten nur in Fällen, „in denen enge persönliche Beziehungen zwischen den Beteiligten begründet werden, in denen man von einem Gemeinschaftsverhältnis und zwar von einer die Person selbst ergreifenden Gemeinschaft...sprechen kann".[185] An dieser engen, personenbezogenen Begründung für die Entstehung von Treuepflichten hielt man zunächst auch bei der Übertragung des Treuepflichtgedankens auf Kapitalgesellschaften fest. In seinen ersten Entscheidungen zur Treuepflicht in der GmbH hob der BGH ausdrücklich hervor, dass die Beziehungen des GmbH-Gesellschafters zur Gesellschaft und seinen Mitgesellschaftern nicht rein kapitalistisch, sondern auch persönlicher Art seien.[186]

Im Schrifttum stieß die Anknüpfung von gesellschaftsrechtlichen Loyalitäts- und Förderpflichten an den personenrechtlichen Charakter des Gesellschaftsverhältnisses aber zunehmend auf Kritik. Man hielt dem pflichtenbegründenden Vertrauenstheorem entgegen, es handele sich hierbei oftmals um eine bloße *Fiktion* von Vertrauen.[187] Würde man auf das real bestehende Vertrauen zwischen den Gesellschaftern abstellen, so würde jeder Vertrauensschwund, verursacht etwa durch ein Fehlverhalten des Gesellschafters, notgedrungen zu einer Reduzierung des ihn treffenden Pflichtenmaßstabes führen und die Funktion der Treuepflicht in ihr Gegenteil verkehren. Darüber hinaus seien Schwankungen im Vertrauensumfang - als innere Tatsachen - schwer nachweisbar, so dass sich das Vertrauen als verlässlicher Indikator für einen Pflichtenmaßstab nicht eigne.[188]

---

184 Großkomm. HGB/*Fischer*, 1967 ff., § 105 Rdnr. 31 a.

185 *Hueck*, 1947, S. 12.

186 BGHZ 9, 157, 163; BGHZ 14, 25, 38; Ansatz ebenfalls noch in BGHZ 65, 15, 19 "ITT" enthalten.

187 *Zöllner*, 1963, S. 341.; *Winter*, 1988. S. 16; *Becker*, 1997, S. 39; *Dreher*, DStR 1993, 1632, 1633.

188 *Becker*, 1997, S. 41.

Statt dessen schlug man vor, die Treuepflicht als Korrelat zu den dem einzelnen Gesellschafter eingeräumten Einwirkungsmöglichkeiten auf die Geschäftsführung des Unternehmens und die mitgliedschaftlichen Befugnisse

der Mitgesellschafter zu begreifen.[189] Erkenne man, dass auch in rein kapitalistischen Gesellschaften mit der Mehrheitsmacht einhergehende Konflikte und Streitigkeiten auftreten, die zu ihrer Bewältigung einer Begrenzung der Machtausübung durch entgegenwirkende Loyalitäts- bzw. Rücksichtspflichten bedürften, so müsse die dogmatische Begrenzung der Treuepflicht auf personalistisch ausgestaltete Gesellschaften zu einer Schutzlücke führen.[190] Diese funktional ausgerichtete Argumentation beantwortete aber lediglich die Frage nach dem Grund für die Etablierung von Treuepflichten (auch in Kapitalgesellschaften), ließ die Frage nach ihrer Legitimation aber offen.[191]

Nach heute h.M. im Schrifttum lässt sich die zwischen Gesellschaft und Gesellschafter bestehende „Treuepflicht"[192] als Konkretisierung einer allgemeinen, durch das Mitgliedschaftsverhältnis begründeten (Sonder-)Rechtsverbindung begreifen.[193] Da die Mitgliedschaft in einer Gesellschaft, unabhängig von ihrer jeweiligen Rechtsform, durch den Gesellschaftsvertrag begründet wird, weisen Treuepflichten somit einen *vertraglichen* Ursprung auf.

Zu den Mitgliedschaftspflichten zählen aktive und passive, d.h. auf Unterlassung bzw. Loyalität gerichtete Förderpflichten. Ihre normative Herleitung ist allerdings umstritten:

---

[189] So Winter, 1988, S. 17. In diese Richtung argumentieren auch *Zöllner*, 1963, S. 340 ff.; *Immenga*, 1970, S. 274; *Timm*, WM 1991, 481, 482 f. *Hüffer* (in: FS Steindorff, 1990, S. 59, 73 ff.) rekurriert auf einen Doppelzweck, nämlich den Vertrauensschutz und die Einwirkungskontrolle, die die Treuepflichten "aktualisieren", wobei der Bruch einer Vertrauensbeziehung oder der missbräuchliche Gebrauch von Einwirkungsmöglichkeiten aber nicht kumulativ vorliegen müssten; in den Kapitalgesellschaften stehe die Einwirkungskontrolle im Vordergrund.

[190] *Raiser*, ZHR 151 (1987), 422, 432 f.; *Dreher*, DStR 1993, 1632, 1633.

[191] *Becker*, 1997, S. 47; *Immenga*, in: FS 100 Jahre GmbH-Gesetz, 1992, S. 189, 203; *Hennrichs*, AcP 195 (1995), 221, 236; *Marsch-Barner*, ZHR 157 (1993), 172, 176.

[192] Die Bezeichnung der mitgliedschaftlichen Pflicht als "Treuepflicht" wird von *Lutter*, AcP, 180 (1980), S. 84, 103, wegen der damit einhergehenden Assoziation mit den Pflichten aus Treu und Glauben § 242 BGB als wenig glücklich bezeichnet; *Hüffer*, in: FS Steindorff, 1990, S. 59, 68, schlägt die Terminologie "Mitgliedspflichten" vor.

[193] *Hennrichs*, AcP 195 (1995), 221, 234; *Hüffer*, in: FS Steindorff, 1990, S. 59, 66 ff.; *Immenga*, in: FS 100 Jahre GmbH-Gesetz, 1992, S. 189, 190, 204; *Limmer*, 1992, S. 62; *Lutter*, AcP 180 (1980), S. 84, 102 f.; *ders.*, ZHR 162 (1998), 164, 168; *Schmidt*, 1997, § 9 IV 4 c bb, S. 251, § 37 III 3 c, S. 1143; § 37 III 7, S. 1148, § 39 III 2, S. 1217 ff.; *ders.*, ZIP 1988, 1497, 1505 f.; *ders.*, ZIP 1989, 545, 546; *Schnauder/Müller-Christmann*, JuS 1998, 980, 984 f; *Timm*, WM 1991, 481, 483; *Wiedemann*, in: FS Heinsius, 1991, S. 949, 950; *Winter*, 1988, S. 63 ff.; *ders.*, ZGR 1994, 570, 581; *Zöllner*, 1963, S. 318 ff.

Nach einer Auffassung fußen sie in der Pflicht zur Förderung des gemeinsamen Zwecks gem. § 705 BGB. Dieser, ihrem Wortlaut nach nur für Personengesellschaften geltenden, Regelung wird eine allgemeine, das gesamte Recht der privaten Verbände umfassende Wirkung zugesprochen.[194]

Andere Stimmen im Schrifttum sehen in der Treuepflicht einen Unterfall der in jeder rechtlichen Sonderbeziehung geltenden Rücksichtnahme- und Loyalitätspflicht und stützen diese auf § 242 BGB.[195]

Schließlich wird zur Legitimation der Treuepflicht auch auf eine Rechtsanalogie zu den Vorschriften der §§ 242, 705 BGB, §§ 112, 113 HGB, das gesellschaftsrechtliche Prinzip der Gleichbehandlung und das Verbot der unzulässigen Verfolgung von Sondervorteilen rekurriert.[196]

Welcher dieser Theorien der Vorzug gebührt, kann hier dahingestellt bleiben. Allen diesen dogmatischen Ableitungen ist gemeinsam, dass sie einerseits im Gesellschaftsvertrag wurzeln und andererseits lediglich generalklauselartig den äußeren Pflichtenrahmen abzustecken vermögen. Allgemein gesprochen ist danach die Treuepflicht darauf gerichtet, den Verbandszweck so zu fördern, wie es Treu und Glauben mit Rücksicht auf die Verkehrssitte erfordern.[197] Um die Treuepflicht zu einer praktikablen Haftungsgrundlage erstarken zu lassen, ist es daher notwendig, inhaltliche Kriterien aufzufinden, die der Konkretisierung dieser Generalklausel zugrunde zu legen sind.

---

[194] *Lutter*, AcP 180 (1980), 84, 102 f.; *Winter*, 1988, S. 14, bejaht diesen Anknüpfungspunkt jedenfalls für die Ableitung der Treuepflicht bei der Ausübung uneigennütziger Rechte - Paradigma: Ausübung von Geschäftsführungsbefugnissen -. A.A. *Hennrichs*, AcP 195 (1995), 221, 229; MünchKomm.-BGB/*Ulmer*, § 705 Rdnr. 182.

[195] *Hennrichs*, AcP 195 (1995), 221, 229 ff.; MünchKomm.-BGB/*Roth*, § 242 Rdnr. 119 f. A.A. *Hüffer*, in: FS Steindorff, 1990, S. 59, 70 f.; *Lutter*, AcP 180 (1980), 84, 103; *Raiser*, ZHR 151 (1987), 422, 423.

[196] *Hüffer*, in: FS Steindorff, 1990, S. 59, 72.

[197] *Becker*, 1997, S. 37.

III. Inhaltliche Konkretisierung der mitgliedschaftlich begründeten Loyalitäts- und Förderpflichten

1. Gesellschaftszweck als Konkretisierungsmaßstab

Gem. § 705 BGB verpflichten sich die Gesellschafter zur Förderung eines *gemeinsamen* Zwecks. Damit kommt dem **Gesellschaftszweck** für die Konkretisierung der aktiven und passiven Förderpflichten eine zentrale Bedeutung zu.[198] Die verbandsbezogene Treuepflicht - verstanden als Oberbegriff für die mitgliedschaftlichen Loyalitäts- und Förderpflichten - bindet den Gesellschafter bei der Einflussnahme auf die Geschäftsführung an den statutarisch festgelegten Gesellschaftszweck.[199]

Dieser wird im GmbHG zwar mehrfach erwähnt (§§ 1, 61 GmbHG) aber nicht definiert. Funktionell dient er zunächst dazu, die Gesellschaft als „Zweckgebilde" zu konstituieren. Mit Entstehung der juristischen Person wird der von der Gesellschaftergesamtheit formulierte gemeinschaftliche Zweck dann zum überindividuellen Verbandszweck, der seine Zielvorstellungen festschreibt, also quasi seine Geschäftsgrundlage bildet.[200]

Die Aufnahme des Gesellschaftszwecks in die Satzung ist zwar - im Gegensatz zum Unternehmensgegenstand (§ 3 Abs. 1 Nr. 4 GmbHG) - nicht zwingend vorgeschrieben, er stellt aber dennoch einen materiellen Satzungsbestandteil dar. Fehlt seine satzungsmäßige Festschreibung, so ist er durch Auslegung zu ermitteln, wobei der Unternehmensgegenstand, also die Bezeichnung des konkreten Tätigkeitsbereichs der Gesellschaft, hierzu die Haupterkenntnisquelle liefert.[201]

Nach h.M. richtet sich der Verbandszweck einer GmbH im Zweifel, d.h. wenn sich aus der Satzung kein entgegenstehender Anhaltspunkt ergibt, auf eine erwerbswirtschaftliche Betätigung (erwerbswirtschaftliches Prinzip).[202] Diese wird

---

[198] *Beinert*, 1995, 61, 99; Baumbach/Hueck/*Zöllner*, Schlussanh. I, GmbH-KonzernR, Rdnrn. 53 a, 55; Baumbach/Hueck/*Fastrich*, § 13 Rdnr. 23; *Immenga*, in: FS 100 Jahre GmbH-Gesetz, 1992, S. 189, 200; *Lutter*, AcP 180 (1980), 84, 109, 111; *Ulmer*, ZHR 148 (1984), 391, 419; Scholz/*Winter*, 2000, § 14 Rdnr. 53.

[199] Grundlegend *Zöllner*, 1963, S. 318 ff., 322 ff.; Baumbach/Hueck/*Zöllner*, Anh. § 47 Rdnrn. 49, 51; *Winter*, ZGR 1994, 570, 582; *ders.*, 1988, S. 14, 96 ff.

[200] *Schmidt*, 1997, § 4 II 3, S. 68.

[201] *Winter*, 1988, S. 97; *Zöllner*, 1963, S. 27 f.; *Büscher*, 1999, S. 37; Baumbach/Hueck/*Fastrich*, § 1 Rdnr. 5; Rowedder/Rittner/*Schmidt-Leithoff*, § 1 Rdnr. 5; Hachenburg/*Ulmer*, § 1 Rdnr.9.

[202] So *Beinert*, 1995, S. 32; Scholz/*Emmerich*, 2000, § 1 Rdnr. 2 a; Hachenburg/*Ulmer*, § 1 Rdnr. 9; *Winter*, 1988, S. 98; *Zöllner*, 1963, S. 28; Baumbach/Hueck/*Zöllner*, Schlussanh. I, GmbH-KonzernR, Rdnr. 53 a.

geprägt durch die selbständige, d.h. auf autonomer Entscheidungsfindung fußende[203] Teilnahme am Wirtschaftsverkehr in der Absicht der Gewinnerzielung.[204]

Bei Zugrundelegung einer solchen (Regel-)Zweckausrichtung verstoßen alle vom (Mehrheits-)Gesellschafter veranlassten Rechtsgeschäfte oder Maßnahmen, die sich nachteilig auf die Vermögens- oder Ertragslage der GmbH auswirken oder ihre wirtschaftliche Existenz bzw. - als Minus hierzu - ihre *selbständige* werbende Tätigkeit am Markt gefährden, gegen das Gesellschaftsinteresse und erfüllen den Tatbestand einer Treuepflichtverletzung.

Als denkbare Zielvorgaben für das Betätigungsfeld einer GmbH kommen neben wirtschaftlichen aber auch andere, etwa rein ideelle Zwecke in Betracht.[205] So wird der in einen Unternehmensverbund einbezogenen, abhängigen GmbH häufig eine rein dienende Funktion zugewiesen.[206] Wird diese „dienende Rolle" im Gesellschaftszweck festgeschrieben, so reduziert sich damit die dem herrschenden Unternehmens-Gesellschafter bei der Ausübung von Leitungsmacht über die abhängige GmbH auferlegte Pflichtenbindung.

2. Dispositionsbefugnis der Gesellschafter über Gesellschaftszweck

Die Festlegung des Gesellschaftszwecks liegt in den Händen der Gesellschafter. Diese können ihn auch nachträglich wieder ändern, wobei es nach h. M. analog § 33 Abs. 1 S. 2 BGB der Zustimmung aller Gesellschafter bedarf.[207]

Auch der Unternehmensgegenstand unterliegt der Modifizierungsmöglichkeit, wobei hier aber die allgemein für Satzungsänderungen geltenden Regeln der §§ 53 ff. GmbHG gelten, also bereits eine qualifizierte Mehrheit ausreicht.[208]

---

[203]BGH, NJW 1992, 1452, 1453; BGHZ 105, 324, 331; *Beinert*, 1995 S. 33; *Büscher*, 1999, S. 37; *Kleindiek*, 1991, S. 78; *Mülbert*, 1995, S. 280 f.; Hachenburg/*Ulmer*, § 53 Rdnr. 142; *Winter*, 1988, S. 198.

[204]*Beinert*, 1995, S. 32; *Büscher*, 1999, S. 36; *Hüffer*, 1999, § 82 Rdnr. 9; *Martens*, in: FS Fischer, 1979, S. 437; *Möhring*, 1992, S. 25; Hachenburg/*Ulmer*, § 53 Rdnr. 142; *Winter*, 1988, S. 97 f., 198; Baumbach/Hueck/*Zöllner*, Schlussanh. I, GmbH-KonzernR, Rdnr. 53 a.

[205]Scholz/*Emmerich*, 2000, § 1 Rdnr. 4.; Hachenburg/*Ulmer*, § 1 Rdnr. 12.

[206]Vgl die diesbezügliche Analyse der einschlägigen Judikate zur qualifizierten Konzernhaftung unter GP 2. Teil § 1 A. I. 1. b), S. 18 ff.

[207]Scholz/*Emmerich*, 2000, § 1 Rdnr. 2; *Lutter/Hommelhoff*, § 1 Rdnr. 11; Hachenburg/*Ulmer*, § 1 Rdnr. 10, § 53 Rdnr. 103; *Winter*, 1988, S. 98; Rowedder/*Zimmermann*, § 53 Rdnr. 29; *Zöllner*, 1963, S. 30; Baumbach/Hueck/*Zöllner*, § 53 Rdnr. 14.

[208]Baumbach/Hueck/*Zöllner*, § 53 Rdnr. 14; Hachenburg/*Ulmer*, § 53 Rdnrn. 95, 129; *Winter*, 1988, S. 98; *Zöllner*, 1963, S. 30.

Schließlich umfasst das Recht der Gesellschafter, die Zweckrichtung der Gesellschaft *auf Dauer* zu ändern, auch ihre Befugnis, in Einzelfällen, etwa in bezug auf die Vornahme nachteiliger Rechtsgeschäfte und Maßnahmen im Rahmen der Geschäftsführung, von der grundsätzlichen Pflicht zur Beachtung des Gesellschaftsinteresses Dispens zu erteilen. Dabei kann die erforderliche Einwilligung der Gesellschafter formlos, d.h. auch konkludent erteilt werden.[209] Der Dispens bewirkt, dass ein schadensersatzpflichtiger Treuepflichtverstoß bereits tatbestandsmäßig ausscheidet.

Diese umfassende Dispositionsbefugnis der Gesellschafter über den Gesellschaftszweck und damit über das Gesellschaftsinteresse selbst hat weitreichende Konsequenzen für die Effizienz der Treuepflicht als Haftungsinstrument:

Da es ein von den Interessen des Alleingesellschafters abweichendes Gesellschaftsinteresse nicht gibt, greift der Treuepflichtansatz in der Einmann-GmbH nicht.[210]

Auch in der mehrgliedrigen GmbH scheidet eine Schadensersatzpflicht wegen Treuepflichtverstoß aus, wenn die Gesellschafter einverständlich zusammenwirken.

Selbst in einer mehrgliedrigen GmbH mit widersprechenden Minderheitsgesellschaftern kann sich der Mehrheitsgesellschafter unter Umständen einer Schadensersatzpflicht wegen Treuepflichtverletzung entziehen, wenn der GmbH ein fremdnütziger Gesellschaftszweck zugrunde lag. Zu denken ist hier etwa an reine Vertriebs-, Produktions-, Finanzierungs- oder Forschungsgesellschaften. Mit der Aufnahme dieser rein *dienenden* Ausrichtung der GmbH in den statutarisch festzulegenden Unternehmensgegenstand können die Gesellschafter das Gesellschaftsinteresse der abhängigen GmbH nahezu vollständig auf das „Konzerninteresse" ausrichten und einen haftungsauslösenden Interessenkonflikt schon im Ansatz vermeiden.[211] Eine solche - auf die Verbandsbedürfnisse konzentrierte -

---

209 BGHZ 119, 257, 261; *Winter*, ZGR 1994, 570, 583.

210 BGHZ 56, 97, 101; BGHZ 95, 330, 340 "Autokran"; BGHZ 119, 257, 259, 262 "Bildzeichen"; BGHZ 122, 333, 336 "Verrechnung". *Beinert*, 1995, S. 87; *Drüke*, 1990, 50; *Ensthaler/Kreher*, BB 1995, 1422, 1423; *Flume*, 1983, § 2 VII 3, S. 61 f.; Rowedder/*Koppensteiner*, § 43 Rdnrn. 5, 60; *Kropff*, in: FS Semler, 1993, S. 517, 536; *ders.*, in: FS Kastner, 1992, S. 279, 294; *Limmer*, 1992, S. 62; *Lutter*, ZIP 1985, 1425, 1428; *Lutter/Hommelhoff*, § 14 Rdnr. 24; *Rehbinder*, AG 1986, 85, 94; MünchKomm.-BGB/*Reuter*, Vor § 21 Rdnrn. 27, 44; *Röhricht*, Wpg. 1992, 766, 784 f.; Scholz/*Schneider*, 2000, § 43 Rdnr. 108; *Semler*, in: FS Goerdeler, 1987, S. 551, 559; *Verhoeven*, 1978, Rdnr. 159; *Versteegen*, 1993, S. 108 ff.; *Vonnemann*, BB 1990, 217, 219; *Wiedemann*, 1988, S. 86 f.; *Willburger*, 1994, S. 23; Baumbach/Hueck/*Zöllner*, Schlussanh. I, GmbH-KonzernR, Rdnrn. 53 a, 83.

211 *Beinert*, 1995, S. 24; *Hommelhoff*, ZGR 1994, 395, 404; Rowedder/*Koppensteiner*, Anh. § 52 Rdnr. 76; *Lutter*, DB 1994, 129, 130; Hachenburg/*Ulmer*, Anh. § 77, GmbH-Konzernrecht, Rdnr.

Ausrichtung der abhängigen GmbH kann auch nachträglich durch Änderung des statutarischen Unternehmensgegenstandes erreicht werden. Die hierzu erforderliche Satzungsänderung setzt zu ihrer Wirksamkeit neben der Handelsregistereintragung, § 54 GmbHG, einen notariell beurkundeten Gesellschafterbeschluss voraus, der mit qualifizierter Mehrheit gefasst werden kann, § 53 Abs. 2 GmbHG.[212] Damit bestimmt der herrschende Unternehmens-Gesellschafter den Maßstab für die Anforderungen an sein Verhalten gegenüber der abhängigen Gesellschaft selbst und hält eine schlagkräftige Waffe zur Haftungsvermeidung in Händen.

Die Analyse der dogmatischen Grundlage der gesellschaftlichen Treuepflicht bestätigt somit die oben als systemimmanente Schwachstellen des Treuepflichtansatzes bezeichneten Effizienzeinbrüche dieses Haftungsinstruments.

3. Existenz eines der Dispositionsbefugnis der Gesellschafter entzogenen „Eigeninteresses" der GmbH?

Das soeben gefundene Ergebnis, wonach es ein vom Gesellschaftergesamtwillen unabhängiges Gesellschaftsinteresse der GmbH und damit ein aus der Treuepflicht resultierendes generelles Verbot „nachteiliger" Einflussnahme auf diese nicht gibt, stößt im Schrifttum teilweise auf Kritik. Zur Abrundung der Thematik soll auf diese Gegenmeinung im folgenden näher eingegangen werden.

a) Anerkennung eines auf das *Bestandsinteresse* der GmbH begrenzten „Eigeninteresses"

Einige Autoren befürworten die Anerkennung eines der Disposition der Gesellschafter entzogenen „Eigeninteresses" der GmbH in Fällen *existenzgefährdender* Eingriffe.[213] Dabei differieren die Meinungen hinsichtlich der Frage, welches Gesellschafterverhalten als schadensersatzauslösender Treuepflichtverstoß zu werten ist:

131; *Zöllner*, in: Verhandlungen des 59. DJT, 1992, Bd. II, S. R 35, R 42. A.A. *Reuter* (Münch-Komm.-BGB, Vor § 21 Rdnr. 43), der auch eine statutarische Unterordnung der GmbH unter das Interesse der Mehrheit als Treuepflichtverstoß wertet.

212 A.A. *Büscher*, 1999, S. 148, der auf § 33 Abs. 1 S. 2 BGB abstellt und damit eine einstimmige Gesellschafterentscheidung verlangt.

213 *Winter*, 1988, S. 202 ff.; *ders.*, ZGR 1994, 570, 586 ff.; *Priester*, ZGR 1993, 512, 520 ff.; *Becker*, 1997, 121 ff., 142 ff., 165 ff.; *Fleck*, ZGR 1990, 31, 36 ff.; *Schnauder/Müller-Christmann*, JuS 1998, 980, 984.

Fleck[214] will den Gesellschaftern untersagen, durch offene oder verdeckte Vermögensentnahmen oder ihnen wirtschaftlich entsprechende Dispositionen die *Existenz* ihrer GmbH in so hohem Maße zu gefährden, dass ihr wirtschaftlicher Zusammenbruch mit hoher Wahrscheinlichkeit zu befürchten ist. Dieses Verbot soll - abweichend von den §§ 30 f. GmbHG - bereits greifen, wenn der GmbH im Augenblick der Entnahme noch ein dem Nennbetrag des Stammkapitals entsprechendes Reinvermögen zur Verfügung steht; es soll allerdings nur solche „Ausschüttungen" erfassen, die einem Gesellschafter unmittelbar oder mittelbar zugute kämen.

Andere Schrifttumsstimmen gehen darüber hinaus und schließen auch nachteilige Risiko- oder Spekulationsgeschäfte in den Anwendungsbereich der verbotenen *existenzgefährdenden* Einflussnahme ein, sofern die daraus resultierende Existenzgefährdung erkennbar war.[215]

Weiterhin soll das „Eigeninteresse" der Gesellschaft auch dann unzulässig tangiert sein, wenn im Wege von Strukturmaßnahmen wesentliche, zur Fortsetzung der selbständigen werbenden Tätigkeit der Gesellschaft notwendige Betriebsteile (Produktion, Vertrieb etc.) ausgegliedert werden. Schließlich werden die Fälle des „Auslaufenlassens" einer GmbH durch kontinuierliche Überleitung ihres Geschäftsbetriebes auf eine andere Gesellschaft[216] und des Betreibens einer qualifiziert unterkapitalisierten GmbH[217] als tatbestandsmäßig angesehen.

Die Legitimation für die Herausbildung eines solchen, der Dispositionsbefugnis der Gesellschafter entzogenen „Eigeninteresses" der GmbH glaubt *Winter*[218] in den Liquidationsregeln der §§ 65 ff. GmbHG finden zu können. Diese erlaubten es auch dem Alleingesellschafter bzw. der Gesellschaftergesamtheit nur, die Liquidation ihrer Gesellschaft im Rahmen eines geordneten, dem Gläubigerschutz dienenden Verfahrens durchzuführen. Eine Liquidation „auf kaltem Wege" stelle eine unzulässige Umgehung dieser zwingenden Vorschriften dar. Die Gesellschafter hätten zwar gem. § 60 Abs. 1 Nr. 2 GmbHG das Recht, die GmbH je-

---

[214] ZGR 1990, 31, 36 f.; ebenso *Lutter/Hommelhoff*, § 30 Rdnrn. 5 ff.

[215] *Winter*, ZGR 1994, 570, 591 f.

[216] *Priester*, ZGR 1993, 512, 526; *Winter*, ZGR 1994, 570, 594.

[217] *Schmidt*, 1997, § 9 IV 4 c, S. 250 f., § 37 III 7, S. 1147 ff.; *ders.*, ZIP 1988, 1497, 1506; *Priester*, ZGR 1993, 512, 526. Der Frage, ob eine Unterkapitalisierung eine Gesellschafterhaftung begründen kann, wird im Rahmen der Erörterungen zur Durchgriffshaftung und zu § 826 BGB näher nachgegangen.

[218] *Winter*, 1988, S. 204; *ders.*, ZGR 1994, 570, 586 f.; ihm folgend: *Priester*, ZGR 1993, 512, 521; *Nissing*, 1993, S. 95 ff.; *Schnauder/Müller-Christmann*, JuS 1998, 980, 984; dieses Argument - jedenfalls in bezug auf die abhängige Einmann-GmbH - bejahend: Scholz/*Emmerich*, 2000, Anh. § 44, GmbH-Konzernrecht, Rdnr. 90. A.A.: *Becker*, 1997, S. 137 ff.; Rowedder/*Koppensteiner*, § 43 Rdnr. 60.

derzeit nach Belieben aufzulösen, so dass ein genereller Bestandsschutz der juristischen Person ihnen gegenüber abzulehnen sei.[219] Diese Auflösungskompetenz stehe aber der Anerkennung eines auf Existenzsicherung beschränkten, indisponiblen „Eigeninteresses" der GmbH nicht entgegen; indem das Gesetz die Auflösung der Gesellschaft an zwingende Schutzvorschriften zugunsten der Gesellschaftsgläubiger anknüpfe - § 73 GmbHG ordne an, dass der Liquidationsüberschuss erst nach Befriedigung aller bekannten Gläubiger und nach Ablauf eines Sperrjahres verteilt werden darf -, bringe es zum Ausdruck, dass die Gesellschafter zwar über das „Ob" der Auflösung frei entscheiden könnten, ihnen hinsichtlich des „Wie" aber der Weg über die Einhaltung der gesetzlichen Schutzkautelen der §§ 65 ff. GmbHG zwingend vorgegeben sei. Jenseits einer geregelten Abwicklung repräsentiere das „Eigeninteresse" der Gesellschaft demnach das gemeinsame Minimalinteresse Dritter, insb. der Gläubiger und Arbeitnehmer, an der Existenzerhaltung der Gesellschaft.[220]

Einen allgemeineren Begründungsansatz für die Anerkennung eines „Bestandsinteresses" der GmbH und die Herleitung von Treuepflichten auch gegenüber der eingliedrigen Gesellschaft wählt *Becker.*[221] Geltungsgrund sei die Gewährleistung der Funktionsfähigkeit der Privatautonomie. Auch die GmbH als eine von der Rechtsordnung geschaffene Gesellschaftsform mit eigener Rechtspersönlichkeit bedürfe eines Funktionsschutzes. Auszugehen sei von der Korrelation zwischen Haftungsbeschränkung einerseits und Risikoverlagerung auf die Gläubiger andererseits. Der Gesetzgeber habe den Gesellschaftern das Privileg der Haftungsbeschränkung gewährt, um sie vor dem Verlust ihrer gesamten wirtschaftlichen Existenzgrundlage zu schützen. Diese seien bei ihrer unternehmerischen Betätigung aber an die Einhaltung allgemeiner kaufmännischer Grundsätze gebunden. Dem Gesellschafter seien danach solche Maßnahmen versagt, die ein Einzelkaufmann vernünftigerweise mangels Haftungsprivilegs nicht durchführen würde. Dazu zählten alle prognostizierbar existenzgefährdenden Eingriffe. Eine positivrechtliche Stütze für die behauptete Einschränkung des Haftungsprivilegs vermag *Becker* allerdings nicht zu benennen.[222]

Die Befürworter eines auf Existenzwahrung gerichteten „Eigeninteresses" der GmbH stellen entscheidend auf den Gesichtspunkt des Gläubigerschutzes ab.

---

[219] *Winter*, 1988, S. 204; *Priester*, ZGR 1993, 512, 520; *Drüke*, 1990, S. 49; *Wiedemann*, 1988, S. 87; BGHZ 129, 136, 151 "Girmes".

[220] *Winter*, 1988, S. 204; *Becker*, 1997, S. 97 ff.; *Büscher*, 1999, S. 150; *Nissing*, 1993, S. 54; *Priester*, ZGR 1993, 512, 521. So für den GmbH-Konzern: *Hommelhoff*, 1982, S. 256; *Ulmer*, ZHR 148 (1984), 391, 420.

[221] *Becker*, 1997, S. 47 ff.; 121 ff., 166 ff.

[222] Eine ausführliche Stellungnahme zu dieser Problematik erfolgt unter GP 3. Teil, § 1 D. II. 3. b) bb), S. 213 ff.

Dieser werde, nach Auffassung ihrer Kritiker, durch die mitgliedschaftliche Treuepflicht gerade nicht gewährleistet. Die Treuepflicht ziele in erster Linie auf den Schutz der Minderheitsgesellschafter ab und komme den Gläubigern allenfalls als Reflex zugute. Beim Fehlen von Minderheitsgesellschaftern scheide er vollständig aus.[223]

Gegen die Anerkennung eines indisponiblen „Eigeninteresses" der GmbH spricht weiterhin die herausgehobene Stellung ihrer Gesellschafter im GmbH-Recht. Diese dokumentiert sich in ihrem umfassenden Weisungsrecht gegenüber der Geschäftsführung, ihrer Dispositionsbefugnis über Gesellschaftszweck und Unternehmensgegenstand, die es ihnen ermöglicht, die Gesellschaft für ihre persönlichen Zwecke zu instrumentalisieren[224] und in der gegenüber dem Aktienrecht schwächer ausgebildeten Kapitalbindung, die es zulässt, dass die Gesellschafter - in den Grenzen der §§ 30 ff. GmbHG - frei über das Gesellschaftsvermögen verfügen dürfen.[225]

Die besseren Argumente sprechen somit gegen die Anerkennung eines existenzsichernden, der Disposition der Gesellschafter entzogenen „Eigeninteresses" der GmbH.

b) Anerkennung eines auf die *abhängige* GmbH beschränkten, bestandssichernden „Eigeninteresses"

Eine andere Schrifttumsmeinung spricht sich für die Anerkennung eines auf Existenzsicherung bezogenen „Eigeninteresses" lediglich bei der in einen Unternehmensverbund einbezogenen GmbH aus.[226] Der Grund hierfür liege in der besonderen Konzerngefahr, die das Gläubigerschutzbedürfnis erhöhe.

Es fragt sich allerdings, ob der in Abhängigkeits- bzw. Konzernverhältnissen als notwendig erkannte erhöhte Minderheits- und Gläubigerschutz im Wege einer

---

223 *Ensthaler/Kreher*, BB 1995, 1422, 1423; *Kropff*, in: FS Semler, 1993, 517, 536; *ders.*, in: FS Kastner, 1992, 279, 294; *Limmer*, 1992, S. 61 f.; *Rehbinder*, AG 1986, 85, 94; *Versteegen*, 1993, S. 110 f.; *Willburger*, 1994, S. 23; Baumbach/Hueck/*Zöllner*, Schlussanh. I, GmbH-KonzernR, Rdnr. 83.

224 *Röhricht*, Wpg 1992, 766, 784; *Schramm*, 1991, S. 85, 115.

225 *Lutter/Hommelhoff*, Anh § 13, Rdnr. 41; *Semler*, in: FS Goerdeler, 1987, S. 551, 567; *Ulmer*, ZHR 148 (1984), 391, 399 f.

226 *Assmann*, JZ 1986, 928, 931 (anders aber nunmehr derselbe in: FS 100 Jahre GmbH-Gesetz, 1992, S 657, 707); *Burgard*, WM 1993, 925, 927; Scholz/*Emmerich*, Anh. KonzR, § 44 Rdnr. 167; *Hommelhoff*, 1982, S. 256; *Ulmer*, ZHR 148 (1984), 391, 418 ff.; *Weitbrecht*, 1990, S. 56. A.A. *Ensthaler/Kreher*, BB 1995, 1422, 1424; MünchKomm.-BGB/*Reuter*, Vor § 21 Rdnr. 44; Baumbach/Hueck/*Zöllner*, Schlussanh. I, GmbH-KonzernR, Rdnr. 83.

„gesteigerten" Treuepflicht durch Anerkennung eines eigenständigen Gesellschaftsinteresses der *abhängigen* GmbH verwirklicht werden sollte oder ob es nicht systemgerechter wäre, diesen Umweg zu vermeiden und statt dessen im Wege der Analogie auf die spezifischen konzernrechtlichen Regeln der §§ 311 ff. AktG zurückzugreifen.[227] Bezeichnenderweise bedient sich *Ulmer*[228] - ein Befürworter des „abhängigkeitsspezifischen" Eigeninteresses - zur Abstützung seiner „Treuepflichtlösung" einer (untechnisch verstandenen) *Rechtsanalogie* zu den §§ 300 ff., 317, 322, 324 AktG, denen er den Rechtsgedanken eines eigenständigen Gläubigerschutzes gegenüber dem herrschenden Unternehmen entnimmt.

Die Befürworter eines indisponiblen „Bestandsinteresses" der abhängigen GmbH berufen sich ferner auf die neuere höchstrichterliche Rechtsprechung zur qualifizierten Konzernhaftung, in welcher sie Belege dafür zu finden glauben, dass der BGH (unausgesprochen) das Vorhandensein eines der Gesellschafterdisposition entzogenen „Eigeninteresses" der GmbH anerkenne.[229] Im TBB-Urteil knüpft der II. Zivilsenat des BGH eine Verlustausgleichspflicht bzw. Ausfallhaftung im qualifizierten faktischen GmbH-Konzern an die Voraussetzung, dass die abhängige Gesellschaft vom herrschenden Unternehmen in einer Weise behandelt werde, die einen objektiven Missbrauch seiner beherrschenden Gesellschafterstellung darstelle. Dies sei der Fall,

> „wenn der die GmbH beherrschende Unternehmens-Gesellschafter die Konzernleitungsmacht in einer Weise ausübt, die keine angemessene Rücksicht auf die eigenen Belange der abhängigen Gesellschaft nimmt, ohne daß sich der ihr insgesamt zugefügte Nachteil durch Einzelausgleichsmaßnahmen kompensieren ließe."[230]

Soweit der BGH hier auf die *eigenen Belange* der abhängigen Gesellschaft abstellt, impliziere dies zugleich, dass derartige eigenen Gesellschaftsbelange und damit ein „Eigeninteresse" der Gesellschaft existiere. Führe man sich ferner vor Augen, dass das „herrschende Unternehmen" im TBB-Urteil - wie im übrigen auch in nahezu allen Folgeentscheidungen - der (wirtschaftliche) Alleingesellschafter der abhängigen GmbH war, so könne man daraus schlussfolgern, dass

---

[227]So *Kropff*, in: FS Semler, 1993, S. 517, 536 ff.; *ders.*, in: FS Kastner, 1992, S. 279, 295 ff. Rowedder/*Koppensteiner*, Anh. nach § 52 Rdnr. 56, schlägt vor "das rechtspolitisch deshalb unabweisliche Schädigungsverbot de lege lata am besten auf das in § 317 AktG steckende Prinzip zu stützen". Diese Frage wird ausführlich im anschließenden Kapitel behandelt.

[228]ZHR 148 (1984), 391, 419.

[229]*Becker*, 1997, 76 ff.; *Kowalski*, GmbHR 1993, 253, 257; *Winter*, ZGR 1994, 570, 588 ff.

[230]BGHZ 122, 123, 130; bestätigt in ständiger Rechtsprechung: BGH, NJW 1994, 446 "EDV"; BGH, ZIP 1994, 1690, 1692 "Freiberufler-Konzern"; BGH, NJW 1995, 1544, 1545 "Architekten-Konzern"; BGH, GmbHR 1996, 366, 367 "Stahl-Alu-O.&Sohn GmbH"; BGH, ZIP 1997, 416, 417 "Wochenkonzern".

der BGH - zumindest in Konzernsachverhalten - ein vom Gesellschaftergesamtinteresse losgelöstes Gesellschaftsinteresse bejahe.

Winter[231] geht in der Interpretation dieser Rechtsprechung sogar noch einen Schritt weiter und leitet hieraus die Anerkennung eines existenzerhaltenden „Eigeninteresses" auch in der unabhängigen GmbH ab. Er hält es für schwerlich begründbar, dass sich das Interesse der Gesellschaft gegenüber dem Mitgliedergesamtinteresse dadurch verselbständigen könne, dass der Alleingesellschafter nach Gründung der GmbH eine anderweitige unternehmerische Tätigkeit aufnehme und damit ein Abhängigkeitsverhältnis in konzernrechtlichem Sinne begründe. Ferner weist er auf dogmatische Ungereimtheiten hin, die sich bei einer unterschiedlichen Bewertung von unabhängiger und abhängiger Gesellschaft ergäben: Verneine man in der unabhängigen GmbH bei einverständlichem Handeln aller Gesellschafter eine Schadensersatzpflicht für existenzgefährdende Einflussnahme, so sei es nur schwer verständlich, wenn man ein *vergleichbares Verhalten* im qualifizierten faktischen GmbH-Konzern mit einer Verlustübernahmepflicht oder - im Falle der Insolvenz der abhängigen GmbH – mit einer unmittelbaren Ausfallhaftung zugunsten der Gesellschaftsgläubiger sanktioniere. Die Konsequenz wäre, dass ein und dasselbe Verhalten einmal als rechtmäßig (in der unabhängigen GmbH) und ein anderes Mal als rechtswidrig (im qualifizierten faktischen GmbH-Konzern) zu bewerten wäre.

Diese Argumentation verkennt die besondere Gefährlichkeit eines Abhängigkeits- bzw. Konzernverhältnisses. Die unterschiedliche haftungsrechtliche Behandlung des Alleingesellschafters in der unverbundenen Einmann-GmbH und des herrschenden Unternehmens in der 100%igen Tochtergesellschaft findet ihre Rechtfertigung im Gesetz selber. Der Gesetzgeber des AktG 1965 hat durch die Schaffung spezifischer Haftungsregelungen für faktische Abhängigkeits- bzw. Konzernverhältnisse einerseits (§§ 311 ff. AktG) und den Vertragskonzern andererseits (§§ 302 f. AktG) auf die spezifischen Konzerngefahren reagieren wollen, die sich für die abhängige Gesellschaft, ihre Minderheitsgesellschafter und ihre Gläubiger aus der Beherrschung gerade durch einen Unternehmens-Gesellschafter ergeben.[232] Im Umkehrschluss zu dieser gesetzgeberischen Entscheidung ist es dann aber auch gerechtfertigt, den „privaten" Alleingesellschafter einer unverbundenen GmbH für nachteilig wirkende Einflussnahmen von einer Haftung freizustellen; in seiner Person realisiert sich der als besonders gefährlich empfundene und daher mit einer spezifischen Haftungsfolge sanktionierte unternehmerische Interessenkonflikt gerade nicht.

---

[231]ZGR 1994, 570, 590 f.; ebenso *Assmann*, in: FS 100 Jahre GmbH, 1992, S. 657, 707; *Becker*, 1997, S. 78 ff.,85 f.; *Nissing*, 1993, S. 87.

[232]Begr. RegE abgedruckt bei: *Kropff*, Aktiengesetz 1965, S. 373.

Die auf eine Treuepflichtverletzung gestützte Schadensersatzpflicht des Gesellschafters einer mehrgliedrigen GmbH (bei dissentierenden Minderheitsgesellschaftern) stellt ein aliud zu der Haftung des herrschenden Unternehmens im qualifizierten faktischen GmbH-Konzern analog §§ 302, 303 AktG dar. Dies bestätigt auch der II. Zivilsenat in seiner „TBB"-Entscheidung, wenn er *ausdrücklich* an seiner bereits in früheren Urteilen vertretenen Auffassung festhält, wonach der (wirtschaftliche) Alleingesellschafter einer GmbH grundsätzlich keiner Schadensersatzpflicht dieser gegenüber unterliegt.[233]

Der Rechtsprechung zur qualifizierten Konzernhaftung kann daher keine Aussage zum Bestehen eines indisponiblen „Eigeninteresses" der GmbH entnommen werden.

Zusammenfassend ist festzustellen, dass auch die Einbeziehung der GmbH in einen Unternehmensverbund eine „gesteigerte", konzernrechtlich motivierte Treuepflicht des herrschenden Unternehmens-Gesellschafters nicht zu begründen vermag.

IV. Zusammenfassende Stellungnahme

Ein auf eine Treuepflichtverletzung gestützter Schadensersatzanspruch der abhängigen GmbH gegen den herrschenden Unternehmens-Gesellschafter begegnet sowohl in materiell-rechtlicher als auch in tatsächlicher Hinsicht zahlreichen Schwierigkeiten. Da es ein der Dispositionsbefugnis der Gesellschaftergesamtheit entzogenes „Eigeninteresses" der GmbH nicht gibt, scheidet ein auf eine Treuepflichtverletzung gestützter Ersatzanspruch der GmbH gegen den herrschenden Gesellschafter schon tatbestandsmäßig immer dann aus, wenn eine Einmann-GmbH vorliegt oder wenn, in der mehrgliedrigen Gesellschaft, die Minderheitsgesellschafter den Handlungen des herrschenden Mehrheitsgesellschafters zustimmen. Dass es sich hierbei nicht nur um vernachlässigungsfähige Einzelfälle handelt, zeigt ein Blick auf die Rechtsprechung zur qualifizierten GmbH-Konzernhaftung. Der überwiegenden Zahl der einschlägigen Judikate lag entweder die Konstellation zugrunde, dass der herrschende Unternehmens-Gesellschafter gleichzeitig (zumindest wirtschaftlicher) Alleingesellschafter der abhängigen GmbH[234] (respektive der Komplementär-GmbH in Fällen einer

---

[233] BGHZ 122, 123, 129 unter Bezugnahme auf BGHZ 31, 258, 278f., BGHZ 93, 146, 148, BGHZ 95, 330, 340, BGH, WM 1992, 2053, 2054 f.

[234] "Autokran"; "Video"; "TBB"; "EDV"; "Wochenkonzern"; "AG-Union"; "Sanierungs-KG"; "Schifffahrtsgesellschaft"; OLG Dresden, GmbHR 1997, 215; OLG Oldenburg, GmbHR 1998, 286; OLG Bamberg, AG 1998, 191. In der Entscheidung "Möbel-KG", stand die in Anspruch genommene Vertriebsgesellschaft in keinerlei gesellschaftsrechtlich vermittelter Beziehung zur abhängigen

GmbH & Co. KG[235]) war oder es waren zwar weitere Gesellschafter - in der Regel Familienangehörige - vorhanden, diese stimmten dem „negativen Tun“ des herrschenden Unternehmens aber zu.[236]

Selbst in den Fällen einer mehrgliedrigen GmbH mit dissentierenden Mitgesellschaftern hat der herrschende Unternehmens-Gesellschafter die Möglichkeit, über seine Dispositionsbefugnis in bezug auf den Gesellschaftszweck Inhalt und Schranken der Treuebindungen entscheidend mitzugestalten und seine Haftung somit zu beschränken (Stichwort: „dienende“ Gesellschaft).

Schließlich scheitert die Durchsetzung von Schadensersatzansprüchen aus Treuepflichtverletzungen in Fällen intensiver Leitungsmachtausübung häufig an der fehlenden Nachweisbarkeit des objektiven Pflichtverstoßes und des kausalen Schadens. Dies trifft systematisierend auf die Fallgestaltungen des planmäßigen Auslaufenlassens des Geschäftsbetriebes, der Risikoverlagerung und die Konstellationen zu, in welchen das herrschende Unternehmen seine Konzernleitungsmacht quantitativ derartig ausgedehnt hat, dass es auch die Kontrolle über das geschäftsführende „Tagesgeschäft“ an sich zog.[237]

§ 2: Analyse der auf Einzelausgleich gerichteten, *analog* anwendbaren Anspruchsgrundlage der §§ 311, 317 AktG

A. Grundlagen des Regelungsmodells der §§ 311 ff. AktG

Im Falle der faktischen Beherrschung[238] einer AG oder KGaA, also in allen Fallgestaltungen in welchen das herrschende Unternehmen seine Konzernleitungsmacht nicht auf die Legitimationsgrundlage eines Beherrschungsvertrages stützen kann, sondern seine Einflussmöglichkeiten *rein tatsächlich* aus seinem gesell-

---

GmbH & Co. KG, das BAG bejahte aber dennoch ihre Haftung, da die geschäftsführende Komplementärin (Verwaltungs-GmbH) sich ihrer bei der Herrschaftsausübung bedient habe und sie in den Genuss der Vorteile der missbräuchlichen Beherrschung der abhg. Gesellschaft im Konzerninteresse gekommen sei.

235 "Warmwassergeräte"; "KAUG-Zahlungen".

236 "Tiefbau"; "Freiberufler-Konzern"; "Architekten-Konzern"; "Stahl-Alu-O. & Sohn GmbH"; "A-Schuhfabrik GmbH"; OLG Düsseldorf, GmbHR 1999, 123; OLG München, GmbHR 1998, 285; OLG Saarbrücken, ZIP 1992, 1623.

237 Vgl. dazu die obigen ausführlichen Darstellungen einschlägiger Entscheidungen im Rahmen der Erörterung der Kapitalerhaltungsregeln unter GP 2. Teil § 1 A. I. 1. b), S. 18 ff., und 4., S. 31 f.

238 Hierunter fallen sowohl reine Abhängigkeitsverhältnisse als auch der sogenannte faktische Konzern, d.h. die Zusammenfassung des herrschenden und des abhängigen Unternehmens unter die *einheitliche Leitung* des herrschenden Unternehmens.

schaftlichen Beteiligungsverhältnis resultieren, sollen die §§ 311 ff. AktG den Schutz der außenstehenden Aktionäre und Gläubiger der abhängigen Gesellschaft gewährleisten. Die Grundaussage dieses Regelungsmodells enthält § 311 Abs. 1 AktG: Ein herrschendes Unternehmen darf seinen Einfluss nicht dazu benutzen, eine abhängige Gesellschaft zu ihr nachteiligen Rechtsgeschäften oder Maßnahmen zu veranlassen, es sei denn, dass die Nachteile ausgeglichen werden. Verstößt es gegen dieses Benachteiligungsverbot, so macht es sich gem. § 317 Abs. 1 AktG der Gesellschaft gegenüber schadensersatzpflichtig. Zur Erhöhung der Praktikabilität dieses Schutzsystems werden die Regelungen der §§ 311, 317 AktG durch die §§ 312-315 AktG ergänzt, die der abhängigen Gesellschaft und ihren Organen besondere Dokumentationspflichten in bezug auf ihre Beziehungen zum herrschenden Unternehmen auferlegen.

Das Bestehen besonderer konzernrechtlicher Schutzregeln für den faktischen AG-Konzern legt es nahe, diese auch zur Lösung ähnlich gelagerter Haftungsprobleme im faktischen GmbH-Konzern entsprechend heranzuziehen. Dies gilt umso mehr, als die Regelungen der §§ 311 ff. AktG rechtstechnisch auf die Sicherung der abhängigen Gesellschaft abzielen und somit auch bei Einmanngesellschaften[239] und in Fällen des einvernehmlichen Zusammenwirkens der Gesellschaftergesamtheit Anwendung finden. Damit vermeidet das aktienkonzernrechtliche Ausgleichssystem die offenen Flanken der Treuepflichtlösung.

In der umfangreichen Entscheidungssammlung zur qualifizierten GmbH-Konzernhaftung sind Beispiele für Fallkonstellationen dokumentiert, in denen das herrschende Unternehmen durch einzelne Rechtsgeschäfte oder Maßnahmen unmittelbar negativ auf den aktuellen Vermögensbestand der abhängigen GmbH einwirkte („*TBB*"; „*Stahlschutz*"; „*Sanierungs-KG*"; OLG Düsseldorf, Urteil v. 26.11.1998).[240]

Die Rechtsprechung[241] und die herrschende Meinung im Schrifttum[242] lehnen die analoge Anwendung der §§ 311 ff. AktG auf den faktischen GmbH-Konzern aber ab.

---

239 *Altmeppen*, ZIP 1996, 693, 697; *Bälz*, AG 1992, 277, 292; KölnerKomm./*Koppensteiner*, Vorb. § 311 Rdnr. 31; MünchKomm.-AktG/*Kropff*, § 311 Rdnr. 15; *Lutter*, ZIP 1985, 1425, 1428 (bezogen auf den Allein*aktionär*).

240 Vgl. die Sachverhaltsdarstellungen unter GP 2. Teil § 1 A. I. 1. a), S. 14 ff.

241 BGHZ 65, 15, 18; "ITT"; BGHZ 95, 330, 340 "Autokran"; OLG Bremen, Urt. v. 18.5.1998, AG 1999, 466, 467.

242 Roth/*Altmeppen*, Anh § 13 Rdnr. 114; *Assmann*, JZ 1986, 928; *ders.*, in: FS 100 Jahre GmbH-Gesetz, 1992, S. 657, 681, *Becker*, 1997, S. 109 f.; *Blaurock*, in: FS Stimpel, 1985, S. 553, 566; *Drüke*, 1990, S. 121; *Emmerich/Sonnenschein*, 1997, § 23 III 2, S. 384; Scholz/*Emmerich*, 2000, Anh. § 44, GmbH-Konzernrecht, Rdnr. 68; *Hommelhoff*, 1982, S. 252 f.; *Hüffer*, 1999, § 311 Rdnr. 51; *Immenga*, in: FS 100 Jahre GmbH-Gesetz, 1992, S. 189, 196; Rowedder/*Koppensteiner*,

Diese negative Haltung wird zum einen auf die Behauptung gestützt, die aktienrechtlichen Regelungen der § 311 ff. seien ineffizient und für eine Analogie daher ungeeignet.[243]

Des weiteren führen die Analogiegegner normimmanente Gründe ins Feld: Das dem herrschenden Unternehmen im faktischen AG-Konzern gem. § 311 Abs. 1 a.E. AktG zugestandene „Benachteiligungsprivileg", welches es ihm ermögliche, die abhängige Gesellschaft auch gegen den Willen der Minderheitsgesellschafter zu schädigen, wenn es den Nachteil nur innerhalb Jahresfrist wieder ausgleiche, sei auf die GmbH nicht übertragbar, da hier die gesellschaftliche Treuepflicht ein generelles Schädigungsverbot ausspreche.[244] Darüber hinaus fehlten im GmbH-Recht organisatorische Mindestvorkehrungen - weisungsunabhängiger, eigenverantwortlicher AG-Vorstand, geprüfter Abhängigkeitsbericht - zur Funktionssicherung des aktienrechtlichen Schutzsystems.[245]

Im folgenden soll mittels einer methodischen Analogieprüfung geprüft werden, ob eine entsprechende Anwendung der §§ 311, 317 AktG auf die qualifiziert beherrschte GmbH zulässig ist und die hier bestehenden Haftungsprobleme zu lösen vermag.

Anh. nach § 52 Rdnr. 53; *Limmer*, 1992, S. 87; *Lutter*, ZHR 151 (1987), 444, 454 f.; *ders.*, ZGR-Sonderheft 6, 1986, S. 192, 204 f.; *ders.*, ZGR 1982, 244, 260; *ders.*, AcP 180 (1980), 84, 114; *Lutter/Hommelhoff*, Anh § 13 Rdnr. 16; *Möhring*, 1992, S. 168 ff.; *Nissing*, 1993, S. 30; *Paschke*, AG 1988, 196, 202; *Priester*, ZIP 1986, 137, 138; *Reuter*, ZHR 146 (1982), 1, 5; *Schramm*, 1991, S. 76; *Schulze-Osterloh*, ZIP 1993, 1838, 1841; *Stimpel*, ZGR 1991, 144, 145; *Ulmer*, ZHR 148 (1984), 391, 411 f.; *ders.* NJW 1986, 1579, 1582; Hachenburg/*Ulmer*, Anh. § 77, GmbH-Konzernrecht, Rdnrn. 56, 73; *Winter*, 1988, S. 114 ff.; Baumbach/Hueck/*Zöllner*, Schlussanh. I, GmbH-KonzernR, Rdnrn. 53, 56, 82, 83.

243 *Assmann*, in: FS 100 Jahre GmbH-Gesetz, 1992, S. 657, 695 ff.; *Deilmann*, 1990, S. 149; *Immenga*, ZGR 1978, 269, 275 f.; KölnerKomm/*Koppensteiner*, Vorb. § 291 Rdnr. 58, Vorb. § 311 Rdnr. 17 und § 311 Rdnrn. 49 ff., 56; *Mestmäcker*, in: FS Kronstein, 1967, S. 129, 146 f.; *Ulmer*, ZHR 148 (1984), 391, 412; *ders.*, AG 1986, 123, 127; *Versteegen*, 1993, S. 130 f. *Becker*, 1997, S. 109 f., sieht den praktischen Nutzen der §§ 311 ff. AktG dementsprechend auch nicht in ihrer "äußerst seltenen forensischen Anwendung", sondern in ihrer *präventiven* Wirkung. Diese knüpfe an die Drohung an, nachteilig wirkende Veranlassungen seitens des herrschenden Unternehmens in den Abhängigkeitsbericht aufzunehmen. In dieser "Vorfeldwirkung" erkennt auch *Hoffmann-Becking*, Referat zum 59. DJT (Verhandlungen des 59. DJT, 1992, Bd II, R 8, R 19), den einzigen Nutzen des Abhängigkeitsberichts.

244 *Immenga*, in: FS 100 Jahre GmbH-Gesetz, 1992, S. 189, 196; *Lutter*, ZHR 151 (1987), 444, 455; *ders.*, in: ZGR-Sonderheft 6, 1986, S. 192, 205, 207 in Fn. 69; *Lutter/Hommelhoff*, Anh § 13 Rdnr. 16; *Möhring*, 1992, S. 169; *Paschke*, AG 1988, 196, 202; *Reuter*, ZHR 146 (1982), 1, 5, *Ulmer*, ZHR 148 (1984), 391, 412; Hachenburg/*Ulmer*, Anh § 77, GmbH-Konzernrecht, Rdnrn. 56, 73; *Winter*, 1988, S. 114 ff.

245 *Assmann*, JZ 1986, 928; *Büscher*, 1999, S. 50; *Hommelhoff*, 1982, S. 251 f.; Rowedder/*Koppensteiner*, Anh. nach § 52, Rdnr. 53; *Lutter*, ZHR 151 (1987), 444, 455; *ders.*, ZIP 1985, 1425, 1428; *Paschke*, AG 1988, 196, 202; *Ulmer*, ZHR 148 (1984), 391, 412; *ders.*, AG 1986, 123, 127; *Winter*, 1988, S. 114.

B. Prüfung der Analogievoraussetzungen

Die Analogie dient dazu, eine Norm auf einen Lebenssachverhalt anzuwenden, der in ihren Tatbestandsformulierungen nicht ausdrücklich geregelt ist, der ihr aber „rechtsähnlich“ ist, d.h. in allen für die Normsetzung maßgeblichen gesetzlichen Wertungen mit dem von der Regelung erfassten Sachverhalt übereinstimmt.[246] Die Zulässigkeit eines solchen methodischen Vorgehens gründet auf dem Gleichheitsgrundsatz,[247] der es gebietet, gleichartige Tatbestände gleich zu behandeln.[248] Danach erfordert ein Analogieschluss zwei Feststellungen:

- Die Rechtsordnung - verstanden als die Gesamtheit der in den positiven Gesetzen und dem Gewohnheitsrecht enthaltenen, der Anwendung fähigen, Rechtsregeln[249] - enthält keine Norm, die den zur Entscheidung stehenden Lebenssachverhalt *unmittelbar* erfasst.[250] In einem solchen Fall wäre ein Analogieverfahren, d.h. die Anwendung der Rechtsfolge einer Norm auf einen Sachverhalt „jenseits ihres Wortlauts“, überflüssig.

- Zwischen dem Tatbestand der zur Analogie herangezogenen Norm und dem zur Entscheidung anstehenden „ungeregelten“ Lebenssachverhalt muss eine *Rechtsähnlichkeit* bestehen.

---

[246] *Bydlinski*, 1982, S. 475; *Larenz*, 1991, S. 381; *Raisch*, 1995, S. 153.

[247] Ob sich dieser Grundsatz unmittelbar aus dem positiven Recht (Art. 3 Abs. 1 GG) herleitet oder - wie *Canaris*, 1964, S. 57 annimmt- einen überpositiven Maßstab darstellt, der der jeder Rechtsordnung immanenten Rechtsidee zu entnehmen ist, kann dahingestellt bleiben.

[248] *Canaris*, 1964, S. 25, 71f.; *Raisch*, 1995, S. 153; *Raisch/Maasch*, in: FS Benisch, 1989, S. 201, 216; *Zippelius*, 1999, S. 69.

[249] *Larenz*, 1991, S. 370, 373; *Canaris*, 1964, S. 39; *Bydlinski*, 1982, S. 473.

[250] Diese Feststellung ist nicht gleichzusetzen mit der, von der h.M. (vgl. *Canaris*, 1964, S. 25, 71 ff.; *Larenz*, 1991, S. 370 ff.; *Bydlinski*, 1982, S. 472 ff.; *Zippelius*, 1999, S. 65 ff.; a.A. *Pawlowski*, 2000, Rdnrn. 461 ff.) als notwendig erachteten Analogievoraussetzung der **"Gesetzeslücke"**. Eine solche soll dann vorliegen, wenn sich dem positiven Recht keine unmittelbar anwendbare Rechtsfolge entnehmen läßt, die den zur Entscheidung stehenden Lebenssachverhalt regelt *und* eine methodisch korrekte Untersuchung zu dem Schluss gelangt, dass die hinter den Normen stehenden Wertungen und Zwecke, also ihre "rationes leges", unter dem Gesichtspunkt der Gleichbehandlung eine entsprechende Regelung fordern. Der methodische Weg, der zur Feststellung der Gesetzeslücke führen soll, ist somit identisch mit dem Vorgehen, welches zur Lückenfüllung mittels Analogie führt. Die solchermaßen propagierte Verdoppelung eines einheitlichen methodischen Vorgangs führt aber zu keinem höheren Erkenntniswert. Auf die "gekünstelt" wirkende - der Rechtsanwendung vorgeschaltete - Suche nach einer Gesetzeslücke sollte daher verzichtet werden.

I. Fehlen einer *unmittelbar* anwendbaren Regelung

Die obige Prüfung der unmittelbar einschlägigen Anspruchsgrundlagen hat gezeigt, dass die Rechtsordnung der abhängigen GmbH keine Norm an die Seite stellt, die ihr einen ausreichenden Schutz gegen eine Schädigung durch das sie beherrschende Unternehmen gewährt. Eine *unmittelbare* Anwendung der §§ 311, 317 AktG auf die abhängige GmbH scheidet ebenfalls aus, da diese Regeln eine AG oder KGaA in der Rolle des abhängigen Unternehmens voraussetzen.

II. Feststellung der *Rechtsähnlichkeit* zwischen den Tatbeständen der §§ 311, 317 AktG und den Verhältnissen in der qualifiziert beherrschten GmbH

1. Bestimmung des Vergleichsmaßstabs: Normzweck der §§ 311, 317 AktG

Um einen Vergleich der Sachverhalte durchführen zu können, bedarf es zunächst der Festlegung eines Maßstabes, anhand dessen die Ähnlichkeit des „geregelten" mit dem „nicht geregelten" Fall gemessen werden soll. Dieser Vergleichsmaßstab ist - will man sich nicht mit reinen, von schwankenden rechtspolitischen Vorstellungen geprägten Billigkeitsentscheidungen begnügen - dem Gesetz zu entnehmen. Zu suchen ist nach den maßgeblichen gesetzlichen Wertungen, die der zur analogen Anwendung vorgesehenen Norm zugrunde liegen. Diese „ratio legis" ist mit Hilfe der klassischen Auslegungskanones zu ermitteln.[251] Dabei kommt - da die Wortlautgrenze der Norm im Rahmen des Analogieverfahrens gerade überschritten werden soll - der systematischen und historischen Auslegung entscheidende Bedeutung zu.[252]

a) Historische Interpretation

Ausgangspunkt für die Kodifikation spezifischer konzernrechtlicher Regelungen war die Erkenntnis, dass die Beherrschung einer Gesellschaft durch ein anderes Unternehmen mit Gefahren für die außenstehenden Aktionäre und die Gläubiger verbunden ist.[253] Demzufolge stellte der Gesetzgeber des AktG 1965 das Recht

---

[251] *Bydlinski*, 1982, S. 475 f.; *Larenz*, 1991, S. 382.

[252] *Raisch*, 1995, S. 153; *Raisch/Maasch*, in: FS Benisch, 1989, S.201, 205.

[253] Begr RegE, zitiert nach *Kropff*, Aktiengesetz 1965, S. 373 f.

der verbundenen Unternehmen unter den Leitgedanken des Schutzes dieses Personenkreises. Mit Rücksicht auf die prinzipielle Gleichwertigkeit der Vermögensinteressen aller Beteiligten[254] sollte gewährleistet werden, dass ihnen aus der Abhängigkeit ihrer Gesellschaft keine Nachteile entstehen. Auch die §§ 311 ff. AktG, die die Verantwortlichkeit des herrschenden Unternehmens für die Ausübung rein tatsächlicher, also nicht auf einem Beherrschungsvertrag beruhender Herrschaftsmacht regeln, bezwecken primär die Gewährleistung eines adäquaten Außenseiterschutzes.[255] Dieser wird mittelbar, d.h. über die Sicherung der abhängigen Gesellschaft vor einer Schädigung durch das herrschende Unternehmen, gewährleistet.

Im Schrifttum wird die Wertung des Außenseiterschutzes als normzweckbildendes Motiv für die Schaffung des aktienkonzernrechtlichen Ausgleichssystems der §§ 311 ff. teilweise angezweifelt. Die Bedenken stützen sich auf 311 Abs. 1 letzter HS AktG, der dem herrschenden Unternehmen vom grundsätzlichen Verbot der nachteiligen Einflussnahme dann Dispens erteilt, wenn es die Nachteile ausgleicht. In der Einräumung dieses „Schädigungsprivilegs" glaubt *Luchterhand* die gesetzgeberische Entscheidung für einen Vorrang der Konzerninteressen vor dem Außenseiterschutz erkennen zu können.[256] Die Entstehungsgeschichte der §§ 311 ff. AktG spricht aber eindeutig gegen diese Annahme. Die Gesetzeslage vor Schaffung des AktG 1965 war gekennzeichnet durch die Streitfrage, ob das Konzerninteresse dem Interesse der abhängigen Gesellschaft vorgeht. Ausgangspunkt für diesen Streit bot die Haftungsregel des § 101 AktG 1937, die es verbot, vorsätzlich unter Ausnutzung des Einflusses auf die Gesellschaft ein Mitglied des Vorstandes oder des Aufsichtsrats dazu zu bestimmen, zum Schaden der Gesellschaft oder ihrer Aktionäre zu handeln. Diese Regel enthielt allerdings in Abs. 3 die wichtige Einschränkung, dass eine Ersatzpflicht nicht eintrete, wenn der Vorteil „schutzwürdigen Belangen" diente. Nach der Amtl. Begründung zu dieser Norm unterfielen auch *Konzerninteressen* dieser Kategorie.

---

[254] Amtl. Begr. zum RegE, in: *Kropff*, Aktiengesetz 1965, S. 407: "Bei den Interessen des herrschenden Unternehmens oder des Konzerns handelt es sich, ebenso wie bei den Interessen der Gesellschaft und ihrer Aktionäre, stets um Vermögensinteressen. Sie sind unabhängig von ihrer Größe für das Recht gleichwertig. Kein Gesichtspunkt unserer Rechts- und Wirtschaftsordnung gestattet es, den Vermögensinteressen eines Konzerns nur deswegen den Vorrang einzuräumen, weil sie quantitativ größer sind". Ebenso *Mestmäcker*, in: FS Kronstein, 1967, 129, 143; Großkomm. AktG/*Würdinger*, 1975, § 311 Anm. 5; *Strohn*, 1977, S. 14.

[255] *Bälz*, in: FS Raiser, 1974, S. 287, 307 ff.; *Geßler*, in: FS Westermann, 1974, S. 145, 148; *Hommelhoff*, 1982, S. 137; KölnerKomm./*Koppensteiner*, Vorb. § 311 Rdnr. 15; *Mestmäcker*, in: FS Kronstein, 1967, S. 129, 146; *Möhring*, NJW 1967, 1, 3; *Schlieper*, 1996, S. 69 f., 78; *Strohn*, 1977, S. 16.

[256] *Luchterhand*, ZHR 133 (1970), 1, 7 f., 13.

Das AktG 1965 entschied diesen Meinungsstreit eindeutig im Sinne des Vorrangs des Außenseiterschutzes, was explizit in § 284 des Referentenentwurfs des Aktiengesetzes (1958) zum Ausdruck kam.[257] Danach sollte das herrschende Unternehmen einer strengen Erfolgshaftung unterfallen, wenn es durch Weisungen in die Geschäftsführung der abhängigen Gesellschaft eingriff. Zwar erwuchs diese rigide, verschuldensunabhängige Kausalhaftung nicht in Gesetzeskraft, da man den Unternehmen die Möglichkeit einräumen wollte, auch jenseits des Vertragskonzerns verbundene Gesellschaften unter einheitlicher Konzernleitung zusammenzufassen. An die Stelle des § 284 RefE trat § 300 des Regierungsentwurfs des AktG 1965, der einen haftungsausschließenden Nachteilsausgleich zuließ. Die Modalitäten dieses Nachteilsausgleichs wurden nach Intervention des Wirtschaftsausschusses in der endgültigen Gesetzesfassung des § 311 Abs. 2 AktG dahingehend konkretisiert, dass ein innerhalb des Geschäftsjahres tatsächlich erbrachter oder vertraglich zugesagter Vorteil genügt. Noch weiterreichende Forderungen, die einen Ausgleich auf „längere Sicht“ oder innerhalb eines „übersehbaren Zeitraumes“ zulassen wollten, wurden aber zurückgewiesen.[258] Diese Neuregelung sollte, nach Aussage des Berichterstatters, dem Abgeordneten Dr. Wilhelmi, dazu dienen,

> „den faktischen Konzern gleichzubehandeln, nicht zu erschweren, wie es ursprünglich zu Beginn der Beratungen einmal aussah“, und „es der Wirtschaft ermöglichen, den sog. faktischen Konzern mit relativ selbständigen Untergesellschaften beizubehalten“.[259]

Die grundsätzliche Ausrichtung des Schutzzweckes der §§ 311 ff. AktG in Richtung auf den Außenseiterschutz änderte sich durch die Übernahme des Ausgleichssystems gem. § 300 RegE aber nicht. Die Begründung des Regierungsentwurfs erklärt die Abkehr vom Prinzip der Erfolgshaftung vielmehr damit, dass „sich diese Haftung als nicht ausreichend erwiesen habe“.[260]

---

[257] Referentenentwurf eines Aktiengesetzes, Erläuternde Bemerkungen, E § 284, 1958, S. 408: Nach E § 284 sollte derjenige, der "als gesetzlicher Vertreter oder als Inhaber eines herrschenden Unternehmens oder...als Angestellter im Auftrag eines herrschenden Unternehmens eine abhängige Aktiengesellschaft oder Kommanditgesellschaft auf Aktien...durch Weisungen zu einer Maßnahme der Geschäftsführung bestimmt,...der Gesellschaft zum Ersatz des daraus entstehenden Schadens verpflichtet" sein.

[258] Ausschußbericht, zitiert bei *Kropff*, Aktiengesetz 1965, S. 409 f.

[259] Stenographische Protokolle DBT, 4. Wahlperiode, 187. Sitzung v. 25.05.1965, S. 9405.

[260] *Kropff*, Aktiengesetz 1965, S. 375.

b) Systematische Interpretation

Für den normzweckbildenden Charakter des Außenseiterschutzes im Rahmen der §§ 311 ff. AktG sprechen auch systematische Erwägungen. So stellt der Wortlaut des § 311 Abs. 1 AktG das Verbot der nachteiligen Veranlassung in den Vordergrund und kleidet die Erlaubnis zum Nachteilsausgleich dazu in einen Ausnahmezustand.

Des weiteren hat der Gesetzgeber das Recht der verbundenen Unternehmen als ein „konsistentes Gefüge rechtspolitischer Zielsetzungen und Wertungen" entwickelt.[261] Dabei stellte er dem herrschenden Unternehmen mit der Konzernierungsform des *Vertragskonzerns* die Möglichkeit zur Verfügung, die abhängige Gesellschaft legal für seine eigenen Interessen zu instrumentalisieren. Der Schutz der außenstehenden Aktionäre und Gläubiger kann hier nicht mehr im Wege des - sich am Eigeninteresse der Gesellschaft orientierenden - Einzelausgleichs nachteiliger Einwirkungen erfolgen, sondern er wird durch die Gewährung besonderer Ausgleichs- und Abfindungsansprüche (§§ 304, 305 AktG) einerseits sowie die Belastung des herrschenden Unternehmens mit einer globalen Verlustausgleichspflicht (§ 302 AktG) andererseits bewirkt. Würde man nun dem herrschenden Unternehmen auch im Rahmen des *faktischen* Konzerns vergleichbare Leitungsbefugnisse „haftungsfrei" einräumen, so führte dies nicht nur zu einem Funktionsverfall des Ausgleichssystems gem. §§ 311 ff. AktG, sondern es würde auch das Schutzsystem der §§ 300 ff. AktG entwertet, da kein herrschendes Unternehmen einen Beherrschungs- oder Gewinnabführungsvertrag abschlösse, wenn es die hiermit „erkaufte" Möglichkeit legaler Ausübung umfassender Konzernleitungsmacht auch auf billigerem Wege erreichen könnte.[262]

Der Normzweck der §§ 311 ff. AktG ist somit dahingehend zu beschreiben, dass diese Regelungen den faktischen Konzern zwar grundsätzlich ermöglichen sollen,[263] die Grenzen zulässiger Ausübung von Konzernleitungsmacht aber durch

---

[261]So KölnerKomm/*Koppensteiner*, Vorb. § 311 Rdnr. 10; *Bälz*, in: FS Raiser, 1974, S. 287, 303.

[262]KölnerKomm/*Koppensteiner*, Vorb. § 311 Rdnr. 12; *Strohn*, 1977, S. 16; *Mestmäcker*, in: FS Kronstein, 1967, S. 129, 146.

[263]Für eine rechtliche Anerkennung des faktischen Konzerns sprechen sich aus: *Drüke*, 1990, S. 119; *Hommelhoff*, 1982, S. 109 ff.; *Hüffer*, 1999, § 311 Rdnr. 7; MünchKomm.-AktG/*Kropff*, § 311 Rdnr. 30; *Luchterhandt*, ZHR 133 (1970), 1, 13; *Möhring*, in: FS Schilling, 1973, S. 255, 260; *Schmidt*, 1997, § 31 IV 2 b, S. 963 f.; *Strohn*, 1977; S. 8 ff. Zumindest eine gesetzgeberische Duldung oder Inkaufnahme faktischer Konzernierung erkennen hier *Geßler*, in: FS Westermann, 1974, S. 145, 147; KölnerKomm./*Koppensteiner*, Vorb. § 311 Rdnrn. 6 ff.; *Schlieper*, 1996, S. 78 f. A.A. *Bälz*, in: FS Raiser, 1974, 287, 310 ff., 317 ff.: Er sieht in den Regeln zum Beherrschungsvertrag und der Eingliederung (§§ 291, 319 AktG) die einzige gesetzliche Anerkennung der rechtlichen Organisationsform des Konzerns; neben dieser, von ihm als "polykorporatives Unternehmen" bezeichneten Organisationsform bestehe keine weitere rechtlich zulässige Konzernierungsform, insb.

die Schutzinteressen der Minderheitsgesellschafter und Gläubiger bestimmt werden.[264]

2. Vergleichbarkeit der haftungsauslösenden Tatbestandsmerkmale der §§ 311, 317 AktG mit der Situation in der intensiv beherrschten GmbH

Um den für eine Analogie erforderlichen Ähnlichkeitsschluss ziehen zu können ist es nun erforderlich, die für die Ersatzpflicht des herrschenden Unternehmens gem. §§ 311, 317 AktG notwendigen Tatbestandsmerkmale anhand des Normzwecks zu bestimmen und bestehende Parallelen in der qualifiziert beherrschten GmbH herauszuarbeiten.

a) Unternehmenseigenschaft der beteiligten Parteien

Die §§ 311 Abs. 1, 317 Abs. 1 AktG stellen auf ein Abhängigkeitsverhältnis zwischen zwei *Unternehmen* ab. Diese Anknüpfung findet sich schon in den allgemeinen Definitionsnormen der §§ 15 ff. AktG und spiegelt das unverzichtbare Charakteristikum des Rechts der verbundenen Unternehmen wider.

Der GmbH, die im faktischen GmbH-Konzern die Rolle der abhängigen Gesellschaft einnimmt, kommt zweifelsfrei Unternehmensqualität zu. Problematischer ist die Frage zu beantworten, welche Anforderungen zu stellen sind, um von einem „herrschenden" Unternehmen im konzernrechtlichen Sinne sprechen zu können. Gerade im GmbH-Konzern tritt häufig der Fall auf, dass ein gesellschaftsrechtliches Abhängigkeitsverhältnis zwischen dem Allein-/Mehrheitsgesellschafter und „seiner" GmbH besteht. Diese Abhängigkeit führt nur dann zur Anwendbarkeit der speziellen konzernrechtlichen Regelungen, wenn dem herrschenden GmbH-Gesellschafter Unternehmensqualität im Sinne des § 17 Abs. 1 AktG zuzusprechen ist.

---

also auch nicht der "faktische Konzern"; gegen eine Zulässigkeit des "faktischen Konzerns" ebenfalls *Paehler*, 1972, S. 160 ff.

[264] *Geßler*, in: FS Westermann, 1974, S. 145, 146 ff.; *Hüffer*, 1999, § 311 Rdnr. 8; KölnerKomm./*Koppensteiner*, Vorb. § 311 Rdnrn. 6, 16; *Mestmäcker*, in: FS Kronstein, 1967, S. 129, 145 ff.; *Schlieper*, 1996, S. 69, 79; Großkomm. AktG/*Würdinger*, 1975, § 311 Anm. 5.

aa) Der *teleologische* Unternehmensbegriff

Die höchstrichterliche Rechtsprechung[265] und die herrschende Schrifttumsmeinung[266] bejahen diese Frage unter Bezugnahme auf den sog. *teleologischen* Unternehmensbegriff der §§ 15 ff. AktG. Grundlegend hierfür war die VEBA/Gelsenberg-Entscheidung des BGH: Der Gesetzgeber habe zwischen Unternehmensaktionären und anderen Aktionären unterschieden, da von einem Großaktionär, dessen wirtschaftliche Tätigkeit sich auf das eine Unternehmen beschränkt, erwartet werde, dass er im Regelfall das Interesse dieses Unternehmens als sein eigenes betrachten oder jedenfalls keine ihm zuwiderlaufenden Sonderinteressen verfolgen werde; dagegen sei diese Gefahr bei einem Aktionär, der sich auch außerhalb der Gesellschaft unternehmerisch betätigt, typischerweise vorauszusetzen, so dass die besondere Konfliktlage auch besondere gesetzliche Vorkehrungen erfordere.[267] Abstellend auf diesen Konzernkonflikt entwickelte der BGH die Formel, dass die Unternehmenseigenschaft zu bejahen sei, wenn zu der Beteiligung des Anteilseigners „eine wirtschaftliche Interessenbindung außerhalb der Gesellschaft hinzukomm[t], die stark genug ist, um die ernste Besorgnis zu begründen, der Aktionär könnte um ihretwillen seinen Einfluß zum Nachteil der Gesellschaft geltend machen“.

Welche Anforderungen an das Merkmal der *anderweitigen unternehmerischen Tätigkeit* zu stellen sind, ist innerhalb des Lagers der herrschenden Meinung um-

---

265 BGHZ 69, 334, 337 "VEBA/Gelsenberg"; BGHZ 80, 69, 72 "Süssen". Speziell für die Konzernhaftung des herrschenden GmbH-Gesellschafters im qualifizierten faktischen GmbH-Konzern ständige höchstrichterliche Rechtsprechung: BGHZ 95, 330, 337 "Autokran"; BGHZ 115, 187, 189 f. "Video"; BGHZ 122, 123, 127 f. "TBB"; BGH, Urt. v. 13.12.1993, NJW 1994, 446 "EDV"; BGH, Urt. v. 19.9.1994, ZIP 1994, 1690, 1692 "Freiberufler-Konzern"; BGH, Urt. v. 27.3.1995, NJW 1995, 1544, 1545 "Architekten-Konzern"; BGH, Urt. v. 25.11.1996, ZIP 1997, 416 "Wochenkonzern"; BGH, Beschl. v. 3.11.1997, DStR 1997, 1937; BAG, Urt. v. 15.1.1991, AG 1991, 434, 436 "Warmwassergeräte"; BAG, Urt. v. 6.10.1992, ZIP 1993, 380, 382 "AG Union"; BAG, Urt. v. 8.3.1994, GmbHR 1994, 625. 626 "Stahlschutz"; BAG, Urt. v. 1.8.1995, ZIP 1996, 333, 334 f. "Sanierungs-KG"; BAG, Urt. v. 3.9.1998, AG 1999, 184, 185 "Schifffahrtsgesellschaften"; BSG, Urt. v. 27.9.1994, GmbHR 1995, 46, 49 "KAUG-Zahlungen".

266 MünchKomm.-AktG/*Bayer*, § 15 Rdnrn. 10, 13; *Buchner/Weigl*, DNotZ 1994, 580, 587; *Drygala*, GmbHR 1993, 317, 318; *ders.*, ZIP 1992, 1628, 1630; *Ebenroth/Wilken*, BB 1991, 2229, 2231; *Emmerich*, GmbHR 1987, 213, 215; *Emmerich/Habersack*, 1998, § 15 Rdnrn. 8 ff.; Scholz/*Emmerich*, 2000, Anh. § 44, GmbH-Konzernrecht, Rdnrn. 14 f.; *Eschenbruch*, 1996, Rdnr. 2011; *Hommelhoff*, DB 1992, 309, 313; *ders.*, ZGR 1994, 395, 397 ff.; *Koppensteiner*, in: FS Steindorff, 1990, S. 79, 103; Rowedder/*Koppensteiner*, Anh. nach § 52, Rdnr. 8; *Kowalski*, GmbHR 1993, 253, 255; *Michalski/Zeidler*, NJW 1996, 224, 225; *Raiser*, ZGR 1995, 156; *Schwark*, JuS 1987, 443, 446 f.; *Semler*, in: FS Goerdeler, 1987, S. 551, 570; *Sonnenschein/Holdorf*, JZ 1992, 715, 716; *Stimpel*, ZGR 1991, 144, 157; Hachenburg/*Ulmer*, Anh § 77 Rdnrn. 20 ff., 127; *Ulmer*, NJW 1986, 1579, 1581; *Vonnemann*, BB 1990, 217, 220; *Westermann*, in: Heidelberger Konzernrechtstage, 1992, 21, 37.

267 BGHZ 69, 334, 337.

stritten. Die engste Interpretation wertet den Allein-/Mehrheitsgesellschafter einer abhängigen GmbH nur dann als Unternehmen, wenn er außerdem als Rechtsträger eines einzelkaufmännischen Unternehmens selbständig am Markt anbietend tätig wird.[268]

Dabei soll es allerdings nicht darauf ankommen, ob diese Tätigkeit als gewerblich oder freiberuflich zu klassifizieren ist.[269]

Nach h.M. vermag dagegen auch die maßgebliche Beteiligung an weiteren Gesellschaften mit beschränktem Haftungsfonds (multipler Beteiligungsbesitz) die konzernrechtliche Unternehmensqualität der natürlichen Person zu begründen. Ob dies nur dann gelten soll, wenn der mehrfache Anteilseigner in den anderen Gesellschaften *tatsächlich* Leitungsmacht ausübt,[270] oder ob die *abstrakte Möglichkeit* hierzu genügen soll,[271] kann dahingestellt bleiben, da die hier analysierten Fälle eines qualifizierten faktischen GmbH-Konzerns – wie ein Blick auf die einschlägige Rechtsprechung beweist - überwiegend im Bereich der Einmann-GmbH-Konzerne anzutreffen sind; hier übernahm der Alleingesellschafter regelmäßig auch die Geschäftsfühung in allen verbundenen Gesellschaften mbH.

Nicht zu folgen ist allerdings der Ansicht, eine anderweitige unternehmerische Betätigung sei nur dann als relevant zu erachten, wenn die verschiedenen wirtschaftlichen Engagements einen sachlichen Bezug zueinander aufwiesen, insbesondere wenn Branchengleichheit bestehe.[272] Sie verkennt, dass sich der konzernrechtliche Interessenkonflikt nicht in der Möglichkeit erschöpft, Vermögensbestandteile oder Geschäftschancen zwischen branchenverwandten Gesellschaften zu verschieben, sondern sich etwa auch in branchenübergreifenden Finanzie-

[268] *Schmidt*, ZIP 1991, 1325, 1326 f.

[269] *Eschenbruch*, 1996, Rdnr. 2012; KölnerKomm/*Koppensteiner*, § 15 Rdnr. 20; Rowedder/*Koppensteiner*, Anh. nach § 52, Rdnr. 8; *Kulka*, DZWir 1995, 45, 51; *Schmidt*, ZIP 1994, 1741, 1742; Baumbach/Hueck/*Zöllner*, Schlussanh. I, GmbH-KonzernR, Rdnr. 11 a. BGH, ZIP 1994, 1690, 1692 "Freiberufler-Konzern"; BGH, NJW 1995, 1544, 1545 "Architekten-Konzern".

[270] In diese Richtung tendiert wohl die Rechtsprechung: vgl. BGH, NJW 1994, 446 "EDV"; BGH, ZIP 1997, 416 "Wochenkonzern"; BGH, Beschl. v. 3.11.1997, DStR 1997, 1937, 1938; BAG, GmbHR 1994, 625. 626 "Stahlschutz". Ebenso v. *Becker*, 1994, S. 54 f.; *Hommelhoff*, ZGR 1994, 395, 399; *Krieger*, ZGR 1994, 395, 399; *Ulmer*, NJW 1986, 1579, 1581; *Mülbert*, ZHR 163 (1999), 1, 33 (unter Zugrundelegung eines organisationsrechtlich geprägten Unternehmensbegriffs). *Kulka*, DZWir 1995, 45, 49 hält den Nachweis dann für erforderlich, wenn die unterschiedlichen unternehmerischen Tätigkeiten keinen sachlichen Zusammenhang miteinander aufweisen.

[271] MünchKomm.-AktG/*Bayer*, § 15 Rdnrn. 21 f.; *Buchner/Weigl*, DNotZ 1994, 580, 587; *Emmerich/Sonnenschein*, 1997, § 2 III 2a S. 30; Scholz/*Emmerich*, 2000, Anh. § 44, GmbH-Konzernrecht, Rdnr. 15; *Eschenbruch*, 1996, Rdnr. 2014; *Hüffer*, 1999, § 15 Rdnr. 9; KölnerKomm/*Koppensteiner*, § 15 Rdnr. 27; *Sonnenschein/Holdorf*, JZ 1992, 715, 716; Hachenburg/*Ulmer*, Anh. § 77 Rdnr. 21. Unbeantwortet gelassen wird die Frage von *Zöllner* in: Baumbach/Hueck/Zöllner, Schlussanh. I, GmbH-KonzernR, Rdnr. 11 b.

[272] *Priester*, ZIP 1986, 137, 142 f.

rungsentscheidungen[273] oder in der Verwendung der Untergesellschaft als Risikopuffer für die Ziele der „Konzernspitze“[274] zeigen kann. Aus demselben Grunde entfällt die Konzerngefahr auch dann nicht, wenn die „weitere unternehmerische Betätigung“ nicht in Form eines selbständigen wirtschaftlichen Auftretens am Markt erfolgt, sondern in Form des Betriebes eines ausschließlich den Interessen des herrschenden Unternehmens dienenden Serviceunternehmens oder in Gestalt einer, durch eine Betriebsaufspaltung „künstlich“ in zwei Gesellschaften aufgespalteten „Einheitsunternehmung“.[275]

bb) Der *organisationsrechtliche* Unternehmensbegriff

Der herrschenden schutzrechtlichen Prägung des konzernrechtlichen Unternehmensbegriffs wird neuerdings eine konzernorganisationsrechtliche Interpretation entgegengehalten.[276] Danach knüpft die Unternehmensdefinition ausschließlich an das Merkmal der anderweitigen unternehmerischen Betätigung des Gesellschafters an; dem schutzzweckprägenden Konzerninteressenkonflikt soll demgegenüber keine eigenständige Bedeutung zukommen. Da die organisationsrechtliche Herleitung des Unternehmensbegriffes in bezug auf die hier interessierende Frage - die Unternehmenseigenschaft des herrschenden GmbH-Mehrheitsgesellschafters - zu keinen vom teleologischen Unternehmensbegriff abweichenden Ergebnissen führt, kann auf eine nähere Erörterung des konzernorganisationsrechtlichen Ansatzes hier verzichtet werden.

b) Organisation des abhängigen Unternehmens in der Rechtsform der AG, KGaA

Der Anwendungsbereich der §§ 311, 317 AktG ist beschränkt auf die Unternehmensverbindungen mit einer abhängigen AG oder KGaA. Unter Anlegung des Normzwecks als Vergleichsmaßstab ist zu prüfen, ob die Regelungen auch auf eine abhängige GmbH übertragbar sind.

---

[273] *Eschenbruch*, 1996, Rdnr. 2014; KölnerKomm/*Koppensteiner*, § 15 Rdnr. 19; *Kulka*, DZWir 1995, 45, 49; *Pöggeler*, JA 1995, 438, 439; *Stimpel*, ZGR 1991, 144, 157; *Wiedemann*, ZGR 1986, 656, 671. Als Beispiel ist hier der Sachverhalt der "TBB"-Entscheidung zu nennen.

[274] *Banerjea*, ZIP 1999, 1153, 1161. Beispiele bieten die Auslagerung besonders risikoreicher Geschäftsbereiche auf die Konzerntochter ("EDV"; "Freiberufler-Konzern") oder die Fälle der Betriebsaufspaltung ("Fertighaus"; "Möbel-KG"; "Schifffahrtsgesellschaft").

[275] A.A. aber *Drygala*, ZIP 1992, 1628, 1630; *ders.*, GmbHR 1993, 317, 318.

[276] *Mülbert*, ZHR 163 (1999), 1 ff.

aa) Vorhandensein der typischen Konzerngefahr in der abhängigen GmbH

Wie bereits beschrieben[277] wollte der Gesetzgeber des AktG 1965 mit der Kodifikation eines spezifischen „Rechts der verbundenen Unternehmen" auf die besonderen Gefahren reagieren, denen sich die Minderheitsaktionäre und Gläubiger ausgesetzt sehen, wenn „ihre" Gesellschaft von einem anderen *Unternehmen* abhängig ist bzw. von diesem beherrscht wird:[278] Das in der autonomen Gesellschaft bestehende Regulativ eines Interessengleichlaufs zwischen Gesellschaftern und Gläubigern an einem erfolgreichen Wirtschaften des Unternehmens, der Stärkung seiner Ertragskraft oder zumindest dem Erhalt seiner Substanz ist nicht mehr gegeben, wenn der herrschende Mehrheits-/Alleingesellschafter außerhalb der Gesellschaft noch anderweitige unternehmerische Interessen verfolgt. In dieser Situation besteht die potentielle Gefahr, dass er seine Mehrheitsmacht dazu einsetzt, die Geschäftstätigkeit der Gesellschaft an seinen anderweitigen Unternehmensinteressen auszurichten. Diese *verbundstypische Gefährdungslage*, die man häufig auch mit den Synonymen „Konzerngefahr" oder „Konzernkonflikt" belegt, besteht nach überwiegender Meinung in Rechtsprechung[279] und Literatur[280] auch bei der in einen Unternehmensverbund einbezogenen GmbH.

Es werden allerdings auch kritische Stimmen laut, die das Vorhandensein einer typischen Konzerngefahr in der abhängigen GmbH verneinen.[281] Zum Beleg

---

277 Vgl. GP 2. Teil § 1 C. II., S. 43 ff.; § 2 B. II. 2. a) aa), S. 72 f.

278 Amtl. Begr. zum RegE, in: *Kropff*, Aktiengesetz 1965, S. 373.

279 So der BGH in ständiger Rechtsprechung: BGHZ 69, 335, 337 "Veba/Gelsenberg"; BGH, NJW 1980, 231, 232 "Gervais"; BGHZ 80, 69, 72 "Süssen"; BGHZ 95, 330, 334 f. "Autokran"; BGHZ 115, 187, 191 "Video"; BGHZ 122, 123, 126 f. "TBB". BAG: "Stahlschutz", GmbHR 1994, 625; "Sanierungs-KG", ZIP 1996, 333, 335. BSG: "KAUG-Zahlungen", GmbHR 1995, 46, 48; "A-Schuhfabrik GmbH", ZIP 1996, 1134, 1136.

280 *Assmann*, in: FS 100 Jahre GmbH, 1992, S. 657, 666; *ders.*, JZ 1986, 881, 930 f.; *Bälz*, AG 1992, 277, 281; *Beinert*, 1995, S. 113; *Boujong*, in: FS Brandner, 1996, S. 23, 28; *Buchner/Weigl*, DNotZ 1994, 580, 581; *Burgard*, WM 1993, 925, 927; *Decher*, 1990, S. 115; *Deilmann*, 1990, S. 13; *Drüke*, 1990, S. 120 f.; *Drygala*, GmbHR 1993, 317, 318; *Emmerich*, GmbHR 1987, 213, 221; *Hoffmann-Becking*, in: Verhandlungen des 59. DJT., 1992, Bd II (Referat), S. R 8, R 15; *Hommelhoff*, ZGR 1994, 395, 397; *Jansen*, 1993, S. 124 ff.; *Kowalski*, GmbHR 1993, 253, 254; *Krieger*, ZGR 1994, 375, 378; *Limmer*, 1992, S. 11 f.; *Lutter*, JZ 1993, 580, 581; *Priester*, in: FS Semler, 1993, S. 561, 562; *Rehbinder*, AG 1986, 85, 92 ff.; *Roth*, ZGR 1986, 371, 381; *Schmidt*, BB 1985, 2074, 2076; *ders.*, ZHR 155 (1991), 417, 420; *Schneider*, WM 1993, 782; *Semler*, in: FS Goerdeler, 1987, S. 551, 566 f.; *Stimpel*, AG 1986, 117, 122; *Stodolkowitz*, ZIP 1992, 1517, 1526 ; *Ulmer*, NJW 1986, 1579, 1580; *ders.*, ZHR 148 (1984), 391, 401 f.; *Wiedemann*, 1988, S. 3, 39 ff.; *ders.*, ZGR 1986, 656, 663 f.; *ders.*, 1980, § 6 IV 2. a), S. 347 f.; *Winter*, 1988, S. 206.

281 So ausführlich *Versteegen*, 1993, S. 144 ff. Im Ergebnis ebenso: *Altmeppen*, 1991, S. 69 f.; *Brandner*, in: Heidelberger Konzernrechtstage, 1992, S. 207, 214 f. ; *Gäbelein*, GmbHR 1992, 273, 274 f.; *Lehmann*, in: Verhandlungen des 59. DJT, 1992, Bd. II, (Sitzungsberichte) S. R 85; *Reiner*, 1995, S. 184 f., 321 f.; *Schanze*, AG 1993, 376, 377 f.; *ders.*, in: Mestmäcker/Behrens (Hrsg.), 1991, S. 473, 478 f.; *Willburger*, 1994, S. 175 ff, 185.

hierfür verweisen sie zum einen auf die Rechtslage im Ausland. Bis auf wenige Ausnahmen verzichten ausländische Rechtsordnungen auf eine am Konzernkonflikt ausgerichtete Schaffung eines speziellen „Konzernhaftungsrechts" und weisen statt dessen die hier relevant werdenden Fallkonstellationen der generellen Problematik der Mehrheitsherrschaft zu, denen man mit „klassischen" gesellschaftsrechtlichen und insolvenzrechtlichen Instrumentarien begegnet.[282] Überzeugend vermag dieser Rechtsvergleich die Existenz einer Konzerngefahr aber nicht zu entkräften; denn den Beweis dafür, dass die geschilderte gesetzgeberische Enthaltsamkeit des Auslands auf einer höheren Einsicht hinsichtlich der Komplexität verbundspezifischer Problematiken beruht, bleiben die Kritiker notgedrungen schuldig.

Des weiteren beklagen die Gegner einer spezifischen Konzerngefahr ihren fehlenden empirischen Nachweis: die Behauptung, dass die Gläubiger einer konzernierten GmbH einer höheren Gefährdung unterliegen, sei nur gerechtfertigt, wenn der Nachweis gelänge, dass mit der Konzernierung einer GmbH ein erhöhtes Insolvenzrisiko einhergehe. Die Insolvenzanfälligkeit sei aber ein generelles Problem der Rechtsform GmbH. Für die Annahme einer signifikant gesteigerten Insolvenzhäufigkeit in der verbundenen Gesellschaft sei den Insolvenzstatistiken kein Hinweis zu entnehmen.[283]

Diese Kritik greift in zweierlei Hinsicht zu kurz. Die Konzerngefahr wirkt sich nicht erst beim unfreiwilligen Ende der Unternehmenstätigkeit der GmbH in Form ihrer Insolvenz aus, sondern sie betrifft auch und besonders die werbende Gesellschaft (Stichwort: going-concern). Der Verweis auf die hohe Insolvenzrate auch bei unverbundenen Gesellschaften mbH geht daher fehl. Und dass es sich bei der Konzerngefahr nicht lediglich um ein rein akademisches - nur dem rechtswissenschaftlichen Sendungsbedürfnis entsprungenes - Phantasiegespinst handelt und diese konzernspezifische Gefährdungslage auch keine „Erfindung des BGH"[284] ist, sondern eine sich im Wirtschaftsleben in vielfältiger Weise auswirkende Realität, dokumentieren die Sachverhalte der zahlreichen höchstrichterlichen Entscheidungen zur qualifizierten GmbH-Konzernhaftung. Beispiele für vom herrschenden Unternehmens-Gesellschafter veranlasste verdeckte Gewinnausschüttungen an sich oder an Schwestergesellschaften enthalten, wie oben ausführlich dargestellt, die Entscheidungen *„ITT"*, *„Gervais"*, *„Autokran"* *„Tiefbau"*, *„TBB"*, *„Architekten-Konzern"*, *„Stahl-Alu-O. & Sohn GmbH"*, *„Stahlschutz"*,

---

[282] *Schanze*, AG 1993, 376, 377; *ders.*, in: Mestmäcker/Behrens (Hrsg.), 1991, S. 473, 478, 494; *Versteegen*, 1993, S. 204 ff. Einen ausführlichen rechtsvergleichenden Überblick gibt *Druey* in seinem Gutachten zum 59. DJT. in Hannover, 1992.

[283] *Altmeppen*, 1991, S. 70; *Schanze*, AG 1993, 376, 377; *Versteegen*, 1993, S. 145 f., 156; *Willburger*, 1994, S. 185

[284] So *Gäbelein*, GmbHR 1992, 273, 275.

„Sanierungs-KG". Mit der Auslagerung risikoreicher Geschäftsbereiche auf eine abhängige Tochtergesellschaft beschäftigen sich die Urteile *„Fertighaus"*, *„EDV"*, *„Freiberufler-Konzern"*, *„Möbel-KG"*. Auch die Fälle des bewussten „Auslaufenlassens" des Geschäftsbetriebs der abhängigen GmbH zugunsten eines anderen Konzernunternehmens[285] spiegeln eine real existierende Gefährdungssituation in Konzernverbindungen wider.

Diesem empirischen Befund wird entgegengehalten, es handele sich dabei lediglich um negative Einzelbeispiele für einen „Schmuddelkonzern"; diese dürften nicht als Beleg für eine besondere Virulenz abstrakt-allgemeiner Konzerngefahren in der Unternehmensgruppe gewertet werden.[286] Auch der Konzernverbund sei durch eine Interessenkonvergenz zwischen den Beteiligten geprägt. Die Konzernspitze habe ein ureigenes Interesse daran, dass die Töchterunternehmen erfolgreich arbeiten und Gewinne erzielen, da auf diese Weise den übergeordneten Zielen, nämlich der Bestandskontinuität und Gewinnoptimierung im Konzern, am besten gedient werde.[287]

Diesen Argumenten ist insoweit zuzustimmen, als es in der Tat nicht gerechtfertigt wäre, dem herrschenden Unternehmen im Konzern zu unterstellen, es setze seine Machtbefugnisse generell dazu ein, die Untergesellschaften auszubeuten oder zu schädigen. Häufig wird - ganz im Gegenteil - das Tochterunternehmen von der Konzerneinbindung sogar profitieren, da sie in den Genuss positiver Konzernsynergieeffekte (Erhöhung ihrer Solvenz durch Einbeziehung in einen finanzkräftigen Unternehmensverbund; Partizipation an konzernweitem Know-How und zentralen Verwaltungseinrichtungen, Kostenersparnis durch konzernweite Beschaffungs- und Absatzwege etc.) kommt.[288] Dennoch ist nicht zu verkennen, dass es gerade im Konzernverbund wirtschaftlich sinnvoll sein kann, wenn die Konzernspitze, unter dem Gesichtspunkt einer konzernweiten Gewinnmaximierung, vermögensschädigend auf die Geschäftstätigkeit einer abhängigen Untergesellschaft einwirkt, sofern das herrschende Unternehmen oder andere Konzernschwestern daraus einen, den Nachteil übersteigenden, Nutzen ziehen können. Gerade diese Möglichkeit der *unternehmerischen* Nutzziehung aus für die abhängige Gesellschaft wirtschaftlich unvernünftigen Geschäftsführungsmaßnahmen rechtfertigt die Annahme, der herrschende Unternehmens-Gesellschafter werde im Vergleich zum privaten Mehrheitsgesellschafter vermehrt zu derartigen gesellschaftsschädigenden Handlungen Zugriff nehmen. Dieses für die abhängige

---

[285] "Video", "Stahl-Alu-O. & Sohn GmbH"; BGH, Beschluss v. 3.11.1997; OLG München, Urt. v. 3.12.1997; OLG Oldenburg, Urt. v. 24.10.1996; OLG Bamberg, Urt. v. 10.5.1995.

[286] *Schanze*, AG 1993, 376, 377; *Reiner*, 1995, S. 321 f.; *Gäbelein*, GmbHR 1992, 273, 275

[287] *Reiner*, 1995, S. 321; *Versteegen*, 1993, S. 168 f.; *Gäbelein*, GmbHR 1992, 273, 274; *Lehmann*, in: Verhandlungen des 59. DJT, 1992, Bd. II, (Sitzungsberichte) S. R 85.

[288] *Gäbelein*, GmbHR 1987, 221 ff.; *Koch*, 1997, S. 81 ff.

GmbH bestehende Gefahrenpotential wird noch durch den Umstand gesteigert, dass die anderweitige unternehmerische Tätigkeit des Unternehmens-Gesellschafters seine Eingriffs*möglichkeiten* erheblich erweitert. Der Unternehmensverbund stellt vielfältige Varianten der verdeckten Gewinnausschüttung zur Verfügung, etwa in Form von Konzernumlagen für vermeintlich erbrachte Dienstleistungen, niedrigen Konzernverrechnungspreisen, zinslosen Kreditnahmen, Überleitung von Ressourcen (Personal, Betriebsmittel, geschäftliches know-how, Aufträge).[289] Des weiteren wird die Bereitschaft des herrschenden Unternehmens-Gesellschafters, risikoreiche Aufgaben auf die abhängige Gesellschaft zu übertragen oder dieser existenznotwendige Geschäftsbereiche zu entziehen, um sich die Chance auf außergewöhnliche Gewinne zu erschließen, dadurch gesteigert, dass er selbst bei einem wirtschaftlichen Scheitern der beherrschten GmbH nicht Gefahr läuft, seine unternehmerischen Tätigkeitsbereich gänzlich einzubüßen. Dass eine solch riskante Konzerngeschäftsführung nicht, wie *Versteegen*[290] behauptet, als eine, für den GmbH-Konzern, wenig realistische Hypothese betrachtet werden kann, beweisen die einschlägigen höchstrichterlichen Entscheidungen zur Betriebsaufspaltung[291] und zu den sogenannten GmbH-Stafetten[292].

Zwar bewirkt auch der von der herrschenden Meinung zu Recht bejahte prinzipielle Interessengleichlauf zwischen Gesellschaftern und Gesellschaft in der unverbundenen GmbH keinen absoluten Schutz der Gesellschaft vor nachteiligen Einwirkungen durch ihren privaten Mehrheits-/Alleingesellschafter. Hier kann es, da die Gesellschaft und ihre Mitglieder rechtlich voneinander getrennte Individuen sind, ebenfalls zu Interessenkonflikten kommen. Schon das legitime Gesellschafterinteresse an einer Gewinnausschüttung konfligiert mit dem Gesellschaftsinteresse an der Erhaltung des Vermögens und der Reinvestition der Gewinne. Außerdem ist es denkbar, dass sich der private Mehrheitsgesellschafter bei der Geschäftsführung wirtschaftlich unvernünftig oder unseriös verhält und sich, etwa durch verdeckte Gewinnausschüttungen in Form von Anstellungs-, Miet- oder Beraterverträgen, am Gesellschaftsvermögen *persönlich* bereichern. Die Wahrscheinlichkeit, dass es zu solchen vermögensschädigenden Geschäftsleitungsmaßnahmen kommt, ist in der verbundenen GmbH aber weitaus höher, da hier die Verfolgung anderweitiger *unternehmerischer* Ziele seitens des herrschenden Gesellschafters eine *zusätzliche* Motivationsquelle eröffnet.[293] Gerade

---

289 *Jansen*, 1993, S. 129 f.

290 *Versteegen*, 1993, S. 175.

291 "Fertighaus"; "Möbel-KG"; "Sächsisches Porzellanwerk Freiberg GmbH".

292 "Video"; "Stahl-Alu-O. & Sohn GmbH"; BGH, Beschluss v. 3.11.1997; OLG München, Urt. v. 3.12.1997; OLG Oldenburg, Urt. v. 24.10.1996; OLG Bamberg, Urt. v. 10.5.1995.

293 A.A.: *Altmeppen*, 1991, S. 70; *Brandner*, in: Heidelberger Konzernrechtstage, 1992, S. 207, 215; *Schanze*, AG 1993, 376, 378; *Versteegen*, 1993, S. 164 ff, 170; *Wilhelm*, DB 1986, 2113, 2119.

diese erhöhte *Wahrscheinlichkeit* der Ausrichtung der Geschäftstätigkeit der abhängigen GmbH an den unternehmerischen Fremdinteressen seines „faktischen Leitungsorgans“ ist Inhalt der besonderen Konzerngefahr.

Zusammenfassend sprechen die besseren Argumente für die Bejahung einer typischen Konzerngefahr auch im GmbH-Konzern. Und letztlich darf nicht verkannt werden, dass der Gesetzgeber selbst das Vorhandensein eines solchen Konzernkonflikts - jedenfalls für die Unternehmensverbindung mit einer AG/KGaA - bei der Schaffung der konzernrechtlichen Regeln des AktG unterstellt hat. Damit liegt die Begründungslast dafür, dass eine vergleichbare Gefährdungslage im GmbH-Konzern *nicht* existiert, bei den Kritikern des Analogieschlusses. Einen entsprechenden überzeugenden Nachweis blieben sie bisher aber schuldig.

bb) Notwendigkeit des Außenseiterschutzes in der *abhängigen* GmbH

Die Minderheitsgesellschafter und Gläubiger einer abhängigen bzw. konzernierten GmbH sehen sich, wie soeben nachgewiesen, denselben Gefahren ausgesetzt, die den Außenseitern im AG-Konzern drohen. Wahrscheinlich ist ihr Bedürfnis nach Schutz vor einer schädigend wirkenden Fremdherrschaft sogar noch ausgeprägter, da der GmbH ein weisungsunabhängiges Kontrollorgan, wie es der autonome Vorstand in der AG darstellt, gänzlich fehlt und ihre Instrumentalisierung im Drittinteresse dadurch wesentlich erleichtert wird. Nicht von ungefähr wird die GmbH auch als ideale Konzerntochter bezeichnet.

Auf diese Gefahren vermögen die klassischen zivil- und gesellschaftsrechtlichen Schutzkautelen - wie oben nachgewiesen - nur unzureichend zu reagieren.

c) Abhängigkeitsverhältnis gem. § 17 Abs. 1 AktG

Die §§ 311 ff. AktG entfalten ihren Schutz im Falle der *faktischen* Beherrschung, also in allen Konstellationen in denen das herrschende Unternehmen seine Konzernleitungsmacht nicht auf die Legitimationsgrundlage eines Beherrschungsvertrages stützen kann, sondern seine Einflussmöglichkeiten *faktisch* aus seinem gesellschaftlichen Beteiligungsverhältnis resultieren. Dem Anwendungsbereich dieser Normen unterfallen somit einerseits reine Abhängigkeitsverhältnisse i. S. d. § 17 Abs. 1 AktG. Diese liegen vor, wenn das herrschende Unternehmen mittels seiner gesellschaftsrechtlich[294] begründeten Mehrheitsbeteiligung einen beherr-

---

[294]Eine rein *wirtschaftliche* Abhängigkeit reicht nicht aus, vgl. BGHZ 90, 381, 395 ff. (BuM).

schenden Einfluss auf ein anderes Unternehmen ausüben kann. Über eine solche Einflussmöglichkeit verfügt auch der Allein-/Mehrheitsgesellschafter einer GmbH.

Zum anderen greifen die §§ 311 ff. AktG im Falle des Bestehens eines faktischen Konzernverhältnisses; darunter versteht man die Zusammenfassung des herrschenden und des abhängigen Unternehmens unter die *einheitliche Leitung* des herrschenden Unternehmens. Auch diese Beherrschungssituation ist - wie die einschlägigen Judikate zum qualifizierten faktischen GmbH-Konzern belegen - im Verhältnis zwischen Allein-/Mehrheitsgesellschafter und GmbH keine Seltenheit.

d) Nachteilig wirkende Einflussnahme des herrschenden Unternehmens auf die abhängige Gesellschaft

aa) Begriffsbestimmung des *Nachteils*

Der Nachteilsbegriff des § 311 Abs. 1 AktG erfasst nach h.M. jede Minderung oder konkrete Gefährdung der Vermögens- und/oder Ertragslage der abhängigen Gesellschaft.[295] Damit unterfallen dem Verbot nachteilig wirkender Einflussnahmen seitens des herrschenden Unternehmens sowohl Eingriffe in das aktuell bestehende Gesellschaftsvermögen als auch Maßnahmen, die sich negativ auf die zukünftigen Ertragserwartungen auswirken.

Allerdings ist nicht jede objektiv festgestellte Verschlechterung der Vermögens- oder Ertragslage der abhängigen Gesellschaft mit einem Nachteil i.S.d. §§ 311, 317 AktG gleichzusetzen. Die §§ 311 ff. AktG bezwecken, die verbundene Gesellschaft vor nachteiligen Folgen zu bewahren, die sich gerade aus ihrer *Abhängigkeit* vom herrschenden Unternehmen ergeben. Rechtstechnisch betrachtet ist bei der Interpretation des „Nachteils"-Begriffs gem. § 311 AktG demnach die in § 317 Abs. 2 AktG enthaltene Entlastungsmöglichkeit hinzu zu denken, um das Haftungskonzept stimmig zu machen:[296] Hätte der ordentliche und gewissenhafte Geschäftsführer einer *unabhängigen* Gesellschaft den zu beurteilenden Geschäftsführungsakt (Rechtsgeschäft oder Maßnahme) unter Beachtung seiner Pflicht, die Geschäftsführung der Gesellschaft ausschließlich an deren Eigeninte-

---

[295]BGH, Urt. v. 1.3.1999, ZIP 1999, 708, 709; *Hüffer*, 1999, § 311 Rdnr. 25; Kölner-Komm./*Koppensteiner*, § 311 Rdnr. 28.

[296]KölnerKomm/*Koppensteiner*, § 311 Rdnr. 22, § 317 Rdnr. 1; MünchKomm.-AktG/*Kropff*, § 311 Rdnrn. 139 f.; *Hoffmann-Becking*, in: Verhandlungen des 59. DJT, 1992, Bd II, R 8, R 16.

resse auszurichten, abschließen dürfen, so wäre eine Nachteiligkeit i. S. d. § 311 Abs. 1 AktG zu verneinen.[297]

Stellt man zur Feststellung der Nachteiligkeit auf das hypothetische Verhalten des Vorstandes einer unabhängigen Gesellschaft ab, so beschränkt sich diese Fiktion auf deren *rechtliche*, nicht gleichzeitig auch auf deren *wirtschaftliche* Unabhängigkeit. Entscheidend ist der Vergleich mit einer (hypothetischen) Gesellschaft, deren wirtschaftliche Situation mit derjenigen der abhängigen Gesellschaft zum Zeitpunkt der Vornahme des zu beurteilenden Geschäftsakts identisch ist.[298]

Damit bildet das **Eigeninteresse** einer (hypothetisch) *rechtlich* unabhängigen Gesellschaft den Beurteilungsmaßstab für die Nachteiligkeit einer, vom herrschenden Unternehmen veranlassten, Geschäftsführungsmaßnahme.

Und hier knüpft die Kritik derjenigen Autoren an, die dem Ausgleichssystem der §§ 311 ff. AktG seine Funktionsfähigkeit zum Schutz der abhängigen AG absprechen und damit auch seine Analogiefähigkeit negieren.[299] Sie befürchten, dass insbesondere bei einer tiefgreifenden Integration der abhängigen Gesellschaft in den Konzernverbund ihr Eigeninteresse nicht mehr feststellbar sein wird. Beständen intensive wirtschaftliche Verflechtungen - z.B. durch langfristig ausgerichtete Bezugs- und Liefervereinbarungen, Wahrnehmung konzerninduzierter Hilfsfunktionen (Vertrieb, Forschung) etc. -, so vermindere sich der Handlungsspielraum des Geschäftsführungsorgans der abhängigen Gesellschaft und - parallel dazu - wachse der Einwirkungsbereich, dessen sich das herrschende Unternehmen bedienen kann, ohne dass ihre Einflussnahme als nachteilig bewertet werden könnte.[300] Diesen Bedenken an der Leistungsfähigkeit des aktienkonzernrechtlichen Ausgleichssystems soll im folgenden nachgegangen werden.

bb) Feststellbarkeit einer *Eigeninteressenbeeinträchtigung* bei der beherrschten GmbH

Untersucht man das in den einschlägigen Judikaten zur qualifizierten GmbH-Konzernhaftung beschriebene Konzernleitungsverhalten des herrschenden Unter-

[297] *Hüffer*, 1999, § 311 Rdnr. 27; *Hommelhoff*, 1982, S. 118 f.; KölnerKomm./*Koppensteiner*, § 311 Rdnr. 22; MünchKomm.-AktG/*Kropff*, § 311 Rdnrn. 139 f.

[298] *Drygala*, GmbHR 1993, 317, 324; KölnerKomm/*Koppensteiner*, § 311 Rdnr. 25; MünchKomm.-AktG/*Kropff*, § 311 Rdnr. 151; *Lutter*, ZIP 1985, 1425, 1433; *Mülbert*, 1995, S. 277; *Priester*, ZIP 1986, 137, 144; *Strohn*, 1977, S. 74. A.A. *Hommelhoff*, ZGR 1994, 395, 402 f.; *Rehbinder*, AG 1986, 85, 90 f.

[299] Vgl. Fn. 242.

[300] KölnerKomm/*Koppensteiner*, § 311 Rdnr. 26; *Mülbert*, 1995, S. 276.

nehmens-Gesellschafters im Hinblick auf die Feststellbarkeit seiner Auswirkungen auf das Eigeninteresse der beherrschten GmbH, so lassen sich drei Gruppen unterscheiden.

aaa) Punktuell wirkende Einzelmaßnahmen mit quantifizierbaren Folgen

Hier wirkt die Konzernspitze durch einzelne Rechtsgeschäfte oder Maßnahmen unmittelbar negativ auf den aktuellen Vermögensbestand der abhängigen GmbH ein. Dies kann beispielsweise durch, vom herrschenden Unternehmens-Gesellschafter veranlasste, unentgeltliche Nutzungsüberlassungen („*Autokran*", OLG Düsseldorf, Urt. v. 26.11.1998), Zahlung überhöhter Pachtzinsen („*Tiefbau*") oder Fremdleistungen („*Stahlschutz*") oder die Übernahme von Verbindlichkeiten („*Autokran*", „*TBB*") geschehen.[301] Diese Fallkonstellationen lassen sich problemlos mit einer analogen Anwendung des Ausgleichssystems der §§ 311, 317 AktG lösen.

bbb) Global wirkende Einzelmaßnahmen mit nicht quantifizierbaren Folgen

Typisch für diese Fallgruppe sind konzernintegrativ wirkende Strukturmaßnahmen, etwa die Zentralisierung von wesentlichen Betriebsfunktionen, die Aufgabe von Betriebsteilen oder Absatzmärkten, die Spezialisierung in Produktion und Vertrieb etc. Da sich im Zeitpunkt der Vornahme dieser strukturellen Veränderungen - dies ist der maßgebliche Zeitpunkt für die Nachteilsermittlung des zu bewertenden Geschäftsaktes[302] - in der Regel nicht erkennen lässt, ob sie sich negativ, positiv oder wertneutral auf die Vermögens- und Ertragslage der abhängigen Konzerntochter auswirken werden, sprechen sich Teile des Schrifttums dafür aus, diese Strukturmaßnahmen gänzlich aus dem Anwendungsbereich der §§ 311 ff. AktG auszuklammern, dies aber mit unterschiedlicher Konsequenzziehung: Nach einer Meinung sollen alle Rechtsgeschäfte und Maßnahmen, die sich ihrer Natur nach einer vermögensmäßigen Bewertung entziehen, unbegrenzt zulässig sein;[303] andere erachten sie als generell unzulässig und unterstellen sie den

---

[301] Zu den Einzelheiten der zitierten Entscheidungen vgl. Darstellung unter GP 2. Teil, § 1 A. I. 1. a), S. 14 ff.

[302] *Hüffer*, 1999, § 311 Rdnr. 28; KölnerKomm./*Koppensteiner*, § 311 Rdnr. 23; MünchKomm.-AktG/*Kropff*, § 311 Rdnrn. 141 f.; *Strohn*; 1977, S. 66.

[303] *Luchterhand*, ZHR 133 (1970), 1, 12, 30 f. Jedenfalls in bezug auf die eingliedrige abhängige GmbH, *Drygala*, GmbHR 1993, 317, 324.

allgemeinen Regeln des Aktienrechts, insbesondere dem Verbot des § 117 AktG.[304]

Diese Beschränkung des aktienrechtlichen Ausgleichssystems der §§ 311 ff. AktG auf die Sicherung eines *rein vermögensmäßig definierten* Eigeninteresses ist abzulehnen, da sie auf einer Fehlinterpretation des Nachteilsbegriffs beruht. Eine der abhängigen Gesellschaft vom herrschenden Unternehmen auferlegte Maßnahme wirkt nicht nur dann nachteilig, wenn sie zu einer konkret feststellbaren Minderung des aktuellen Gesellschaftsvermögens führt, sondern schon dann, wenn sie ihre *zukünftige* Vermögens- oder Ertragssituation *gefährdet*. Die Beurteilung der Nachteiligkeit einer Strukturmaßnahme stößt somit auch in Fällen intensiver Konzernverflechtungen nicht auf unüberwindbare Schwierigkeiten. Systematisierend lassen sich hier einzelne Fallgruppen bilden:

Konzernleitungsmaßnahmen, die bei Wegfall der Integration in den Konzernverbund die *Existenzfähigkeit* der abhängigen Gesellschaft gefährden, sind in jedem Fall sorgfaltswidrig, da sich auch der Geschäftsleiter einer unabhängigen Gesellschaft auf solche Risiken nicht einlassen darf. Zu diesen Maßnahmen zählt zum einen die Zentralisierung wesentlicher, für ein selbständiges Auftreten am Markt notwendiger Betriebsfunktionen bei der Konzernspitze oder anderen Tochterunternehmen.[305]

Ein besonders prägnantes Beispiel für konzernintegrativ wirkende Umstrukturierungsmaßnahmen bietet das BAG-Urteil „AEG-Betriebsrentenanpassung".[306] Die AEG-AG hatte alle wichtigen Führungsentscheidungen in der beherrschten Gesellschaft an sich gezogen. Sie bestimmte über die strategischen und operativen Ziele, setzte die Organisationsstruktur fest, traf die Personalauswahl, bestimmte die Produktionslinie etc. Des weiteren entzog sie der Gesellschaft die Produktion neu entwickelter Technologien und übertrug diese auf andere Konzernunternehmen. Die eigene Forschungsabteilung wurde auf Verlangen der Konzernmutter aufgegeben. Der Einkauf von Roh-, Hilfs- und Betriebsstoffen wurde der zentralen Materialwirtschaft der AEG-AG übertragen. Darüber hinaus wurde die beherrschte Gesellschaft dem konzerneinheitlichen System des Rechnungswesens unterstellt.

---

[304] *Mestmäcker*, in: FS Kronstein, 1967, S. 129, 147; *Hommelhoff*, 1982, S. 138 f., der aber eine Ausnahme für den Fall machen will, dass die angesonnenen konzernintegrativen Maßnahmen unverzichtbar erforderlich sind, um überhaupt einen faktischen Konzern entstehen zu lassen.

[305] KölnerKomm/*Koppensteiner*, § 311 Rdnr. 45; MünchKomm.-AktG/*Kropff*, § 311 Rdnrn. 208 ff.

[306] BAG, ZIP 1995, 491. Da hier zwischen der beherrschten Gesellschaft und der AEG AG aber ein Beherrschungs- und Gewinnabführungsvertrag bestand, waren alle vom herrschenden Unternehmen vorgenommene Leitungsmaßnahmen legitim und unterfielen nicht der Ersatzregelung der §§ 311 ff. AktG.

Weiterhin unterfallen dieser Gruppe auch Strukturmaßnahmen, die dazu dienen, die abhängige Gesellschaft nachträglich auf die Konzernbedürfnisse hin auszurichten.

> In der BAG-Entscheidung „Warmwassergeräte“[307] hatte die Beklagte sämtliche Geschäftsanteile der Komplementär-GmbH sowie 51 % der Kommanditeinlagen eines Konkurrenzunternehmens erworben und dieses nach und nach umstrukturiert. Sie übertrug einzelne Produktionszweige auf andere Tochterunternehmen und ließ die abhängige GmbH & Co. KG stattdessen Zwischenprodukte für andere Konzernunternehmen herstellen. Weiterhin wurde der abhängigen Gesellschaft der Vertrieb von einzelnen Konzernprodukten übertragen.

Diese strukturverändernden und konzernintegrativ wirkenden Maßnahmen können sich auf die zukünftige Vermögens- und Ertragslage der Gesellschaft nachteilig auswirken. Insbesondere für den Fall, dass die vorgegebene Produktpalette nicht markgängig ist und die Konzernverbindung wieder aufgelöst wird, fehlt ihr die Möglichkeit, selbständig am Markt aufzutreten; damit ist ihre zukünftige Überlebensfähigkeit unmittelbar bedroht. Gerade dieses „Langzeitrisiko“ begründet die nachteilige Wirkung derartiger Strukturmaßnahmen i.S.d. § 311 AktG.

Eine dritte Fallgruppe nachteilig wirkender Strukturmaßnahmen charakterisiert sich dadurch, dass die abhängige Gesellschaft hier „im Konzerninteresse“ mit einem besonderen Risiko belastet wird. Ein Beispiel bietet die *„EDV“*-Entscheidung; hier war der abhängigen GmbH die Aufgabe übertragen worden, ein neues Produkt - ein patentierfähiges diakritisches Zeichensystem - zu entwickeln. Sollte die hierdurch beabsichtigte Gewinnchance (auch) von anderen Konzernunternehmen genutzt werden - der Sachverhalt lässt diese Frage unbeantwortet -, so würde die Belastung der abhängigen GmbH mit dem alleinigen Entwicklungskostenrisiko einen Nachteil i.S.d. § 311 AktG darstellen. Auch die Entscheidungen *„Fertighaus“*, *„Freiberufler-Konzern“*, *„Möbel-KG“*[308] und *„Sächsisches Porzellanwerk Freiberg GmbH“* zeichnen sich durch eine einseitige Risikoüberwälzung auf die abhängigen Gesellschaften aus.[309]

Schließlich können auch strukturell wirkende Geschäftsführungsakte, die weder risikoerhöhend noch existenzbedrohend wirken, als nachteilig i.S.d. § 311 AktG

---

[307] AG 1991, 434.

[308] Der Fall wies aber die Besonderheit auf, dass nicht die Vertriebsgesellschaft, sondern eine Holdinggesellschaft (H. Verwaltungsgesellschaft mbH) Komplementärin und alleinvertretungsberechtigte Geschäftsführerin der Produktionsgesellschaft und damit herrschendes Unternehmen i.S.d. Konzernhaftungsrechts war. Ein Ersatzanspruch gegen die Vertriebsgesellschaft aus konzernrechtlichen Gesichtspunkten war somit - entgegen der Auffassung des BAG - nicht begründbar.

[309] Vgl. die näheren Darstellungen dieser Entscheidungen unter GP 2. Teil § 1 A. I. 1. a), S. 14 ff.

zu werten sein. So führt etwa die Übertragung einzelner unternehmerischer Funktionen - Rechnungswesen, EDV - auf die Konzernspitze zu einer fehlenden Nachvollziehbarkeit des Eigeninteresses der abhängigen Gesellschaft und damit zu einem - nachteilig wirkenden - Funktionsausfall der Regelungen der §§ 311 ff. AktG.

Bei der Bewertung eines Geschäftsführungsaktes, insbes. einer Strukturmaßnahme, als nachteilig für das abhängige Unternehmen, spielen allerdings noch weitere - systemimmanente - Faktoren eine Rolle, die ein vermeintliches „Unwerturteil" zu relativieren vermögen:

Zum einen bewirkt der Beurteilungszeitpunkt ex-ante, dass vom herrschenden Unternehmen veranlasste Strukturmaßnahmen stets dann nicht als nachteilig zu bewerten sind, wenn sich die wirtschaftliche Situation der Gesellschaft schon zum Zeitpunkt ihrer Abhängigkeitsbegründung in einem desolaten Zustand befunden hatte. In diesen sogenannten „Sanierungsfällen" scheidet die Ausübung von Konzernleitungsmacht als Ursache für die eingetretenen Verluste aus. Dies gilt selbst dann, wenn der Sanierungsversuch scheitert. Beispielfälle hierfür bieten die Sachverhalte der Entscheidungen „PSV",[310] „Warmwassergeräte"[311] und des BGH-Beschlusses vom 3.11.1997.[312]

Darüber hinaus wird das - für die Nachteilsfeststellung maßgebliche - Eigeninteresse einer Gesellschaft durch ihren Gesellschaftszweck bestimmt, den die Gesellschafter im Rahmen ihrer Satzungsautonomie festlegen. Dabei können diese - wie oben beschrieben - vom Leitbild einer dem erwerbswirtschaftlichen Prinzip unterworfenen, d.h. auf den selbständigen Betrieb eines durch Gewinnerzielungsabsicht geprägten Unternehmens ausgerichteten Gesellschaft abweichen[313] und ihr die Rolle eines rein dienenden Konzerninstrumentes zuweisen.[314] Ist dies geschehen, so sind vom herrschenden Unternehmen veranlasste Konzernleitungsmaßnahmen, die etwa ihre unternehmerische Selbständigkeit oder ihre Gewinnerzielungsmöglichkeiten tangieren, nicht als nachteilig im Sinne der §§ 311, 317

---

[310] BAG, AG 1994, 371

[311] AG 1991, 434.

[312] DStR 1997, 1937.

[313] *Drygala*, GmbHR 1993, 317, 324; *Heyder*, 1997, S. 73 f.; *Hommelhoff*, ZGR 1994, 395, 403 ff.; *Lutter*, DB 1994, 129, 130; *Windbichler*, in: FS Kissl, 1994, 1287, 1299. A. A. *Mülbert*, 1995, S. 280 ff.

[314] Vgl. *Schilling*, JZ 1957. 529, 530: nur dann " ... wenn die Gesellschaft nicht von vornherein als Organgesellschaft gegründet wird und dieser Zweck in der Satzung verankert wird,...ist die Verfolgung des Gegenstandes in eigener, freier Tätigkeit und auf eigene Rechnung immanenter Satzungsbestandteil".

AktG zu werten;[315] das Eigeninteresse ist hier „qua Gesellschaftszwecksetzung" als durch das Konzerninteresse überlagert anzusehen.

Einen typischen Fall hierfür bildet der dem BGH-Beschluss vom 13.1.1997[316] zugrundeliegende Sachverhalt. Hier hatte eine französische Muttergesellschaft in Deutschland eine Vertriebsgesellschaft in der Rechtsform der GmbH & Co. KG gegründet. Der Kläger, ein früherer Arbeitnehmer der zwischenzeitlich liquidierten Vertriebsgesellschaft, wirft der französischen Mutter vor, diese nur noch wie eine unselbständige Vertriebsstelle behandelt und unternehmerische Fehlentscheidungen bei der Vermarktung der Produkte auf dem deutschen Markt begangen zu haben. Beide Vorwürfe - ihre Richtigkeit unterstellt - würden nicht zu einem Ersatzanspruch gem. §§ 311 ff. AktG führen; die Eigenbelange einer reinen Vertriebsabteilung schließen ihre Indienststellung zur ausschließlichen Vermarktung der Produkte, ggf. auch unter nicht konkurrenzfähigen Vorgaben, gerade nicht aus.

Die Ausrichtung der abhängigen Gesellschaft als rein dienende „Konzernfunktionärin" muss sich aber unmittelbar aus dem *statutarisch* festgelegten Unternehmensgegenstand (§ 3 Abs. 1 Nr. 2 GmbHG) herleiten lassen.[317] Eine Instrumentalisierung der Gesellschaft auf „kaltem Wege"[318] vermag den Vorrang der Verbundinteressen nicht zu rechtfertigen. Dem stehen die Regelungen der §§ 311, 317 AktG entgegen, die dazu dienen, die Dispositionsbefugnis der Gesellschafter insoweit einzuschränken, als die *Bindung* an den Gesellschaftszweck von ihnen nicht aufgehoben werden kann.[319]

Die propagierte Herausnahme von konzernintegrativ wirkenden Strukturmaßnahmen aus dem Anwendungsbereich der §§ 311, 317 AktG wird ferner auf das Argument gestützt, ihre Auswirkungen ließen sich nicht quantifizieren, so dass der in § 311 Abs. 1 a.E. AktG zugelassene Nachteilsausgleich nicht zu realisieren wäre.

Diesem Einwand ist zum einen entgegenzuhalten, dass eine Quantifizierung des Nachteils nicht zu fordern ist.[320] Die zu erwartenden Folgen des ins Auge ge-

---

[315]So für die qualifiziert konzernierte GmbH: Rowedder/*Koppensteiner*, Anh. nach § 52 Rdnr. 76; MünchKomm.-AktG/*Kropff*, § 317 Anh. Rdnr. 96; Hachenburg/*Ulmer*, Anh. § 77 Rdnr. 131; *Zöllner*, in: Verhandlungen des 59. DJT, 1992, Bd. II, R 35, R 42 ff.

[316]BGH, DStR 1997, 503.

[317]*Hommelhoff*, ZGR 1994, 395, 403.

[318]So *Rehbinder*, AG 1986, 85, 90.

[319]Der hiervon abweichenden Norminterpretation *Mülberts* (1995, S. 280 ff.), der dem § 311 AktG die Funktion einer "gesetzlichen" Modifizierung des Gesellschaftszwecks zuweisen will, ist mit der bestehenden Satzungsautonomie der Gesellschaftergesamtheit nicht vereinbar.

[320]BGH, ZIP 1999, 708, 709; *Hüffer*, 1999, § 311 Rdnr. 25; KölnerKomm./*Koppensteiner*, § 311 Rdnr. 31; MünchKomm.-AktG/*Kropff*, § 311 Rdnr. 138; *Strohn*, 1977, S. 83 f.

fassten Geschäftsaktes müssen lediglich nach vernünftigen, nachprüfbaren Maßstäben bewertet werden können. Ein nicht quantifizierbarer Nachteil, etwa der Entzug einer bestimmten erfolgreichen Produktionslinie, kann durch einen ebenfalls nicht quantifizierbaren Vorteil, beispielsweise die Zuweisung eines anderen, wirtschaftlich ebenso aussichtsreichen Produktionsprogramms, ausgeglichen werden.[321] Ebenfalls ist es denkbar, dass nicht quantifizierbare Nachteile durch die Einräumung von Rechtsansprüchen auf Risikofreistellung oder Naturalrestitution ausgleichbar sind.[322] So kann z.B. die vom herrschenden Unternehmen veranlasste Aufgabe der eigenen Forschungsabteilung oder des eigenen Vertriebs in der abhängigen Gesellschaft dann zulässig sein, wenn sich die Obergesellschaft dazu verpflichtet, bei Beendigung der Konzerneinbindung ausreichende „Wiederaufbauhilfen" in Form von Geldmitteln, Personal, know-how etc. zur Verfügung zu stellen, um der Gesellschaft die Marktstellung zu verschaffen, die sie vor Aufgabe dieser Betriebsfunktionen hatte.[323]

Und selbst wenn sich die Nachteiligkeit der zu beurteilenden Strukturmaßnahme weder qualitativ noch quantitativ bewerten lässt, führt ihre hieraus resultierende fehlende Ausgleichsfähigkeit nicht dazu, dass das Regelungssystem der §§ 311, 317 AktG auf diese Geschäftsführungsakte unanwendbar wird.[324] Vielmehr schuldet das herrschende Unternehmen der abhängigen Gesellschaft für Maßnahmen, die schon ihrer Natur nach nicht legalisierbar sind, Schadensersatz gem. § 317 AktG.[325] Diese systemkonforme Lösung kann sich auf den Wortlaut des § 311 Abs. 1 AktG stützen: Die Ausgleichsfähigkeit des Nachteils wird nur vom letzten Satzteil dieser Norm („es sei denn...") vorausgesetzt, wirkt sich aber nicht

---

321 KölnerKomm/*Koppensteiner*, § 311 Rdnr. 67; MünchKomm.-AktG/*Kropff*, § 311 Rdnr. 235; *Strohn*, 1977, S. 91 ff.

322 Innerhalb des legitimierend wirkenden Nachteilsausgleichs finden allerdings diejenigen Vorteile keine Berücksichtigung, die der abhängigen Gesellschaft lediglich als Reflex aus ihrer Zugehörigkeit zum Konzernverbund zufließen (z.B. höhere Kreditwürdigkeit des Konzerns). Diese allgemeinen positiven Verbundwirkungen sind zum einen in der Regel nicht meß- und quantifizierbar und erfüllen zum anderen auch nicht die Kriterien einer final auf den Ausgleich konkreter Nachteile ausgerichteten Vorteils*gewährung* (*Hüffer*, 1999, § 311 Rdnr. 39; KölnerKomm/*Koppensteiner*, § 311 Rdnr. 72; MünchKomm.-AktG/*Kropff*, § 311 Rdnr. 236, Vor § 311 Rdnr. 102). Rechtliche Relevanz kommt diesen allgemeinen Vorteilen, sofern sie im Einzelfall wertmäßig bezifferbar sind, lediglich auf der Rechtsfolgenseite, nämlich bei der Schadensermittlung zu (*Reiner*, 1995, S. 182).

323 KölnerKomm/*Koppensteiner*, § 311 Rdnrn. 86 ff.; MünchKomm.-AktG/*Kropff*, § 311 Rdnrn. 157, 241.

324 So *Hommelhoff*, 1982, S. 139 f.; im Ergebnis auch *Luchterhandt*, ZHR 133 (1970), 1, 30 f., der aus der Vermögensbezogenheit des Ausgleichssystems aber die weitergehende Konsequenz ziehen will, dass nicht vermögensmäßig bewertbare Maßnahmen - ohne Ausgleich - zulässig sein sollen.

325 Für eine unmittelbare Anwendung des § 317 AktG sprechen sich aus: KölnerKomm/*Koppensteiner*, § 311 Rdnrn. 32, 48, 58; MünchKomm.-AktG/*Kropff*, § 311 Rdnr. 8, § 317 Rdnr. 20; *Strohn*, 1977, S. 66. Für analoge Anwendung des § 317 AktG: *Schmidt*, 1997, § 31 IV 2 b, S. 965; *Mülbert*, 1995, S. 282, Fn. 558.

einschränkend auf das im ersten Satzteil ausgesprochene Nachteilsverbot („...so darf ein herrschendes Unternehmen...nicht...") aus.

Mit diesem Verweis auf die Schadensersatzpflicht des § 317 Abs. 1 AktG setzt man sich - entgegen anderslautenden Stimmen[326] - auch nicht dem Vorwurf aus, ein nicht nachweisbares Tatbestandsmerkmal durch ein anderes zu ersetzen, da der von § 317 AktG vorausgesetzte ersatzfähige Schaden ebenfalls nicht konkret zu ermitteln sei. Denn § 317 Abs. 1 AktG beinhaltet auch die Möglichkeit, dem der abhängigen Gesellschaft entstandenen Schaden mittels Beseitigungs- und Unterlassungsansprüchen zu begegnen. Unter Zugrundelegung des in § 249 Abs. 1 BGB niedergelegten Grundsatzes der Naturalrestitution ist das herrschende Unternehmen dazu verpflichtet, die schädigenden Folgen konzernintegrativ wirkender Strukturmaßnahmen zu beheben, indem es die Maßnahmen rückgängig macht und - sofern erforderlich - der abhängigen Gesellschaft zusätzlich die Geldmittel zur Verfügung stellt, um den status quo ante wieder herzustellen.

Es ist somit allen Schrifttumsstimmen zu widersprechen, die konzernintegrativ wirkenden Strukturmaßnahmen die Wirkung zusprechen, das Schutzsystem der §§ 311, 317 AktG funktionsunfähig werden zu lassen.

ccc) Nicht isolierbare Einzelmaßnahmen

Das Schutzsystem der §§ 311 ff. AktG scheitert allerdings in den Fällen, in denen einzelne, vom herrschenden Unternehmen veranlasste Geschäftsführungsmaßnahmen nicht mehr isoliert feststellbar sind.

Diese Situation liegt regelmäßig dann vor, wenn das herrschende Unternehmen die Geschäftsführung der abhängigen Gesellschaft vollständig an sich gezogen hat; Indizien hierfür sind die Übernahme des operativen Tagesgeschäftes und/oder der vollständigen Finanzhoheit.[327]

Auch in den Fällen der sogenannten „GmbH-Stafette"[328] lässt sich in der Regel lediglich das Ergebnis eines finalen „Auslaufenlassens" des Geschäftsbetriebes,

---

[326] *Decher*, 1990, S. 104; *Versteegen*, 1993, S. 131 ff.

[327] BGH, NJW 1980, 231 "Gervais"; BGHZ 95, 330 "Autokran"; BGHZ 107, 7 "Tiefbau" (bezogen auf die Tatsache, dass die wirtschaftliche Mehrheitsgesellschafterin die Leitung der abhängigen GmbH im finanziellen Bereich vollständig an sich gezogen hatte); BAG, ZIP 1993, 380 "AG-Union" (diese Eingruppierung kann nur unter Vorbehalt erfolgen, da der Sachverhalt keine näheren Angaben zu der vom Gericht als "dauernd und umfassend" beschriebenen Leitungsmachtausübung des herrschenden Unternehmens enthält).

[328] "Video"; "Stahl-Alu-O. & Sohn GmbH"; BGH-Beschluss v. 3.11.1997, DStR 1997, 503; OLG Bamberg, Urteil v. 10.5.1995, AG 1998, 191.

nämlich die Insolvenz der abhängigen Gesellschaft, feststellen; die einzelnen schädigenden „Ausführungsakte“ bleiben dagegen meistens unaufklärbar.

In Einzelfällen kann sich dies anders darstellen, wie das Urteil des OLG München vom 3.12.1997[329] zeigt: Hier hatte der Beklagte die geschäftlichen Aktivitäten der abhängigen GmbH durch Verwertung ihres Kundenstamms auf eine Zweitfirma übertragen. Jedes einzelne von der Zweitfirma auf diese Weise abgewickelte Geschäft korrespondiert somit mit der vom herrschenden Unternehmen veranlassten Unterlassung eines vorteilhaften Rechtsgeschäfts auf Seiten der abhängigen Gesellschaft und eröffnet Ersatzansprüche analog §§ 311, 317 AktG.

Möglicherweise stellt auch die Entscheidung des OLG Oldenburg v. 24.10.1996[330] ein Beispiel für kompensierbare Einzeleingriffe i.S.d. §§ 311, 317 AktG analog dar, wenn, was der Sachverhalt nicht näher erläutert, der systematische Liquiditätsentzug durch Überleitung von Aufträgen an die Zweitfirma im einzelnen nachweisbar ist.

3. Reaktionen des Schrifttums auf das „Versagen“ des Einzelausgleichssystems der §§ 311, 317 AktG bci qualifizierter Beherrschung der abhängigen GmbH

a) Materiell-rechtlich begründete Ersetzung der Rechtsfolge der Schadensersatzpflicht (§ 317 AktG) durch eine globale Verlustausgleichspflicht

Zur Umgehung der Nachweisschwierigkeiten einer Eigeninteressenbeeinträchtigung in Fällen einer „dauernden und umfassenden“ Konzernleitung schlagen Teile des Schrifttums einen „Austausch“ des Einzelausgleichs durch einen Globalausgleich vor.[331] Die vereinzelten Versuche, diesen „Rechtsfolgenwechsel“ innerhalb des Einzelausgleichssystems dogmatisch zu begründen, variieren. *Mülbert*[332] stellt auf die gesellschaftliche Treuepflicht ab, die es dem herrschenden Unternehmens-Gesellschafter verbiete, durch seine Leitungsmaßnahme(n) die Funktionsvoraussetzungen der §§ 311, 317 AktG aufzuheben. Es dürfe nicht hingenommen werden, dass sich das herrschende Unternehmen einer (Haftungs-

---

[329]GmbHR 1998, 285.

[330]GmbHR 1998, 286.

[331]*Drygala*, GmbHR 1993, 317, 321 f.; *Hommelhoff*, in: Heidelberger Konzernrechtstage, 1992, S. 245, 248; *Kleindiek*, GmbHR 1992, 574, 576; *Kropff*, AG 1993, 485, 489, 493; *Schneider*, WM 1993, 782, 783.

[332]*Mülbert*, 1995, S. 488 f. Ihm zustimmend: *Kiethe/Groeschke*, BB 1997, 1957 f.; *Zöllner*, in: Gedächtnisschrift Knobbe-Keuk, 1997, S. 369, 375.

)sanktion seines Verhaltens dadurch zu entziehen vermöge, dass es auf die abhängige Gesellschaft intensiv einwirke. Dabei mache es keinen Unterschied, ob der Funktionsausfall des aktienkonzernrechtlichen Ausgleichssystems durch die "dauernde und umfassende" Leitung der konzernierten Gesellschaft herbeigeführt wurde oder durch *eine einzige* strategische Grundsatzentscheidung.

Kropff[333] auferlegt dem herrschenden Unternehmen, das seinen Einfluss generell oder bei Einzelmaßnahmen in einer Weise ausüben will, die den Einzelausgleich nach §§ 311 ff. AktG funktionsunfähig macht, die Pflicht, einen Beherrschungsvertrag abzuschließen. Diese leitet er unmittelbar aus Sinn und Zweck der §§ 311, 317 AktG her. Verstoße die Konzernspitze gegen diese Verpflichtung, so habe sie die abhängige Gesellschaft so zu stellen, als ob ein solcher Unternehmensvertrag vorläge, d.h. es schulde Verlustausgleich.

Beide dogmatischen Begründungsversuche für einen Globalausgleich innerhalb der §§ 311 ff. AktG vermögen nicht zu überzeugen. Sie laufen letztlich auf das rein rechtspolitisch motivierte Postulat hinaus, vermeintlich erkannte Funktionsschwächen eines gesetzlichen Schutzsystems „rechtsfortbildend“, d.h. ohne das Eingreifen des Gesetzgebers, beseitigen zu dürfen. Beeinflusst das herrschende Unternehmen durch sein Verhalten die „Funktionsparameter“ des Schutzsystems negativ, so wechselt man zu seinen Lasten kurzerhand die „Schwachstellen“ durch einen partiellen Schutzsystemwechsel aus. Damit stellt man aber das gesamte zivilrechtliche Schadensersatzsystem auf den Kopf. Das Risiko, den anspruchsbegründenden Tatbestand nicht schlüssig darlegen und beweisen zu können, obläge nicht mehr dem Berechtigten, sondern würde in das Lager des Verpflichteten transferiert. Da ein solches Vorgehen keinesfalls dem gesetzgeberischen Plan entspricht, bezieht man sich zur Begründung auf allgemeine Billigkeitserwägungen. Diese glaubt man, aus den „Normzwecken“ der versagenden Schutzregel bzw. der gesellschaftlichen „Treuepflicht“ herleiten zu können, ohne dies aber gesetzlich zu fundieren.

Das „Leerlaufen“ der auf Einzelausgleich gerichteten Anspruchsgrundlagen (§§ 311, 317 AktG, Eigenkapitalersatzrecht, Schadensersatzpflicht wegen Treuepflichtverletzung) vermag den Übergang zum Globalausgleich nicht zu legitimieren.[334]

---

333 MünchKomm.-AktG, § 317 Anh. Rdnrn. 50 ff.

334 *v. Becker*, 1994, S. 83; *Ebenroth*, AG 1990, 188, 192; *Hommelhoff*, 1982, S. 367; *Koppensteiner*, in: Probleme des Konzernrechts, ZHR-Beiheft 62, 1989, S. 87. 95; *Möhring*, 1992, S. 187; *Versteegen*, 1993, S. 261., S. 261.

b) Beweisrechtlicher Lösungsansatz

Andere Autoren wollen der Situation der *Unkontrollierbarkeit* von Konzernleitungsmacht mit Mitteln des Prozessrechts begegnen. Die Funktionsfähigkeit der zivil- und gesellschaftsrechtlich geprägten Schutzinstrumentarien müsse durch Heranziehung der prozessrechtlichen Grundsätze zur Darlegungs- und Beweislastverteilung sowie der Regeln freier Beweiswürdigung wieder hergestellt werden.[335]

aa) Heranziehung der Regeln zur *objektiven Beweislast*

Ist es dem Richter trotz Ausschöpfung aller prozessual zulässigen Beweismittel bis zum Ende des Prozesses nicht gelungen, eine gesicherte Überzeugung von der Wahrheit oder Unwahrheit einer streitigen und entscheidungserheblichen Tatsachenbehauptung zu gewinnen, so gibt die *objektive Beweislast* eine Antwort auf die Frage, zu wessen Nachteil sich dieses „non liquet" auswirkt.[336] Die ungeschriebene *Grundregel* zur Beweislastverteilung lautet: Der Anspruchsteller trägt die Beweislast für die anspruchsbegründenden Tatbestandsmerkmale, der Anspruchsgegner trägt sie für die rechtsvernichtenden, rechtshindernden und rechtshemmenden Merkmale.[337]

Von dieser Grundregel kann allerdings abgewichen werden, wenn spezielle gesetzliche Regeln dies anordnen.

Im Rahmen einer geplanten Reform des GmbH-Rechts hatte der Arbeitskreis GmbH-Reform[338] 1972 vorgeschlagen, die Verantwortlichkeit im qualifizierten GmbH-Konzern gesetzlich zu regeln und das herrschende Unternehmen u.a. mit einer jährlichen Verlustdeckungspflicht zu belegen, sofern das Eigeninteresse der abhängigen GmbH infolge eines von ihm ausgeübten Einflusses nachhaltig beeinträchtigt wird. § 255 a Abs. 3 des Gesetzesvorschlages sah vor, an das Bestehen

---

[335] Roth/*Altmeppen*, Anh § 13 Rdnrn. 132, 155 ff., 170 ff.; *ders.* DB 1994, 1912, 1913; *Bälz*, AG 1992, 277, 292 ff.; *Geitzhaus*, GmbHR 1989, 397, 403; *Koppensteiner*, ZHR, Beiheft 62, 1989, S. 87, 98 f.; *Rowedder/Koppensteiner*, Anh. nach § 52 Rdnr. 76; einschränkend *ders.*, in: Kölner-Komm., § 317 Rdnr. 19; *Reiner*, 1995, S. 279 ff.; *Schießl*, AG 1985, 184, 187 f.; *Schmidt*, ZIP 1986, 146, 149; *Schulze-Osterloh*, ZIP 1993, 1838; *ders.* ZGR 1983, 123, 153 ff.; *Wilhelm*, 1981, S.358 ff.; *ders.*, 1998, Rdnr. 563.

[336] MünchKomm-ZPO/*Prütting*, § 286 Rdnr. 95; Zöller/*Greger*, 1999, Vor § 284 Rdnr. 15; *Rosenberg/Schwab/Gottwald*, 1993, § 117 I 2.

[337] BGH, NJW 1991, 1052; Zöller/*Greger*, 1999, Vor § 284 Rdnr. 17; MünchKomm.-ZPO/*Prütting*, § 286 Rdnr. 105; *Rosenberg/Schwab/Gottwald*, 1993, § 117 II 2.

[338] Thesen und Vorschläge zur GmbH-Reform, Bd. 2, 1972, S. 59.

eines Konzerntatbestandes die *widerlegbare* Vermutung der nachhaltigen Eigeninteressenbeeinträchtigung zu knüpfen.[339] Eine dahingehende *unwiderlegbare* Vermutung sollte nach § 255 a Abs. 4 greifen, wenn verschiedene, enumerativ benannte, konzernintegrativ wirkende Strukturmaßnahmen (z.B. koordinierte Produktionsprogramme, Organverflechtungen auf der Führungsebene, Ausgliederung strategisch wichtiger Teilfunktionen) getroffen wurden.

Diese *de lege ferenda* diskutierten Vorschläge sind allerdings nie Gesetz geworden.

Die Rechtsordnung kennt keine Regelung, die eine Vermutung dahingehend begründet, dass die bei einer (abhängigen) Kapitalgesellschaft eingetretenen Verluste auf ein pflichtwidriges, das Eigeninteresse der Gesellschaft vernachlässigendes, geschäftsleitendes Verhalten des herrschenden Gesellschafters zurückzuführen sind. Auch die allgemein anerkannten Grundsätze der Beweislastverteilung bei der Organhaftung lassen sich für eine so weitgehende Verursachungsvermutung nicht fruchtbar machen. Die in § 93 Abs. 2 S. 2 AktG für den Vorstand der AG niedergelegte Beweislastumkehr, die nach herrschender Meinung analog auch für den Geschäftsführer der GmbH im Rahmen seiner Haftung gem. § 43 GmbHG gelten soll,[340] setzt voraus, dass die Gesellschaft ein konkret schädigendes Verhalten des Organmitglieds darlegt und beweist; erst dann obliegt dem in Anspruch Genommenen der Nachweis fehlender Pflichtwidrigkeit.[341] Daher ist der Auffassung *Wilhelms*[342] zu widersprechen, der den §§ 93 Abs. 2 S. 2, 317 Abs. 2 AktG einen allgemeinen, für jede Geschäftsführerhaftung geltenden Rechtsgedanken dahingehend entnimmt, dass die hier gesetzlich angeordnete Beweislastumkehr mit einer Pflicht der Organe zur *Rechenschaftslegung* über ihre ordnungsgemäße Geschäftsführung einher gehe.[343]

Jenseits einer *Normierung* von Beweislastregeln anerkennt die Rechtsordnung in Ausnahmefällen eine Beweislastumkehr im Wege der Rechtsfortbildung.

Zur Beweislastverteilung in Konzernverhältnissen hat der BGH im Rahmen seiner Rechtsprechung zur qualifizierten GmbH-Konzernhaftung mehrfach Stellung genommen. Diese zur Globalhaftung analog § 302, 303 AktG getätigten Erwägun-

---

[339]Eine *widerlegbare* gesetzliche Vermutung bewirkt nach heute unbestrittener Auffassung eine **Beweislastumkehr** und stellt nicht lediglich eine Beweiserleichterung dar, vgl. MünchKomm.-ZPO/*Prütting*, § 292 Rdnr. 21.

[340]Hachenburg/*Mertens*, § 43 Rdnr. 66; Scholz/*Schneider*, 2000, § 43 Rdnr. 168; Baumbach/Hueck/*Zöllner*, § 43 Rdnr. 24.

[341]KölnerKomm./*Mertens*, § 93 Rdnr. 48; *Winter*, 1988, S. 120.

[342]*Wilhelm*, 1981, S. 359 ff.; *ders.*, 1998, Rdnr. 563.

[343]*Raiser*, 1992, § 14 IV Rdnrn. 52 ff.; MünchKomm.-BGB/*Reuter*, Vor § 21 Rdnr. 34; *Winter*, 1988, S. 120.

gen lassen sich auch im Rahmen der hier diskutierten, beweisrechtlich begründeten „Erweiterung“ des Anwendungsbereiches der Einzelausgleichsregeln der §§ 311, 317 AktG analog fruchtbar machen; denn nach herrschender Rechtsprechungs-[344] und Schrifttumsmeinung[345] stellen beide Tatbestände entscheidend auf den Nachweis einer Eigeninteressenbeeinträchtigung in der beherrschten GmbH ab.

In der „*Gervais*“-Entscheidung[346] machte die abhängige Gesellschaft (eine GmbH&Co. KG) u.a. Schadensersatzansprüche gegen die herrschende Gesellschafterin (die Gervais-Danone AG) wegen der Verwendung von verdorbener Butter bei der Kochkäseproduktion geltend. Organisatorisch war das klagende Unternehmen hier vollständig in den Betrieb der herrschenden AG eingegliedert und so geführt worden, als ob es sich im Innenverhältnis um eine Betriebsabteilung derselben gehandelt hätte. Der II. Zivilsenat des BGH hob den Umstand hervor, dass bei „Beherrschungs- und Eingliederungsverträgen“ (diese Begriffswahl ist hier untechnisch zu verstehen, da ein Unternehmensvertrag i.S.d. § 291 Abs. 1 AktG schon wegen der fehlenden formellen Wirksamkeitsvoraussetzungen nicht vorgelegen hatte) die bestehenden Bindungen zu unklaren, undurchsichtigen und letztlich unkontrollierbaren Verhältnissen führen können. Zur Frage der Beweislast führte er aus:

> „... Die dargelegten Gegebenheiten und der Umstand, daß das abhängige Unternehmen die Verhältnisse bei der herrschenden Gesellschaft nicht überschauen kann, müssen zu einer Umkehr der Beweislast in diesem Punkte führen: Dem herrschenden Unternehmen obliegt die Aufgabe, im Einzelfalle darzutun und zu beweisen, daß die vom abhängigen Unternehmen behauptete schädigende Handlung entweder nicht vorgenommen worden oder jedenfalls nicht pflichtwidrig ist“.[347]

Verband hier der BGH die propagierte **Beweislastumkehr** noch mit einer sehr engen strukturellen Konzernverflechtung (vollständige organisatorische Eingliederung) und forderte zusätzlich, dass die abhängige Gesellschaft zumindest eine konkrete schädigende Handlung *behaupten* müsse[348], so lockerte er die Anforderungen an die Beweislastumkehr in seinen nachfolgenden Entscheidungen zur qualifizierten Konzernhaftung mehr und mehr.

---

[344]Vgl. unten Fn. 534.

[345]Vgl. Fn. 8, 9, 11.

[346]BGH, WM 1979, 937.

[347]WM 1979, 937, 941.

[348]Darauf verweist zu Recht *Reiner*, 1995, S. 282 f.

Im *„Autokran"*-Urteil knüpfte er an die *dauernd und umfassend* ausgeübte Geschäftsführung der Leasing-Gesellschaften durch den herrschenden Unternehmens-Gesellschafter

> „die tatsächliche Vermutung, daß auf die eigenen Belange der einzelnen Gesellschaften der Unternehmensgruppe keine Rücksicht genommen worden ist und das Konzerninteresse ihre Geschäftstätigkeit entscheidend bestimmt hat..."[349]

Die Folgeentscheidungen bestätigten zunächst diese Vermutungsregel. Im *„Video"*-Urteil etwa heisst es

> „...Grundlage der Verlustübernahmepflicht im GmbH-Konzern sei... die Vermutung, bei umfassender Führung der Geschäfte der abhängigen GmbH sei auf deren Belange zugunsten des Konzerninteresses nicht ausreichend Rücksicht genommen worden..."[350]

Der II. Zivilsenat begründete die Notwendigkeit einer Umkehr der Beweislast mit dem Grundsatz, dass niemand im Prozess Tatsachen aus dem Bereich des Prozessgegners behaupten und beweisen müsse, die er nicht kennen und beweisen kann, während der Prozessgegner den Sachverhalt aus eigener Kenntnis aufzuklären in der Lage sei.[351] Er führt hier also einen stukturell bedingten „Beweisnotstand" der beweisbelasteten Partei ins Feld.

Es ist allerdings zu bedenken, dass die objektive Beweislastverteilung eine *normative* Risikozuweisung darstellt, die abstrakt-generell festgelegt werden muss.[352] Eine in das Ermessen des Richters gestellte und auf den Einzelfall bezogene, d. h. nach Billigkeit getroffene Beweislastverteilung wäre abzulehnen.[353] Erst wenn feststeht, dass die gesetzliche Beweislastverteilung *generell* versagt, die Anwendung einer Norm oder - wie hier - eines auf Einzelausgleich abstellenden Normenkomplexes also *stets* an der praktischen Unmöglichkeit der Beweisführung scheitern muss, ist von einer beweisrechtlichen Lücke auszugehen, die durch Rechtsfortbildung geschlossen werden darf. Ein solches *generelles* Versagen kann aber weder allgemein in Fällen einer Fremdsteuerung der GmbH durch den herrschenden Unternehmens-Gesellschafter bejaht werden, noch liegt sie in den Fallkonstellationen der qualifizierten Konzernierung, verstanden als dauernde und umfassende Übernahme der Geschäftsführung, vor.[354] Die Sachverhaltsana-

---

[349] BGHZ 95, 330, 344.

[350] BGHZ 115, 187, 194.

[351] BGHZ 95, 330, 344.

[352] MünchKomm.-ZPO/*Prütting*, § 286 Rdnr. 95.

[353] Zöller/*Greger*, 1999, Vor § 284 Rdnr. 17; MünchKomm.-ZPO/*Prütting*, § 286 Rdnr. 116.

[354] *Reiner*, 1995, S. 281. Aus diesem Grunde ist auch die Auffassung *Wilhelms* - 1981, S. 359 f.; *ders.*, 1998, Rdnr. 563 - abzulehnen, der im Rahmen seiner Organhaftungsthese dem auf die Ge-

lyse der Entscheidungen zum qualifizierten faktischen GmbH-Konzern hat ja gerade gezeigt, dass es auch in Fällen „dauernder und umfassender" Ausübung von Leitungsmacht - exemplarisch seien hier die Entscheidungen *„Tiefbau"* und *„Video"* genannt - möglich war, *vereinzelt* schädigende Eingriffe des herrschenden Unternehmens zu isolieren. Mit dieser Feststellung kann und soll die oben[355] bejahte Funktionsunfähigkeit des Ausgleichssystems der §§ 311, 317 AktG bei qualifizierter Beherrschung der abhängigen Gesellschaft nicht in Frage gestellt werden: Die fehlende Möglichkeit, bei intensiver Einflussnahme das schadensstiftende Konzernleitungsverhalten des herschenden Unternehmens-Gesellschafters *insgesamt* zu kontrollieren, wird nicht dadurch beseitigt, dass sich *einzelne* schädigende Eingriffe nachweisen lassen.

Andere - nämlich strengere - Maßstäbe wird man demgegenüber anlegen müssen, will man die Dysfunktionalität des aktienkonzernrechtlichen Ausgleichssystems *wegen Beweisnotstandes* begründen. Dazu bedürfte es des Nachweises, dass die anspruchstellende GmbH bei qualifizierter Konzernierung *niemals* - also auch nicht in Einzelfällen - dazu in der Lage ist, die haftungsbegründenden Tatbestandsvoraussetzungen darzulegen und zu beweisen. Die Realität sieht, wie geschildert, anders aus.

Die rechtsfortbildend entwickelte **Beweislastumkehr**[356] für schädigendes Verhalten eines herrschenden Unternehmens-Gesellschafters, die in allen Fällen greifen soll, in welchen dieser die abhängige Gesellschaft im Fremdinteresse intensiv geleitet hat, ist demnach abzulehnen.[357]

Dieser Ansicht hat sich zwischenzeitlich auch der II. Zivilsenat angeschlossen, der sich im *„TBB"*-Urteil ausdrücklich gegen eine Beweislastumkehr ausspricht. Der zweite Leitsatz dieser Entscheidung lautet:

> „Die dauernde und umfassende Ausübung der Leitungsmacht durch das herrschende Unternehmen begründet nicht die Vermutung, daß keine angemessene

---

schäftsführung einflussnehmenden GmbH-Gesellschafter im Falle des wirtschaftlichen Zusammenbruchs der Gesellschaft die Rechenschaft darüber auferlegen will, dass der wirtschaftliche Zusammenbruch nicht auf seiner sorgfaltswidrigen Geschäftsführungstätigkeit beruhe; gelinge ihm dieser Nachweis nicht, so soll er für die eingetretenen Verluste haften.

[355] Vgl. 2. Teil § 2 B. II. 2. d) bb) ccc), S. 88.

[356] Befürwortet u. a. von *Stimpel*, in: Heidelberger Konzernrechtstage, 1992, S. 5, 11; *Hommelhoff*, DB 1992, 310. ff.; *Holzwarth*, 1994, S. 161.

[357] *Altmeppen*, 1991, S. 68; *ders.*, DB 1991, 2225, 2227; *Hoffmann-Becking*, in: Heidelberger Konzernrechtstage, 1992, S. 89, 95 ff.; *Kindler*, JuS 1992, 636, 641; *Kleindiek*, GmbHR 1992, 574, 580; *ders.*, DZWir 1993, 177, 179; *Kleinert*, in: FS Helmrich, 1994, S. 667, 671; *Knobbe-Keuk*, DB 1992, 1461, 1463 f.; *Lutter*, in: Heidelberger Konzernrechtstage, 1992, S. 183, 196; *Reiner*, 1995, S. 280 ff.; *Stodolkowitz*, ZIP 1992, 1517, 1523; *Versteegen*, 1993, S. 134; *Westermann*, DWiR 1992, 197, 201 f.; *Zöllner*, JZ 1992, 381, 384.

Rücksicht auf die Belange der abhängigen Gesellschaft genommen worden ist. Der Kläger hat vielmehr Umstände darzulegen und zu beweisen, die eine solche Annahme nahelegen..."[358]

bb) Erleichterungen der Beweisführung und der Substantiierungslast

Die subjektive Beweisführungslast gibt Antwort auf die Frage, wie konkret und detailliert (substantiiert) die beweisbelastete Partei ihre Tatsachenbehauptungen darlegen muss, um den Richter von der Wahrheit der Behauptungen zu überzeugen und somit ein zu ihren Lasten gehendes *non-liquet* zu vermeiden. Sie ist funktional der *Beweiswürdigung* zuzurechnen und - anders als die objektive Beweislast - nicht generell-abstrakt bestimmbar, sondern abhängig von der jeweiligen konkreten Prozesssituation, d.h. von den Einlassungen und Gegenbeweisen der Gegenpartei. Nach dem Grundsatz der *freien Beweiswürdigung* ist der Beweis einer Tatsachenbehauptung dann erbracht, wenn der Richter persönlich von ihrer Wahrheit überzeugt ist. An diese richterliche Überzeugung werden unter Beachtung des Wortlauts des § 286 ZPO („für wahr zu erachten") hohe Anforderungen geknüpft. Es muss eine „sehr hohe" bzw. „überaus hohe" Wahrscheinlichkeit für das Vorliegen der behaupteten Tatsachen sprechen (sogenanntes **Regelbeweismaß**).

Nun existieren aber Fallgestaltungen, die es der beweispflichtigen Partei unmöglich machen, die hohen Anforderungen zu erfüllen, die das Regelbeweismaß ihr auferlegt. Auf diese Beweisprobleme reagieren Rechtsprechung und Schrifttum mit der Gewährung von *Beweiserleichterungen*, die eine Reduzierung des Regelbeweismaßstabes bewirken.[359]

Zu klären ist also, ob die Gewährung solcher Beweiserleichterungen dazu geeignet ist, das Problem der Unkontrollierbarkeit von Leitungsverhalten im qualifizierten faktischen Konzern zu lösen.

---

[358] BGHZ 122, 123.

[359] Gegen die Annahme, Beweiserleichterungen bewirken eine Reduzierung des Regelbeweismaßes, spricht sich aber Zöller/*Greger*, 1999, § 286 Rdnr. 20, aus. Danach besitzt das Beweismaß der *Wahrheitsüberzeugung* nach § 286 Abs. 1 S. 1 ZPO generelle Bedeutung. Die Beweiserleichterungen gründen nach dieser Meinung auf materiellrechtlichen Besonderheiten.

aaa) Die „Schadensschätzung" gem. § 287 ZPO

Eine gesetzlich festgeschriebene Beweiserleichterung findet sich in § 287 ZPO. Diese Norm ermächtigt den Richter, bei allen Schadensersatzansprüchen[360] zur freien Schätzung, ob und in welcher Höhe ein Schaden entstanden ist. Auf § 287 ZPO stützen einige Schrifttumsvertreter den „sachgerechten Ausbau" der gesetzlichen Haftungsgrundlage der §§ 311, 317 Abs. 1 S. 1 AktG.[361] Als Anhaltspunkt zur pauschalen Schadensschätzung soll dabei die Entwicklung der wirtschaftlichen Situation der abhängigen Gesellschaft während der Einflussnahme durch das herrschende Unternehmen dienen: Da eine zuverlässige Prognose darüber, wie sich diese bei gedachter Selbständigkeit darstellen würde, nicht möglich sei, bleibe nur der Rückgriff auf die negative Vermögensentwicklung, d.h. auf den Betrag des Jahresverlustes.[362] Dieser soll zumindest dann als Mindestschaden anzuerkennen sein, wenn die Gesellschaft vor Eintritt des haftungsbegründenden Tatbestandes Jahresüberschüsse erzielt habe und keine Umstände bekannt seien, die für eine Änderung dieses Zustandes bei Beibehaltung des status quo sprächen.[363]

Gegen diese dogmatische Herleitung eines pauschalen Verlustausgleichsanspruchs sprechen erhebliche methodische Bedenken. Zum einen enthält § 287 Abs. 1 ZPO keine Ermächtigung, den Schaden ganz abstrakt zu berechnen. Es müssen vielmehr von der beweisbelasteten Partei konkrete Anhaltspunkte für die Schadensschätzung vorgetragen werden,[364] was, wie oben dargelegt, in den meisten Entscheidungen zur qualifizierten Konzernhaftung nicht möglich war.

---

[360] Keine Geltung erlangt diese Norm im Falle eines Bereicherungsanspruchs, vgl. MünchKomm.-ZPO/*Prütting*, § 287 Rdnr. 6; *Rosenberg/Schwab/Gottwald*, 1993, § 116 II S. 666. Zweifelhaft ist daher ihre Anwendbarkeit im Rahmen des § 31 GmbHG, bei dem es sich zwar nicht bloß um einen Bereicherungsanspruch, sondern um einen eigenständigen gesellschaftsrechtlichen Erstattungsanspruch handeln soll (Baumbach/Hueck/*Fastrich* § 31 Rdnr. 3; *Lutter/Hommelhoff*, § 31 Rdnr. 1), der einem Bereicherungsanspruch aber sehr viel näher steht als einem Schadensersatzanspruch.

[361] *Bälz*, AG 1992, 277, 293; *Koppensteiner* in: ZHR Beiheft 62, 1989, S. 87, 98 ff.; jetzt einschränkend KölnerKomm./*Koppensteiner*, § 317 Rdnr. 19; *Schießl*, AG 1985, 184, 187 ff., *Schulze-Osterloh*, ZGR 1983, 123, 154; *ders.*. ZIP 1993, 1838. *Altmeppen*, DB 1994, 1912, 1915, befürwortet ebenfalls eine Schadenspauschalierung auf den Verlustausgleich, allerdings unter Zugrundelegung des Ersatzanspruches aus § 31 GmbHG (vgl. dazu oben GP 2. Teil § 1 A. III., S. 33 ff.)

[362] *Schulze-Osterloh*, ZGR 1983, 123, 154.

[363] KölnerKomm/*Koppensteiner*, § 317 Rdnr. 19; *Rowedder/Koppensteiner*, Anh. nach § 52 Rdnr. 76.

[364] BGHZ 91, 243, 256; BGH, DB 1994, 422, 423; Baumbach/Lauterbach/Albers/*Hartmann*, § 287 Rdnr. 27; MünchKomm.-ZPO/*Prütting*, § 287 Rdnr. 14; *Rosenberg/Schwab/Gottwald*, 1993, § 116 II, S. 666; *Weigl*, 1996, S. 40. Auch KölnerKomm./*Koppensteiner*, § 317 Rdnr. 19, räumt ein, dass die Schätzung nach § 287 ZPO nur zu einem ersatzpflichtigen Schaden führen kann, wenn Gründe dafür vorliegen, dass ein Schaden mindestens der geschätzten Höhe wahrscheinlich eingetreten ist.

Noch gravierender ist allerdings der Einwand zu gewichten, dass § 287 ZPO nicht auf Tatbestands-, sondern auf Rechtsfolgenseite, also im Bereich der haftungs*ausfüllenden* Kausalität, eingreift. Der konkrete „Haftungsgrund", d.h. die Verwirklichung der Tatbestandsmerkmale der anspruchsbegründenden Norm einschließlich des „Schadenseintritts", ist nach den allgemeinen Regeln des Beweisrechts (§ 286 ZPO) substantiiert darzulegen und zu beweisen.[365] Das ist, wie die Analyse der einzelnen Anspruchsgrundlagen gezeigt hat, in Fällen „dauernder und umfassender" Ausübung von Leitungsmacht aber gerade nicht möglich.

Im Schrifttum gibt es Bemühungen, den Anwendungsbereich des § 287 ZPO auszudehnen, indem man den konkret festzustellenden Haftungsgrund reduziert. So bewertet *Schießl*[366] bereits die *qualifizierte Konzernierung* als Verhaltenspflichtverletzung bzw. Gefährdungshandlung; ihr Nachweis soll ausreichen, um mit Hilfe des § 287 ZPO eine Schadenspauschalierung auf den Jahresverlust zu bewirken. Die von ihm zugrunde gelegte Interpretation des § 287 ZPO schießt aber weit über das Ziel hinaus. Die in der Literatur diskutierten Vorschläge zur Reduzierung des „Haftungsgrundes" dienen ausschließlich dem Ziel, Kausalitätsfragen dem Bereich freier Beweiswürdigung gem. § 287 ZPO zuzuweisen. Weiterhin unentbehrlich bleibt aber der Nachweis einer konkreten Handlung/Unterlassung, die zu einer Pflichtverletzung geführt hat. Der Nachweis qualifizierter, d.h. dauernder und umfassender Ausübung von Leitungsmacht kann einen schädigenden Einzeleingriff, wie er etwa von § 317 Abs. 1 S. 1 AktG, § 31 Abs. 1 GmbHG oder einer Verletzung der gesellschaftlichen Treuepflicht(en) vorausgesetzt wird, nicht ersetzen.

Die Kombination von Einzelausgleichsansprüchen und Schadensschätzungsbefugnis gem. § 287 Abs. 1 ZPO stellt somit keine ausreichende dogmatische Grundlage für die Gewährung eines Anspruchs auf Verlustausgleich in Fällen der qualifizierten Beherrschung einer GmbH dar.[367]

---

[365] BGH, DB 1994, 422, 423; *Grunewald*, ZIP 1994, 1162, 1165; Baumbach/Lauterbach/Albers/*Hartmann*, § 287 Rdnrn. 10 f.; MünchKomm.-ZPO/*Prütting*, § 287 Rdnr. 8; *Reiner*, 1995, S. 288 f.; *Rosenberg/Schwab/Gottwald*, 1993, § 116 II, S. 666; *Weigl*, 1996, S. 40 f.

[366] AG 1985, 184, 187 f.

[367] So auch *Buchner/Weigl*, DNotZ 1994, 580, 583 Fn. 24; *Heyder*, 1997, S. 84 f., 92 f.; *Hüffer*, 1999, § 317 Rdnr. 9; Rowedder/*Koppensteiner*, Anh. nach § 52 Rdnr. 76; *Reiner*, 1995, S. 288 f., 303; *Ulmer*, ZHR 148 (1984), 391, 425; *Weigl*, 1996, S. 40; *Zöllner*, ZHR 162 (1998), 235, 240; *ders.* in: Gedächtnisschrift Knobbe-Keuk, 1997, S. 369, 376.

bbb) Der Anscheinsbeweis

Eine weitere - gewohnheitsrechtlich anerkannte - Beweiserleichterung stellt der Anscheinsbeweis (auch prima-facie-Beweis genannt) dar. Seine Bejahung setzt einen **typischen Geschehensablauf** voraus, d.h. einen Sachverhalt, dessen Vorliegen nach der Lebenserfahrung auf das Hervorrufen einer bestimmten Folge oder auf die Verursachung durch ein bestimmtes Verhalten schliessen lässt, so dass es sich erübrigt, die konkreten Einzelumstände des historischen Geschehens nachzuweisen.[368]

Es stellt sich also die Frage, ob für die Fallkonstellationen der unkontrollierbaren Fremdsteuerung durch einen herrschenden Unternehmens-Gesellschafter Erfahrungsgrundsätze fruchtbar gemacht werden können, die *typischerweise* darauf schließen lassen, dass die Entstehung von Verlusten bei einer beherrschten GmbH auf ein rechtswidriges, einzelausgleichspflichtiges Fehlverhalten des herrschenden Unternehmens-Gesellschafters zurückzuführen ist.

In diesem Sinne können die Ausführungen *Ulmers*[369] verstanden werden, der dem Kläger „Beweiserleichterungen“ in Form von *Indizien* zur Seite stellen will, die das Vorliegen einer Eigeninteressenbeeinträchtigung vermuten lassen. Zu den geeigneten Vermutungskriterien zählt er

- die *dauernde und umfassende Leitung*[370] der beherrschten Gesellschaft durch das herrschende Unternehmen,

- damit „weitgehend vergleichbar“ eine *völlige* oder *überwiegende Personenidentität*[371] ihrer Geschäftsführung mit derjenigen des herrschenden Unter-

---

[368] Zöller/*Greger*, 1999, Vor § 284 Rdnr. 29; MünchKomm ZPO/*Prütting*, § 286 Rdnr. 47.

[369] *Ulmer*, in: Heidelberger Konzernrechtstage, 1992, S. 65, 75 ff. (Ausführungen erfolgten im Rahmen der Erörtrung einer analogen Anwendung der §§ 302, 303 AktG).

[370] So auch *Hommelhoff*, in: Heidelberger Konzernrechtstage, 1992, S. 245, 255. *Ebenroth/Wilken*, ZIP 1993, 558, 560 f., sprechen sich ebenfalls für die Annahme eines **Anscheinsbeweises** aus, ohne sich auf die näheren Umstände festzulegen, die einen solchen auslösen sollen; die Durchforstung "entsprechender wirtschaftswissenschaftlicher Untersuchungen" könnten der dauernden und umfassenden Leitung eine derartige Beweiswirkung zusprechen, die aber durch den Nachweis fehlender Branchennähe zu widerlegen sein soll. *Stodolkowitz*, ZIP 1992, 1517, 1523, spricht der *dauernden* und *umfassenden Leitung* eine "anscheinsbeweisähnliche" Wirkung zu, deren indizielle Beweiskraft durch künftiges Fallmaterial näher zu konkretisieren sein wird.

[371] *Hommelhoff*, in: Heidelberger Konzernrechtstage, 1992, S. 245, 254, knüpft an diese Personenidentität den prima-facie-Beweis dafür, dass die Verhältnisse zwischen dem herrschenden Unternehmen und der abhängigen Gesellschaft *undurchschaubar* sind; an diese *Undurchschaubar-* bzw. *Unkontrollierbarkeit* der Verhältnisse knüpft er dann die "praktisch" unwiderlegbare Vermutung, dass die Tochter-Eigeninteressen generell nachgeordnet worden sind und der die Konzernhaftung analog §§ 302, 303 AktG auslösende Interessenumbruch eingetreten ist, vgl. S. 250.

nehmens, zumindest bei bestehender Branchennähe zwischen den Unternehmen,

- die *Ausgliederung wesentlicher unternehmerischer Teilfunktionen*[372] (Produktion, Vertrieb, Einkauf) und ihre Verlagerung auf das herrschende Unternehmen oder andere Konzerngesellschaften.

Diesen Kriterien spricht er eine Vermutungswirkung zu, da es sich hierbei um ein vom herrschenden Unternehmen beherrschbares, für die abhängige Gesellschaft *typischerweise* gefährliches Verhalten handele, das nach der *Lebenserfahrung* zu einer Beeinträchtigung des Eigeninteresses der beherrschten Gesellschaft führe.

Das Vorhandensein eines derartigen, einen **Anscheinsbeweis** begründenden, Erfahrungssatzes wird in der Literatur aber zu Recht überwiegend bestritten.[373] Die Einbindung eines Unternehmens in einen Konzern ist für dieses nicht grundsätzlich nachteilig, sondern häufig sogar mit positiven Synergieeffekten verbunden; so können ihm etwa Finanzierungsmittel, Absatzwege oder spezielles know-how erschlossen werden, die dem selbständigen Unternehmen nicht zugänglich gewesen wären.[374] Auch die „dauernde und umfassende" Leitung der abhängigen Gesellschaft durch das herrschende Unternehmen lässt den zwingenden Schluss auf eine pflichtwidrige Vernachlässigung der Eigeninteressen der abhängigen Gesellschaft zugunsten übergeordneter Konzerninteressen nicht zu. In Fällen eines Sanierungsversuches beispielsweise ist die Übernahme der Geschäftsführung durch die „Konzernmutter" ein probates Mittel, um die finanziell angeschlagene Tochtergesellschaft - in ihrem eigenen wohlverstandenen Interesse - aus der Krise zu führen.[375] *Knobbe-Keuk*[376] sieht in der Verknüpfung der gesetzlich ausdrücklich erlaubten Alleingeschäftsführertätigkeit des noch anderweitig unternehmerisch tätigen GmbH-Einmanngesellschafters mit der Vermutung der pflichtwidrigen Vernachlässigung der GmbH-Eigeninteressen eine Rechtsfortbildung contra legem. *Altmeppen weist* zu Recht darauf hin, dass das Kriterium der „personellen Verflechtung" als Anknüpfungspunkt für Vermutungsregeln bereits aus Praktika-

---

[372] Ebenso *Hommelhoff*, in: Heidelberger Konzernrechtstage, 1992, S. 245, 248 f.

[373] *Altmeppen*, DB 1991, 2225, 2227; *Brandner*, in: Heidelberger Konzernrechtstage, 1992, S.207, 214; *Drygala*, GmbHR 1993, 317, 327; *Gäbelein*, GmbHR 1992, 273, 274; *Hoffmann-Becking* in: Heidelberger Konzernrechtstage, 1992, S. 89, 97; *Kindler*, JuS 1992, 636, 641; *Kleindiek*, GmbHR 1992, 574, 580; *ders.* ZIP 1991, 1330, 1335; *Knobbe-Keuk*, DB 1992, 1461, 1464; *Kohl*, MDR 1993, 715, 718; *Westermann* in: Heidelberger Konzernrechtstage, 1992, S. 21, 38; *ders.* DWiR 1992, 197, 201; *Zöllner*, JZ 1992, 381, 384.

[374] So *Westermann*, DWiR 1992, 197, 201.

[375] *Hoffmann-Becking*, in: Heidelberger Konzernrechtstage, 1992, S. 89, 97.

[376] DB 1992, 1461, 1463; ebenso *Goette*, DStR 1993, 568, 570.

bilitätsgründen ungeeignet ist, da es durch die rein formale Zwischenschaltung eines gehorsamen „Fremdgeschäftsführers" leicht zu umgehen sei.[377]

Auch der Eintritt der *Insolvenz* bei der beherrschten Gesellschaft stellt weder für sich allein noch in Kombination mit einer intensiven Leitungsmachtausübung durch das herrschende Unternehmen einen **Anscheinsbeweis** für eine nachhaltige Verletzung der Eigeninteressen der beherrschten Gesellschaft dar.[378] Bei der Vielzahl denkbarer Ursachen, die für den Eintritt von Verlusten bei einem Unternehmen in Betracht kommen können - die Spanne reicht von geschäftsführungsneutralen Gründen, wie etwa ein konjunkturbedingter branchenspezifischer Einbruch oder der Ausfall von Großkunden etc., bis hin zu unternehmerischen Fehlentscheidungen -, kann man nicht davon sprechen, dass eine *Lebenserfahrung* dahingehend besteht, dass der in der Insolvenz endende Verlusteintritt bei der abhängigen Gesellschaft *typischerweise* auf eine Vernachlässigung ihrer Belange zugunsten des Konzerninteresses rückführbar ist.

ccc) Verteilung der Substantiierungslast nach Einsichtsbereichen

Die Substantiierungslast[379] betrifft die Frage, wie konkret und detailliert die beweisbelastete Partei ihre Tatsachenbehauptungen begründen muss, um nicht Gefahr zu laufen, dass ihr Vortrag vom erkennenden Richter als „unschlüssig" zurückgewiesen wird. Ihre Anforderungen richten sich nach der jeweiligen Prozesssituation und den Erwiderungen der gegnerischen Partei. Auf allgemein gehaltene Behauptungen darf der Beklagte mit einfachem Bestreiten reagieren, da es grundsätzlich dem Kläger auferlegt ist, seinen Klageanspruch vollständig zu begründen. Erst ein substantiierter Vortrag des Klägers zwingt den Beklagten zu einem substantiierten, d.h. eine Gegendarstellung enthaltenden Bestreiten.

Von diesen allgemeinen Grundsätzen der Verteilung der Behauptungslasten weicht die Rechtsprechung[380] allerdings in Fällen ab, in welchen die beweisbelastete Partei Umstände darzulegen hat, die ausschließlich der Sphäre des Prozessgegners zuzuordnen sind. Steht die beweispflichtige Partei außerhalb des von ihr darzulegenden Geschehensablaufs und kann sie sich eine nähere Kenntnis von den maßgebenden Tatsachen auch nicht beschaffen, wohingegen die Gegenseite zum einen über das notwendige Wissen verfügt und es ihr andererseits auch zumutbar ist, nähere Angaben zu machen, so erlegt der BGH letzterer eine diesbe-

---

[377] *Altmeppen*, DB 1991, 2225, 2227.

[378] So auch *Kropff*, AG 1993, 485, 494. A.A. *Burgard*, WM 1993, 925, 932 f.

[379] Auch konkrete Behauptungslast genannt

[380] St. Rspr., BGH, NJW 1990, 3151; NJW 1990, 314, 316; NJW 1987, 2008, 2009.

zügliche „...gewisse (sekundäre) Behauptungslast“[381] auf. Kommt sie dieser besonderen Substantiierungspflicht gar nicht oder nur unvollständg nach, so gilt die Behauptung der beweispflichtigen Partei gem. § 138 Abs. 3 ZPO als zugestanden.

Dieses strukturelle Informationsungleichgewicht findet sich auch in den Fällen der qualifizierten Beherrschung einer GmbH durch ihren Unternehmens-Gesellschafter wieder. Der klagende Insolvenzverwalter hat - abgesehen von der Einsichtsmöglichkeit in die häufig wenig aussagekräftigen Geschäftsbücher - keinen Einblick in den internen Geschäftsführungsbereich des herrschenden Unternehmens-Gesellschafter. Demgegenüber liegt es regelmäßig in der Hand des Letztgenannten, für eine vollständige und detailgetreue Dokumentation seiner, die Belange der beherrschten GmbH betreffenden, Geschäftsleitungsmaßnahmen zu sorgen.

Es stellt sich also die Frage, unter welchen Umständen und in welchem Umfang er dazu verpflichtet ist, diese Informationen dem Gericht und damit der klagenden Partei zugänglich zu machen.

Auslösendes Moment für die *sekundäre* Substantiierungslast des herrschenden Unternehmens kann nur ein „schlüssiger“ Vortrag der beweispflichtigen Partei sein. Dies ergibt sich bereits aus der Rechtsfolge, die an einen Verstoß gegen diese Darlegungslast geknüpft wird, nämlich die *Geständnisfiktion* des § 138 Abs. 3 ZPO. Die Anforderungen, die an einen solchen „schlüssigen“ Klagevortrag zu stellen sind, sind näher zu präzisieren. Sie müssen zum einen die besonderen Beweisschwierigkeiten der klageführenden Partei berücksichtigen, dürfen andererseits aber nicht so konturenlos ausgestaltet sein, dass das prozessrechtliche Instrument der sekundären Behauptungslast zu einem reinen Ausforschungsbeweis zu verkümmern droht.

Der BGH hat sich in seiner *„TBB“*-Entscheidung für eine Erleichterung der dem Kläger auferlegten Substantiierungslast ausgesprochen und zu den verbleibenden Anforderungen an den Klagevortrag ausgeführt, dieser müsse Umstände darlegen und beweisen, die die Annahme *zumindest nahe legten*, dass bei der Unternehmensführung im Hinblick auf das Konzerninteresse die eigenen Belange der Gesellschaft über einzelne, konkret ausgleichsfähige Einzeleingriffe hinaus beeinträchtigt worden seien.[382] Der vom II. Zivilsenat in diesem Zusammenhang verwendete Begriff des *„Naheliegens“* beinhaltet ein Minus zu dem Regelbeweismaßstab gem. § 286 ZPO, wonach zur Bejahung der richterlichen Überzeugung

[381] BGH, NJW 1990, 3151.
[382] BGHZ 122, 123, 131.

eine „sehr hohe Wahrscheinlichkeit" gefordert wird.[383] Der Kläger darf sich hier auf die Darlegung und den Beweis von *Indizien* beschränken, die eine Wahrscheinlichkeit für eine die Belange der abhängigen GmbH vernachlässigende Konzerngeschäftsführung seitens des herrschenden Unternehmens begründen.

Mit dieser „Substantiierungserleichterung" wird die Problematik der Nichtbeweisbarkeit fremdgesteuerter schädigender Einzeleingriffe bei qualifizierter Beherrschung aber noch nicht beseitigt, sondern lediglich auf eine andere Ebene verschoben. Lassen sich im qualifizierten faktischen GmbH-Konzern überzeugende Indizien finden, die eine sekundäre Behauptungslast des herrschenden Unternehmens-Gesellschafters auslösen?

Reiner[384] stellt auf die Indizwirkung einer größeren Anzahl einzelner, nachweisbarer Fremdsteuerungsakte ab. Aus der Wiederholung dieser Akte schließt er darauf, dass es dem herrschenden Gesellschafter einerseits leichtgefallen sein müsse, seine Fremdinteressen gegenüber dem Gesellschaftsinteresse der abhängigen GmbH durchzusetzen, und ihm andererseits subjektiv jedes Unrechtsbewusstsein und damit jede Hemmschwelle abhanden gekommen sei, diese Fähigkeit auch in die Tat umzusetzen. Dies begründe einen Verdacht dahingehend, dass er darüber hinaus weitere, *nicht nachweisbare* Verfehlungen dieser Art begangen habe, und rechtfertige es, ihm einer Haftung auf pauschalen Verlustausgleich wegen Fremdsteuerung zu unterwerfen.

Der Anfangsverdacht auf das Vorliegen einer *ständigen* nachteiligen Fremdsteuerung soll durch das Bestehen einer engen organisatorischen Verflechtung zwischen den Unternehmen weiter verstärkt werden. Indizien hierfür seien gleiche Büroräume, gleiches Personal, gleiches Briefpapier, gleiche Telefonanschlüsse etc. Aus dem äußeren Fehlen einer organisatorischen Trennung der selbständigen Unternehmen schließt *Reiner* auf eine innere Geisteshaltung des in Anspruch genommenen Geschäftsleiters bzw. Gesellschafters, die rechtliche Verschiedenheit und Selbständigkeit der Unternehmen als bloße Formalität zu betrachten und sie nicht zu respektieren.

Schließlich weist er dem vollständigen Fehlen bzw. der völligen Unbrauchbarkeit der vorgeschriebenen Dokumentation eine indizielle Wirkung dahingehend zu, dass auf diese Weise fremdgesteuerte Geschäftspraktiken verheimlicht werden sollen. Die Gesamtschau dieser Indizien führe zu einer Verschiebung der Substantiierungslast zu Lasten des dokumentationspflichtigen Beklagten.

---

383 Vgl. *Reiner*, 1995, S. 318.
384 *Reiner*, 1995, S. 319 ff.

Dieser Argumentation ist nicht zu folgen. Die von *Reiner* genannten Indizien vermögen seine daran geknüpften Schlussfolgerungen nicht zu tragen. Es spricht gerade keine überwiegende Wahrscheinlichkeit dafür, dass derjenige Gesellschafter, der nachweisbar in Einzelfällen das Vermögen der Gesellschaft rechtswidrig geschädigt hat, dieses Fehlverhalten kontinuierlich fortsetzte. Dies gilt auch dann, wenn die äußeren Umstände - etwa das Fehlen einer strikten organisatorischen Trennung der selbständigen Unternehmen - ihm ein solches Verhalten erleichtern würden.

Der haftungs*begründende* Tatbestand einer Anspruchsnorm ist nicht schon dann schlüssig behauptet, wenn Indizien vorgetragen werden, die die generelle Möglichkeit seiner Verwirklichung begründen. An einen derartig vagen Klagevortrag lässt sich keine Geständnisfiktion im Sinne des § 138 Abs. 3 ZPO knüpfen.

Im Ergebnis ist somit festzuhalten, dass auch die Grundsätze zur sphärenbezogenen Verteilung der Substantiierungslast wegen fehlender Einsicht in die gegnerische Herrschaftssphäre der qualifiziert beherrschten GmbH keine Hilfestellung zur Durchsetzung ihrer Ersatzansprüche gegenüber dem herrschenden Unternehmens-Gesellschafter gewähren können.

ddd) Zusammenfassende Stellungnahme

Das Instrumentarium des Beweisrechts ist nicht dazu in der Lage, die Problematik der Unkontrollierbarkeit verdichteter Leitungsmachtsausübung im qualifizierten faktischen Konzern haftungsrechtlich in den Griff zu bekommen. Es vermag weder die Nichtbeweisbarkeit eines tatbestandserfüllenden Verhaltens des in Anspruch genommenen herrschenden Unternehmens-Gesellschafters zu überwinden (Problem der haftungs*begründenden* Kausalität), noch enthält es eine Legitimation dafür, an die Stelle eines gesetzlich vorgeschriebenen Einzelausgleichs eine Pauschalhaftung in Form des Verlustausgleichs oder der Ausfallhaftung zu setzen (Problem der haftungs*ausfüllenden* Kausalität).

C. Ergebnis der Analogieprüfung

Entgegen der herrschenden Meinung in Rechtsprechung und Schrifttum sind die aktienkonzernrechtlichen Schutzregeln der §§ 311, 317 AktG auch auf Abhängigkeits- oder faktische Konzernverhältnisse mit einer in der Rechtsform der GmbH organisierten Tochtergesellschaft analog anzuwenden.[385]

Das Schutzsystem der §§ 311 ff. AktG scheitert allerdings in den Fällen, in denen einzelne, vom herrschenden Unternehmen veranlasste Geschäftsführungsakte nicht mehr zu identifizieren, in ihren negativen Auswirkungen zu bewerten und auszugleichen sind. Dieser Zustand ist erreicht, wenn das herrschende Unternehmen auf die Geschäftsführung der abhängigen Gesellschaft dauernd und umfassend Einfluss nimmt, d.h. auch die Entscheidungen über das operative Tagesgeschäft an sich zieht.[386]

Diesem „Versagen" des aktienkonzernrechtlichen Schutzsystems kann weder mit einem - materiell-rechtlich begründeten - Austausch der Rechtsfolgen (Verlustausgleich statt Einzelausgleich) noch mit Mitteln des Beweisrechts erfolgreich entgegengesteuert werden.

§ 3: Analyse der auf Globalausgleich gerichteten, analog anwendbaren Anspruchsgrundlage des § 302 AktG

Der Ausweg aus dem Dilemma, dass die auf Einzelausgleich gerichteten Haftungsregeln nicht dazu in der Lage sind, die abhängige GmbH vor Nachteilen zu schützen, die ihr der herrschende Unternehmens-Gesellschafter im Rahmen breitflächiger und dauerhafter Ausübung von Leitungsmacht zufügt, könnte darin liegen, auf eine Haftungsnorm zurückzugreifen, die einen *Globalausgleich* anbietet. Der Gesetzgeber des AktG 1965 hat eine solche Regelung für verbundene Unternehmen geschaffen. Gem. § 302 Abs. 1 AktG schuldet das herrschende Unternehmen der abhängigen Gesellschaft bei Bestehen eines Beherrschungs- und/oder Gewinnabführungsvertrages einen jährlichen *Verlustausgleich* in Höhe des bei dieser entstehenden Jahresfehlbetrages.

---

[385] Für einen solchen Analogieschluss sprechen sich aus: *Bälz*, AG 1992, 277, 293 f.; *Beinert*, 1995, S. 124 f.; *Kropff*, in: FS Kastner, 1992, S. 279, 296 f.; *ders.*, in: FS Semler, 1993, S. 517, 535 ff.; MünchKomm.-AktG/*Kropff*, Vor § 311 Rdnr. 100; *Rittner*, ZGR 1990, 203, 218; *Rowedder*, in ZGR-Sonderheft 6, 1986, S. 20, 29 ff.; *Wilhelm*, 1998, Rdnr. 482. Einschränkend spricht sich Rowedder/*Koppensteiner*, Anh. nach § 52, Rdnrn. 40, 56, für die Heranziehung der in den §§ 311, 317 AktG enthaltenen "konzernrechtlichen Wertung" aus, ohne dieses Vorgehen als Analogie stricto sensu zu werten.

[386] Scholz/*Emmerich*, 2000, Anh. § 44, GmbH-Konzernrecht, Rdnr. 91; KölnerKomm./*Koppensteiner*, Vorb. § 291 Rdnr. 58; *Kropff*, AG 1993, 485, 494; *ders.*, in : FS Goerdeler, 1987, 259, 264 f.; *Säcker*, ZHR 151 (1987), 59, 63; *Scheffler*, AG 1990, 173 ff.; *Ulmer*, NJW 1986, 1579, 1580; *Versteegen*, 1993, S. 133.

In der Tat spricht sich die höchstrichterliche Rechtsprechung für eine analoge Anwendung der §§ 302, 303 AktG auf den „qualifizierten faktischen" GmbH-Konzern aus[387] und sieht sich hierin durch die überwiegende Schrifttumsmehrheit bestätigt.[388]

Der allseitige Konsens endet aber bei den Fragen, welche tatbestandliche Ausgestaltung die qualifizierte GmbH-Konzernhaftung analog § 302 AktG erhalten soll und ob ihre Rechtsfolge - die Verlustausgleichspflicht - umfangmäßig zu beschränken ist. Antworten auf diese Fragen kann nur eine methodisch korrekte Analogieprüfung bieten.

A. Prüfung der Analogievoraussetzungen

I. Fehlen einer *unmittelbar* anwendbaren Regelung

Die oben durchgeführte Analyse der auf Einzelausgleich gerichteten Anspruchsgrundlagen hat ergeben, dass das Gesetz keine Regelung bereitstellt, die dazu geeignet ist, die Schädigung einer abhängigen GmbH durch den herrschenden Unternehmens-Gesellschafter im Rahmen einer breitflächigen und dauerhaften ausgeübten Konzernleitungsmacht zu sanktionieren.

---

[387]Grundlegend die "Autokran"-Entscheidung des BGH, BGHZ 95, 330, 344 Diesem dogmatischen Ansatz blieb der II. Zivilsenat in den Folgeentscheidungen treu, vgl. "Tiefbau", BGHZ 107, 7; "Video", BGHZ 115, 187; "TBB", BGHZ 122, 123; "EDV", NJW 1994, 446; "Freiberufler-Konzern", ZIP 1994, 1690; "Architekten-Konzern", NJW 1995, 1544; "Stahl-Alu-O.& Sohn GmbH", GmbHR 1996, 366; "Wochenkonzern", ZIP 1997, 416; BGH, Beschl. v.13.1.1997, DStR 1997, 503; BGH, Beschl. v. 3.11.1997, DStR 1997, 1937. Auch das **BAG** ("Warmwassergeräte", AG 1991, 434; "AG Union", ZIP 1993, 380; "Stahlschutz", GmbHR 1994, 625; "Sanierungs-KG", ZIP 1996, 333; "Schifffahrtsgesellschaft", AG 1999, 184; "Möbel-KG", ZIP 1999, 723) und das **BSG** ("KAUG-Zahlungen", GmbHR 1995, 46; "A-Schuhfabrik GmbH", ZIP 1996, 1134) schlossen sich diesem Analogieschluss zu den §§ 302, 303 AktG an.

[388]Umfangreiche Nachweise vgl. Fn. 7, 8, 9, 11

II. Feststellung der *Rechtsähnlichkeit* zwischen dem Tatbestand des § 302 Abs. 1 AktG und den Verhältnissen in der qualifiziert beherrschten GmbH

1. Bestimmung des Vergleichsmaßstabs: Normzweck des § 302 AktG

In der Literatur wird der Normzweck des § 302 AktG äußerst kontrovers diskutiert. Die Vielfalt der Interpretationsansätze soll im folgenden schematisierend dargestellt und auf ihre methodische Begründbarkeit hin untersucht werden.

a) Verlustausgleichspflicht als Kompensation für den Ausfall gesellschaftskapitalschützender Normen

aa) Darstellung der differierenden Begründungsansätze

Eine verbreitete Auffassung im Schrifttum versteht die Verlustausgleichspflicht gem. § 302 Abs. 1 AktG als gesetzgeberische Reaktion auf die in § 291 Abs. 3 AktG angeordnete Außerkraftsetzung der „klassischen" Kapitalerhaltungsregeln der §§ 57 ff. AktG.[389] Der daraus resultierende Gläubigerschutzausfall solle durch eine vertragskonzernspezifische Ersatzregelung, den Verlustausgleich, kompensiert werden.

Zur Begründung stützt man sich zum einen auf die Amtliche Begründung zum Regierungsentwurf des AktG 1965, die zu den Vorschriften des Dritten Abschnitts u.a. anführt, durch diese

> „soll die Gesellschaft zu ihrem und ihrer Gläubiger Schutz in gewissem Umfang gegen die Aushöhlung ihrer bilanzmäßigen Substanz gesichert werden".[390]

---

[389] *Ulmer*, AG 1986, 123, 126 f.; *Assmann*, JZ 1986, 928, 936 (anders aber *ders.* in: FS 100 Jahre GmbH-Gesetz, 1992, 657, 727 f.); *Emmerich*, GmbHR 1987, 213, 220; *ders.*, AG 1987, 1, 6; *Ensthaler/Kreher*, BB 1995, 1422, 1424; *Hüffer*, 1999, § 302 Rdnr. 3; *Jansen*, 1993, S. 128 ff., 131; *Kindler*, ZHR 157 (1993), 1, 5; *Knobbe-Keuk*, DB 1992, 1461, 1463; *Paschke*, AG 1988, 196, 199; *Reuter*, ZHR 146 (1982), 1, 21; *Sonnenschein/Holdorf*, JZ 1992, 715, 720; *Ziegler*, WM 1989, 1041, 1042 f. Die **Rechtsprechung** äußert sich zurückhaltender: In der "Tiefbau"-Entscheidung (BGHZ 107, 7, 18) leitet der BGH den Verlustausgleichsanspruch "zumindest auch" aus den Kapitalerhaltungsregeln ab; im "Familienheim"-Urteil (BGHZ 103, 1, 10) stützt er diesen Anspruch nicht nur auf die Notwendigkeit der Kapitalsicherung, sondern betrachtet den Verlustausgleich auch als "...Gegenstück der...Leitungsmacht...".

[390] Begründung des Regierungsentwurfs, abgedruckt bei: *Kropff*, Aktiengesetz 1965, S. 388.

Zum anderen verweist man auf die systematische Stellung der Norm im Gesetz: die ihr unmittelbar vorausgehenden Vorschriften der §§ 300, 301 AktG dienten ebenfalls der Kapitalerhaltung der konzernierten Gesellschaft und belegten damit den sachlichen Zusammenhang zwischen Verlustübernahme und Kapitalerhaltung.[391]

Die Gegner dieser Normzweckinterpretation wenden demgegenüber ein, das Abstellen auf den Ausfall der „klassischen" Kapitalerhaltungsregeln reduziere den tatsächlichen Anwendungsbereich des § 302 Abs. 1 AktG in unzulässiger Weise. Diese Norm erfasse auch Sachverhalte, die nicht unter die §§ 57 ff. AktG subsumiert werden können: zu denken ist hier an den isolierten Gewinnabführungsvertrag, den Beherrschungsvertrag ohne Möglichkeit schädigender Weisungen gem. § 308 Abs. 1 S. 2 AktG, den Beherrschungsvertrag mit einem Nichtgesellschafter und an alle vom herrschenden Unternehmen im Rahmen der Konzernleitung bei der beherrschten Gesellschaft verursachten Vermögensnachteile, die nicht mit einem gleichzeitigen Vermögensvorteil auf Seiten der Konzernmutter korrespondieren und somit nicht als Einlagenrückgewähr zu werten seien.[392]

Darüber hinaus sei es nicht gerechtfertigt, den Schutzzweck des § 302 AktG auf den Erhalt des zur Deckung des Stammkapitals erforderlichen Gesellschaftsvermögens zu reduzieren und der Norm somit einen ausschließlich gläubigerschützenden Charakter zu unterstellen. Der in § 302 AktG angeordnete Verlustausgleich diene in gleichem Maße auch dem Schutz der Minderheitsgesellschafter.[393]

Diese Kritik aufgreifend, erweitern andere Schrifttumsstimmen den normzweckbestimmenden Kompensationsgedanken auf den generellen Ausfall aller das Gesellschaftsvermögen schützender Normenkomplexe im Vertragskonzern. Die Verlustausgleichspflicht des § 302 AktG stelle einen Ersatz dafür dar, dass das Gesetz dem vertraglich zur Beherrschung legitimierten Unternehmen die Befugnis zu kapitalsicherungswidrigen und zu sonstigen an sich pflichtwidrig-nachteiligen Maßnahmen gegenüber der abhängigen Gesellschaft einräume; die Norm schütze nicht nur das Stammkapital, sondern den Vermögensbestand der beherrschten Gesellschaft insgesamt.[394] Es spreche eine *unwiderlegliche gesetzliche Vermutung* dafür, dass das herrschende Unternehmen bei Bestehen eines Beherrschungsvertrages von seiner Rechtsmacht, die Geschäftsführung der abhängigen

---

[391] *Ulmer*, AG 1986, 123, 126

[392] *Assmann*, in: FS 100 Jahre GmbH-Gesetz, 1992, 657, 727 f.; *Basten*, GmbHR 1990, 442, 444 f.; *Drüke*, 1990, S. 176; *Ebenroth*, AG 1990, 188, 193; KölnerKomm/*Koppensteiner*, § 302 Rdnr. 4; *Mülbert*, 1995, S. 185; Rowedder/*Koppensteiner*, Anh. nach § 52 Rdnr. 73; *Schmidt*, in: Heidelberger Konzernrechtstage, 1992, S. 109, 116.

[393] *Basten*, GmbHR 1990, 442, 445; *Baumgartl*, 1986, S. 117; *Drüke*, 1990, S. 176.

[394] *Stimpel*, ZGR 1991, 144, 152; *Priester*, in: FS Semler, 1993, 561, 574; *Ebenroth/Wilken*, BB 1991, 2229, 2231.

Gesellschaft im Konzerninteresse zu ihrem Nachteil zu beeinflussen, tatsächlich umfassend Gebrauch mache,[395] und dass die bei der beherrschten Gesellschaft entstandenen Verluste ursächlich auf diese Eigeninteressenverletzungen zurückzuführen seien.[396] Die Verlustausgleichspflicht gem. § 302 Abs. 1 AktG sanktioniert nach dieser Auffassung unwiderleglich vermutete Verstöße gegen die Kapitalerhaltungsregeln, die gesellschaftsrechtliche Treuepflicht oder das konzernspezifische Ausgleichssystem der §§ 311, 317 AktG.

Ebenfalls Bezug auf den Kompensationsgedanken nimmt eine dritte Schrifttumsmeinung, die den Schutzzweck der Verlustausgleichspflicht gem. § 302 Abs. 1 AktG in einer funktionalen Fortschreibung des Einzelausgleichssystems der §§ 311, 317 AktG erblickt und diese Rechtsfolge immer dann bejaht, wenn die vom herrschenden Unternehmen ausgehenden Einwirkungen den notwendigen Maßstab des „Eigeninteresses einer autonomen Gesellschaft" unnachvollziehbar machen und das Ausgleichssystem somit zum Scheitern bringen.[397] Der Unterschied zu der zuvor geschilderten Ansicht liegt in den tatbestandlichen Anforderungen, die an eine analoge Anwendung des Verlustausgleichsanspruchs auf den faktischen Konzern gestellt werden. Die Anhänger der reinen Schutzzweckdefinition begnügen sich damit, diese Rechtsfolge an ein Verhalten des herrschenden Unternehmens zu knüpfen, welches den Funktionsausfall des gesetzlichen Ausgleichssystems bewirkt, ohne dass es auf den Nachweis einer Eigeninteressenbeeinträchtigung auf Seiten der abhängigen Gesellschaft ankommen soll.

bb) Kritik an der Auffassung, Normzweck sei Kompensation eines Kapitalschutzdefizits

Die kausale Verknüpfung der Verlustausgleichspflicht des § 302 AktG mit der Dysfunktionalität des - auch weit gefassten - Kapitalschutzes in der unternehmensvertraglich konzernierten Gesellschaft vermag nicht zu überzeugen. § 302 AktG ist nicht als Rechtsverletzungstatbestand konzipiert,[398] wie eine Analyse des Normzwecks nach den klassischen Auslegungskanones aufzeigen wird:

---

[395] BGHZ 116, 37, 41; *Burgard*, WM 1993, 925, 930; *Kleindiek*, ZIP 1991, 1330, 1333 f.; *Stimpel*, ZGR 1991, 144, 153; *Stodolkowitz*, ZIP 1992, 1517, 1521.

[396] *Buchner/Weigl*, DNotZ 1994, 580, 585; *Jansen*, 1993, S. 139 bezüglich Verstöße gegen §§ 57, 58, 60 AktG.

[397] *Zöllner*, in: Gedächtnisschrift Knobbe-Keuk, 1997, 369, 375; *Sonnenschein/Holdorf*, JZ 1992, 715, 717. Zumindest in bezug auf den qualifizierten faktischen Aktienkonzern bejahend: *Emmerich/Sonnenschein*, 1997, § 20 a III 2, S. 356; *Heyder*, 1997, S. 53.

[398] *Baur*, 1992, S. 168; *Koppensteiner*, in: Probleme des Konzernrechts, ZHR-Beiheft 62, 1989, S. 87. 93; Rowedder/*Koppensteiner*, Anh. nach § 52 Rdnr. 74; MünchKomm.-AktG/*Kropff*, § 317 Rdnr.

aaa) Historische Interpretation

Ein Blick in die Entstehungsgeschichte des Aktienkonzernrechts verdeutlicht die anders gelagerte Motivation des Gesetzgebers. Die Gesetzesverfasser sahen den

> „entscheidenden Unterschied zwischen den auf einem Beherrschungsvertrag beruhenden und den rein tatsächlichen Konzernverhältnissen in dem durch den Beherrschungsvertrag eingeräumten *Recht* des Vorstands des herrschenden Unternehmens, die abhängige Gesellschaft unter seine Leitung zu stellen und sie bei dieser Leitung auch zu für sie nachteiligen Maßnahmen anzuweisen."[399]

Die Etablierung des Beherrschungsvertrages diente somit dazu, die Instrumentalisierung der beherrschten Tochtergesellschaft im Konzerninteresse durch das herrschende Mutterunternehmen zu *legitimieren.* Der Gesetzgeber wollte der Wirtschaft mit den Regelungen des Vertragskonzerns eine Konzerngestaltungsmöglichkeit an die Hand geben, die es dem herrschenden Unternehmen ermöglichte, (nahezu) uneingeschränkte Herrschaftsmacht über die abhängige Gesellschaft auszuüben. Die rechtliche Selbständigkeit der beherrschten Gesellschaft sollte nur noch formal bestehen.[400] Diesem gesetzgeberischen Plan tragen die drei Grundpfeiler dieser Konzernierungsform Rechnung: das umfassende Weisungsrecht gem. § 308 Abs. 1 S. 1 AktG, die Befreiung des herrschenden Unternehmens von der Bindung an das Eigeninteresse der konzernierten Gesellschaft nach § 308 Abs. 1 S. 2 AktG und die, durch § 291 Abs. 3 AktG gewährleistete, freie Disposition über das Vermögen der vertragskonzernierten Tochter.

Mit dieser *erlaubten* Instrumentalisierung der abhängigen Gesellschaft lässt sich eine Haftungsregelung nicht vereinbaren, die darauf abstellt, das Gesellschaftsvermögen des vertraglich konzernierten Unternehmens durch einen - an seinem Eigeninteresse ausgerichteten - Ausgleich schädigender Eingriffe zu schützen.

Auch die in § 291 Abs. 3 AktG explizit angeordnete Ausserkraftsetzung der „klassischen" Kapitalerhaltungsregeln der §§ 57 ff. AktG vermag eine anderslautende gesetzgeberische Wertung nicht zu begründen: Um die (erlaubte) vermögensmäßige Vereinnahmung der beherrschten Gesellschaft zu gewährleisten, war es - zur Vermeidung von gesetzlichen Widersprüchen - notwendig, das in der unverbundenen Gesellschaft gültige vermögensrechtliche Trennungsprinzip auf-

---

47; *Limmer*, 1992, S. 299; *Möhring*, 1992, S. 197; *Versteegen*, 1993, S. 273 f.; *Zöllner*, in: Verhandlungen des 59. DJT, Bd. II, 1992, R 35, R 42.

[399] Zitiert bei *Kropff*, Aktiengesetz 1965, S. 374.

[400] So der Abgeordnete *Wilhelmi*, Stenographische Protokolle der 187. Sitzung, Bd. 59, 187.-198. Verhandlung, IV 9405.

zuheben; ausschließlich der Umsetzung dieser „rechtstechnischen" Angleichung dient § 291 Abs. 3 AktG.[401]

bbb) Systematische Interpretation

Dass § 302 AktG weder an ein rechtswidriges Verhalten anknüpft, noch eine konkrete, das Eigeninteresse der abhängigen Gesellschaft verletzende Einflussnahme des herrschenden Unternehmens voraussetzt, wird auch deutlich, wenn man sich die Systematik der konzernrechtlich geprägten Regelungen des AktG 1965 vor Augen führt. Der Gesetzgeber hat hier zum Schutz der abhängigen Gesellschaft, ihrer außenstehenden Aktionäre und Gläubiger zwei in ihrer Zweckrichtung und rechtstechnischen Konstruktion gänzlich unterschiedliche Regelungskonzepte geschaffen. Der Grundgedanke des auf Schadensersatz gerichteten Ausgleichssystems der §§ 311, 317 AktG beruht auf der gesetzgeberischen Vorstellung, dass die abhängige Gesellschaft noch als wirtschaftlich selbständige Organisationseinheit am Markt tätig wird. Zur Sicherung dieser Selbständigkeit auch im Zustand faktischer Konzernierung stellte er die dem herrschenden Unternehmen eingeräumte Befugnis der einheitlichen Konzernleitung unter die Voraussetzung, dass diese stets das Eigeninteresse der abhängigen Gesellschaft berücksichtige. Richtet die Konzernspitze ihre Leitungsmaßnahmen nicht am - fingierten - Eigeninteresse des beherrschten Unternehmens aus, kommt es also zu Schädigungen, die nicht sofort ausgeglichen werden, so haftet es der Gesellschaft gem. § 317 Abs. 1 AktG auf Schadensersatz.

Im Falle des Bestehens eines Beherrschungs- oder Gewinnabführungsvertrages wird demgegenüber das Eigeninteresse der beherrschten Gesellschaft erlaubterweise durch das Konzerninteresse verdrängt. An die Stelle des Eigeninteressenschutzes kraft Verhaltensregelungen treten im Vertragskonzern Schutzregelungen, die die Gefahr der Fremdbeherrschung auf andere Weise kompensieren sollen, nämlich durch die Gewährung besonderer Ausgleichs- und Abfindungsansprüche an außenstehende Gesellschafter (§§ 304, 305 AktG) und eine die Vermögenssubstanz der beherrschten Gesellschaft sichernde globale Verlustausgleichspflicht (§ 302 AktG).[402]

---

[401] Begr. RegE. bei *Kropff*, Aktiengesetz 1965, S. 378; ebenso: *v. Becker*, 1994, S. 89; *Drüke*, 1990, S. 176; *Ebenroth*, AG 1990, 188, 193; *Limmer*, 1992, S. 298; *Schlieper*, 1996, S. 189.

[402] *Baur*, 1992, S. 147 f.; *Limmer*, 1992, S. 298.

Eine Anknüpfung der Verlustausgleichspflicht des § 302 AktG an einen Tatbestand, der eine nachhaltige Eigeninteressenverletzung verlangt, stellt somit eine systemwidrige Vermengung von nicht kompatiblen Normkomplexen dar.[403]

Auch die Behauptung, § 302 AktG verfolge den Zweck, *unwiderleglich vermutete* Verstöße gegen die Kapitalerhaltungsregeln, die gesellschaftsrechtliche Treuepflicht oder das konzernspezifische Ausgleichssystem der §§ 311, 317 AktG mittels eines Pauschalausgleichs zu sanktionieren, findet in der Systematik der aktienvertraglichen Regelungen keine Stütze.[404] Das Gesetz kennt eine solche Vermutung nicht. Ihre Bejahung würde dem Haftungskonzept des Vertragskonzerns auch widersprechen. Nach dem Wortlaut des § 302 AktG spielen die Verlust*ursachen* für die Ausgleichspflicht keine Rolle.[405]

Dem Versuch, diesen eindeutigen Gesetzeswortlaut mit der Behauptung zu entkräften, die Anknüpfung einer uneingeschränkten Verlustausgleichspflicht an den Beherrschungsvertrag resultiere aus einem gesetzgeberischen Versehen bei der Umsetzung der Voraussetzungen des steuerlichen Organschaftsvertrages (als dem Vorläufer der Unternehmensverträge gem. § 291 Abs. 1 AktG), ist entschieden zu widersprechen.[406] Die insbesondere von *Priester*[407] geforderte teleologische Reduktion des § 302 Abs. 1 AktG dahingehend, dass dem herrschenden Unternehmen beim Bestehen eines Beherrschungsvertrages das Recht zuzubilligen sei, seine Haftung mit dem Nachweis abzuwenden, die eingetretenen Verluste hätten mit der Konzernleitung nichts zu tun, lässt sich weder mit den Materialien zu § 302 AktG[408] noch mit systematischen Argumenten begründen. *Priester* stützt seine Auffassung auf den in § 317 Abs. 2 AktG zugelassenen Entlastungsnachweis. Diese Norm ist aber eindeutig einem anders konzipierten Schutzsystem entnommen und findet im Rahmen des Vertragskonzerns kein Anwendungsfeld.

Schließlich liefert ein Blick auf die Komplementärvorschrift des § 303 AktG ein weiteres systematisches Argument gegen die Interpretation der Verlustaus-

---

[403] *Baur*, 1992, S. 168; *v. Becker*, 1994, S. 82 f.

[404] *Möhring*, 1992, S. 197, 202.

[405] *Assmann*, in: FS 100 Jahre GmbH-Gesetz, 1992, S. 657, 722; *Baur*, 1992, S. 149; *Ebenroth*, AG 1990, 194, 195; *Hommelhoff*, DB 1992, 309, 310; *Mülbert*, 1995, S. 184; *Müller*, in: FS Rowedder, 1994, S. 277, 288, 291 f.; *Schmidt*, in: Heidelberger Konzernrechtstage, 1992, S. 109, 119; *Sonnenschein/Holdorf*, JZ 1992, 715, 718 f.

[406] Ebenso BGHZ 116, 37, 41; *Assmann*, in: FS 100 Jahre GmbH-Gesetz, 1992, S. 657, 724; *Buchner/Weigl*, DNotZ 1994, 580, 585; *Mülbert*, 1995, S. 184 mit Fn. 144, 484; *Timm*, NJW 1987, 977, 983; *Vonnemann*, BB 1990, 217, 221 Fn. 65.

[407] *Priester*, in: FS Semler, 1993, 561, 575 f.

[408] Tatsächlich heißt es dort: "Wer die Geschicke der Gesellschaft bestimmen kann oder ihren ganzen Gewinn erhält, muß auch für die Verluste einstehen", zitiert nach *Kropff*, Aktiengesetz, 1965, S. 391.

gleichspflicht gem. § 302 AktG als Fortschreibung der gesellschaftsrechtlichen Kapitalbindungsregeln. Die §§ 302, 303 AktG können nicht losgelöst voneinander beurteilt werden; sie verwirklichen ein einheitliches gesetzgeberisches Schutzkonzept für den Vertragskonzern. Die in § 303 Abs. 1 AktG normierte Pflicht zur Stellung von Sicherheiten für die Gläubigerforderungen nach Beendigung des Unternehmensvertrages erweitert die Haftungsverantwortlichkeit des herrschenden Unternehmens über den bloßen Ausgleich von Jahresfehlbeträgen hinaus. Eine derartige Haftungserweiterung kennen die Kapitalerhaltungsvorschriften nicht. Wäre der gem. § 302 Abs. 1 AktG auszugleichende Jahresfehlbetrag wie eine verdeckte Gewinnausschüttung zu behandeln, so würde der Gläubigerschutz mit Zahlung des Verlustausgleichs an die Gesellschaft enden. Für eine darüber hinausgehende Gläubigersicherung gäbe es keinen Grund.[409]

Ebenfalls mit Entstehungsgeschichte und Systematik der aktienvertragskonzernrechtlichen Regelungen unvereinbar ist die Schrifttumsmeinung, die den Schutzzweck der Verlustausgleichspflicht gem. § 302 Abs. 1 AktG ausschließlich in einer Kompensation des Funktionsausfalls der §§ 311, 317 AktG erblickt.[410] Es ist zwar - wie oben dargelegt[411] - zutreffend, dass die §§ 311, 317 AktG bei einer dauernden und breitflächigen Einflussnahme des herrschenden Unternehmens auf die Geschäftsleitung der abhängigen Gesellschaft leer laufen. Diese „Schwäche“ des gesetzlichen Ausgleichssystems der §§ 311 ff. AktG vermag den Übergang zum Globalausgleich des § 302 AktG aber nicht zu legitimieren.[412] Der Gesetzgeber hat diese Norm gerade nicht als „Generalklausel“ zur Erfüllung konzernrechtlicher Schutzaufgaben ausgestaltet.[413] Dem Tatbestand des § 302 Abs. 1 AktG - Abschluss eines Beherrschungs- oder Gewinnabführungsvertrages - lässt sich ein gesetzgeberischer Wille, wonach jede unkontrollierbare Schadenszufügung seitens des herrschenden Unternehmens in einer bestehenden Konzernverbindung einen Pauschalausgleich nach sich ziehen soll, nicht entnehmen.

Dieses Ergebnis wird schließlich auch durch einen Blick auf die im Vertragskonzern angeordnete Rechtsfolge des Verlustausgleichs bestätigt. Die hier beschriebene Ausgleichsmodalität unterscheidet sich wesentlich von den Sanktionen, die an ein rechtswidriges Verhalten anknüpfen und auf Unterlassung, Beseitigung oder Schadensersatz zielen. Die Verlustausgleichspflicht kann einerseits umfangmäßig über einen Schadensersatzanspruch hinausgehen, da sie auch Verluste

---

[409] *Möhring*, 1992, S. 119.

[410] Vgl. die Nachweise in Fn. 397.

[411] Vgl. GP 2. Teil § 2 B. II. 2. d) bb) ccc), S. 88.

[412] Vgl. GP 2. Teil § 2 B. II. 3, S. 89.

[413] Dies räumt auch *Mülbert* ein, der die Verlustausgleichspflicht daher nicht auf eine Analogie zu § 302 AktG stützt, sondern auf eine Treuepflichtverletzung (1995, S. 488).

der vertragskonzernierten Gesellschaft umfasst, die externer Natur sind;[414] häufig bleibt sie aber hinter einem Schadensersatzanspruch zurück, da der durch eine pflichtwidrige Leitungsmaßnahme entstehende Schaden auch den entgangenen Gewinn umfasst. Schließlich muss sich eine Schädigung nicht notwendig bilanziell niederschlagen oder sie kann durch anderweitige Erträge bilanziell wieder ausgeglichen werden, erhöht also nicht den Jahresfehlbetrag.[415] Die Verlustausgleichspflicht des § 302 AktG kann somit nicht als ein pauschalierter Schadensersatz gedeutet werden.[416]

Ihre Anknüpfung an den Jahresfehlbetrag der abhängigen Gesellschaft belegt vielmehr die Notwendigkeit des Bestehens eines Dauerschuldverhältnisses.[417] Denn dieser Saldoposten resultiert aus einer Gewinn- und Verlustrechnung, die Erträge und Aufwendungen bezogen auf eine bestimmte Abrechnungsperiode gegenüberstellt. Die Pflicht zum Ausgleich des Jahresfehlbetrages ist mithin zeitraumbezogen und eignet sich nicht dazu, einen punktuell wirkenden Missbrauch von Leitungsmacht in Form von kapitalsicherungswidrigen oder sonstigen pflichtwidrigen Eingriffen des herrschenden Unternehmens in das Gesellschaftsvermögen der beherrschten Tochter zu sanktionieren.[418]

Zusammenfassend ist festzustellen, dass die Verlustübernahmepflicht gem. § 302 Abs. 1 AktG nicht als konzernspezifische Abwandlung bzw. Fortschreibung eines - auch weit verstandenen - Kapitalschutzes verstanden werden kann.

b) Verlustausgleichspflicht als gesetzgeberische Reaktion auf die typischen Gefahren qualifizierter Beherrschung

Eine andere Ansicht versteht die in § 302 Abs. 1 AktG angeordneten Verlustausgleichspflicht als eine bewusste Zuweisung des unternehmerischen Risikos an das herrschende Unternehmen. Diese Risikozuweisung knüpfe an einen organisationsrechtlichen Zustand, nämlich die strukturell abgesicherte, qualifizierte, d.h. dauernde und umfassende Beherrschung der Tochtergesellschaft durch die Kon-

---

[414] *Mülbert*, 1995, S. 185; Rowedder/*Koppensteiner*, 1997, Anh. nach § 52 Rdnr. 73

[415] *Ulmer*, in: Heidelberger Konzernrechtstage, 1992, S. 65, 72; *Jansen*, 1993, S. 136.

[416] *Mülbert*, 1995, S. 483; Rowedder/*Koppensteiner*, Anh. nach § 52, Rdnr. 74; *Rehbinder*, AG 1986, 85, 91. A.A. *Priester*, in: FS Semler, 1993, 561, 569.

[417] MünchKomm.-AktG/*Kropff*, § 317 Anh. Rdnr. 46; *Müller*, in: FS Rowedder, 1994, S. 277, 288, 291; *Hüffer*, 1999, § 302 Rdnr. 4.; *Schmidt*, ZGR 1983, 513, 518.

[418] So explizit *Müller*, in: FS Rowedder, 1994, S. 277, 292.

zernmutter an[419] und rechtfertige sich aus dem besonderen Gefahrenpotential, welches eine solche Beherrschungssituation für die abhängige Gesellschaft darstelle. Zur Begründung dieser Normzwecktheorie verweist man, u.a. auf Äußerungen des historischen Gesetzgebers zu § 302:

> „Wer die Geschicke der Gesellschaft bestimmen kann oder ihren ganzen Gewinn erhält, muß auch für die Verluste einstehen".[420]

Kritiker halten diesem Begründungsansatz zum einen entgegen, er greife auf einen, dem deutschen Gesellschaftsrecht fremden, Grundsatz des Gleichlaufs von Herrschaft und Haftung zurück.[421] In dieser pauschalen Form vermag das Gegenargument aber nicht zu überzeugen. Es geht den Autoren, die § 302 Abs. 1 AktG als eine, auf eine intensive Beherrschungssituation abstellende, Gefährdungshaftungsnorm interpretieren, nicht um die Etablierung eines übergreifenden, das ganze Gesellschaftsrecht beherrschenden Prinzips zur Regulierung der Problematik der Mehrheitsherrschaft in Kapitalgesellschaften. Gegenstand der Betrachtung ist vielmehr der Sonderfall der Ausübung von Herrschaftsmacht *durch ein Unternehmen*, also ein speziell konzernrechtlich geprägter Sachverhalt. Der Gesetzgeber hat die Einflussnahme eines herrschenden Unternehmens auf die Geschäftsführung der abhängigen Gesellschaft bewusst mit speziellen - dem allgemeinen Gesellschaftsrecht vorgehenden - Sanktionen belegt[422]. und es ist nicht ausgeschlossen, dass er sich hierbei von dem o.a. „Prinzip" hat leiten lassen.[423]

Gegen die Anknüpfung der Unternehmensrisikozuweisung an einen Zustand intensivierter Beherrschung wird weiterhin eingewandt, sie beschwöre einen Wertungswiderspruch zum isolierten Gewinnabführungsvertrag herauf. Ein solcher

---

[419] *Möhring*, 1992, S. 121, 174 f., 185 ff.; *Rehbinder*, AG 1986, 85, 89 f.; *Schmidt*, BB 1985, 2074, 2076 f.; *ders.*, ZIP 1991, 1325, 1328 f.; *ders.*, in: Heidelberger Konzernrechtstage, 1992, S. 109, 111 ff.; *Sonnenschein/Holdorf*, JZ 1992, 715, 719.

[420] Zitiert nach *Kropff*, Aktiengesetz 1965, S. 391.

[421] BGHZ 45, 204, 206. *V. Becker*, 1994, S. 77; *Blaurock*, in: FS Stimpel, 1985, 553, 555; *Burgard*, WM 1993, 925, 930; *Drüke*, 1990, S. 177; *Hommelhoff*, 1982, S. 367; *Limmer*, 1992, S. 285; *Lutter*, ZGR 1982, 244, 266; *Priester*, in: FS Semler, 1993, S. 561, 574; *Reiner*, 1995, S. 219; *Säcker*, ZHR 151 (1987), 59, 64; *Ulmer*, AG 1986, 123, 126; *Wiedemann* , 1980, § 10 III 2 a), S. 544; *Wilhelm*, 1981, S. 306. A.A. *Großfeld*, 1968, S. 102 ff., 121, 214; *Immenga*, 1970, S. 117 ff., 282; *Lehmann*, ZGR 1986, 345, 357, 366.

[422] Die Amtl. Begründung zum RegE des AktG 1965 spricht in den einführenden Erläuterungen zum Dritten Buch - Recht der Verbundenen Unternehmen - davon, dass es, wenn nicht wesentliche Grundsätze des Aktienrechts für konzernverbundene Unternehmen aufgegeben werden sollen, unumgänglich sei, "...daß Leitungsmacht und Verantwortlichkeit in Einklang gebracht werden" (abgedruckt bei *Kropff* Aktiengesetz 1965, S. 374).

[423] *Möhring*, 1992, S. 123. *Mülbert*, 1995, S. 188 Fn. 162, sieht diesen Grundsatz z.B. partiell umgesetzt in der Anordnung einer gesamtschuldnerischen Haftung bei der Eingliederung der AG in § 322 Abs. 1 S. 2 AktG. *Baur*, 1992, S. 149, ist der Meinung, dass der Gesetzgeber das Rechtsprinzip des Gleichlaufs von Herrschaft und Haftung dem § 302 AktG als Rechtsgrund zugrundegelegt hat.

Vertrag löse ebenfalls die Verlustausgleichspflicht aus, ohne dass es hier auf eine Einflussnahme des herrschenden Unternehmens auf das abhängige Unternehmen ankäme.[424] Aber auch diese Überlegung ist nicht zwingend. § 302 Abs. 1 AktG knüpft die Verlustausgleichspflicht *alternativ* an einen Beherrschungs- oder einen Gewinnabführungsvertrag; es ist nicht ausgeschlossen, dass der Gesetzgeber mit den beiden Vertragstypen jeweils unterschiedliche Ziele verfolgen wollte.[425]

Zu überzeugen vermag allerdings das Gegenargument, der Beherrschungsvertrag selber setze nicht notwendig die Ausübung von intensiver Leitungsmacht voraus; § 308 Abs. 1 AktG spreche lediglich davon, dass das herrschende Unternehmen Weisungen erteilen *kann*. Ob und in welchem Umfang das herrschende Unternehmen von dieser Befugnis Gebrauch mache, sei für den Eintritt der Rechtsfolge unerheblich.[426] Ferner spricht die Reichweite der Verlustübernahmepflicht gegen die Bewertung der Beherrschungs*intensität* als normzweckbildendes Element des Vertragskonzerns. Die Ausgleichspflicht greift auch dann, wenn die zu ersetzenden Verluste auf höherer Gewalt beruhen oder aus der allgemeinen wirtschaftlichen Entwicklung resultieren, das Verlustrisiko also vom herrschenden Unternehmen überhaupt nicht *beherrschbar* war.

Über diese Bedenken vermag auch die Behauptung nicht hinwegzuhelfen, der Gesetzgeber habe auf eine tatbestandsmäßige Festschreibung der Notwendigkeit intensiver Ausübung von Leitungsmacht verzichten können, da er davon ausgegangen sei, dass das herrschende Unternehmen bei Abschluss eines Beherrschungsvertrages auch umfassend von seinem Weisungsrecht Gebrauch mache; dafür spreche eine *unwiderlegliche Vermutung*.[427]

Das Gesetz kennt eine dahingehende Vermutung nicht. § 18 Abs. 1 S. 2 AktG spricht lediglich davon, dass Unternehmen, zwischen denen ein Beherrschungsvertrag besteht, als unter einheitlicher Leitung zusammengefasst anzusehen sind. Damit wird zwar die *tatsächliche* Ausübung von Leitungsmacht durch das herr-

---

[424] *Basten*, GmbHR 1990, 442, 445; KölnerKomm/*Koppensteiner*, § 302 Rdnr. 4; *Koppensteiner*, in: Probleme des Konzernrechts, ZHR-Beiheft 62, 1989, S. 87. 94; *Mülbert*, 1995, S. 186.

[425] So auch *Hommelhoff*, in: FS Goerdeler, 1987, S. 221, 232 ff.; *Ulmer*, AG 1986, 123, 125 f.; *Versteegen*, 1993, S. 249. A.A. *Basten*, GmbHR 1990, 442, 445, die darauf verweist, dass bei einer eigenständigen Legitimationsbegründung nicht erklärbar sei, weshalb diese unterschiedlichen Tatbestände wertungsmäßig die gleiche Rechtsfolge rechtfertigen.

[426] *Altmeppen*, 1991, S. 76; *v. Becker*, 1994, S. 78; *Baur*, 1992, S. 149, 160 f.; *Ebenroth*, AG 1990, 188, 190; *Jansen*, 1993, S. 119, 128, Fn. 105; KölnerKomm/*Koppensteiner*, § 302 Rdnr. 4; Rowedder/*Koppensteiner*, Anh. nach § 52 Rdnr. 73; *Mülbert*, 1995, S. 186.

[427] So BGHZ 107, 7, 17. Von einer diesbzgl. "gesetzlichen" Vermutung spricht BGHZ 116, 37, 41. Ebenso argumentieren *Baumgartl*, 1986, S. 117; *Buchner/Weigl*, DNotZ 1994, 580, 594; *Burgard*, WM 1993, 925, 929 f.; *Kleindiek*, ZIP 1991, 1330, 1333 f.; *Krieger*, in: Heidelberger Konzernrechtstage, 1992, S. 41, 42; *Michalski/Zeidler*, NJW 1996, 224; *Möhring*, 1992, S. 175; *Stimpel*, AG 1986, 117, 121; *ders.*, ZGR 1991, 144, 153; *Stodolkowitz*, ZIP 1992, 1517, 1521.

schende Unternehmen vorausgesetzt, diese muss aber in ihrer Intensität nicht über das normale, zur Konzernbildung erforderliche Maß hinausgehen.[428] Das herrschende Unternehmen signalisiert mit dem freiwilligen Abschluss eines Beherrschungsvertrages lediglich, dass es sich das Weisungsrecht über die abhängige Gesellschaft sichern will,[429] nicht aber auch, dass es von diesem Recht umfassend Gebrauch machen wird.[430] Die zentralistische Einbindung der Tochtergesellschaft in den Konzern ist kein zwingendes Erscheinungsbild des Vertragskonzerns. Die vertraglich beherrschte Aktiengesellschaft kann auch als weitgehend wirtschaftlich autonom am Markt agierende Organisationseinheit auftreten.[431]

Schließlich lässt die Herleitung des Normzwecks des § 302 AktG aus der Intensität der tatsächlich ausgeübten Herrschaftsmacht seitens der Konzernmutter den Umstand außer Acht, dass das Weisungsrecht nur *eine* Konsequenz des Abschlusses eines Beherrschungsvertrages widerspiegelt. Daneben treten als weitere „Änderungen zum Normalstatus der selbständigen AG" die Befreiung des herrschenden Unternehmens von der Bindung an das Eigeninteresse der abhängigen Gesellschaft[432] und die Außerkraftsetzung der Kapitalschutzregelungen in ihrem weitverstandenen Sinne.

Die Intensität der tatsächlich ausgeübten Leitungsmacht kann somit nicht als (alleiniges) gesetzgeberisches Motiv für die Anknüpfung der Verlustausgleichspflicht an den aktienrechtlichen Beherrschungsvertrag gewertet werden.[433]

---

428 *v. Becker*, 1994, S. 82; *Versteegen*, 1993, S. 249.

429 Gerade im AG-Konzern kann dies legal nur über den Abschluss eines Beherrschungsvertrages geschehen, da der Vorstand der AG gem. § 76 AktG weisungsunabhängig ist.

430 A.A. *Schwark*, JuS 1987, 443, 450.

431 *Baur*, 1992, S. 161; *v. Becker*, 1994, S. 81, 83; *Decher*, DB 1989, 965, 967; *Ebenroth*, AG 1990, 188, 190; KölnerKomm/*Koppensteiner*, § 302 Rdnr. 4; *Priester*, in: FS Semler, 1993, 561, 563 f.; *Versteegen*, 1993, S. 249.

432 Darin erkennt *Limmer*, 1992, S. 299, die zentrale Bedeutung des Beherrschungsvertrages.

433 So *Stimpel*, ZGR 1991, 144, 151. Ähnlich *Kleindiek*, ZIP 1991, 1330, 1334, der das besondere Gefährdungspotential des Vertragskonzerns in der "Dichte der Einwirkungsmöglichkeiten des herrschenden Unternehmens und der Umkehr der Interessenausrichtung innerhalb der beherrschten Gesellschaft" begründet sieht. *Flume*, DB 1992, 25, 26 f., stellt auf eine dem steuerlichen Organschaftsvertrag entsprechende "Eingliederung" der abhängigen Gesellschaft in den Konzernverbund als Leitbild für die Regelungen der §§ 302, 303 AktG ab; es gehe beim Vertragskonzern nicht um die "Leitungsdichte", sondern um die (tatsächliche) Unterordnung des Unternehmensinteresses unter das Konzerninteresse.

c) Verlustausgleichspflicht als gesetzliche Festschreibung des Aufwendungsersatzgedankens bei Fremdgeschäftsführung

Entscheidend auf den Aspekt der Instrumentalisierung der abhängigen Gesellschaft im Konzerninteresse stellt *Wilhelm*[434] ab, der den Verlustausgleichsanspruch des § 302 Abs. 1 AktG mit dem Aufwendungsersatz des Auftragsrechts (§§ 670, 683 BGB) gleichsetzt und die ratio legis dieser Norm darin erblickt, dass dem herrschenden Unternehmen, als dem Geschäftsherrn, das unternehmerische Verlustrisiko der beherrschten Gesellschaft zugewiesen werden solle, weil diese nicht mehr eigene Geschäfte führe, sondern im Fremdinteresse agiere.[435]

Dieser Gedanke weist deutliche Parallelen zu den steuerrechtlich motivierten Organschaftsverhältnissen auf, die der Entwicklung der vertragskonzernrechtlichen Bestimmungen im AktG 1965 Pate gestanden haben.[436] Lag eine solche Organschaft vor, was angenommen wurde, wenn die Organgesellschaft nach dem Gesamtbild der tatsächlichen Verhältnisse finanziell, wirtschaftlich und organisatorisch in das Unternehmen des Organträgers eingegliedert war,[437] so wurde eine Verlustausgleichspflicht des Organträgers in der Tat mit den bestehenden Ähnlichkeiten zum Auftragsrecht begründet.

Es ist aber zu bedenken, dass die Gesetz gewordene Regelung der Unternehmensverträge in den §§ 291 ff. AktG inhaltlich von ihrem „Vorläufer" abweicht. Der Gesetzgeber hat die in der steuerlichen Organschaft noch kumulativ verbundenen Elemente der organisatorischen und finanziellen Beherrschung getrennt und sowohl an den (isolierten) Gewinnabführungsvertrag - der auf die eigen- oder fremdbestimmte Geschäftsführung der abhängigen Gesellschaft ersichtlich nicht abstellt - als auch an den Beherrschungsvertrag die Pflicht zum Verlustausgleich geknüpft. Und selbst im Falle des Beherrschungsvertrages greift - wie oben dar-

---

[434] *Wilhelm*, DB 1986, 2113, 2116. Ähnlich MünchKomm.-AktG/*Altmeppen*, § 302 Rdnr. 12.

[435] Andere Autoren - *Reuter*, ZHR 146 (1982), 1, 21 ff., *ders.*, AG 1986, 130, 138, *Schilling*, in: FS Hefermehl, 1976, 383, 389 und neuerdings *Altmeppen*, 1991, S. 74 ff., Roth/*Altmeppen*, Anh § 13 Rdnr. 182 f. - befürworten ebenfalls eine Verlustausgleichspflicht des herrschenden Unternehmens, stützen diese aber nicht auf eine Analogie zu § 302 AktG, sondern wollen die Normen des Auftragsrechts, §§ 667, 670, 683, analog heranziehen.

[436] RegBegr. zu § 302, abgedruckt bei *Kropff*, Aktiengesetz 1965, S. 390: "Die Bestimmung ist keine vollständige Neuerung. In den wichtigsten von ihr geregelten Fällen wurde schon bisher eine Pflicht zur Verlustübernahme aus allgemeinen Rechtsgrundsätzen hergeleitet und im allgemeinen auch vertraglich vereinbart. Die gesetzliche Regelung bezweckt, den Kreis der Verträge, die eine Pflicht zur Verlustübernahme auslösen, schärfer zu umschreiben (Absatz 1 und 2), den zu übernehmenden Verlust zu bestimmen (Absatz 1 und 2) und Verzichte der Gesellschaft auf den - auch im Interesse ihrer Gläubiger bestehenden - Anspruch auf Verlustübernahme nur unter besonderen Voraussetzungen zuzulassen (Absatz 3)."

[437] § 14 KStG; vgl. auch *Flume*, DB 1992, 25, 26.

gelegt - die Verlustausgleichspflicht de lege lata unabhängig davon, ob und in welcher Intensität das herrschende Unternehmen von seiner Leitungsmachtbefugnis Gebrauch gemacht hat. Schon diese Unterschiede in der rechtlichen Konstruktion sprechen gegen den Versuch, den Normzweck des § 302 AktG in einer Risikozurechnung wegen veranlasster Fremdgeschäftsführung zu sehen.[438]

Gegen die Gleichsetzung von § 302 Abs. 1 AktG und Auftragsrecht spricht ferner, dass der Verlustausgleich im Gegensatz zum Aufwendungsersatz gem. § 670 BGB auch Vermögensverminderungen umfasst, die mit einer Auftragserfüllung im Fremdinteresse in keinerlei Zusammenhang gebracht werden können, da sie dem allgemeinen Lebensrisiko zuzurechnen sind.[439]

d) Verlustausgleichspflicht als gesetzgeberische Reaktion auf die typischen Gefahren der Beherrschungs*möglichkeit*

Aus der Erkenntnis, dass die Pflicht zum Verlustausgleich gem. § 302 Abs. 1 AktG weder kapitalsicherungs- bzw. treuwidrige Eingriffe in das Gesellschaftsvermögen des abhängigen Unternehmens voraussetzt noch an eine intensivierte Ausübung von Herrschaftsmacht anknüpft, folgert man schließlich, dass diese Rechtsfolge ein Korrelat zu der der Konzernobergesellschaft im Vertragskonzern eingeräumten Beherrschungs*möglichkeit* darstelle.[440]

Zum Beleg verweisen die Befürworter auf die Gesetzesmaterialien. Der Gesetzgeber habe ausdrücklich daran angeknüpft, dass „Wer die Geschicke der Gesellschaft *bestimmen kann* ... auch für die Verluste einstehen (müsse)".[441/442] Das bedeute, dass das herrschende Unternehmen im Vertragskonzern das Risiko der unternehmerischen Tätigkeit der beherrschten Gesellschaft zu tragen habe.

---

[438] *Basten*, GmbHR 1990, 442, 445; *v. Becker*, 1994, S. 79; KölnerKomm/*Koppensteiner*, § 302 Rdnr. 4; *ders.*, in: Probleme des Konzernrechts, ZHR-Beiheft 62, 1989, S. 87, 97; *Mülbert*, 1995, S. 186; *Priester*, in: FS Semler, 1993, S. 561, 574. Im Ergebnis ebenso: *Assmann*, in: FS 100 Jahre GmbH-Gesetz, 1992, 657, 695; *Baumgartl*, 1986, S. 112; *Kohl*, MDR 1992, 204, 208; *Versteegen*, 1993, S. 111 f.

[439] *v. Becker*, 1994, S. 79; KölnerKomm/*Koppensteiner*, § 302 Rdnr. 4; *ders.*, in: Probleme des Konzernrechts, ZHR-Beiheft 62, 1989, S. 87, 97; *Möhring*, 1992, S. 165; *Priester*, in: FS Semler, 1993, S. 561, 574; *Schießl*, AG 1985, 184, 187. A.A. wohl *Baumgartl*, 1986, S. 111.

[440] *Baur*, 1992, S. 149; *Buchner/Weigl*, DNotZ 1994, 580, 585; *Decher*, DB 1989, 965, 967; KölnerKomm/*Koppensteiner*, § 302 Rdnr. 4; *Limmer*, 1992, S. 299; *Schlieper*, 1996, 190 ff.; *Säcker*, ZHR 151 (1987), 59, 70. A.A. *Mülbert*, 1995, S. 482.

[441] *Kropff*, Aktiengesetz 1965, S. 391.

[442] *Baur*, 1992, S. 149; KölnerKomm/*Koppensteiner*, § 302 Rdnr. 4.

Beim Gewinnabführungsvertrag legitimiere sich diese Haftung aus der Überlegung, dass eine Risikoverteilung, die dem herrschenden Unternehmen alle Gewinnchancen bei günstiger wirtschaftlicher Entwicklung der abhängigen Gesellschaft einräume, das Verlustrisiko aber allein letzterer zuweise, höchst unbillig wäre.[443] Parallel dazu soll beim Beherrschungsvertrag die *Beherrschbarkeit* des Unternehmensrisikos die Rechtfertigung dafür liefern, der Konzernspitze die entstandenen Verluste zuzurechnen.[444]

Diese Begründung vermag aber nicht zu erklären, warum das herrschende Unternehmen im Rahmen des § 302 AktG auch für die Verluste einzustehen hat, die auf externen von ihm nicht vorhersehbaren und beherrschbaren Ursachen beruhen. Die Aussage, § 302 AktG gründe insoweit auf einem *abstrakten Gefährdungstatbestand*,[445] beseitigt die Widersprüchlichkeit zwischen dem behaupteten Haftungsgrund und dem tatsächlichen Haftungsumfang nicht.[446]

Die der Konzernspitze eingeräumte Beherrschungs*möglichkeit* stellt zwar eine *condicio sine qua non* für die in der Verlustausgleichspflicht zum Ausdruck kommende Verlagerung des unternehmerischen Risikos von der Tochter- auf die Muttergesellschaft dar; eine solche Verlusttragungspflicht wäre nicht zu rechtfertigen, wenn sie nicht gleichzeitig mit der rechtlichen Möglichkeit korrespondierte, die Geschäftstätigkeit der abhängigen Gesellschaft nach eigenen Vorstellungen und Zielsetzungen zu bestimmen. Der Rechtsgrund für diese umfassende Risikozuweisung ist aber nicht hinreichend mit der Beherrschbarkeit des Verlustrisikos erklärbar.

e) Verlustausgleichspflicht als gesetzgeberische Reaktion auf die strukturell bewirkte Unselbständigkeit der abhängigen Gesellschaft

Betrachtet man die durch den Beherrschungsvertrag geschaffene Situation aus der Sicht der abhängigen Gesellschaft, so steht der Verlust der autonomen Steuerung ihrer Geschäftstätigkeit im Vordergrund. Das dem herrschenden Unternehmen eingeräumte Weisungsrecht führt zu einer Verlagerung der unternehmerischen Entscheidungskompetenz des beherrschten Unternehmens auf die Obergesellschaft. Damit büßt die beherrschungsvertraglich konzernierte Gesellschaft eine

---

[443] KölnerKomm/*Koppensteiner*, § 302 Rdnr. 4; *Mülbert*, 1995, S.187.

[444] *Baur*, 1992, S. 149; KölnerKomm/*Koppensteiner*, § 302 Rdnr. 4.

[445] KölnerKomm/*Koppensteiner*, § 302 Rdnr. 4.

[446] So auch *Mülbert*, 1995, S. 187. Gegen die Herleitung des Normzwecks des § 302 AktG aus den typischen, mit einer umfassenden Weisungskompetenz verbundenen Gefahren spricht sich ebenfalls *Zöllner* aus, in: Verhandlungen des 59. DJT, Bd. II, 1992, R 35, R 42.

zentrale Garantiefunktion für ihre wirtschaftliche Selbständigkeit ein. Obwohl formal noch als eigenständige wirtschaftliche Einheit ausgestaltet, wird sie zum Spielball der vom herrschenden Unternehmen - legal - verfolgten Konzerninteressen. Selbst wenn die Konzernspitze im konkreten Einzelfall von ihrer umfassenden Leitungskompetenz nur in beschränktem Umfang Gebrauch macht und es der abhängigen Gesellschaft überlässt, ihre unternehmerischen Aktivitäten weitgehend autonom zu bestimmen und umzusetzen, kann sie den wirtschaftlichen Ertrag der (fremden) unternehmerischen Tätigkeit doch jederzeit auf sich selber überleiten.[447] Nicht Art und Umfang der *tatsächlichen* Ausnutzung der Leitungskompetenz durch das herrschende Unternehmen begründen die besonderen Gefahren für die konzernierte Gesellschaft, sondern der strukturell bedingte Verlust eigener Entscheidungskompetenz, der zu ihrer wirtschaftlichen Unselbständigkeit führt.[448] Und hierin liegt die Legitimation für die in § 302 Abs. 1 AktG angeordnete Verlagerung ihres unternehmerischen Verlustrisikos auf das herrschende Unternehmen: Werden der abhängigen Gesellschaft die für ihre wirtschaftliche Selbständigkeit unabdingbaren Funktionen der eigenverantwortlichen Planung und Umsetzung ihrer unternehmerischen Tätigkeiten und der Dispositionsbefugnis über die hieraus resultierenden Erträge aus den Händen genommen, so ist es nicht mehr gerechtfertigt, sie weiterhin mit dem vollen - sowohl die beherrschbaren als auch die zufälligen Verluste umfassenden - Unternehmensrisiko zu belasten.[449] Dieses ist vielmehr dem Nutznießer ihrer wirtschaftlichen Aktivitäten, dem herrschenden Unternehmen, aufzuerlegen.

Wenn sich in dieser Begründung Grundgedanken des allgemeinen Aufwendungsersatzes bei Fremdsteuerung widerspiegeln, so stellt dies keine Abkehr von dem oben gefundenen Ergebnis dar, wonach die ratio legis des § 302 AktG über den Aufwendungsersatzgedanken des Auftragsrechts (§§ 670, 683 BGB) hinausgeht. Denn es geht bei § 302 AktG nicht darum, das herrschende Unternehmen nur dann mit einem Aufwendungsersatzanspruch zu belegen, wenn die abhängige Gesellschaft in seinem Interesse tätig wird, d.h. Einzelgeschäfte mit Fremdwirkungscharakter ausführt; die Norm reagiert vielmehr auf einen organisationsrechtlich geschaffenen *Zustand*, kraft dessen die abhängige Gesellschaft zugunsten des herrschenden Unternehmens auf Dauer ihre wirtschaftliche Selbständig-

---

[447] In dieser jederzeitigen Zugriffsmöglichkeit auf den Ertrag fremder unternehmerischer Tätigkeit sieht *Mülbert*, 1995, S. 188, den Rechtsgrund für den Verlustausgleich.

[448] Ebenso *v. Becker*, 1994, S. 90 ff.; *Hadding*, JZ 1992, 736, 737.

[449] Den Gedanken der Risikozuweisung bei vollständigem Autonomieverlust stellen ebenfalls in den Vordergrund: *Schmidt*, in: Heidelberger Konzernrechtstage, 1992, S. 109, 115; *Müller*, in: FS Rowedder, 1994, S. 277, 293; *Semler*, in: FS Goerdeler, 1987, S. 551, 574 f.; *Wiedemann*, DB 1993, 141, 152.

keit verliert.[450] Der strukturell herbeigeführte Autonomieverlust der beherrschungsvertraglich konzernierten Gesellschaft bildet somit den Grund für die dem herrschenden Unternehmen auferlegte Verlustausgleichspflicht.

Das Schrifttum begegnet dieser Normzweckinterpretation teilweise kritisch. Man hält ihr entgegen, dass das hier postulierte „organisationsrechtliche Trennungsgebot" zwischen abhängigem und herrschendem Unternehmen gar nicht existiere,[451] ein Recht der abhängigen Gesellschaft auf Freiheit von qualifizierter Konzernierung vielmehr abzulehnen sei, da es ein eigenständiges, vom Gesellschaftergesamtinteresse zu trennendes Gesellschaftsinteresse nicht gebe.[452]

Diese Auffassung greift zu kurz, da sie vom Standpunkt der unverbundenen Gesellschaft her argumentiert. In dieser kann es den Gesellschaftern überlassen werden, das Gesellschaftsinteresse nach dem Verbandsgrundsatz der Selbstbestimmung autonom festzulegen, da hier unterstellt werden kann, dass alle Beteiligten in erheblichem Maße am Erfolg ihrer Gesellschaft interessiert sind und die Mehrheitsbildung eine gewisse Richtigkeitsgewähr für den so entstandenen Verbandswillens beinhaltet.[453] Diese Richtigkeitsgewähr besteht aber nicht mehr, wenn der Interessengleichlauf zwischen den Gesellschaftern dadurch gestört wird, dass der herrschende Mehrheitsgesellschafter einer unternehmerischen Fremdbindung außerhalb der Gesellschaft unterliegt.[454] Das normierte Konzernrecht dient gerade dazu, diesen Fremdeinfluss zu kompensieren.

Im einfachen faktischen Konzern hat der Gesetzgeber diese Aufgabe den §§ 311 ff. AktG zugewiesen. Da die Haftung gem. §§ 311 ff. AktG unabhängig vom Willen der Gesellschaftergesamtheit zum Zuge kommt, wird der abhängigen bzw. konzernierten Gesellschaft im Rahmen dieser spezifischen Konzernrechtsregeln „quasi" ein objektiviertes eigenes Interesse zuerkannt.[455] Dieses beschränkt sich nicht auf einen reinen Vermögensbestandsschutz, sondern umfasst auch die Möglichkeit zu einem eigenverantwortlichen, bestandsmehrenden Wirtschaften.[456]

Im Vertragskonzern wird die Instrumentierung der beherrschten Gesellschaft im Fremdinteresse demgegenüber legalisiert und der Außenseiterschutz durch eine

---

[450]Vgl. *Schmidt*, in: Heidelberger Konzernrechtstage, 1992, S. 109, 113; *Becker*, 1997, S. 129; *v. Becker*, 1994, S. 95.

[451]*Priester*, in: FS Semler, 1993, 561, 569.

[452]*Drüke*, 1990, S. 178. Vgl. dazu die ausführliche Erörterung unter GP 2. Teil § 1 D. III. 3, S. 56 ff.

[453]*Baur*, 1992, S. 76; *Limmer*, 1992, S. 28 f.

[454]Vgl. zur hier beschriebenen *Konzerngefahr* GP 2. Teil § 2 B. II. 2. b) aa), S. 75 ff.

[455]*Limmer*, 1992, S. 27.

[456]*Limmer*, 1992, S. 298. Zu dem gesamten Komplex vgl. GP 2. Teil § 2 B. II. 2. d), S. 80 ff.

Verlagerung des unternehmerischen Verlustrisikos auf das herrschende Unternehmen gewährleistet.

Die Anknüpfung der Verlustausgleichspflicht des § 302 Abs. 1 AktG an einen Organisations*zustand* harmoniert auch mit den durch die Rechtsfolge vorgegebenen Prämissen. Denn der auf den Jahresfehlbetrag der beherrschten Gesellschaft abstellende Ausgleichsanspruch ist zustands- und nicht verhaltensbezogen.[457]

Sieht man den rechtfertigenden Grund für die Verlustausgleichspflicht des § 302 AktG in der gesetzgeberischen Reaktion auf den strukturell herbeigeführten Zustand der wirtschaftlichen und organisatorischen Unselbständigkeit der beherrschungsvertraglich konzernierten Gesellschaft, so entfällt schließlich auch der häufig beklagte Wertungswiderspruch zum (isolierten) Gewinnabführungsvertrag. In beiden Fällen geht es um eine gerechte Verteilung des Verlustrisikos.

f) Ergebnis der Normzweckanalyse

§ 302 AktG normiert eine, auf der strukturell geschaffenen Unselbständigkeit der abhängigen Gesellschaft fußende, Gefährdungshaftung.[458]

Mit der dem herrschenden Unternehmen auferlegten Verlustausgleichspflicht gem. § 302 Abs. 1 AktG verfolgte der Gesetzgeber den Zweck, das unternehmerische Verlustrisiko angemessen zu verteilen. Die Risikozuweisung an das herrschende Unternehmen zieht die Konsequenz aus einem Konzernorganisationszustand, der der Konzernspitze die Beherrschungsmöglichkeit über die abhängige Gesellschaft und den ständigen Zugriff auf ihren unternehmerischen Ertrag sichert und damit die wirtschaftliche Unselbständigkeit der abhängigen Gesellschaft herbeiführt.

2. Vergleichbarkeit der haftungsauslösenden Tatbestandsmerkmale der §§ 302 Abs. 1, 291 Abs. 1 AktG mit der Situation in der qualifiziert beherrschten GmbH

Unter Anlegung des Normzwecks als Vergleichsmaßstab ist nun zu prüfen, ob sich in der qualifiziert faktisch beherrschten GmbH Parallelen zu den normierten

---

[457] Vgl. Nachweise unter Fn. 417.

[458] *Bitter/Bitter*, BB 1996, 2153, 2158; *Ebenroth*, AG 1990, 188, 194; *Holzwarth*, 1994, S. 151; *Möhring*, 1992, S. 202; *Säcker*, ZHR 151 (1987), 59, 70; *Sonnenschein/Holdorf*, JZ 1992, 715, 719; *Ulmer*, in: Heidelberger Konzernrechtstage, 1992, S. 65, 72. A.A. *Mülbert*, 1995, S. 482.

Tatbestandsmerkmalen der §§ 302 Abs. 1, 291 Abs. 1 AktG finden lassen. Ein positives Ergebnis würde die, für den Analogieschluss erforderliche, Rechtsähnlichkeit begründen.

a) Beschränkung der aktienvertragskonzernrechtlichen Regeln auf die vertraglich konzernierte AG, KGaA

§ 291 Abs. 1 S. 1 AktG beschränkt den Adressatenkreis der Unternehmen, die sich mittels eines Beherrschungs-/Gewinnabführungsvertrages einem anderen Unternehmen unterordnen können, auf Aktiengesellschaften und Kommanditgesellschaften auf Aktien.

Das wirft die Frage auf, ob die vertragskonzernrechtlichen Regeln entsprechend auch auf eine beherrschte *GmbH* angewandt werden können.

Der Übertragung der Verlustausgleichspflicht analog § 302 AktG auf den herrschenden GmbH-Gesellschafter wird von Teilen der Literatur aber entgegengehalten, sie missachte die bestehenden Strukturunterschiede zwischen der GmbH und der AG. Hemmend sollen dabei insbesondere folgende Spezifika des GmbH-Rechts wirken:

- *Originäre Leitungsbefugnis des Mehrheitsgesellschafters*

Im Gegensatz zur AG, in welcher den Aktionären grundsätzlich kein Recht zur Einflussnahme auf die Geschäftsführung der Gesellschaft eingeräumt wurde (§§ 76 Abs. 1, 117 Abs. 1, 119, Abs. 1 u. 2 AktG), verfügt die Gesellschaftergesamtheit in der GmbH kraft der ihr eingeräumten Allzuständigkeit (§§ 45, 46 GmbHG) und des Weisungsrechts (§ 37 Abs. 1 GmbHG) über umfassende Einflussmöglichkeiten auf die Geschäftsführung. Der Allein-/Mehrheitsgesellschafter ist damit, kraft seiner Stimmenmehrheit, in der Lage, die GmbH legal „dauernd und umfassend" zu lenken. Dieses erlaubte Verhalten dürfe nicht durch die Auferlegung besonderer Haftungsrisiken konterkariert werden.[459]

- *Schädigungsprivileg des Allein-/Mehrheitsgesellschafters*

Dem Alleingesellschafter einer GmbH sei es erlaubt, die Gesellschaft auf seine Interessen hin auszurichten und sie dabei auch zu schädigen. Bis zur Grenze des

---

[459] *Altmeppen*, 1991, S. 48, 54 f., 73, 75 f.; *ders.*, DB 1991, 2225, 2227 f.; *Baur*, 1992, S. 163 f.; *Drüke*, 1990, S. 177 f.; *Gäbelein*, GmbHR 1992, 273, 275; *Versteegen*, 1993, S. 254 f.; *Willburger*, 1994, S. 175 f.

Stammkapitalerhalts (§§ 30 ff. GmbHG) stehe ihm der Zugriff auf das Gesellschaftsvermögen offen. Dies gelte auch für den Mehrheitsgesellschafter bei konsentierenden Minderheitsgesellschaftern. Seine Belastung mit einer Verlustausgleichspflicht analog § 302 AktG durchbreche die Haftungsordnung der GmbH in unzulässiger Weise.[460]

- *Niedrigeres Niveau der Kapitalbindung in der GmbH*

Während die §§ 57, 58, 60, 150 AktG die Ausschüttungen an die Aktionäre auf den im Jahresabschluss ausgewiesenen Bilanzgewinn beschränken, untersagt das GmbH-Gesetz in den §§ 30 ff. lediglich die Auszahlung des zur Erhaltung des Stammkapitals und seiner Surrogate erforderlichen Gesellschaftsvermögens an die Gesellschafter. Aus dieser schwächer ausgestalteten Kapitalbindung leitet man ein geringeres Gläubigerschutzniveau in der GmbH ab.[461] Diese gesetzgeberische Entscheidung werde durch die analoge Übertragung der aktienvertragskonzernrechtlichen Verlustausgleichspflicht auf den Unternehmens-Gesellschafter der GmbH missachtet, da diese im Ergebnis zu einer Nivellierung des bestehenden Gläubigerschutzgefälles führe.[462]

Diesen kritischen Stimmen ist entgegenzuhalten, dass die beschriebenen GmbH-spezifischen Besonderheiten auf einem gesetzlichen Leitbild fußen, das von einer autonomen Gesellschaft ausgeht, die ihre Belange nach eigenständigen Zielvorstellungen verfolgen kann. Diesem Bild entspricht die GmbH dann nicht mehr, wenn sie von ihrem Unternehmens-Gesellschafter qualifiziert beherrscht wird; unter diesen Umständen befindet sie sich vielmehr in einem Zustand, in dem ihre

---

[460] *Altmeppen*, 1991, S. 48; *Gäbelein*, GmbHR 1992, 273, 275; *Hoffmann-Becking*, in: Verhandlungen des 59. DJT, 1992, Bd. II, S. R 8, R 25; *Versteegen*, 1993, S. 74 ff.,134, 254 f. *Kowalski*, GmbHR 1993, 253, 256, zieht die Grenze der zulässigen nachteiligen Einwirkungen im Einmann-GmbH-Konzern dort, wo die abhängige Gesellschaft "infolge der im Konzerninteresse ausgeübten Einwirkungen ihren Verbindlichkeiten nicht mehr nachkommen könne".

[461] *Ehlke*, DB 1986, 523, 525; *Schanze*, in: Mestmäcker/Behrens (Hrsg.), 1991, S. 473, 483; *Semler*, in: FS Goerdeler, 1987, S. 551, 567.

[462] *Altmeppen*, 1991, S. 50 f.; *Baur*, 1992, S. 182.; *Hoffmann-Becking*, in: Verhandlungen des 59. DJT, 1992, Bd. II, S. R 8, R 25; *Kirchner*, Managementforschung 7, 1997, 271, 292; *Lutter*, ZIP 1985, 1425, 1433; *Rehbinder*, AG 1986, 85; 94 f.; *Schanze*, in: Mestmäcker/Behrens (Hrsg.), 1991, S. 473, 500. Andere Autoren bejahen ebenfalls die Notwendigkeit der Beibehaltung des niedrigeren Kapitalschutzniveaus auch im GmbH-Konzern, wollen dies aber nicht durch einen generellen Verzicht auf eine analoge Übertragung der Verlustausgleichspflicht auf diesen sicherstellen, sondern propagieren stattdessen eine Beschränkung der Verlustausgleichspflicht auf die Stammkapitaldeckung: *Assmann*, in: FS 100 Jahre GmbH-Gesetz, 1992, S. 657, 727 ff.; *Ebenroth*, AG 1990, 188, 195; *Ebenroth/Wilken*, ZIP 1993, 558, 562; *Eschenbruch*, 1996, Rdnr. 3416; *Jansen*, 1993, S. 133 f.; *Reuter*, ZHR 146 (1982), 1, 21; MünchKomm-BGB/*Reuter*, Vor § 21 Rdnr. 44 f.; *Schwark*, JuS 1987, 443, 450; *Ulmer*, AG 1986, 123, 129; Baumbach/Hueck/*Zöllner*, Schlussanh. I, GmbH-KonzernR, Rdnr. 83. Dazu ausführliche Stellungnahme unten GP 2. Teil § 3 B. I., S. 162.

Selbständigkeit nur noch eine formale Hülle ist.[463] Die notwendige Balance zwischen Rechten und Chancen, Pflichten und vernünftigem Verhalten ist gestört, wenn die GmbH in einen Konzernverbund einbezogen wird und sich ihre Geschäftsleitung an anderweitigen Unternehmensinteressen orientiert, mit anderen Worten fremdgesteuert wird.

Diese **konzerntypische Gefährdungslage** für Minderheitsgesellschafter und Gläubiger, die, wie oben[464] dargelegt, auch in der abhängigen bzw. konzernierten GmbH besteht, rechtfertigt es, die allgemeine Haftungsordnung der unverbundenen GmbH um spezifische konzernrechtliche Haftungsnormen zu ergänzen.[465] Auch der historische Gesetzgeber sah hierin den Grund für die Etablierung spezifischer, konzernrechtlich geprägter Schutzregeln, die unter dem Oberbegriff - Verbundene Unternehmen - im Dritten Buch des AktG 1965 zusammengefasst wurden.[466] Ein Wertungswiderspruch zu dem „normalen" Haftungsstatut in der unverbundenen GmbH geht damit nicht einher.

---

[463] BGHZ 95, 330, 341 f.; BVerfG, Beschl. v. 20.8.1993, NJW 1993, 2600, 2601.

[464] Vgl. 2. Teil § 2 B. II. 2. b) aa), S. 75 ff.

[465] *Assmann*, in: FS 100 Jahre GmbH, 1992, S. 657, 666; *ders.*, JZ 1986, 881, 930 f.; *Bälz*, AG 1992, 277, 281; *Beinert*, 1995, S. 113; *Boujong*, in: FS Brandner, 1996, S. 23, 28; *Burgard*, WM 1993, 925, 927; *Drygala*, GmbHR 1993, 317, 318; *Krieger*, ZGR 1994, 375, 378; *Limmer*, 1992, S. 11 f.; *Priester*, in: FS Semler, 1993, S. 561, 562; *Rehbinder*, AG 1986, 85, 92 ff.; *Semler*, in: FS Goerdeler, 1987, S. 551, 566 f.; *Stodolkowitz*, ZIP 1992, 1517, 1526 ; *Ulmer*, NJW 1986, 1579, 1580; *ders.*, ZHR 148 (1984), 391, 401 f.; *Wiedemann*, 1988, S. 3, 39 ff.; *ders.*, ZGR 1986, 656, 663 f.; *ders.*, 1980, § 6 IV 2. a), S. 347 f. **A.A.** Baumbach/Hueck/*Zöllner*, Schlussanh. I, GmbH-KonzernR, Rdnr. 83.

[466] Die Begründung zum RegE des Aktiengesetzes 1965 führt die besonderen Konzerngefahren als Grund für die Schaffung der konzernrechtlichen Schutzregeln des Dritten Buches - Verbundene Unternehmen - an: "Die Beherrschung der Gesellschaft durch ein anderes Unternehmen ist aber mit Gefahren für die anderen Aktionäre und die Gläubiger verbunden. Denn die Beherrschungsmacht wird nicht selten nicht im gemeinsamen Interesse aller Aktionäre, sondern nach den besonderen unternehmerischen Interessen des Großaktionärs ausgeübt werden. Die Minderheitsaktionäre sind dann nicht in der Lage, eine nur den Interessen des Großaktionärs oder Konzerninteressen dienende Geschäftsführung und Gewinnverwendung nachhaltig zu verhindern. Den Gläubigern droht die Gefahr, daß das ihnen haftende Vermögen der Gesellschaft zugunsten des herrschenden Unternehmens geschmälert, daß die Substanz der abhängigen Gesellschaft ausgehöhlt wird... Gesellschaftsrechtlich ist es vielmehr unumgänglich, wenn nicht wesentliche Grundsätze des Aktienrechts für konzernverbundene Unternehmen überhaupt aufgegeben werden sollen, daß solche Unternehmensverbindungen rechtlich erfaßt und durchsichtigt gemacht, daß die Aktionäre und Gläubiger gegen die mit ihnen verbundenen Gefahren und Nachteile besser geschützt und daß Leitungsmacht und Verantwortlichkeit in Einklang gebracht werden" (zitiert nach *Kropff*, Aktiengesetz 1965, S. 373 f.)

b) Unternehmenseigenschaft der Beteiligten

Gem. § 291 Abs. 1 AktG kann eine AG oder KGaA einen Beherrschungs- oder Gewinnabführungsvertrag nur mit einem anderen *Unternehmen* abschließen. Auch für die Übertragung der aktienvertragskonzernrechtlichen Regeln auf den qualifizierten faktischen GmbH-Konzern stellt die Unternehmenseigenschaft der Beteiligten ein unverzichtbares Merkmal dar.

Die GmbH ist hier zweifelsfrei als *abhängiges Unternehmen* im Konzernrechtssinn zu qualifizieren.

Nach dem, von der Rechtsprechung und der überwiegenden Schrifttumsmeinung vertretenen, teleologischen Unternehmensbegriff ist der *Allein-/Mehrheitsgesellschafter* einer GmbH, der außerhalb der Gesellschaft einer wirtschaftlichen Interessenbindung unterliegt, die stark genug ist, um die ernste Besorgnis zu begründen, er könnte um ihretwillen seinen Einfluss zum Nachteil der Gesellschaft geltend machen, als *herrschendes Unternehmen* im konzernrechtlichen Sinne zu werten.[467]

Im Rahmen der Diskussion um eine entsprechende Übertragung der vertragskonzernrechtlichen Haftungsregeln der §§ 302 f. auf den qualifizierten faktischen GmbH-Konzern üben einige Schrifttumsstimmen aber Kritik an diesem weit verstandenen Unternehmensbegriff.[468] Für diese Meinung werden verschiedene Begründungsansätze ins Feld geführt:

aa) Wertungswidersprüche zum GmbHG

Erst die Klassifizierung des GmbH-Mehrheitsgesellschafters als herrschendes Unternehmen i.S.d § 17 Abs. 1 AktG eröffne seine konzernrechtliche Haftung analog §§ 302, 303 AktG. Seine sich hieraus ergebende persönliche und unbeschränkte Inanspruchnahme verstoße aber gegen zentrale Wertungen des GmbH-Gesetzes (Haftungsbeschränkung gem. § 13 Abs. 2 GmbHG; gesetzesspezifische

---

[467] Vgl. dazu die detaillierten Ausführungen unter GP 2. Teil § 2 B. II. 2. a), S. 71 ff.

[468] *Ehlke*, DB 1986, 523, 524 ff.; *Priester*, ZIP 1986, 137, 141 f.; *Schmidt*, ZIP 1986, 146, 149; *ders.*, ZIP 1989, 545, 549; *ders.*, AG 1994, 189, 190 ff.; *ders.*, ZIP 1994, 1741, 1742; *Timm*, NJW 1992, 2185, 2188; *Wiedemann*, ZGR 1986, 656, 662 ff.; *ders.*, 1988, S. 84; *ders.*, DB 1993, 141, 153.

Leitungskompetenz der GmbH-Gesellschafter; eingeschränkter Gläubigerschutz).[469]

Bei näherer Betrachtung wendet sich diese Kritik nicht gegen die weite, dem Sinn und Zweck des Konzernrechts entnommene, Interpretation des Unternehmensbegriffs schlechthin,[470] sondern die Bedenken richten sich gegen die - als zu weitgehend empfundene - Ausdehnung der aktienvertragskonzernrechtlichen Globalhaftung auf den GmbH-Gesellschafter. Man bemüht sich, den Anwendungsbereich der qualifizierten Konzernhaftung analog §§ 302, 303 AktG „rechtstechnisch" mit Hilfe einer rechtsfolgenorientierten „Neudefinition" des Unternehmensbegriffes einzuschränken. Dieses Vorgehen stößt aber auf methodische Bedenken. Denn sollten die genannten Wertungen des GmbH-Gesetzes einer analogen Anwendung der aktienvertragskonzernrechtlichen Haftungsregeln auf den GmbH-Konzern tatsächlich entgegenstehen, hätte dies zur Konsequenz, dass eine entsprechende Anwendung der §§ 302 f. AktG auf faktisch beherrschte Gesellschaften mbH wegen Fehlens der Analogievoraussetzungen *gänzlich* zu verneinen wäre. Bestünden die behaupteten Wertungswidersprüche aber nicht,[471] so muss die Haftung in vollem Umfang greifen. Dafür, dass der Gesetzgeber den unterschiedlichen Schutzsystemen der §§ 311 ff. AktG und der §§ 291 ff. AktG jeweils unterschiedlich weit auszulegende Unternehmensbegriffe zugrundegelegt hätte, gibt es keine Anhaltspunkte. Eine rechtsfolgenorientierte „Korrektur" einzelner Tatbestandsmerkmale - wie hier von den Kritikern der Globalhaftung analog § 302 AktG in bezug auf den Unternehmensbegriffs vorgeschlagen - muss methodisch ausschließlich der Legislative vorbehalten bleiben.

bb) Vorrang einer mitgliedschaftlich begründeten Verhaltenshaftung des Allein-/Mehrheitsgesellschafters der GmbH

Schmidt[472] lehnt die Übertragung des „konzernrechtlichen Unternehmensbegriffs" auf den herrschenden Mehrheits-/Alleingesellschafter einer GmbH aus Gründen der Anspruchsgrundlagenkonkurrenz ab. Er ist der Auffassung, dass

---

[469] *Ehlke*, DB 1986, 523, 524 ff.; *Priester*, ZIP 1986, 137, 141 f.; *Wiedemann*, DB 1993, 141, 153; *Ziegler*, WM 1989, 1077 ff.

[470] *Schmidt*, ZIP 1991, 1325, 1326, bestätigt seine "abstrakte Richtigkeit"; *Wiedemann*, DB 1993, 141, 153, spricht von der "logisch einwandfrei begründeten...Ausdehnung des Begriffs".

[471] Dass die geltend gemachten Strukturunterschiede zwischen (unverbundener) GmbH und AG einer analogen Anwendung der §§ 302 f. AktG nicht entgegenstehen, wurde bereits oben nachgewiesen; dasselbe gilt, wie unten unter GP 2. Teil § 3 A. II. 3. a) bb), S. 155 ff.noch ausführlich dargelegt wird, auch für § 13 Abs. 2 GmbHG.

[472] *Schmidt*, ZIP 1986, 146, 149; *ders.*, ZIP 1989, 545, 549; *ders.*, AG 1994, 189, 190 ff.; *ders.*, ZIP 1994, 1741, 1742.

mittels dieses „Kunstgriffes" Haftungsfälle, die richtigerweise der allgemeinen mitgliedschaftsrechtlichen Pflichtenbindung unterfielen, fälschlich dem Konzernhaftungsrecht zugewiesen würden.

Auch dieser Begründung sind zum einen die soeben geschilderten, methodischen Bedenken entgegenzuhalten. *Schmidt* wendet sich nicht gegen die normzweckorientierte Herleitung des Unternehmensbegriffs, sondern er „missbraucht" diesen als Mittel zur Einschränkung des Anwendungsbereichs der qualifizierten Konzernhaftung analog §§ 302, 303 AktG.

Darüber hinaus besteht die von ihm behauptete Anspruchsgrundlagenkonkurrenz gar nicht. Eine allgemeine *Organhaftung*, die eine schädigende Herrschaftsmachtausübung des GmbH-Allein-/Mehrheitsgesellschafters sanktionieren könnte, ist dem Gesellschaftsrecht fremd.[473] Sofern sich *Schmidt* hier explizit auf die Verletzung *mitgliedschaftlicher Sonderrechtsbeziehungen* beruft, rekurriert er auf die mitgliedschaftlich begründeten Treuepflichten. Diesem Haftungsansatz stehen aber die oben geschilderten Einschränkungen entgegen. Insbesondere in den - hier interessierenden - Fällen qualifizierter Herrschaftsmachtausübung seitens des Unternehmens-Gesellschafters scheitert die Treuepflichtlösung an den Schwierigkeiten, das haftungsauslösende schädigende Verhalten und seine konkreten Auswirkungen nachzuweisen.[474]

cc) Mehrheitsgesellschafter als Leitungsinstanz eines Gleichordnungskonzerns

Schließlich lehnen einige Autoren[475] die Klassifizierung eines GmbH-Gesellschafters, der die Anteilsmehrheit an mehreren Gesellschaften mbH hält und diese leitet, als herrschendes Unternehmen i.S.d. § 17 Abs. 1 AktG mit der Begründung ab, derartige Fälle seien nicht als Unterordnungs-, sondern als Gleichordnungskonzerne zu werten In einem solchen werden, nach der gesetzlichen Definition des § 18 Abs. 2 AktG, rechtlich selbständige Unternehmen, ohne dass das eine Unternehmen von dem anderen abhängig ist, unter einheitlicher Leitung zusammengefasst. Der Mehrheitsgesellschafter mit multiplen Beteili-

[473] Vgl. dazu GP 2. Teil § 1 C., S. 39 ff.

[474] Vgl. GP 2. Teil § 1 D. IV., S. 62 f.

[475] *Ehlke*, DB 1986, 523, 524; *Schmidt*, ZHR 155 (1991), 417, 432 ff; *ders.*, AG 1994, 189, 190 f.; *ders.*, ZIP 1994, 1741, 1743 ff.

gungsbesitz nehme hier - ohne selbst Unternehmen zu sein - die Funktion der Leitungsinstanz ein.[476]

Der Vorteil dieser Lösung soll darin liegen, dass der als Steuerungsinstanz fungierende Allein-/Mehrheitsgesellschafter nicht mit seinem gesamten Privatvermögen zur Haftung herangezogen werden könne, sondern lediglich (mittelbar) mit seinen unternehmerisch eingesetzten Gesellschaftsbeteiligungen einzustehen habe. Zwar hat der Gesetzgeber es unterlassen, die Rechtsfolgen - und damit auch die hier interessierende Haftungsfrage - im Gleichordnungskonzern zu regeln, nach einer verbreiteten Schrifttumsmeinung sollen die Schwestergesellschaften hier aber einer *horizontalen Verlustausgleichspflicht* unterliegen, wenn sie unter Missachtung ihrer organisationsrechtlichen Eigenständigkeit wie bloße Betriebsabteilungen eines einheitlichen Unternehmens geleitet werden.[477] Ob diese Einstandspflicht der gleichgeordneten Konzernschwestern als Innen-[478] oder Außenhaftung[479] auszugestalten ist, ist ebenso umstritten wie die Frage nach ihrer dogmatischen Herleitung.[480]

---

476 Als Paradigma wird der "Autokran"-Fall des BGH genannt, in welchem der Alleingesellschafter sieben tätigkeitsgleiche Schwestergesellschaften mbH unter seiner einheitlichen Leitung zusammenfasste und sie gegenseitig "ausbeutete".

477 Neben den in Fn. 475 genannten Autoren sprechen sich für einen horizontalen Verlustausgleich aus: *Raiser*, 1992, § 56 Rdnr. 8; *Wellkamp*, DB 1993, 2517, 2520. Demgegenüber befürworten andere Literaturstimmen (*Drygala*, 1991, S. 119 ff.; *Lutter/Drygala*, ZGR 1995, 557, 566 ff.; *Jaschinski*, 1997, S. 160 ff.) ein zweigliedriges Haftungskonzept: Im Falle des einfachen faktischen Gleichordnungskonzerns soll diejenige Schwestergesellschaft, die eine schädigende Maßnahme veranlasst hat, der geschädigten Gesellschaft wegen Treuepflichtverletzung zum Schadensersatz verpflichtet sein. Ist der Nachweis einer konkreten Schädigung nicht möglich, da das Leitungsorgan fortgesetzt zum Nachteil einer Gesellschaft handelt, liege eine Situation qualifizierter faktischer Gleichordnung vor, die es rechtfertige, die *begünstigte* Gesellschaft analog §§ 302, 303 AktG zum globalen Verlustausgleich zu verpflichten.

478 *Schmidt*, ZHR 155 (1991), 417, 440 ff.; *Jaschinski*, 1997, S. 167 ff.; *Lutter/Drygala*, ZGR 1995, 557, 568 f.; *Raiser*, 1992, § 56 Rdnr. 8; *Wellkamp*, DB 1993, 2517, 2520.

479 *Ehlke*, DB 1986, 523, 526, spricht sich in diesem Zusammenhang für eine Außenhaftung in Form eines horizontalen Durchgriffs aus: Dem Gläubiger der Schwestergesellschaft sei nach seiner Wahl der Zugriff auf sämtliche im Konzern eingebundenen Gesellschaften gestattet. Im Ergebnis ähnlich *Wiedemann*, ZGR 1986, 656, 657 ff., der in der Parallelschaltung tätigkeitsgleicher Gesellschaften durch den privaten Mehrheitsgesellschafter eine künstliche Aufspaltung eines einheitlichen Unternehmens erblickt und erwägt, diesen Missbrauch der Organisationsform GmbH unter Durchgriffsgesichtspunkten zu erörtern. Gegen einen Haftungsdurchgriff aber: *Basten*, GmbHR 1990, 442, 443; *Donle*, DStR 1995, 1918, 1923; *Hommelhoff*, ZGR 1994, 395, 398; *Jaschinski*, 1997, S. 195 ff.; *Priester*, ZIP 1986, 137, 143; *Schmidt*, ZHR 155 (1991), 417, 438 f.; *Ulmer*, NJW 1986, 1579, 1586 Fn. 73; *Ziegler*, WM 1989, 1077, 1079.

480 *Ehlke*, DB 1986, 523, 526, stützt seine Durchgriffslösung auf eine teleologische Erstreckung der §§ 30, 31 GmbHG, deren Anwendungsbereich rechtsmissbräuchlich eingeschränkt werde. *Schmidt*, ZHR 155 (1991), 417, 440 ff., leitet eine horizontale Verlustgemeinschaft aus einer Analogie zu den §§ 730 ff. BGB her. Eine Analogie zu § 302 AktG propagieren demgegenüber *Wellkamp*, DB 1993, 2517, 2520 und *Raiser*, 1992, § 56 Rdnr. 8.

Auf diese strittigen Punkte muss hier nicht näher eingegangen werden, da bereits der Grundthese zu widersprechen ist, wonach bei multiplem Beteiligungsbesitz der die Unternehmensgruppe leitende Mehrheitsgesellschafter nicht als herrschendes Unternehmen, sondern als Leitungsinstanz eines Gleichordnungskonzerns anzusehen ist. Das gesetzliche Leitbild des klassischen Gleichordnungskonzerns geht davon aus, dass sich rechtlich selbständige Unternehmen *freiwillig* zusammenschließen, um als gleichberechtigte Partner einen gemeinsamen Zweck zu verfolgen. Das Leitungsgremium wird aus den beteiligten Gesellschaften heraus paritätisch gebildet und ermöglicht es so, die Interessen der beteiligten Unternehmen gleichgewichtig zur Geltung zu bringen.[481] Diesem Leitbild folgend, verneint die herrschende Literaturmeinung die Möglichkeit, dass in einem Gleichordnungskonzern die beteiligten Unternehmen voneinander abhängig sind. Dies soll sowohl für das Verhältnis der Schwesterunternehmen untereinander als auch in bezug auf deren Beziehung zum Leitungsorgan gelten.[482] Auch die Begründung des Regierungsentwurfs zum Gleichordnungsvertrag nach § 291 Abs. 2 AktG stellt die Eigenverantwortlichkeit der beteiligten Unternehmen in den Vordergrund, wenn es heißt, dass

> „...ein solcher Vertrag kein Beherrschungsvertrag [ist], weil die Gesellschaft in einem solchen Gleichordnungskonzern selbst an der Willensbildung des Leitungsorgans beteiligt ist und ihr daher nicht die mit einem Beherrschungsvertrag verbundenen Gefahren drohen".[483]

Folgt man der herrschenden Meinung, so kann die von einem Mehrheitsgesellschafter geleitete „Unternehmensgruppe" aus zweierlei Gründen keinen Gleichordnungskonzern i.S.d. § 18 Abs. 2 AktG bilden: Einerseits besteht zwischen den gleichgeschalteten Schwestergesellschaften und ihrem - als Leitungsinstanz fungierenden - Mehrheits-/Alleingesellschafter ein Abhängigkeitsverhältnis gem. §§ 17 Abs. 1 u. 2, 16 Abs. 1 AktG. Zum anderen fehlt es an einem *freiwilligen*, d.h. auf einer eigenverantwortlichen autonomen Entscheidung der beteiligten Gesellschaften beruhenden Zusammenschluss mit *gleichberechtigter Beteiligung* an der Leitung. Denn Bildung und Leitung der „Unternehmensgruppe" liegt ausschließlich in den Händen des Mehrheits-/Alleingesellschafters. Die zur Verlustgemeinschaft führende Situation *qualifizierter* Gleichordnung soll sich ja gerade

---

481 *Lutter/Drygala*, ZGR 1995, 557, 560, 566; *Gromann*, 1979, S. 57 f.; GroßKomm. AktG/*Würdinger*, 1975, § 18 Rdnr. 16; KölnerKomm/*Koppensteiner*, § 291 Rdnr. 77.

482 MünchKomm.-AktG/*Bayer*, § 18 Rdnrn. 55 ff.; *Gromann*, 1979, S. 3 f., 47 ff.; *Hüffer*, 1999, § 18 Rdnrn. 2, 20; KölnerKomm/*Koppensteiner*, § 18 Rdnr. 5, § 291 Rdnr. 77; Baumbach/Hueck/*Zöllner*, Schussanh. I, GmbH-KonzernR, Rdnr. 20 a.

483 Abgedruckt bei *Kropff*, Aktiengesetz 1965, S. 377.

dadurch definieren, dass die Konzernglieder „bar jeder Eigenverantwortung“[484] als bloße Betriebsabteilungen eines „Einheitsunternehmens“ geführt werden.

Selbst wenn man mit einer Mindermeinung[485] davon ausgeht, dass es auch in einem Gleichordnungskonzern eine Abhängigkeit der Konzernschwestern von der leitenden „Konzernspitze“ geben dürfe und die autonome Entscheidung der zum Gleichordnungskonzern verbundenen Unternehmen kein notwendiges Tatbestandsmerkmal des § 18 Abs. 2 AktG sei, so bedeutet dies nur, dass in einer Unternehmensgruppe zwei Konzernformen *nebeneinander* bestehen können: *Neben* den - durch den Mehrheitsgesellschafter und die von ihm beherrschten Gesellschaften mbH gebildeten - Unterordnungskonzern tritt auf der Ebene der in Abhängigkeit gleichgeordneten Schwestergesellschaften ein faktischer Gleichordnungskonzern.[486] Nicht gefolgt werden kann *Schmidt*[487] aber in seiner Auffassung, dass in den Fällen des multiplen unternehmerischen Beteiligungsbesitzes der Gleichordnungskonzern den Unterordnungskonzern verdränge, mit der Folge, dass an die Stelle der unmittelbaren Haftung des herrschenden Unternehmens des Unterordnungskonzerns hier ein horizontaler Verlustausgleich zwischen den Schwestergesellschaften trete. Dies sieht auch der BGH so, wenn er im Urteil vom 13.12.1993[488] ausführt, die *mögliche* Annahme einer Verlustgemeinschaft bei Vorliegen einer „qualifizierten Gleichordnung“ entließe jedenfalls nicht den Gesellschafter aus seiner Verantwortung.

Dem Versuch, den teleologischen Unternehmensbegriffs über die Annahme eines Gleichordnungskonzerns im Falle multiplen Beteiligungsbesitzes eines herrschenden Mehrheitsgesellschafters einzuschränken, ist somit eine Absage zu erteilen.[489]

Zusammenfassend ist festzustellen, dass es keinen überzeugenden Grund gibt, die natürliche Person - und damit den herrschenden Allein-/Mehrheitsgesellschafter einer GmbH - aus dem teleologischen Unternehmensbegriff herauszunehmen.[490]

---

[484] *Schmidt*, ZHR 155 (1991), 417, 442.

[485] *Schmidt*, ZHR 155 (1991), 417, 423 f.; *Jaschinski*, 1997, S. 110 ff, 134 ff.

[486] So auch *Jaschinski*, 1997, S. 125, 134.

[487] *Schmidt*, ZHR 155 (1991), 417, 423 f.

[488] NJW 1994, 446.

[489] *v. Becker*, 1994, S. 62; *Drygala*, GmbHR 1993, 317, 318; *Eschenbruch*, 1996, Rdnr. 2103; *Möhring*, 1992, S. 256f.; Ebenfalls kritisch *Donle*, DStR 1995, 1918, 1923; *Hommelhoff*, ZGR 1994, 395, 398.

[490] *Altmeppen*, DB 1994, 1912 Fn. 6; *v. Becker*, 1994, S. 66; *Ulmer*, NJW 1986, 1579, 1581; Hachenburg/*Ulmer*, Anh § 77, GmbH-Konzernrecht, Rdnr. 115.

c) Bestehen eines Konzernverhältnisses i.S.d. § 18 AktG

Besteht zwischen selbständigen Unternehmen ein Beherrschungsvertrag gem. § 291 Abs. 1 AktG, so spricht die gesetzliche Vermutung des § 18 Abs. 1 S. 2 AktG dafür, dass diese als unter einheitlicher Leitung zusammengefasst anzusehen sind, also einen Konzern bilden.

Auch die analoge Übertragung des § 302 AktG auf die qualifiziert beherrschte GmbH setzt tatbestandlich das Vorhandensein eines Konzernverhältnisses zwischen abhängigem und herrschendem Unternehmen voraus.[491] Denn wenn man den Normzweck des § 302 AktG - wie hier vertreten - in einer Verlustrisikozuweisung erblickt, die an den Zustand der organisatorischen und wirtschaftlichen Unselbständigkeit der abhängigen GmbH knüpft, so ist die Zentralisation der Leitungskompetenz der abhängigen Gesellschaft beim herrschenden Unternehmen unverzichtbares Merkmal des haftungsauslösenden Tatbestandes.

Die Gegenmeinung[492] glaubt demgegenüber im „qualifizierten faktischen GmbH-Konzern" sowohl auf das Vorhandensein eines Konzernverhältnisses als auch auf das Vorliegen bloßer Abhängigkeit zwischen den Unternehmen verzichten zu können. Sie bezieht sich diesbezgl. auf die, von Rechtsprechung und Schrifttumsmehrheit derzeit vertretene, Ausgestaltung des die Globalhaftung analog § 302 AktG auslösenden Tatbestandes, die eine vom herrschenden Unternehmens-Gesellschafter begangene, missbräuchliche Ausübung von Leitungsmacht verlangt. Unter diesen Umständen sei es nur konsequent, dass auch der Mehrheitsgesellschafter einer unverbundenen GmbH, bei gleicher Verhaltensweise, zur Haftung herangezogen werden müsse.

Diese Meinung ist abzulehnen, da sie den oben geschilderten Normzweck des § 302 AktG nicht berücksichtigt.

---

[491] *Buchner/Weigl*, DNotZ 1994, 580, 586; *Burgard*, WM 93, 925, 926; Scholz/*Emmerich*, 2000, Anh. § 44, GmbH-Konzernrecht, Rdnr. 113; *Habersack*, NZG 1999, 171; *Krieger*, ZGR 1994, 375, 378; *Lutter*, DB 1994, 129, 130; *Michalski/Zeidler*, NJW 1996, 224, 225; *Mutter*, JuS 1993, 999, 1003; *Rogge*, 1998, S. 35 f.; *Ulmer*, in: Heidelberger Konzernrechtstage, 1992, S. 65, 74; Hachenburg/*Ulmer*, Anh § 77, GmbH-Konzernrecht, Rdnr. 126; Baumbach/Hueck/*Zöllner*, Schlussanh.I, GmbH-KonzernR, Rdnrn. 87.

[492] *Bitter/Bitter*, BB 1996, 2153, 2156, 2158 f.; *Emmerich/Sonnenschein*, 1997, § 24 a I 2 c, S. 401; *Ensthaler/Kreher*, BB 1995, 1422, 1426; *Gummert*, WiB 1994, 217, 221; *Heidenhain*, LM Nr.6 zu § 302 AktG 1965, S. 1327, 1328; MünchKomm.-AktG/*Kropff*, § 317 Anh. Rdnr. 32; *Kübler*, NJW 1993, 1204, 1205; *Mutter*, JuS 1993, 999, 1003; *Versteegen*, DB 1993, 1225. Auch *Schmidt*, ZIP 1993, 549, 551, fragt kritisch nach, "warum dieser Haftungstatbestand eine Konzernlage nach §§ 17 oder 18 AktG voraussetzen soll". Andere Autoren wollen das Vorhandensein eines Abhängigkeitsverhältnisses gem. § 17 Abs. 1 AktG genügen lassen: *Drygala*, GmbHR 1993, 317, 322; *Eschenbruch*, 1996, Rdnr. 3432; *Hommelhoff*, ZGR 1994, 395, 400; *Kropff*, AG 1993, 485, 488.

d) Vorhandensein eines Beherrschungs-/Gewinnabführungsvertrages i.S.d. § 291 Abs. 1 AktG

aa) Formaler *Vertragsschluss* als Essentiale der Verlustausgleichspflicht gem. § 302 Abs. 1 AktG?

Verschiedentlich wird im Schrifttum die Meinung vertreten, die Verlustausgleichspflicht gem. § 302 Abs. 1 AktG setze notwendig das Bestehen eines wirksamen Beherrschungs-/Gewinnabführungsvertrages i.S.d. § 291 Abs. 1 AktG voraus; eine analoge Anwendung der Norm auf den qualifizierten faktischen GmbH-Konzern müsse daher ausscheiden.[493] Man argumentiert hier zum einen mit dem Grundsatz der Rechtssicherheit, der es erfordere, dass die gravierende Rechtsfolge der Verlustübernahmepflicht an einen klar umrissenen und eindeutig festzustellenden Tatbestand geknüpft werde; dies sei mit der Anknüpfung an den - im Handelsregister publizierten - Unternehmensvertragsschluss erfüllt, nicht aber bei einem Tatbestand, der sich an unpräzise Zustandsbeschreibungen orientiere.[494] Des weiteren hält man die Belastung des herrschenden Unternehmens mit einer so weitreichenden Haftung nur dann für gerechtfertigt, wenn diese sich auf einen privatautonom gefassten Willensentschluss des herrschenden Unternehmens stützen lasse.[495] Die in § 293 Abs. 2 AktG angeordnete Zustimmungspflicht der Hauptversammlung der herrschenden Aktiengesellschaft sei eine unverzichtbare Voraussetzung für die Verlustausgleichspflicht.[496]

Demgegenüber versteht die h.M. die Verlustausgleichspflicht des § 302 Abs. 1 AktG zu Recht nicht als einen vertraglichen, sondern als einen *kraft Gesetzes* bestehenden Anspruch.[497] Der Normzweck des § 302 Abs. 1 AktG, nämlich die Verlagerung des Unternehmensrisikos bei strukturell herbeigeführter wirtschaftlicher und organisatorischer Unselbständigkeit der abhängigen Gesellschaft, verbietet es, die Haftungsfolge an einen Tatbestand zu knüpfen, dessen Vorliegen von der alleinigen (freiwilligen) Entscheidung des herrschenden Unternehmens

---

[493] *Bälz*, AG 1992, 277, 296; *Drüke*, 1990, S. 175; *Koppensteiner*, in: Probleme des Konzernrechts, ZHR-Beiheft 62, 1989, S. 87. 94; *Reiner*, 1995, S. 229.

[494] *Koppensteiner*, in: Probleme des Konzernrechts, ZHR-Beiheft 62, 1989, S. 87. 94; *Drüke*, 1990, S. 175.

[495] *Koppensteiner*, in: Probleme des Konzernrechts, ZHR-Beiheft 62, 1989, S. 87. 94; *Reiner*, 1995, S. 229.

[496] *Koppensteiner*, in: Probleme des Konzernrechts, ZHR-Beiheft 62, 1989, S. 87. 94; *Versteegen*, 1993, S. 269 ff. A.A. BGHZ 115, 187, 192 f.

[497] Grundlegend *Schmidt*, ZGR 1983, 513, 517 f.; *Baur*, 1992, S. 154; *v. Becker*, 1994, S. 76; *Hüffer*, 1999, § 302 Rdnrn. 4, 7; *Limmer*, 1992, S. 300; *Möhring*, 1992, S. 187; *Säcker*, ZHR 151 (1987), 59, 70; *Timm*, GmbHR 1987, 8, 12; *Wilhelm*, DB 1986, 2113, 2116.

abhängig ist. Ein solches Postulat verkennt den Charakter der Verlustausgleichspflicht als Gefährdungshaftung.

Auch *Versteegens*[498] systematisches Argument, die §§ 311 ff. AktG enthielten eine abschließende Regelung für die faktische Beherrschung des abhängigen Unternehmens, so dass die §§ 291 ff. AktG als spezifischer, die *vertragliche* Konzernierung betreffender, Normenkomplex zu begreifen seien, was ihre analoge Anwendung auf faktische Konzernverhältnisse verböte, vermag nicht zu überzeugen. Es ist keineswegs ausgeschlossen oder als konzeptionell unschlüssig zu werten, dass der Gesetzgeber auf eine erkannte Gefahrensituation - die Instrustrumentalisierung der abhängigen Gesellschaft durch ein Unternehmen - mit differierenden gesetzestechnischen Konstruktionen reagiert. Eine sich gegenseitig ausschließende Anspruchskonkurrenz wäre nur dann zu bejahen, wenn beide Konzepte auf derselben ratio legis beruhten. Dies ist aber nicht der Fall. Das Einzelausgleichssystem der §§ 311, 317 AktG verfolgt den Zweck, tatsächliche Schädigungen, die der abhängigen Gesellschaft durch das herrschende Unternehmen im Rahmen faktischer Einflussnahme auf deren Geschäftsführung im Konzerninteresse zugefügt werden, zu erfassen und zu ersetzen. Dieser Schädigungsgedanke liegt der Regelung über den Vertragskonzern, wie oben dargelegt,[499] aber gerade nicht zugrunde. Ziel dieser Regelung ist es vielmehr, das allgemeine unternehmerische Verlustrisiko auf das herrschende Unternehmen zu verlagern, wenn die Organisationsstruktur des Konzerns dies verlangt. Ob diese „gefährliche" Konzernstruktur auf einer *vertraglich* herbeigeführten Außerkraftsetzung der internen Zuständigkeitsordnung - wie im aktienrechtlichen Beherrschungsvertrag gem. § 308 Abs. 1 AktG angeordnet - beruht oder auf einer vom herrschenden Unternehmen *faktisch* geschaffenen Organisationsstruktur fußt, ist für das Ergebnis unerheblich.

Das Fehlen eines den qualifizierten Konzernierungszustand herbeiführenden Unternehmensvertrages im faktischen GmbH-Konzern steht der analogen Anwendung des § 302 AktG auf diesen somit nicht entgegen.

---

[498] *Versteegen*, 1993, S. 259 f.; ähnlich *Koppensteiner*, in: Probleme des Konzernrechts, ZHR-Beiheft 62, 1989, S. 87. 94 f.; *Baur*, 1992, S. 177.

[499] GP 2. Teil § 3 A. II. 1. a) bb), S. 109 ff.

bb) Strukturell herbeigeführte wirtschaftliche Unselbständigkeit der beherrschten Gesellschaft als Essentiale der Verlustausgleichspflicht gem. § 302 Abs. 1 AktG

Im Vertragskonzern des Aktienrechts bewirkt der Abschluss des Beherrschungsvertrags den Autonomieverlust der abhängigen AG: Der in der unverbundenen Gesellschaft autonom tätige Vorstand (§ 76 AktG) verliert mit Einräumung der Weisungsbefugnis an das herrschende Unternehmen gem. § 308 Abs. 1 AktG seine Kompetenz zur umfassenden eigenverantwortlichen Leitung. Stattdessen unterliegt er einer Folgepflicht gem. § 308 Abs. 2 AktG. Diese Änderung der internen Zuständigkeitsordnung löst für sich allein aber noch nicht den - den Vertragskonzern prägenden - Zustand der völligen wirtschaftlichen Unselbständigkeit aus. Denn die Zentralisierung der Unternehmensleitung bei der Konzernspitze ließe die *wirtschaftliche* Eigenständigkeit der beherrschten AG unangetastet, wenn sich die extern gesteuerte Geschäftsführung weiterhin ausschließlich am Eigeninteresse der abhängigen Gesellschaft orientieren müsste. Gerade dies ist im aktienrechtlichen Vertragskonzern aber nicht der Fall. Neben die Änderung der internen Zuständigkeitsordnung tritt als weitere Konsequenz des Beherrschungsvertragsschlusses eine gesetzlich legitimierte *Interessenverschiebung*. Gem. § 308 Abs. 1 S. 2 AktG wird das Eigeninteresse der abhängigen Gesellschaft durch das Konzerninteresse verdrängt. Erst mit dieser Änderung des Maßstabes der Unternehmensführung komplettiert sich der organisatorische Autonomieverlust der Konzerntochter zu einer vollständigen, ein selbstbestimmtes Wirtschaftsleben ausschließenden, *wirtschaftlichen* Unselbständigkeit.

Vergleicht man die Situation der beherrschungsvertraglich konzernierten AG mit derjenigen einer faktisch beherrschten GmbH, so wird zunächst deutlich, dass es hier einer *Änderung* der Zuständigkeitsordnung nicht bedarf, um eine fremdgesteuerte Unternehmensleitung durch den herrschenden Unternehmens-Gesellschafter zu gewährleisten. Die Entscheidungsstruktur in der GmbH ist bereits kraft Gesetzes direkt verknüpft mit dem Willen ihrer Gesellschafter:[500] § 45 Abs. 1 GmbHG weist der Gesellschafterversammlung eine dominierende Stellung in der GmbH zu. Sie ist befugt, den Geschäftsführern in allen Angelegenheiten bindende Weisungen zu erteilen, § 37 Abs. 1 GmbHG. Aufgrund des bei Gesellschafterbeschlüssen herrschenden Mehrheitsprinzips kann der GmbH-Mehrheitsgesellschafter diese Weisungskompetenz mittels seiner in der Gesellschafterversammlung bestehenden Stimmenmacht auch allein nutzen.

---

[500] BGHZ 95, 330, 343; *Altmeppen*, DB 1991, 2225, 2226; *Baur*, 1992, S. 145 f., 163 f.; *v. Becker*, 1994, S. 98; *Limmer*, 1992, S. 290, 297; *Versteegen*, 1993, S. 254.

Nicht zu folgen ist der Auffassung *Versteegens*,[501] der gerade die *Veränderung* der regelmäßigen Zuständigkeitsstruktur in der abhängigen Gesellschaft für ein unverzichtbares Merkmal der beherrschungsvertraglich begründeten Verlustausgleichspflicht hält. Mit der Einführung der unternehmensvertraglichen Regelungen der §§ 291 ff. AktG wollte der historische Gesetzgeber vielmehr auf ein Gefahrenpotential reagieren, das aus der Ausübung faktischer Herrschaftmacht durch ein Unternehmen resultiert:

> „Gesellschaftsrechtlich aber wohl noch schwerwiegender als die vertragliche Verlagerung der Unternehmensleitung auf Stellen außerhalb der Gesellschaft - die nach allgemeinen Rechtsgrundsätzen immerhin gewisse Sicherungen für die Aktionäre und Gläubiger mit sich bringt - ist der in Konzernverhältnissen nicht selten rechtlich gar nicht begründete tatsächliche Machtübergang auf solche Stellen"..."Hätte diese Strukturänderung nur formale Auswirkungen auf die aktienrechtliche Zuständigkeitsordnung, so bestände für ein Eingreifen des Gesetzgebers wohl kein Anlaß. Denn die aktienrechtliche Zuständigkeitsordnung brauchte nicht um ihrer selbst willen geschützt zu werden"[502]

Er zog damit die Konsequenz aus dem Umstand, dass vorhandene unternehmerische Machtstellungen tatsächlich auch (aus-)genutzt werden und dieser Rechtswirklichkeit mit gesetzlichen *Verboten* kaum beizukommen ist. Rechtstechnisch schien daher die - mit besonderen Sicherungen verbundene - *Erlaubnis* der Machtausübung die erfolgversprechendere Lösung zur rechtlichen Handhabung faktischer unternehmerischer Herrschaftsmacht zu sein.[503]

Allerdings rechtfertigt die rechtliche *Möglichkeit* zur Beherrschung der Geschäftsleitung der GmbH die Belastung des herrschenden GmbH-Unternehmens-Gesellschafter mit der Verlustausgleichspflicht analog § 302 AktG allein noch nicht. Diese knüpft vielmehr - wie dargetan - an die wirtschaftliche Unselbständigkeit der abhängigen GmbH an, setzt also notwendig einen *tatsächlich* bestehenden Konzernorganisationszustand voraus. Gestaltet der Unternehmens-Gesellschafter kraft seiner Mehrheitsmacht die Entscheidungsstruktur innerhalb der abhängigen GmbH bewusst so, dass ihr die eigenverantwortliche Unternehmensleitung entzogen wird, so signalisiert er damit seine Absicht, diese zumindest *auch* für seine anderweitigen Unternehmensinteressen nutzbar zu machen. Dies rechtfertigt seine haftungsrechtliche Inanspruchnahme.

Der haftungsauslösende Zustand der wirtschaftlichen Unselbständigkeit im „qualifizierten faktischen GmbH-Konzern" wird somit durch zwei Kriterien bestimmt: Die Intensität der Leitungsmachtausübung seitens des herrschenden Unterneh-

---

[501] *Versteegen*, 1993, S. 257 ff. Ähnlich argumentiert auch *Gäbelein*, GmbHR 1992, 273, 275.
[502] *Kropff*, Aktiengesetz 1965, S. 373.
[503] So dezidiert *Schlieper*, 1996, 190 ff.

mens und ihre strukturelle Absicherung. Diese Merkmale sollen nun näher bestimmt werden.

aaa) Notwendiger Umfang der Konzernherrschaft im qualifizierten faktischen GmbH-Konzern

Die „einheitliche Leitung" stellt nach § 18 Abs. 1 AktG das entscheidende Kriterium für die Annahme eines Konzerns dar. Dem herrschenden Unternehmen ist es mithin erlaubt, Leitungsmacht über die abhängige Gesellschaft auszuüben. Erst ein Übermaß an Beherrschungsintensität vermag daher eine Haftung des herrschenden Unternehmens in Form der Verlustausgleichspflicht zu rechtfertigen. Unter Fruchtbarmachung der betriebswirtschaftlichen Erkenntnisse zu den echten bzw. originären Führungsaufgaben bemüht man sich, die Schranken „einheitlicher Leitung" gem. § 18 Abs. 1 AktG näher zu bestimmen. Zu den, der Konzernspitze zugewiesenen, originären Konzernleitungsaufgaben zählen danach: Festlegung der Konzernpolitik und -philosophie, Festlegung der Ziele und Strategien der Unternehmensgruppe, Festlegung der Konzernorganisation, zentrale Planung der Ressourcen, Koordinierung der einzelnen Konzernunternehmen, Besetzung der Führungspositionen im Konzern, Kontrolle der Konzerntöchter auf Erreichung der vorgegebenen Ziele.[504] Die Grenzlinie „haftungsunschädlicher" Konzerneinflussnahme ist dann überschritten, wenn das herrschende Unternehmen sich nicht mehr auf die Wahrnehmung strategischer Aufgaben beschränkt, sondern auch die Entscheidung über das operative Geschäft, d.h. das Tagesgeschäft der abhängigen Gesellschaft, an sich zieht.[505] Eine derartige „qualifizierte" Beherrschung nimmt der abhängigen GmbH jeglichen eigenständigen Verantwortungsbereich, degradiert sie zur bloßen „Dienerin fremder Interessen". Diese unternehmerische Bewegungsunfähigkeit lässt ihre formale rechtliche Selbständigkeit zur leeren Hülle verkommen.

---

[504] *Decher*, DB 1990, 2005, 2010; *Scheffler*, AG 1990, 173, 175; *ders.*, in: FS Goerdeler, 1987, 469, 473; *Theisen*, 1991, S. 206 f.

[505] *v. Becker*, 1994, S. 112; *Decher*, DB 1990, 2005, 2010; *Drüke*, 1990, S. 165; *Hommelhoff*, DB 1992, 309; *ders.*, 1982, S. 141 f.; *Lutter*, AG 1990, 179, 182; *Rehbinder*, AG 1986, 85, 88 f.; *Scheffler*, AG 1990, 173, 175; *Streyl*, 1992, S. 91 f.; *Ulmer*, AG 1986, 123, 126.

bbb) Geeignete organisatorische Maßnahmen zur strukturellen Absicherung der „Außenherrschaft"

aaaa) Verlagerung zentraler Unternehmensführungsbereiche in das herrschende Unternehmen

Der Zustand dauernder und umfassender Unternehmenssteuerung von außen ist dann gegeben, wenn die für das selbständige unternehmerische Agieren am Markt entscheidenden Unternehmensfunktionen aus der abhängigen GmbH ausgegliedert und der Konzernspitze übertragen werden.[506] Zu diesen zentralen Unternehmensbereichen zählen nach betriebswirtschaftlicher Sicht die sogenannten Grundfunktionen (Einkauf, Verkauf, Produktion) und die Mittelfunktionen (Finanzen, Personalwesen, Rechnungswesen).[507]

Eine derartige Konzernorganisation kann schon bei Gründung der abhängigen Konzerntochter geplant und installiert worden sein. Beispiele hierfür sind die Entscheidungen *„Fertighaus"*[508] und *„Möbel-KG"*[509]. Sie schildern mögliche organisatorische Konsequenzen einer klassischen Betriebsaufspaltung. Die ursprünglich als „Einheitsunternehmen" tätigen Betriebe übertrugen ihre Produktion auf, zu diesem Zweck gegründete, Tochtergesellschaften (Produktionsgesellschaft). Der Vertrieb der Produkte und die zentralen Verwaltungsaufgaben verblieben bei den Besitzgesellschaften. Darüber hinaus behielten diese das (Vorbehalts-)Eigentum am Anlagevermögen (Betriebsgrundstücke, Produktionsanlagen, Baugerätschaft, Fahrzeuge). Dieses sowie die erforderlichen Rohstoffe wurden den Produktionsgesellschaften zur einzelauftragsbezogenen Erledigung zur Verfügung gestellt. Über eigenständige unternehmerische Außenkontakte verfügten sie nicht. Auch die finanzielle Abrechnung lag in den Händen der Vertriebsgesellschaften. Eine derartige Konzernorganisation bewirkt in ihrer Gesamtschau eine vollständige wirtschaftliche Unselbständigkeit auf Seiten der Konzerntöchter.

Allerdings muss nicht jeder Fall einer Betriebsaufspaltung notgedrungen in den verlustausgleichsbewährten qualifizierten faktischen Konzern führen. Beschränkt sich die Besitzgesellschaft auf die Einnahmen aus der miet- oder pachtweisen Überlassung des Anlagevermögens an die Produktionsgesellschaften und überlässt letzteren die eigenverantwortliche Leitung des operativen Geschäfts - Bei-

---

[506] *Krieger*, in: Heidelberger Konzernrechtstage, 1992, 41, 52 f.; *Ulmer*, in: Heidelberger Konzernrechtstage, 1992, 65, 80.

[507] *Decher*, DB 1990, 2005, 2010.

[508] BGHZ 68, 312.

[509] BAG, ZIP 1999, 723.

spiele für eine solches Verhalten geben die Sachverhalte der Entscheidungen *„Schifffahrtsgesellschaft"*[510] und *„A-Schuhfabrik-GmbH"*[511] -, so gibt es keinen Grund für ihre Belastung mit einer konzernrechtlichen Verlustausgleichspflicht.

Organisatorische Maßnahmen, die eine vollständige Fremdsteuerung der abhängigen Konzerntochter dauerhaft sicherstellen, können in der abhängigen GmbH auch nachträglich getroffen werden. Dem *„Gervais"*-Urteil lag ein derartiger Sachverhalt zugrunde. Zwischen der abhängigen KG und der herrschenden Danone-AG wurde vertraglich vereinbart, dass der Betrieb der KG organisatorisch so in den Bereich der AG eingegliedert werden sollte, „als ob es sich im Innenverhältnis um ein Werk der Beklagten handeln würde".[512] Zu diesem Zweck stellte die AG einen Mitarbeiter ab, der die Leitung des Gesamtbetriebs übernahm und funktionell ausschließlich ihr verantwortlich war. Ebenfalls auf einem Vertragsschluss basierte die wirtschaftliche Bewegungsunfähigkeit der abhängigen Baukontrakt W. und K. GmbH im *„Freiberufler-Konzern"*-Urteil[513] des BGH.

Eine haftungsauslösende wirtschaftliche Unselbständigkeit der abhängigen GmbH kann auch schon durch die Verlagerung *einzelner* Geschäftsführungsfunktionen in die Konzernspitze eintreten, wenn diese ein besonders hohes Einflusspotential begründen und damit mittelbar die umfassende Steuerung des gesamten Unternehmens ermöglichen. Dies wird insbesondere für den Fall der Zentralisierung des Finanzwesens beim herrschenden Unternehmen in Form des zentralen *cash-managements* angenommen.[514] Dabei werden alle in der Unternehmensgruppe eingehenden Zahlungen auf ein zentrales Konto bei der Konzernspitze weitergeleitet. Dort wird über die Zuteilung der liquiden Mittel an die Konzerngesellschaften nach dem genehmigten Bedarf im Einzelfall entschieden. Denkbar ist auch die Begleichung der finanziellen Verpflichtungen der Konzerntöchter unmittelbar durch die Konzernmutter. Auch die Liquiditätsbeschaffung für die Unternehmensgruppe in Form der Fremdkreditaufnahme wird bei der Konzernspitze zentral erledigt. Über das Mittel der Zentralisierung des Finanzbereichs ist das herrschende Unternehmen in der Lage, sämtliche Gegenstandsbereiche der Unternehmensführung in der abhängigen Gesellschaft zu steuern. Denn mit dem

---

[510]BAG, AG 1999, 184.

[511]BSG, ZIP 1996, 1134.

[512]BGH, NJW 1980, 231.

[513]ZIP 1994, 1690. Vgl. die Sachverhaltsdarstellung oben unter GP 2. Teil § 1 A. I. 1. b), S. 18 ff.

[514]BGHZ 107, 7, 19 "Tiefbau"; *Assmann*, in: FS 100 Jahre GmbH-Gesetz, 1992, 657, 701; *Decher*, DB 1989, 965, 970; *ders.*, DB 1990, 2005, 2010; *Drüke*, 1990, S. 164; *Hommelhoff*, DB 1992, 309, 310; *ders.*, in: Heidelberger Konzernrechtstage, 1992, 245, 253; *Lutter*, AG 1990, 179, 182; *Stimpel*, ZGR 1991, 144, 161; *Streyl*, 1992, S. 92. Kritisch dagegen: *Krieger*, in: Heidelberger Konzernrechtstag, 1992, 41, 55, *Ulmer*, in: Heidelberger Konzernrechtstage, 1992, 65, 81.

Entzug aller liquiden Geldmittel und der fehlenden Möglichkeit, sich autonom Fremdkapital zu beschaffen, verliert letztere jeglichen Spielraum zu eigenen unternehmerischen Aktivitäten.[515]

Organisatorisch lässt sich die Entscheidungsgewalt des herrschenden Unternehmens-Gesellschafters über den Finanzbereich der abhängigen GmbH auf mannigfache Weise sicherstellen. Im „*Autokran*"-Urteil gründete der herrschende Unternehmens-Gesellschafter eine weitere, von ihm beherrschte, GmbH und übertrug dieser die Verwaltung der Finanzen der gesamten Unternehmensgruppe. In den Entscheidungen „*Tiefbau*" und „*Gervais*" installierte die Konzernspitze eine ihren Weisungen unterstellte Vertrauensperson in der Geschäftsleitung der Tochtergesellschaft und übertrug ihr die Entscheidungskompetenz hinsichtlich aller finanzieller Aktivitäten.

Die Ausgliederung *einzelner* sonstiger Unternehmensfunktionen, wie etwa der Forschungsbereich, das Marketing oder die Datenverarbeitung, vermögen eine strukturell gesicherte Außenherrschaft der Konzernspitze über die GmbH demgegenüber nicht zu gewährleisten, da eine solche organisatorische Gestaltung den abhängigen Gesellschaften noch genügend eigenen Handlungsspielraum zur Führung des operativen Geschäfts belässt.[516] Ein Beispiel hierfür gibt die „*EDV*"-Entscheidung[517] des BGH; hier war der abhängigen GmbH im Konzerninteresse die Aufgabe übertragen worden, ein patentierfähiges diakritisches Zeichensystem zu entwickeln. Die außerordentlich kostenaufwendigen Arbeiten hatten die GmbH in die Insolvenz getrieben

Auch konzernintegrativ wirkende Umstrukturierungsmaßnahmen, wie etwa die vollständige Ausrichtung der Produktion auf die Konzernbedürfnisse durch Veränderung bzw. Reduzierung der von der abhängigen Tochtergesellschaft angebotenen Produktpalette,[518] die Neuverteilung der Aufgabenbereiche und Märkte[519] etc. führen für sich alleine betrachtet noch zu keiner wirtschaftlichen Unselbstän-

---

[515] *Drüke*, 1990, S. 164; *Hommelhoff*, DB 1992, 309, 310; *Lutter*, AG 1990, 179, 182.

[516] *Decher*, 1990, S. 52 f.; *Lutter*, AG 1990, 179, 183; *Streyl*, 1992, S. 94; *Ulmer*, in: Heidelberger Konzernrechtstage, 1992, 65, 80.

[517] NJW 1994, 446. Ein ähnlich gelagerter Fall lag dem BGH-Beschluss v. 13.1.1997 - DStR 1997, 503 - zugrunde, in welchem der Kläger die französische Muttergesellschaft für Verbindlichkeiten ihrer deutschen Vertriebsgesellschaft in Anspruch nahm, mit der Begründung, erstere habe durch unternehmerische Fehlentscheidungen hinsichtlich Art und Design der gefertigten Produkte den finanziellen Ruin der Tochter herbeigeführt.

[518] BAG, GmbHR 1994, 315 "Betriebsrentenanpassung"; BAG, AG 1991, 434 "Warmwassergeräte".

[519] BAG, ZIP 1992, 1566 "Rank Xerox".

digkeit der betroffenen Konzerntochter und begründen somit keine Haftungsfolgen wegen qualifizierter Konzernierung.[520]

bbbb) Personelle Verflechtungen auf der Geschäftsführungsebene

Besteht in den Geschäftsführungsorganen von Konzernmutter und Konzerntöchtern Personenidentität, so stellt dies ein geeignetes Mittel dar, um eine zentrale Konzernleitung zu gewährleisten und dauerhaft abzusichern. Es bedarf hier seitens des herrschenden Unternehmens nicht des Umweges, die gewünschte breitflächige Außenleitung durch ein dicht gefügtes Netz von Einzelweisungen oder Zustimmungspflichten zu verwirklichen. Gleichzeitig verliert die abhängige Gesellschaft die für den Schutz ihrer Eigeninteressen notwendige Kontrollinstanz. Aus diesem Grunde nimmt ein Teil der Literatur an, dass personelle Verflechtungen zwischen den Leitungsorganen konzernverbundener Unternehmen zur Bejahung eines qualifizierten faktischen Konzerns führen und damit eine Haftung des herrschenden Unternehmens analog §§ 302 f. AktG begründen.[521]

Auch der BGH hatte in seinem „*Video*"-Urteil eine Haftung nach den Regeln zum qualifizierten faktischen Konzern auf den Allein- oder Mehrheitsgesellschafter einer GmbH angewandt, „der gleichzeitig deren alleiniger Geschäftsführer ist und sich außerdem als Einzelkaufmann unternehmerisch betätigt",[522] und dies damit begründet, dass gerade die *Allein*geschäftsführung der abhängigen GmbH durch ihren Allein- oder Mehrheitsgesellschafter eine Art der Ausübung von Leitungsmacht darstelle, wie sie intensiver kaum vorstellbar sei.

Dieses Urteil löste im Schrifttum massive Kritik aus. Man befürchtete, dass die GmbH ihrer wesentlichen Eigenschaft beraubt würde, nämlich eine Gesellschaft mit beschränkter Haftung zu sein (§ 13 Abs. 2 GmbHG), und verwies darauf, dass der Einmann-GmbH-Konzern eine Erscheinungsform darstelle, die gerade im mittelständischen und kleingewerblichen Bereich beheimatet sei. Hier zwängen oftmals schon wirtschaftliche Gründe den Allein- oder Mehrheitsgesell-

---

[520] *Lutter*, AG 1990, 179, 183; *Streyl*, 1992, S. 94.

[521] Bejahend für Vorstandsdoppelmandate im AG-Konzern: *Säcker*, ZHR 151 (1987), 59, 65 f. Für den Fall vollständiger Personalunion erwägend *Hoffmann-Becking*, in: Probleme des Konzernrechts, ZHR-Beiheft 62, 1989, S. 68, 83. *Hommelhoff*, DB 1992, 309, 312 spricht sich dafür aus, das die bestehende Personalunion die widerlegbare Vermutung für einen qualifizierten faktischen Konzern auslöst; eine solche Vermutungswirkung knüpfen *Decher*, DB 1990, 2005, 2010, und *Ulmer*, in: Heidelberger Konzernrechtstage, 1992, 65, 79 f., an Vorstandsdoppelmandate "von oben nach unten".

[522] BGHZ 115, 187, 1.LS.

schafter dazu, die Geschäftsführerposition selbst zu übernehmen.[523] Von anderer Seite wurde bezweifelt, dass das Kriterium der Alleingeschäftsführung im GmbH-Konzern eine sachlich gerechtfertigte Trennungslinie zwischen einfacher und qualifizierter Beherrschung bilden könne. Der Allein- oder Mehrheitsgesellschafter könne sich einen ebenso intensiven Einfluss auf „seine" GmbH dadurch sichern, dass er die Geschäftsführerposition mit einer - ihm verbundenen - Person besetze, wobei der „Fremdgeschäftsführer" nur als Marionette fungiere.[524]

Die mit der *„Video"*-Entscheidung erreichte weite Ausdehnung des Anwendungsbereiches der qualifizierten GmbH-Konzernhaftung lässt sich in der Tat weder mit dem Privileg der Haftungsbeschränkung gem. § 13 Abs. 2 GmbHG vereinbaren, noch auf eine Analogie zu den §§ 302 f. AktG stützen. Der Grund hierfür liegt in der missglückten Interpretation des Merkmals der „dauernden und umfassenden" Unternehmensführung. Der BGH verkennt hier, dass eine haftungsauslösende breitflächige Außenherrschaft nicht gleichzusetzen ist mit der Alleingeschäftsführung der abhängigen GmbH durch ihren Unternehmens-Gesellschafter.[525] Der Alleingeschäftsführer übt zwar eine in ihrer Intensität nicht zu überbietende Leitungsmacht über die abhängige GmbH aus, es kann aber nicht unterstellt werden, dass er sich dabei notwendigerweise durch seine anderweitigen unternehmerischen Interessen außerhalb der Gesellschaft leiten lässt.[526] Während der Abschluss eines Beherrschungsvertrages oder die Ausgliederung zentraler Unternehmensführungsbereiche Indizien dafür sind, dass das herrschende Unternehmen bewusst und zweckgerichtet seine Fremdherrschaft organisatorisch verfestigen will, haftet dem Umstand, dass der herrschende Unternehmens-Gesellschafter einer GmbH gleichzeitig ihre Alleingeschäftsführung übernimmt, keine derartige Vermutung an.

Personelle Verflechtungen auf der Geschäftsführerebene begründen im GmbH-Konzern für sich allein also noch keine wirtschaftliche Unselbständigkeit der abhängigen Gesellschaft, die eine qualifizierte Konzernhaftung analog §§ 302 f. AktG rechtfertigt.[527]

---

[523] *Brandner*, in: Heidelberger Konzernrechtstage, 1992, 207, 210; *Priester*, ebd., 223, 226, 243.

[524] *Altmeppen*, DB 1991, 2225, 2227; *Brandner*, in: Heidelberger Konzernrechtstage, 1992, 207, 209; *Westermann*, ebd., 21, 37.

[525] Kritisch äußern sich ebenfalls *Assmann*, in: FS 100 Jahre GmbH-Gesetz, 1992, 657, 702; *v. Becker*, 1994, S. 139; *Krieger*, in: Heidelberger Konzernrechtstag, 1992, 41, 50 f.; *Westermann*, in: Heidelberger Konzernrechtstage, 1992, 21, 38.

[526] *Kleindiek*, ZIP 1991, 1330, 1335; *Limmer*, 1992, S. 301; *Priester*, ZIP 1986, 137, 142; *Westermann*, in: Heidelberger Konzernrechtstage, 1992, 21, 38.

[527] *Assmann*, in: FS 100 Jahre GmbH-Gesetz, 1992, 657, 702; *v. Becker*, 1994, S. 113; *Drüke*, 1990, S. 159; *Lutter*, AG 1990, 179, 183.

Anders stellt sich die Situation aber dar, wenn der alleingeschäftsführende Unternehmens-Gesellschafter seine Leitungsmacht kontinuierlich dazu einsetzt, „seine" GmbH zugunsten anderer Konzerngesellschaften zu benachteiligen. Ein solches Verhalten signalisiert die Umkehr der Interessenausrichtung innerhalb der beherrschten Gesellschaft und rechtfertigt den Schluss darauf, dass die personelle Verflechtung im Managementbereich bewusst als Mittel zur Installierung einer von der „Konzernspitze" gelenkten Außenherrschaft verwendet wird. Besonderes Gewicht ist hier auf die *Kontinuität* der Benachteiligung der abhängigen Gesellschaft zu legen. Singuläre schädigende Geschäftsführungsmaßnahmen, wie etwa die Vereinbarung einer gesamtschuldnerischen Mithaftung für Verbindlichkeiten anderer Konzerngesellschaften,[528] die Übersicherung eines anderen Konzernunternehmens durch Abtretung von Gesellschaftsforderungen,[529] die unterlassene Geltendmachung einer fälligen Forderung in Millionenhöhe gegen eine Konzernschwester,[530] verdeckte Gewinnausschüttungen an andere Konzernunternehmen[531] oder die Gewährung eines ungesicherten Darlehens an ein in finanziellen Schwierigkeiten befindliches Schwesterunternehmen,[532] vermögen den Rückschluss auf eine dauerhaft fremdbestimmte Unternehmensführung nicht zu rechtfertigen. Dies ist erst zu bejahen, wenn das Verhalten des Unternehmens-Gesellschafter-Geschäftsführers zu erkennen gibt, dass er die abhängige GmbH ausnahmslos zur Förderung seiner außergesellschaftlichen unternehmerischen Interessen missbraucht. Beispielhaft sind die Fälle des bewussten „Auslaufenlassens" des Geschäftsbetriebs der abhängigen GmbH zugunsten eines anderen Konzernunternehmens zu nennen;[533] hier verlagert der Gesellschafter-Geschäftsführer das gesamte operative Geschäft des beherrschten Unternehmens auf ein anderes Konzernunternehmen, indem er ersterem kontinuierlich alle Ressourcen (Personal, Betriebsmittel, know-how, Liquidität, Geschäftsaufträge) entzieht.

Wird der strukturelle Befund der personellen Verflechtungen zwischen herrschendem und abhängigem Unternehmen auf der Geschäftsführerebene ergänzt durch ein Leitungsverhalten des geschäftsführenden Unternehmens-Gesellschafters, welches auf ein kontinuierliches Hintansetzen des Eigeninteres-

---

[528]BGHZ 122, 123 "TBB".

[529]BGH, NJW 1995, 1544 "Architekten-Konzern".

[530]BSG, GmbHR 1995, 46 "KAUG-Zahlungen"

[531]BAG, GmbHR 1994, 625 "Stahlschutz"; OLG Düsseldorf, Urt. v. 26.11.1998, GmbHR 1999, 123

[532]BAG, ZIP 1996, 333 "Sanierungs-KG"

[533]BGHZ 115, 187 "Video", BGH, GmbHR 1996, 366 "Stahl-Alu-O. & Sohn GmbH"; BGH, Beschluss v. 3.11.1997, DStR 1997, 1937; OLG München, Urt. v. 3.12.1997, GmbHR 1998, 285; OLG Oldenburg, Urt. v. 24.10.1996, GmbHR 1998, 286; OLG Bamberg, Urt. v. 10.5.1995, AG 1998, 191.

ses der abhängigen GmbH zugunsten von Konzerninteressen schließen lässt, so ist der Tatbestand des „qualifizierten faktischen GmbH-Konzerns" zu bejahen.

e) Nachhaltige Beeinträchtigung des Eigeninteresses der beherrschten GmbH als „ungeschriebenes" haftungsauslösendes Merkmal für die Verlustausgleichspflicht analog § 302 Abs. 1 AktG?

Die höchstrichterliche Rechtsprechung[534] und die herrschende Meinung in der Literatur[535] verlangen zur Bejahung einer Haftung analog § 302 AktG im faktischen GmbH-Konzern den Nachweis einer nachhaltigen, über bestimmte, konkret ausgleichsfähige Einzeleingriffe hinausgehende *Eigeninteressenbeeinträchtigung* der abhängigen GmbH durch das herrschende Unternehmen.

Für eine solche Verknüpfung von Verlustausgleichspflicht und Eigeninteressenbeeinträchtigung hatte sich bereits der Arbeitskreis GmbH-Reform[536] 1972 ausgesprochen; seine *de lege ferenda* diskutierten Vorschläge sind allerdings nie in Gesetzeskraft erwachsen.

Zieht man demgegenüber das normierte Aktienkonzernrecht zu Rate, insbesondere die hier zur Analogie herangezogene Vorschrift des § 302 AktG, so stellt diese Norm weder ihrem Wortlaut noch ihrem Zweck nach auf eine Eigeninteressenverletzung der abhängigen Gesellschaft ab. Die hier angeordnete Verlagerung des Verlustrisikos auf das herrschende Unternehmen rechtfertigt sich - wie oben gezeigt - vielmehr aus der Erkenntnis, dass der abhängigen Gesellschaft das Risiko eines möglicherweise verlustbelasteten unternehmerischen Wirtschaftens nicht mehr auferlegt werden darf, wenn diese ihre Möglichkeit zur eigenverantwortlichen Unternehmensführung zugunsten des herrschenden Unternehmens gänzlich eingebüßt hat. § 302 AktG begründet eine Gefährdungshaftung, die auf den organisatorisch geschaffenen Zustand der wirtschaftlichen Unselbständigkeit der abhängigen Gesellschaft reagiert.

---

[534] Seit der "TBB"-Entscheidung (BGHZ 122, 131) ständige Rechtsprechung des **BGH**: BGH, NJW 1994, 446 "EDV"; BGH, ZIP 1994, 1690, 1692 "Freiberufler-Konzern"; BGH, NJW 1995, 1544, 1545 "Architekten-Konzern"; BGH, GmbHR 1996, 366, 367 "Stahl-Alu-O.&Sohn GmbH"; BGH, ZIP 1997, 416 "Wochenkonzern"; BGH, Beschluss v. 13.1.1997, DStR 1997, 503; BGH, Beschluss v. 3.11.1997, DStR 1997, 1937. Ebenso **BAG**: BAG, GmbHR 1994, 625 "Stahlschutz"; BAG, ZIP 1996, 333 "Sanierungs-KG"; BAG, AG 1999, 184 "Schifffahrtsgesellschaft"; BAG, ZIP 1999, 723 "Möbel-KG" und **BSG**: BSG, GmbHR 1995, 46 "KAUG-Zahlungen"; BSG, ZIP 1996, 1134 "A-Schuhfabrik GmbH".

[535] Vgl. Nachweise unter Fn. 8, 9, 11.

[536] Thesen und Vorschläge zur GmbH-Reform, Bd. 2, 1972, S. 59.

Das von der herrschenden Meinung geforderte Merkmal der nachhaltigen Eigeninteressenbeeinträchtigung weist vielmehr eine erhebliche systematische Nähe zum Tatbestand des Einzelausgleichs gem. §§ 311 ff. AktG[537] (bzw. der Treuepflichtverletzung[538]) auf. Während die §§ 311, 317 AktG allerdings *jede* Verletzung des Eigeninteresses einer abhängigen GmbH sanktionieren, soll das herrschende Unternehmen im „qualifizierten faktischen Konzern" der beherrschten GmbH (lediglich) eine „angemessene" Rücksichtnahme auf deren eigenen Belange schulden.[539] Dieses Auseinanderfallen der Maßstäbe für die Nachteilsermittlung im einfachen und im qualifizierten faktischen Konzern findet im Gesetz keinerlei Stütze. Es würde zu dem irritierenden Ergebnis führen, dass das herrschende Unternehmen durch eine Intensivierung seiner Leitungsmachtausübung seinen „haftungsfreien" Handlungsspielraum eigenmächtig vergrößern könnte.[540]

Begründet wird die von der herrschenden Meinung postulierte Abweichung vom strukturell geprägten Tatbestand des § 302 AktG einerseits mit dem Umstand, dass es im faktischen GmbH-Konzern, anders als im aktienrechtlichen Vertragskonzern, an einer *Erlaubnis* zu kapitalsicherungswidrigen oder sonst pflichtwidrigen Eingriffen des herrschenden Unternehmens in das Vermögen der beherrschten Gesellschaft fehle.[541] Daher sei, wie *Stimpel*[542] ausführt, die für eine „Teilanalogie" erforderliche Rechtsähnlichkeit der haftungsbegründenden Tatbestände nur hergestellt, wenn das herrschende Unternehmen von der verdichteten Leitungsmacht *tatsächlich* pflicht- und/oder kapitalsicherungswidrig zum Nachteil der abhängigen GmbH Gebrauch mache.

Diese Argumentation wirkt befremdlich, läuft sie doch im Ergebnis darauf hinaus, dass ein verbotener Zustand haftungsrechtlich besser behandelt wird als ein er-

---

[537] *Buchner/Weigl*, DNotZ 1994, 580, 592 f.; *Ebenroth/Wilken*, ZIP 1993, 558, 559; *Krieger*, ZGR 1994, 375, 379; *Kropff*, AG 1993, 485, 486; MünchKomm.-AktG/*Kropff*, § 317 Anh. Rdnrn. 15, 35 f., 38; *Limmer*, DStR 1993, 765, 767; *Lutter*, DB 1994, 129, 130.

[538] *Assmann*, in: FS 100 Jahre GmbH-Gesetz, 1992, S. 657, 725; *Büscher*, 1999, S. 54, 94 ff.; *Flume*, DB 1992, 25, 27; *Kowalski*, GmbHR 1993, 253, 258; *Rehbinder*, AG 1986, 85, 89.

[539] *Drygala*, GmbHR 1993, 317, 324 f.; *Hommelhoff*, ZGR 1994, 395, 402; *Lutter*, JZ 1993, 580; *ders.*, ZGR-Sonderheft 6, 1986, 192, 204. *Kleindiek*, DZWiR 1993, 177, 180, lässt die Frage, ob mit dieser, dem "TBB"-Urteil (BGHZ 122, 123, 130) entlehnten, Formulierung eine Einschränkung der bisherigen Grundsätze gemeint ist, offen. A.A. *Krieger*, ZGR 1994, 375, 379, *Kropff*, AG 1993, 485, 489 f., die die Verpflichtung zur "angemessenen Rücksicht" mit dem aus § 311 AktG herzuleitenden Verbot der Veranlassung zu nachteiligen Rechtsgeschäften/Maßnahmen gleichsetzen.

[540] *Mülbert*, 1995, S. 484.

[541] Auf diesen Gesichtspunkt stellen insbesondere ab: *Buchner/Weigl*, DNotZ 1994, 580, 587; *Flume*, DB 1992, 25, 27; *Kleindiek*, ZIP 1991, 1330, 1335; *Limmer*, 1992, S. 301; *Stimpel*, ZGR 1991, 144, 151 ff. Ebenso BGHZ 116, 37, 41.

[542] *Stimpel*, ZGR 1991, 144, 151 ff. Ähnlich argumentierte der II. Zivilsenat in BGHZ 115, 187, 193 "Video".

laubter.[543] Sie vermag aber auch inhaltlich nicht zu überzeugen, da sie an die Prämisse geknüpft ist, dass im aktienrechtlichen Vertragskonzern die *Befugnis* des herrschenden Unternehmens zu schädigenden Eingriffen in das Gesellschaftsvermögen der konzernierten AG die *unwiderlegliche Vermutung* begründet, die bei ihr entstehenden Verluste seien kausal auf derartige Eigeninteressenverletzungen zurückzuführen.[544] Einer solchen *Vermutung* wäre im faktischen GmbH-Konzern wegen der hier fehlenden Schädigungserlaubnis die Grundlage entzogen: ein *rechtswidriges* Verhalten kann und darf nicht unterstellt werden.[545] An die Stelle der *vermuteten* Eigeninteressenbeeinträchtigung müsste daher der *Nachweis* der rechtswidrigen schädigenden Ausübung von Leitungsmacht durch das herrschende Unternehmen treten.[546]

Tatsächlich begründet § 302 AktG eine *unwiderlegliche Vermutung* für Eigeninteressenbeeinträchtigungen aber gerade nicht, da das hier angeordnete Schutzkonzept auf einer Gefährdungshaftung basiert.[547]

Ein weiterer Begründungsansatz für die Aufnahme einer nachhaltigen Eigeninteressenbeeinträchtigung in den Tatbestand der qualifizierten GmbH-Konzernhaftung analog §§ 302 f. AktG stellt auf die für den aktienkonzernrechtlichen Vertragskonzern typische Gefährdungslage ab. Diese werde für den Fall des Abschlusses eines Unternehmensvertrages durch den in § 308 Abs. 1 S. 2 AktG gesetzlich legitimierten *Interessenumbruch* bei Ausübung der Leitungsmacht geschaffen. Ein vergleichbares Gefährdungspotential sei im faktischen GmbH-Konzern erst dann erreicht, „wenn ein herrschendes Unternehmen seine Herrschaftsmacht über eine abhängige GmbH ohne angemessene Rücksichtnahme auf deren Eigeninteresse so ausübt, dass es in dieser Gesellschaft zu einem vollständigen Interessenumbruch und in seinem Gefolge zu einem Nachteil kommt“,[548] respektive „bei nachgewiesener breitflächiger Verletzung des Eigeninteresses der Gesellschaft im Sinne einer dauerhaft nachteiligen Konzernleitung oder bei durch nachhaltige Unkontrollierbarkeit geprägter Konzerngeschäftsführung“[549]
Es ist dieser Meinung darin zuzustimmen, dass dem Interessenumbruch tatsächlich eine gefahrbildende Funktion zukommt. Der Wille des herrschenden Unter-

---

[543]*Ebenroth*, AG 1990, 188, 195; *Priester*, in: FS Semler, 1993, 561, 568.

[544]So: BGHZ 116, 37, 41; *Burgard*, WM 1993, 925, 930; *Kleindiek*, ZIP 1991, 1330, 1333 f.; *Michalski/Zeidler*, NJW 1996, 224; *Stimpel*, ZGR 1991, 144, 153; *Stodolkowitz*, ZIP 1992, 1517, 1521.

[545]*v. Becker*, 1994, S. 96; *Knobbe-Keuk*, DB 1992, 1461, 1463 f.; *Stimpel*, AG 1986, 117, 122.

[546]So explizit *Limmer*, 1992, S. 301.

[547]Vgl. GP 2. Teil § 3 A. II. 1. a) bb) bbb), S. 111 ff.

[548]*Hommelhoff*, ZGR 1994, 395, 415.

[549]*Kleindiek*, ZIP 1991, 1330, 1335.

nehmens, die Geschäftsführung der abhängigen Gesellschaft dauerhaft an den Konzerninteressen auszurichten, zeigt sich aber nicht erst in konkret erfolgten Eigeninteressenverletzungen, sondern er manifestiert sich bereits darin, dass das herrschende Unternehmen strukturelle Maßnahmen ergreift, die die autonome Leitungsmöglichkeit der abhängigen Gesellschaft zu seinen Gunsten aushebeln. Des Nachweises von schädigenden Eingriffen bedarf es daher nicht.

Ein letztes Argument, welches gegen einen rein strukturell geprägten Tatbestand der Haftung im qualifizierten faktischen GmbH-Konzern ins Feld geführt wird, lautet, dass es dem herrschenden GmbH-Gesellschafter schon kraft Gesetzes erlaubt sei, auf die Geschäftsführung „seiner“ GmbH dauernd und umfassend Einfluss zu nehmen. An ein solches - legales - Verhalten dürfe eine Sonderhaftung nur geknüpft werden, wenn ein weiteres haftungsauslösendes Verhaltensmoment hinzuträte, nämlich der „Missbrauch“ der Konzernleitungsmacht in Form von nachhaltigen konkreten Eigeninteressenbeeinträchtigungen.[550] Auch dieser Begründungsversuch ist unhaltbar. Denn die Behauptung, der herrschende Allein-/Mehrheitsgesellschafter dürfe seine GmbH auch dann erlaubterweise auf seine Interessen ausrichten und dabei schädigen, wenn sich diese in einer Konzernverbindung befindet, trifft nicht zu.[551] Würde man - entgegen der hier vertretenen Meinung - ein solches Schädigungsprivileg des GmbH-Gesellschafters bejahen, so führte der dann zu bejahende Wertungswiderspruch zwischen erlaubtem Verhalten des Gesellschafters und seiner konzernhaftungsrechtlichen Inanspruchnahme methodisch zu einer gänzlichen Verneinung des Analogieschlusses zu § 302 AktG und könnte nicht durch eine (bloße) Veränderung der Tatbestandsanforderungen in Richtung auf eine Verhaltenshaftung beseitigt werden.

Es ist somit festzustellen, dass es keine überzeugende dogmatische Begründung für die Aufnahme des Merkmals einer nachhaltigen Eigeninteressenbeeinträchtigung in den Tatbestand des qualifizierten faktischen GmbH-Konzerns gibt.

Die aufgezeigten dogmatischen Unzulänglichkeiten werden teilweise auch von den Befürwortern einer als Verhaltenshaftung für missbräuchliche Leitungsmachtausübung ausgestalteten qualifizierten Konzernhaftung analog §§ 302 f. AktG eingeräumt,[552] wegen der vermeintlichen Sachgerechtigkeit des so gefundenen Ergebnisses aber bewusst in Kauf genommen. Die dafür angeführten

---

[550] *Heyder*, 1997, S. 88; *Kölling*, NZG 2000, 8, 11; *Kowalski*, GmbHR 1993, 253, 256 ff.; *Lutter*, in: Entwicklungen im GmbH-Konzernrecht, ZGR Sonderheft 6, 1986, 192, 204 f. *ders.*, ZGR 1982, 244, 264; ; *Semler*, in: FS Goerdeler, 1987, S. 551, 574; *Schwark*, JuS 1987, 443, 449 f.

[551] Vgl. oben GP 2. Teil § 2 B. II. 2. b), S. 74 ff. und § 3 A. II. 2. a), S. 124 ff.

[552] *Bauder*, BB 1993, 1103; *Greiffenhagen*, Wpg 1993, 525, 533; *Kohl*, MDR 1993, 715, 716, 718; *Kübler*, NJW 1993, 1204; *Lutter*, ZGR-Sonderheft 6, 1986, S. 192, 204 f.; *ders.*, ZIP 1985, 1425, 1432; *Ulmer*, in: Heidelberger Konzernrechtstage, 1992, S. 65, 72 ff; *Westermann*, ZIP 1993, 554, 555 f.

Gründe sind überwiegend rechtspolitischer Natur. Nur die Anknüpfung der Konzernhaftung an einen Tatbestand des „objektiven Mißbrauch(s) der beherrschenden Gesellschafterstellung“ bzw. der mangelnden „Rücksicht auf die Belange der abhängigen Gesellschaft“ vermöge der Gefahr einer ausufernden, die Haftungsbeschränkung des § 13 Abs. 2 GmbHG aus den Angeln hebenden Gesellschafterhaftung im GmbH-Konzern zu begegnen. Ließe man es bei einem strukturell geprägten, an die dauernde und umfassende Leitung anknüpfenden Tatbestand, so träfe den herrschenden Unternehmens-Gesellschafter einer GmbH die gesteigerte Konzernhaftung, ohne dass er für die entstandenen Verluste verantwortlich zeichnete, also quasi ohne sein Zutun.[553] Darüber hinaus verstoße die Annahme einer Gefährdungshaftung gegen Art. 20 Abs. 3 GG, da es lediglich dem Gesetzgeber, nicht aber der Judikative, gestattet sei, mittels der Rechtsfortbildung eine solche zu installieren.[554]

Diese Kritik an der Strukturhaftung analog § 302 AktG geht aber fehl. Der Vorwurf einer ausufernden Gesellschafterhaftung ist unberechtigt, da, wie oben dargelegt, die dauernde und umfassende Leitungsmachtausübung durch das herrschende Unternehmen nicht ausreicht, um die haftungsauslösende wirtschaftliche Unselbständigkeit der abhängigen Gesellschaft darzutun. Es bedarf hierzu des Nachweises einer vom herrschenden Unternehmen bewusst herbeigeführten Konzernorganisation, die seine Fremdgeschäftsführung dauerhaft zu sichern vermag.

Des weiteren war es der Gesetzgeber des Aktiengesetz 1965 selbst, der mit den §§ 302 f. AktG eine Gefährdungshaftung geschaffen hat.

Der von der herrschenden Meinung nun geforderte Rechtsverletzungstatbestand lässt jegliche Ähnlichkeit zu den Voraussetzungen des § 302 AktG vermissen. Damit verliert eine auf eine missbräuchliche Ausübung der Leitungsmacht durch das herrschende Unternehmen gestützte, qualifizierte GmbH-Konzernhaftung aber ihre Legitimationsgrundlage, nämlich den Analogieschluss zu § 302 AktG.[555] Denn die Analogie setzt die Vergleichbarkeit der Sachverhalte zwingend voraus. Erst die Feststellung der Rechtsähnlichkeit in den Tatbeständen

---

553 *Boujong*, GmbHR 1992, 207; *Flume*, DB 1992, 25, 27; *Greiffenhagen*, WPg 1993, 525, 533; *Gummert*, WiB 1994, 217, 221; *Hoffmann-Becking*, in: Heidelberger Konzernrechtstage, 1992, 89, 103; *Hommelhoff*, ZGR 1994, 395, 400; *Kleinert*, in: FS Helmrich, 1994, S. 667, 671; *Knobbe-Keuk*, DB 1992, 1461; MünchKomm.-AktG/*Kropff*, § 317 Anh. Rdnrn. 17, 25, 27; *Raiser*, ZGR 1995, 156, 159.

554 *Altmeppen*, ZIP 1992, 1668; *ders.*, DB 1994, 1912, 1913 Fn 10; *Lutter*, in: Heidelberger Konzernrechtstage, 1992, S. 183, 197; *Westermann*, ZIP 1993, 554, 556; *Windbichler*, in: FS Kissl, 1994, S. 1287, 1295.

555 *v. Becker*, 1994, S. 83 f., 136 f.,142; *Bitter/Bitter*, BB 1996, 2153, 2158 f.; *Mülbert*, 1995, S. 483; *Müller*, in: FS Rowedder, 1994, S. 277, 287 f.; *Kropff*, AG 1993, 485, 493 f.; *Reiner*, 1995, S. 228 f.; *Wilhelm*, DB 1986, 2113, 2115.

rechtfertigt den Rückgriff auf die gewünschte Rechtsfolge. Die Vorgehensweise des BGH und der ihm folgenden Schrifttumsmehrheit weicht von diesem methodischen Konzept in gravierender Weise ab. Sie setzt bei dem gewünschten Ergebnis, nämlich der Übertragung der aktienvertragsrechtlichen Rechtsfolge des globalen Verlustausgleichs auf den qualifizierten faktischen GmbH-Konzern, an und ermittelt in einem zweiten Schritt einen vermeintlich sachgerechten Tatbestand für diese „feststehende" Analogie. Im Ergebnis fügt die h.M. somit Bausteine zweier, vom Gesetzgeber bewusst unterschiedlich ausgestalteter, Regelungskomplexe zu einem „neuen", dem Aktienkonzernrecht völlig fremdem, Haftungskonzept zusammen. Dies stellt kein methodisch zulässiges Ausloten vorgegebener gesetzlicher Wertungen *de lege lata* dar, sondern beschreibt eine freie Rechtsschöpfung *de lege ferenda*. Eine solche Befugnis kommt nach dem Gewaltenteilungsprinzip aber ausschließlich dem Gesetzgeber, nicht hingegen dem Rechtsanwender, zu.[556]

f) Zusammenfassende Darstellung der einen positiven Ähnlichkeitsschluss zu § 302 AktG begründenden Tatbestandsmerkmale des „qualifizierten faktischen GmbH-Konzern"

Eine die Analogie begründende Rechtsähnlichkeit zwischen dem Tatbestand des Vertragskonzerns gem. §§ 291, 302 AktG und den Fallkonstellationen im faktischen GmbH-Konzern ist zu bejahen, wenn folgende Merkmale vorliegen:

(1) Konzernverhältnis gem. § 18 Abs. 1 AktG zwischen dem herrschenden Unternehmens-Gesellschafter und der abhängigen GmbH

(2) Vom herrschenden Unternehmens-Gesellschafter geschaffene Konzernorganisation, die seine „Außenherrschaft" über die abhängige GmbH strukturell absichert und zu ihrer wirtschaftlichen Unselbständigkeit führt.

Liegen diese Tatbestandsmerkmale vor, so spricht man von einem „qualifizierten faktischen GmbH-Konzern".

---

[556] Kritisch zu dem methodischen Vorgehen der herrschenden Meinung äußern sich ebenfalls: *v. Becker*, 1994, S. 83 f.; *Bitter/Bitter*, BB 1996, 2153, 2158 f.; *Heinsius*, AG 1986, 99, 100, 105 f.; *Limmer*, 1992, S. 309; *Rehbinder*, AG 1986, 85, 86 f.; *Schmidt*, ZIP 1993, 549, 551; *Versteegen*, 1993, S. 15 f.; *Wilhelm*, DB 1986, 2113, 2115 f.; *Zöllner*, in: Verhandlungen des 59. DJT, 1992, Bd. II, S. R 35, R 42.

3. Prüfung, ob der analogen Anwendung von § 302 AktG auf den „qualifizierten faktischen GmbH-Konzern“ andere gesetzliche Vorschriften entgegenstehen

Die festgestellte Vergleichbarkeit der Tatbestände des § 302 AktG und des qualifizierten faktischen GmbH-Konzerns stellt zwar eine notwendige, aber noch keine hinreichende Bedingung zur Bejahung des Analogieschlusses dar. Es ist darüber hinaus zu prüfen, ob die Wertungen anderer gesetzlicher Vorschriften der Übertragung der Verlustausgleichspflicht analog § 302 AktG auf die Fallkonstellationen einer qualifiziert konzernierten GmbH entgegenstehen. Denn der Gedanke der Einheit und Widerspruchsfreiheit der Rechtsordnung[557] gebietet es, den Geltungsbereich einer Norm an den Wertungen der mit ihr im Zusammenhang stehenden übrigen Normen zu messen und ihn bei festgestelltem Wertungswiderspruch gegebenenfalls zu beschränken.[558] Der hierzu erforderliche Abgleichungsprozess, d.h. die Prüfung der Verträglichkeit ihres ins Auge gefassten, über den Wortlaut der Norm hinausgehenden, hypothetischen Anwendungsbereiches mit den Zwecken und Wertungen anderer Normen des Gesetzeswerkes, dem sie entstammt, anderer mit ihr im Wertungszusammenhang stehender Gesetze, schließlich aller der Rechtsordnung immanenten Gesetze einschließlich der Verfassung, ist - methodisch gesprochen - das zentrale Anliegen systematischer Auslegung.[559]

[557] Grundlegend *Engisch*, 1987. Wenn dem Gedanken der "Einheit der Rechtsordnung" kritisch entgegengehalten wird, es handele sich um eine *Illusion* anzunehmen, "das systematisierte, formalisierte, bürokratisierte *Recht* des modernen kontinentalen Anstaltsstaats sei substantiell geschlossen" (*Müller*, 1986, S. 65, 71), so kann dem nicht widersprochen werden. *Raisch* (1995, S. 134, 148) spricht insoweit von einer "Idealvorstellung" und weist dem Gedanken der "Einheit der Rechtsordnung" eine Leitbildfunktion für die positivistische Konkretisierung von Gerechtigkeit zu. Diese Beurteilung wird bestätigt, wenn man sich vor Augen führt, dass die Rechtsordnung "als Erzeugnis menschlichen Geistes kein amorphes Chaos ist "(*Engisch*, 1987, S. 83), sondern von bestimmten Leitgedanken getragen wird. Die Forderung nach Systemverträglichkeit und Widerspruchsfreiheit der Gesetzesnormen findet ihre Stütze bereits in dem verfassungsrechtlich in § 3 Abs. 1 GG festgeschriebenen Gleichbehandlungsgebot.

[558] *Coing*, 1972, S. 29; *Pawlowski*, 2000, Rdnr. 461; *Zippelius*, 1999, S. 43 f.

[559] Vgl. *Raisch*, 1995, S. 149 f.; *Maasch*, in: FS Raisch, 1995, S. 417, 424. Da mithin das methodische Vorgehen zur Feststellung der, einen Analogieschluss rechtfertigenden, Rechtsähnlichkeit der Sachverhalte identisch ist mit der Anwendung des klassischen Auslegungscanons der systematischen Interpretation, wird die Analogie von einigen Autoren zu Recht nicht der gesetzesimmanenten Rechtsfortbildung zugerechnet, sondern als Unterfall der systematischen Auslegung verstanden (*Maasch*, in: FS Raisch, 1995, S. 417, 430; *Pawlowski*, 2000, Rdnr. 461, Fn. 14; *Raisch*, 1995, S. 153; *ders.*, in: FS Stimpel, 1985, S. 29, 32 f.; *Raisch/Maasch*, in: FS Benisch, 1989, S.201, 216; *Neuner*, 1992, S. 106).

a) Wertungswiderspruch zu Art. 20 Abs. 2 u. 3 GG?

Teilweise vertritt das Schrifttum die Meinung, die Entwicklung einer qualifizierten GmbH-Konzernhaftung im Wege der Rechtsfortbildung sei verfassungswidrig,[560] da sie gegen den Gewaltenteilungsgrundsatz des Art. 20 Abs. 2 GG verstoße und/oder den Grundsatz der Rechts- und Gesetzesbindung gem. Art. 20 Abs. 3 GG missachte. Für diese Ansicht werden im wesentlichen zwei Gesichtspunkte geltend gemacht, die im folgenden auf ihre Tragfähigkeit hin überprüft werden sollen.

aa) Planmäßige „Regelungslücke" im GmbH-Gesetz?

Aus dem Scheitern der großen GmbH-Rechts-Reform Anfang der siebziger Jahre, die u.a. die Kodifizierung eines spezifischen GmbH-Konzernrechts vorsah, und dem Fehlen konzernrechtlicher Vorschriften in der „kleinen" GmbH-Novelle 1980[561] schlussfolgert man, der Gesetzgeber habe mittels dieses „beredten" Schweigens zum Ausdruck gebracht, er wolle endgültig auf spezifische Haftungsregeln zum Schutze der Minderheitsgesellschafter und Gläubiger im GmbH-Konzern verzichten.[562] Träfe diese Ansicht zu, so stände das Gewaltenteilungsprinzip des Art. 20 Abs. 2 GG einer analogen Anwendung der aktienvertraglichen Schutzregelungen auf den GmbH-Konzern tatsächlich entgegen: Die inhaltliche Konkretisierung des Rechtsrahmens der GmbH kommt dem demokratisch legitimierten Parlament zu, die Judikative hat dessen Vorgaben anzuwenden. Hat die Legislative sich bewusst dazu entschieden, einen Bereich nicht durch Regeln zu strukturieren, liegt mit anderen Worten eine „planmäßige" Lücke vor, so ist es der Judikative verwehrt, die Rolle des Gesetzgebers einzunehmen und mit dessen Kompetenzen Rechtsfortbildung zu betreiben.[563]

---

[560] *Altmeppen*, 1991, S. 56 ff, 70; *ders.*, DB 1991, 2225 ff.; *ders.*, ZIP 1992, 1668 f.; *Gäbelein*, AG 1990, 185, 187; *Meilicke*, DB 1992, 1867, 1871. Eine Verfassungswidrigkeit zumindest erwägend: *Ehlke*, DB 1986, 523, 524 f.; *Knobbe-Keuk*, DB 1992, 1461, 1463. *Flume*, ZIP 1992, 817 ff.; DB 1992, 25, 27, hält jedenfalls die analoge Anwendung der §§ 302, 303 AktG auf Fälle wie den des Video-Urteils für verfassungswidrig, da er hier einen qualifizierten faktischen Konzern nicht als gegeben ansieht.

[561] Gesetz vom 4.7.1980 (BGBl. I. S. 836).

[562] In diesem Sinne ausdrücklich *Kleinert*, in: FS Helmrich, 1994, S. 667, 670, 675. Im Ergebnis ähnlich : *Gätsch*, 1997, S. 70; *Kirchner*, Managementforschung 7, 1997, 271, 291.

[563] BVerfGE 82, 6, 12: "Hat der Gesetzgeber eine eindeutige Entscheidung getroffen, darf der Richter diese nicht aufgrund eigener rechtspolitischer Vorstellungen verändern oder durch eine judikative Lösung ersetzen, die so im Parlament nicht erreichbar war". Vgl. auch *Altmeppen*, 1991, S. 58; *Langenbucher*, 1996, S. 23 ff.; *Larenz*, 1991, S. 410 f.; *Neuner*, 1992, S. 54 ff.

Indes ist eine eindeutige Entscheidung des Gesetzgebers gegen eine spezifisch konzernrechtlich geprägte Inanspruchnahme des herrschenden Unternehmens-Gesellschafters der GmbH nicht erkennbar. Die Tatsache, dass die Regierungsentwürfe zu einem GmbH-Gesetz aus den Jahren 1972[564] und 1973[565] nicht Gesetz wurden, beruhte nicht auf einer Änderung der gesetzgeberischen Absicht, das GmbHG um konzernrechtliche Regelungen zu erweitern. Der Begründung zum Regierungsentwurf ist vielmehr zu entnehmen, dass den Gesetzesverfassern die Schaffung eines spezifischen Konzernrechts für die GmbH „nicht weniger notwendig" zu sein schien „als für die Aktiengesellschaft", da auch die GmbH vielfach als Konzerninstrument Verwendung finde und konzernmäßige Bindungen wesentlich in die Struktur der Gesellschaft eingriffen.[566] Das Scheitern der Kodifizierung war - wie der BGH in seinem „Supermarkt"-Beschluss vom 24.10.1988 ausdrücklich anmerkt[567] - vielmehr darauf zurückzuführen, dass das Gesetzgebungsverfahren bis zur Lösung der damals noch ungeklärten Mitbestimmungsproblematik aufgeschoben werden sollte.[568]

Auch das Fehlen jeglicher konzernrechtlicher Regeln in der tatsächlich verabschiedeten GmbH-Novelle von 1980 liefert keinen Beleg für einen Sinneswandel des Gesetzgebers. Entgegen der Auffassung *Kleinerts*[569] verfolgte diese Novelle nicht das Ziel einer „grundsätzlichen Reformierung des gesamten, in weiten Teilen neueren Anforderungen und Erkenntnissen nicht mehr entsprechenden GmbH-Rechts", die die besondere Rolle der GmbH als „haftungsbegrenzende Unternehmensrechtsform für den kleinen und mittleren Kaufmann" herausstellen sollte, sondern sie diente dazu, wie die Entwurfsbegründung ausdrücklich hervorhebt,[570] „einige dringliche Änderungen des reformbedürftigen GmbH-Gesetzes alsbald zu verwirklichen". Eine bewusste gesetzgeberische Entscheidung **gegen** die rechtsfortbildende Schaffung eines GmbH-Konzernrechts kann der GmbH-Novelle 1980 nicht entnommen werden.[571] Dies hat auch das Bundesverfassungsgericht in

---

[564]BT-Drucks. VI/3088.

[565]BT-Drucks. 7/253.

[566]BT-Drucks. VI/3088 u. BT-Drucks. 7/253, jeweils S. 209.

[567]BGHZ 105, 324, 340 f.

[568]Ebenso: *Beinert*, 1995, S. 110; *Boujong*, in: FS Brandner, 1996, S. 23, 25; *Büscher*, 1999, S. 108; *Kropff*, in: FS Semler, 1993, S. 517, 521; *Sonnenschein/Holdorf*, JZ 1992, 715, 723.

[569]*Kleinert*, in: FS Helmrich, 1994, S. 667 f., 670, 673, 675.

[570]BT-Drucks. 8/1347 S. 27.

[571]So die Stellungnahme der Bundesregierung v. 26.10.1992 zur Verfassungsbeschwerde "Video-Urteil, ZIP 1992, 1664, 1665. Ebenso: *Assmann*, in: FS 100 Jahre GmbH-Gesetz, 1992, S. 657, 664; *v. Becker*, 1994, S. 68 f.; *Boujong*, in: FS Brandner, 1996, S. 23, 25 f.; *Büscher*, 1999, S. 108; *Ehlke*, DB 1986, 523; *Priester*, ZIP 1986, 137, 140; *Semler*, in: FS Goerdeler, 1987, S. 551, 566; *Sonnenschein/Holdorf*, JZ 1992, 715, 723; *Ulmer*, ZHR 1984, 391, 402 f.; *ders.*, NJW 1986, 1579; Hachenburg/*Ulmer*, Anh. § 77, GmbH-Konzernrecht, Rdnrn. 12 f.

seinem Beschluss vom 20.8.1993[572] ausdrücklich hervorgehoben und damit der Behauptung der Verfassungswidrigkeit der qualifizierten GmbH-Konzernhaftung eindeutig widersprochen.

Die in den gescheiterten Regierungsentwürfen zur großen GmbH-Rechts-Reform von 1972 und 1973 vorgesehene konkrete Ausgestaltung der Haftungsverfassung im GmbH-Konzern vermag auch keine Bindungswirkung für die aktuelle Rechtsfortbildung in diesem Bereich zu entfalten. Daher ist *Altmeppen*[573] zu widersprechen, der darauf verweist, dass die für den faktischen GmbH-Konzern vorgeschlagene Haftungsnorm des § 254 RegE eine Verhaltenshaftung mit Beweislastumkehr zugunsten des abhängigen Unternehmens und Entlastungsmöglichkeit zugunsten des herrschenden Unternehmens vorgesehen habe, und daraus den Schluss zieht, dass eine rechtsfortbildend entwickelte qualifizierte GmbH-Konzernhaftung analog §§ 302 f. AktG, die auf einen nicht verhaltensbezogenen Zustand rekurriere, keine Konkretisierung eines erkennbaren gesetzgeberischen Willens darstelle.

Das Fehlen einer „Regelungslücke" im GmbH-Recht wird ferner auf die Behauptung gestützt, das allgemeine Zivil- und Gesellschaftsrecht stelle die notwendigen Instrumentarien bereit, um die qualifizierte Beherrschung der GmbH durch ihren Unternehmens-Gesellschafter haftungsrechtlich zu handhaben.[574] Die fehlende Tragfähigkeit dieser Behauptung wurde in bezug auf den Schutz der abhängigen GmbH im 2. Teil dieser Arbeit nachgewiesen.[575]

---

[572]NJW 1993, 2600.

[573]*Altmeppen*, 1991, S. 56 ff. Ähnliche Erwägungen stellt *Knobbe-Keuk*, DB 1992, 11461, 1463, an.

[574]*Altmeppen*, 1991, S. 59, 74 ff.; *Roth/Altmeppen*, 1997, Anh. § 13 Rdnrn. 182 ff.; *Brandner*, in: Heidelberger Konzernrechtstage, 1992, S. 207, 215; *Gäbelein*, GmbHR 1987, 221, 224; *Heidenhain*, LM Nr.6 zu § 302 AktG 1965, (H 7/1993) S. 1327, 1328; *Hoffmann-Becking*, in: Verhandlungen des 59. DJT, 1992, Bd. II, S. R 8, R 27; *ders.*, in: Heidelberger Konzernrechtstage, 1992, S. 89, 103; *Kirchner*, Managementforschung 7, 1997, S. 271, 295; *Kleinert*, in: FS Helmrich, 1994, S. 667, 671; *Knobbe-Keuk*, DB 1992, 1461, 1462; *dies.*, in: Verhandlungen des 59. DJT, 1992, Bd. II, (Sitzungsberichte) S. R 157; Rowedder/*Koppensteiner*, Anh. nach § 52 Rdnr. 76; *Kübler*, NJW 1993, 1204; *Paulus*, ZIP 1996, 2141, 2145; *Röhricht*, ZGR 1999, 445, 466 f.; *Schanze*, AG 1993, 376, 377; *ders.*, in: Mestmäcker/Behrens (Hrsg.), 1991, S. 473, 500 f.; *ders.*, in: Verhandlungen des 59. DJT, 1992, Bd. II, (Sitzungsberichte) S. R 116 ff.; *Schanze/Kern*, AG 1991, 421, 423; *Schneider*, BB 1981, 249, 258; *Timm*, NJW 1992, 2185, 2194; *Timm/Geuting*, ZIP 1992, 821, 824; *Versteegen*, DB 1993, 1225, 1228 ff.; *Willburger*, 1994, S. 175 ff., 183; *Wilhelm*, DB 1986, 2113, 2117 ff.; *ders.*, 1998, Rdnrn. 561 ff.

[575]Im Ergebnis ebenso *Krieger*, ZGR 1994, 375, 377; *Kropff*, AG 1993, 485, 486; *Stodolkowitz*, ZIP 1992, 15171526. Eine Analyse des angemessenen Gläubigerschutzes erfolgt sogleich in Teil 3 dieser Arbeit.

bb) Aufhebung der Haftungsbeschränkung als Verstoß gegen die Gesetzesbindung des Art. 20 Abs. 3 GG?

Flume wirft der qualifizierten GmbH-Konzernhaftung analog §§ 302 f. AktG - jedenfalls in der tatbestandlichen Ausgestaltung, die sie in der „Video"-Entscheidung gefunden hat - vor, sie hebe „für einen weiten Bereich der GmbH-Praxis die Haftungsbeschränkung als das Elixier der Rechtsfigur der GmbH auf" und verstoße damit gegen den Grundsatz der Gesetzesbindung des Art. 20 Abs. 3 GG.[576] Diese vermeintliche Wirkung der GmbH-Konzernhaftung wird auch von *Knobbe-Keuk*[577] bemängelt und als Rechtsfortbildung contra legem bezeichnet. *Altmeppen*[578] hält die „grundsätzliche Aufhebung der Haftungsbeschränkung für die verbundene Einmann-GmbH" für verfassungswidrig, da nicht die Justiz, sondern nur der Gesetzgeber dazu berufen sei, eine solche rechts- und wirtschaftspolitische Grundlagenentscheidung zu treffen.

Dem Vorwurf, die qualifizierte GmbH-Konzernhaftung durchbreche das Haftungsbeschränkungsprivileg des § 13 Abs. 2 GmbHG, könnte für den hier diskutierten Fall der Verlustausgleichspflicht analog § 302 AktG entgegen gehalten werden, der in dieser Norm angeordnete Binnenausgleich tangiere den die Außenhaftungsordnung der GmbH regulierenden Anwendungsbereich des § 13 Abs. 2 GmbHG gar nicht. Eine derartige Reduzierung des Haftungsprivilegs auf die Versagung eines *unmittelbaren* Anspruchs der Gesellschaftsgläubiger gegenüber ihren Gesellschaftern für Gesellschaftsverbindlichkeiten (Haftungsbeschränkung im engeren Sinne) verkennt aber das wirtschaftliche Ausmaß einer Verlustdeckungspflicht.[579] Für den inanspruchgenommenen Gesellschafter stellt es wirtschaftlich keinen Unterschied dar, ob er einem Gesellschaftsgläubiger oder seiner GmbH gegenüber haftet.[580] Er wendet sich vielmehr gegen jede Art der Verantwortlichkeit, die ihm mehr abverlangt, als die Pflichten zur Einlageerbringung

---

576 *Flume*, ZIP 1992, 817, 818. Vgl. ebenfalls *Meilicke*, DB 1992, 1867, 1871; *Röhricht*, ZGR 1999, 445, 465 f.

577 DB 1992, 1461, 1463. Ebenso *Willburger*, 1994, S. 185.

578 ZIP 1992, 1668, 1669.

579 *Wiedemann*, ZGR 1986, 656, 667; *ders.*, 1988, S. 31; *Versteegen*, 1993, S. 63 f. Auch der BGH (BGHZ 95, 330, 346) spricht der Verlustausgleichspflicht analog § 302 AktG im Vergleich zur Außenhaftung eher noch gravierendere Konsequenzen zu.
Für eine Qualifizierung des § 302 AktG als eine Norm, die, weil sie eine persönlichen Inanspruchnahme des Unternehmens-Gesellschafters ermöglicht, zu einer Durchbrechung des Grundsatzes der beschränkten Haftung und einer Aufhebung des Trennungsprinzips des § 13 Abs. 2 GmbHG führt, sprechen sich ebenfalls aus: *Kindler*, ZHR 157 (1993), 1, 5 f.; Hachenburg/*Mertens*, Anh. § 13 Rdn. 47.

580 Ähnlich *Schmidt*, in: Verhandlungen des 59. DJT, 1992, Bd. II, (Sitzungsberichte) S. R 135, der in bezug auf den Verlustausgleichsanspruch von einem "geordneten Durchgriff" spricht. Ebenso *Zöllner*, in: Verhandlungen des 59. DJT, 1992, Bd. II, (Sitzungsberichte) S. R 39.

(§§ 5, 9 ff., 19 GmbHG) und zur Kapitalerhaltung gem. §§ 30 ff. GmbHG. Dabei kann er sich hinsichtlich der Verneinung einer unmittelbaren Außenhaftung auf § 13 Abs. 2 GmbHG stützen. Die Freistellung von einer Inanspruchnahme seitens seiner Gesellschaft ist demgegenüber nicht positivrechtlich formuliert, sondern resultiert aus dem Fehlen von Anspruchsgrundlagen im GmbHG, die es rechtfertigen, den Gesellschaftern das unbeschränkte Risiko für ein verlustbringendes Wirtschaften der GmbH aufzuerlegen. Zwar belastet das GmbHG die Gesellschafter mit einem beschränkten Verlustrisiko: Im Falle der Insolvenz der Gesellschaft verlieren sie ihre eingebrachten Einlagen, darüber hinausgehende, „freiwillig" erbrachte, eigenkapitalersetzende Leistungen oder Nachschüsse sowie den mitgliedschaftlichen Anteil an dem (verlorenen) Gesellschaftsvermögen. Hierbei handelt es sich aber um ein, zum Zeitpunkt der Risikoverwirklichung, wertmäßig determiniertes Vermögen, welches bereits in die Verfügung der Gesellschaft übergegangen war.[581] Die Wirkung der Verlustausgleichspflicht geht darüber hinaus; sie begründet im Ergebnis eine unbeschränkte Kapitalnachschusspflicht. Das Haftungsprivileg des GmbH-Gesellschafters im weiteren Sinne umfasst somit sowohl die fehlende unmittelbare Außenhaftung für Verbindlichkeiten der Gesellschaft als auch die fehlende Verantwortlichkeit für unbeschränkte wirtschaftliche Verluste der Gesellschaft selbst.

Aber auch wenn man von einem so weit verstandenen Haftungsbeschränkungsprivileg ausgeht ist der Auffassung zu widersprechen, die GmbH-Konzernhaftung analog § 302 AktG führe zu einer generellen Aushebelung dieses Kernbestandes des GmbH-Rechts und missachte damit die Bindung der Rechtsprechung an Gesetz und Recht.

Der - hier vertretene - strukturelle Haftungsansatz knüpft tatbestandsmäßig nicht bereits an die Ausübung von intensiver Leitungsmacht durch einen Unternehmens-Gesellschafter an, sondern verlangt eine bewusst herbeigeführte Organisationsstruktur, die zur wirtschaftlichen Unselbständigkeit der abhängigen GmbH führt. Damit ist der befürchteten uferlosen Ausweitung dieses Haftungstatbestandes ein Riegel vorgeschoben. Auch in den, als besonders gefährdet angesehenen, Einmann-GmbH-Konzernen greift mithin kein „Automatismus Konzernhaftung".[582] Diese verlangt vielmehr nach weiteren qualifizierenden Merkmalen. Liegen sie vor, so tangiert der dann gerechtfertigte haftungsrechtliche Zugriff auf den herrschenden Unternehmens-Gesellschafter zwar das Haftungsbeschränkungsprivileg des GmbHG. Dies ist aber legitim. Denn § 13 Abs. 2 GmbHG stellt keine absolute Grenze für eine persönliche Inanspruchnahme der Gesellschafter auf. Der Gesetzgeber hat hierin lediglich zum Ausdruck gebracht, dass der

---

[581] *Versteegen*, 1993, S. 66 ff., 70.

[582] So aber explizit *Kübler*, NJW 1993, 1204.

GmbH-Gesellschafter, anders als etwa der Gesellschafter einer Personenhandelsgesellschaft, nicht allein aufgrund seiner Verbandsmitgliedschaft für Verbindlichkeiten der GmbH einzustehen habe. Erfüllt er in eigener Person die Tatbestandsmerkmale normierter Haftungsgrundlagen, die ihm im Verhältnis zu den Gesellschaftsgläubigern (§ 823 Abs. 2 BGB i.V.m § 64 GmbHG, § 826 BGB, etc.) oder der Gesellschaft (§ 43 Abs. 1 GmbHG, Treuepflichtverletzung, etc.) auferlegt sind, so steht das Haftungsbeschränkungsprivileg seiner Inanspruchnahme nicht entgegen.[583]

Als solche selbständigen Anspruchsgrundlagen sind auch die besonderen Schutzkautelen des aktienrechtlichen Konzernrechts, die §§ 311 ff. und §§ 302 f. AktG, zu werten. Das Bundesverfassungsgericht bestätigte in seinem Beschluss vom 20.8.1993[584] ausdrücklich den vom BGH praktizierten Rückgriff auf § 303 AktG analog im Falle eines qualifizierten faktischen GmbH-Konzerns, „da die Sachlage hier derjenigen ganz ähnlich sein könne, an die beim aktienrechtlichen Vertragskonzern das Aktiengesetz Schutzvorschriften knüpfe“. So wenig wie ihre Parallelvorschrift, § 1 Abs. 1 S. 2 AktG, eine persönliche Inanspruchnahme des Aktionärs zu verhindern vermag, steht auch § 13 Abs. 2 GmbHG einer konzernrechtlichen Haftung des Unternehmensgesellschafters im GmbH-Konzern entgegen.[585]

Zusammenfassend kann also festgestellt werden, dass die qualifizierte GmbH-Konzernhaftung analog § 302 AktG nicht gegen Art. 20 Abs. 2 und 3 GG verstößt.[586] Zu diesem Ergebnis gelangte auch das Bundesverfassungsgericht.[587]

b) Wertungswiderspruch zur 12. Gesellschaftsrechtlichen Richtlinie der EG zur Koordinierung des Gesellschaftsrechts[588]

Die 12. EG-Richtlinie „betreffend Gesellschaften mit beschränkter Haftung mit einem einzigen Gesellschafter“ zielt darauf ab, mittelständischen Einzelunternehmern gemeinschaftsweit die Möglichkeit zu geben, „ihre Haftung auf das Vermögen zu beschränken, das für die Ausübung einer bestimmten Tätigkeit ein-

---

583 Vgl. *Schmidt*, ZIP 1993, 549, 552.

584 NJW 1993, 2600, 2601.

585 *Sonnenschein/Holdorf*, JZ 1992, 715, 723; *Stodolkowitz*, ZIP 1992, 1517, 1526; *Ulmer*, NJW 1986, 1579, 1581.

586 *Boujong*, GmbHR 1992, 207; *Hommelhoff*, DB 1992, 309, 314; *Kowalski*, BVerfG EWiR § 302 AktG 4/93, 945, 946; *Seidl*, ZGR 1988, 296, 311; *Sonnenschein/Holdorf*, JZ 1992, 715, 723; *Timm*, GmbHR 1992, 213, 219; *Zöllner*, JZ 1992, 381, 385 Fn. 42.

587 Beschluss vom 20.8.1993-2 BvR 1610/91 - NJW 1993, 2600.

588 Nr. 89/667/EWG, ABl. L 395/40 vom 30.12. 1989, abgedr. bei *Hirte*. 1992, Abschnitt 2.1.3.

gesetzt wird“[589] Die Umsetzung dieses Richtlinienziels in innerstaatliches Recht setzt einerseits voraus, dass der deutsche Gesetzgeber auch Einzelpersonen den Zugang zu der Rechtsform GmbH eröffnet (Art. 1, 2 Abs. 1 EG-Richtlinie); dies ist in § 1 GmbHG geschehen. Darüber hinaus muss aber auch das dem in der Rechtsform der GmbH organisierten Einzelunternehmer formal zugestandene Haftungsbeschränkungsprivileg materiell-rechtlich sichergestellt sein.[590] Daran wäre zu zweifeln, wenn die nationale Rechtsordnung Haftungsinstrumente bereithielte, die eine - über Einzeleingriffe hinausgehende - regelmäßige persönliche Inanspruchnahme des GmbH-Alleingesellschafters zuließen.

aa) Aufhebung der Haftungsbeschränkung im Einmann-GmbH-Konzern durch die qualifizierte Konzernhaftung?

Eben diese Wirkung sprechen Teile des wissenschaftlichen Schrifttums der qualifizierten GmbH-Konzernhaftung analog §§ 302 f. AktG zu, jedenfalls in ihrer tatbestandlichen Ausgestaltung als Strukturhaftung im Sinne der „Video“-Entscheidung, und lehnen sie daher als mit dem Europarecht unvereinbar ab.[591]

Dieser Auffassung ist zu widersprechen. Selbst der zu weit gefasste haftungsauslösende Tatbestand nach dem „Video“-Urteil knüpfte die qualifizierte Konzernhaftung im Einmann-GmbH-Konzern nicht ausschließlich an eine dauernde und umfassende Leitungsmachtausübung durch den Alleingesellschafter-Geschäftsführer, sondern er verlangte zusätzlich die Unternehmenseigenschaft des Gesellschafters. Damit entfällt für alle Einzelunternehmer die Gefahr einer persönlichen konzernrechtlichen Inanspruchnahme, die ihre unternehmerischen Aktivitäten vollständig auf die eine GmbH konzentrieren.[592] Noch weiter eingeschränkt wird der Anwendungsbereich der Konzernhaftung, wenn man, mit dem hier vertretenen Ansatz, die Haftung analog §§ 302 f. AktG an eine vom Unternehmens-Alleingesellschafter bewusst herbeigeführte Organisationsstruktur knüpft, die zur wirtschaftlichen Unselbständigkeit der beherrschten GmbH führt.

---

[589] Begründung der Kommission zum Vorschlag für die 12. Gesellschaftsrechtliche Richtlinie des Rates v. 18.5.1988, Dok. KOM (88) 101 endg. - SYN 135, S. 4, abgedr. bei *Hirte*, 1992, Abschnitt 2.1.6. Ähnlich formuliert der 5. Erwägungsgrund der Richtlinien-Präambel: "Einzelunternehmern in der gesamten Gemeinschaft sollte das rechtliche Instrument einer Gesellschaft mit Haftungsbeschränkung geboten werden...".

[590] *Drygala*, ZIP 1992, 1528, 1532; *Kindler*, ZHR 157 (1993), 1, 5; *Meilicke*, DB 1992, 1867; *Roth*, ZIP 1992, 1054, 1055.

[591] *Hirte*, ZIP 1992, 1122, 1123; *Kindler*, ZHR 157 (1993), 1, 2 ff.; *Knobbe-Keuk*, DB 1992, 1461, 1465; *Meilicke*, DB 1992, 1867; *Roth*, ZIP 1992, 1054, 1055; *Schüppen*, DB 1993, 969. Kritisch äußert sich ebenfalls *Wiedemann*, DB 1993, 141, 153.

[592] *Brandner*, in: Heidelberger Konzernrechtstage, 1992, S. 207, 214.

Dieser Zustand ist, wie aufgezeigt, nicht bereits dann zu bejahen, wenn der Alleingesellschafter auch die Geschäftsführung in den beteiligten Konzernunternehmen vollständig beherrscht.

Damit führt die analoge Anwendung der vertragskonzernrechtlichen Haftungstatbestände auf den qualifizierten faktischen Einmann-GmbH-Konzern zu einer *ausnahmsweisen* Haftung des Einzelunternehmers für Verbindlichkeiten der GmbH. Diese ist nach dem 5. Erwägungsgrund der Präambel mit der Zielsetzung der EG-Richtlinie vereinbar.[593]

bb) Wertung des Art. 2 Abs. 2 der 12. Gesellschaftsrechtlichen EG-Richtlinie als Spezialregelung für eine konzernrechtlich motivierte Einstandspflicht des Alleingesellschafters im Einmann-GmbH-Konzern?

Diesem Ergebnis wird von einigen Autoren entgegengehalten, für *konzernrechtlich* begründete Eingriffe in das Haftungsbeschränkungsprivileg des Einzelunternehmers enthalte Art. 2 Abs. 2 der EG-Richtlinie eine abschließende Regelung.[594] Der entsprechende Richtlinientext lautet:

> Bis zur Koordinierung der einzelstaatlichen Vorschriften für das Konzernrecht können die Gesetze der Mitgliedstaaten besondere Bestimmungen oder Sanktionen vorsehen, sofern
>
> a) eine natürliche Person einziger Gesellschafter von mehreren Gesellschaften ist oder
>
> b) eine Einpersonengesellschaft oder eine andere juristische Person einziger Gesellschafter einer Gesellschaft ist.

Diesem Normtext entnimmt man zwei, die qualifizierte Konzernhaftung analog §§ 302 f. AktG einschränkende bzw. gänzlich ausschließende, Voraussetzungen:

---

[593] Im Ergebnis ebenso: BGHZ 122, 123, 136 "TBB"; *Büscher*, 1999, S. 61 f.; *Drygala*, ZIP 1992, 1528, 1532 f.; *Stodolkowitz*, ZIP 1992, 1517, 1527.

[594] *Hirte*, ZIP 1992, 1122, 1123; *Kindler*, ZHR 157 (1993), 1, 9 ff.; *Knobbe-Keuk*, DB 1992, 1461, 1465; *Roth*, ZIP 1992, 1054, 1055 f.; *Schüppen*, DB 1993, 969, 970.

aaa) Vorbehalt eines formellen Gesetzes

Es wird geltend gemacht, dass die Mitgliedstaaten von den hier vorgesehenen Ausnahmeregelungen nur durch formelle Gesetze, nicht aber durch richterrechtlich entwickelte Haftungsinstrumente, Gebrauch machen könnten.[595] Gegen diese Ansicht spricht einerseits die Wortlautanalyse: Schon im englischen Text[596] fehlt es an konkreten Angaben, in welcher Form Ausnahmeregelungen erfolgen können. Darüber hinaus stände selbst eine einschränkende Wortlautinterpretation des Richtlinientextes der Eignung der Konzernhaftungskonzeption des BGH als richtlinienkonforme Ausnahmeregelung nicht entgegen, da diese auf einer Analogie zu konkreten *gesetzlichen* Vorschriften, nämlich den §§ 302, 303 AktG, beruht.[597] Der EuGH hat in seinem Urteil vom 20.11.1992 entschieden, dass unter „Gesetzen" die Rechtsvorschriften des nationalen Rechts in dem Sinne zu verstehen seien, in dem sie von den Gerichten des jeweiligen Mitgliedsstaats ausgelegt werden.[598]

bbb) Abschließender Katalog mitgliedstaatlicher Ausnahmetatbestände

Nach *Knobbe-Keuk*[599] dient die Regelung des Art. 2 Abs. 2 der EG-Richtlinie *ausschließlich* dazu, die in Frankreich und Belgien seinerzeit vorgefundenen besonderen gesetzlichen Regelungen für Einpersonengesellschaften, wonach natürliche Personen nicht Alleingesellschafter in *mehreren* Gesellschaften sein können, unangetastet zu lassen. Sie verweist hierzu auf die Formulierung des 6. Erwägungsgrundes der Präambel, wo es heißt:

> „Das einzige Ziel dieser Möglichkeit ist die Berücksichtigung von Besonderheiten, die gegenwärtig in bestimmten nationalen Rechtsvorschriften bestehen".

Zu Recht weist *Neye*[600] demgegenüber darauf hin, dass der zitierte Erwägungsgrund eine Fortsetzung enthält:

---

595 *Meilicke*, DB 1992, 1867, 1870; *Roth*, ZIP 1992, 1054, 1055. In diese Richtung tendiert auch *Knobbe-Keuk*, DB 1992, 1461, 1465, die die Frage aber letztlich, als nicht entscheidungserheblich, offen läßt. Zweifelnd auch *Hirte*, ZIP 1992, 1122, 1123.

596 "member states may lay down special provisions..."

597 *Kindler*, ZHR 157, (1993), 1, 9; *Neye*, in: Verhandlungen des 59. DJT, 1992, Bd. II, (Sitzungsberichte) S. R 124 f.

598 EuGH ZIP 1993, 221, 224. Darauf stellen auch der BGH (BGHZ 122, 123, 135) und *Lutter*, JZ 1993, 580, 582, ausdrücklich ab.

599 DB 1992, 1461, 1465. Ähnlich wohl auch *Hirte*, ZIP 1992, 1122, 1123.

600 *Neye*, in: Verhandlungen des 59. DJT, 1992, Bd. II, (Sitzungsberichte) S. R 125 f.

„Es steht den Mitgliedstaaten frei, Regeln aufzustellen, um den möglichen Gefahren aus der Tatsache, daß es bei Einpersonengesellschaften lediglich einen einzigen Gesellschafter gibt, zu begegnen...".

Dieser zusätzliche Satz sei auf Initiative der deutschen Delegation in die Präambel aufgenommen worden, um deutlich zu machen, dass Art. 2 Abs. 2 eben keine abschließende Regelung nur mit Blickwinkel auf Belgien und Frankreich enthalte, sondern anderen Mitgliedstaaten durchaus auch Sonderregeln ermögliche.

Andere Autoren weisen Art. 2 Abs. 2 der EG-Richtlinie die Funktion zu, konzernrechtliche Ausnahmen vom Haftungsbegrenzungsprivileg, jedenfalls im Einpersonen-GmbH-Konzern, auf die hier enumerativ aufgezählten Fallgestaltungen zu begrenzen.[601] Danach wäre eine, von der Richtlinie gedeckte, Konzernhaftung nur in zwei Fällen zu bejahen: Einmal dann, wenn eine natürliche Person Alleingesellschafter von *mehreren* Gesellschaften ist; ausscheiden müsten alle Sachverhaltskonstellationen in denen der Alleingesellschafter „nur" mehrheitliche Beteiligungen an anderen Gesellschaften hält oder eine weitere unternehmerische Betätigung als Einzelkaufmann betreibt. Zum anderen werde eine Konzernhaftung von Art. 2 Abs. 2 EG-Richtlinie toleriert, wenn eine Ein-Personen-Gesellschaft oder eine andere juristische Person einziger Gesellschafter einer Gesellschaft ist.

Dieser Interpretation des Art. 2 Abs. 2 der 12. Gesellschaftsrechtlichen EG-Richtlinie als eine die konzernrechtlichen Haftungsregeln der nationalen Mitgliedstaaten beschränkende Norm ist aber zu widersprechen. Schon der Wortlaut des Richtlinientextes, wonach die Gesetze der Mitgliedstaaten besondere Bestimmungen oder Sanktionen „bis zur Koordinierung der einzelstaatlichen Vorschriften für das Konzernrecht" vorsehen können, spricht gegen die Annahme, der europäische Gesetzgeber habe mit der Einmann-Richtlinie überhaupt irgendeinen konzernrechtlichen Regelungsgehalt verknüpfen wollen.[602] Die Annahme einer einschränkenden gesetzgeberischen Absicht würde ferner einen, sachlich nicht zu rechtfertigenden, Wertungswiderspruch zwischen der Konzernhaftung im eingliedrigen GmbH-Konzern und in der Mehrpersonengesellschaft heraufbeschwören: Für die Haftung im Einmann-GmbH-Konzern müssten engere tatbestandliche Grenzen gezogen werden.[603] Schließlich ist darauf hinzuweisen, dass die in Art. 2 Abs. 2 der EG-Richtlinie *zugelassenen* Ausnahmetatbestände erheblich intensiver in das Haftungsbeschränkungsprivileg des Einzelunterneh-

---

[601] *Kindler*, ZHR 157 (1993), 1, 12 ff.; *ders.*, in: Verhandlungen des 59. DJT, 1992, Bd. II, (Sitzungsberichte) S. R 127; *Meilicke*, DB 1992, 1867, 1869; *Roth*, ZIP 1992, 1054, 1055 f.

[602] BGHZ 122, 123, 135 f. "TBB". Ebenso *Büscher*, 1999, S. 61; *Drygala*, ZIP 1992, 1528, 1530; *Lutter*, in: Heidelberger Konzernrechtstage, 1992, S. 183, 187; *Sonnenschein/Holdorf*, JZ 1992, 715, 723; *Stodolkowitz*, ZIP 1992, 1517, 1527. A.A. *Schüppen*, DB 1993, 969, 970.

[603] BGHZ 122, 123, 136 "TBB"; *Büscher*, 1999, S. 61; *Stodolkowitz*, ZIP 1992, 1517, 1527.

mers eingreifen, als dies eine qualifizierte GmbH-Konzernhaftung analog §§ 302 f. AktG vermag. Denn die für die in Art. 2 Abs. 2 lit. a) und b) beschriebenen Sondertatbestände vorgesehenen Sanktionen rechtfertigen ein gänzliches *Verbot* der unternehmerischen Tätigkeit eines Einzelunternehmers als Alleingesellschafter in zwei oder mehreren Gesellschaften. Demgegenüber lässt die GmbH-Konzernhaftung eine solche unternehmerische Mehrfachtätigkeit generell zu und auferlegt dem Unternehmens-Gesellschafter lediglich bestimmte zusätzliche Haftungsrisiken.

Die analoge Übertragung der Verlustausgleichspflicht gem. § 302 AktG (auch) auf den qualifizierten faktischen Einmann-GmbH-Konzern verstößt nicht gegen Wertungen der 12. gemeinschaftsrechtlichen EG-Richtlinie.

Zusammenfassend ist festzustellen, dass die analoge Anwendung der aktienvertragskonzernrechtlichen Regeln der §§ 302 f. AktG auf den „qualifizierten faktischen GmbH-Konzern" nicht auf Wertungswidersprüche in der Rechtsordnung stößt.

B. Rechtsfolge der analogen Anwendung des § 302 Abs. 1 AktG auf den qualifizierten faktischen GmbH-Konzern

I. Umfang der Verlustausgleichspflicht

Im Schrifttum wird die Frage strittig diskutiert, ob das herrschende Unternehmen bei Erfüllung der haftungsauslösenden Tatbestandsmerkmale des § 302 Abs. 1 AktG analog den vollen Jahresfehlbetrag der beherrschten GmbH zu ersetzen hat oder ob die Verlustausgleichspflicht nur dann und insoweit eingreift, als das Vermögen der beherrschten GmbH während der qualifizierten faktischen Konzernierung unter den zur Deckung des Stammkapitals erforderlichen Umfang fällt. Die Forderung nach einer Begrenzung der Verlustausgleichspflicht wird auf das, im Verhältnis zum Aktienrecht, niedrigere Schutzniveau der Kapitalsicherungsregeln der §§ 30 ff. GmbHG gestützt. Dieses Gläubigerschutzgefälle müsse auch im GmbH-Konzern Beachtung finden.[604]

---

[604] *Assmann*, in: FS 100 Jahre GmbH-Gesetz, 1992, 657, 728; *Ebenroth*, AG 1990, 188, 195; *Ebenroth/Wilken*, ZIP 1993, 558, 562; *dies.*, BB 1991, 2229, 2231; *Eschenbruch*, 1996, Rdnr. 3416; *Holzwarth*, 1994, S. 207 f.; *Jansen*, 1993, S. 133 f.; *Reuter*, ZHR 146 (1982), 1, 21; MünchKomm-BGB/*Reuter*, Vor § 21 Rdnrn. 44 f.; *Schwark*, JuS 1987, 443, 450; *Ulmer*, AG 1986, 123, 129; Baumbach/Hueck/*Zöllner*, 1996, Schlussanh. I, GmbH-KonzernR, Rdnrn. 83, 102.

Dieser Argumentation ist schon deshalb zu widersprechen, weil sie die Verlustausgleichspflicht analog § 302 Abs. 1 AktG ausschließlich unter dem Aspekt des Gläubigerschutzes würdigt und dabei außer Acht lässt, dass diese Regelung in erster Linie dem Schutz der Gesellschaft respektive ihrer Minderheitsgesellschafter dient. Die gläubigerschützenden Kapitalerhaltungsregeln der §§ 30 ff. GmbHG vermögen daher keinen geeigneten Maßstab für die Umfangsbestimmung der Verlustausgleichspflicht zu liefern.[605]

Noch deutlicher spricht aber der Normzweck des § 302 AktG gegen eine Reduzierung der Verlustausgleichspflicht auf eine bloß Stammkapitalausgleichspflicht. Die Verlustausgleichspflicht dient, wie oben dargelegt, nicht der Kompensation des Ausfalls von gläubigerschützenden Kapitalerhaltungsregeln, sondern sie verlagert das gesamte unternehmerische Verlustrisiko auf das herrschende Unternehmen.[606] Diese Risikoübertragung lässt weder eine Differenzierung zwischen den Rechtsformen der abhängigen Gesellschaft zu, noch fragt sie danach, ob diese ein- oder mehrgliedrig ist.[607]

Das herrschende Unternehmen haftet im qualifizierten faktischen GmbH-Konzern demnach auf unbeschränkten Ausgleich des bei der beherrschten Gesellschaft entstandenen Jahresfehlbetrages.[608]

II. Gegenständliche Haftungsbeschränkung auf das Beteiligungsvermögen?

Teile der Literatur sprechen sich dafür aus, den Mehrheitsgesellschafter mit multiplem Beteiligungsbesitz, der nicht zugleich ein einzelkaufmännisches Unternehmen betreibt,[609] nicht unbeschränkt für den Verlustausgleich haften zu lassen, sondern seine konzernrechtliche Verantwortlichkeit gegenständlich auf sein in

---

[605] *Joost*, in: Heidelberger Konzernrechtstage, 1992, S. 133, 140; *Stimpel*, in: Probleme des Konzernrecht, ZHR-Beiheft 62, 1989, S. 11, 24; *ders.*, ZGR 1991, 144, 158.

[606] *Möhring*, 1992, S. 117; *Schmidt*, ZIP 1991, 1325, 1328 f.; *ders.*, in: Heidelberger Konzernrechtstage, 1992, S. 109, 117.

[607] A.A.: *Hüffer*, 1999, § 302 Rdnr. 9; *Stimpel*, ZGR 1991, 144, 158, die sich für eine Beschränkung der Verlustausgleichspflicht auf die Stammkapitaldeckung in der abhängigen Einmann-GmbH aussprechen.

[608] Neben den in Fn. 605, 606 genannten Autoren im Ergebnis ebenso: *Brandner*, in: Heidelberger Konzernrechtstage, 1992, S. 207, 216; *Priester*, in: FS Semler, 1993, 561, 578; *Raiser*, 1992, § 53 Rdnr. 48; *Sonnenschein/Holdorf*, JZ 1992, 715, 720; *Wiedemann*, DB 1993, 141, 153.

[609] In diesem Fall soll eine gegenständliche Beschränkung der Haftung nicht in Betracht kommen, da sich eine konsequente Trennung von Privat- und Geschäftsvermögen nicht durchführen lässt, der Gesellschafter eine kapitalgesellschaftliche Vermögensabschichtung also gerade nicht sichergestellt hat. Vgl. BGHZ 122, 123, 128; BGHZ 115, 187, 191; *v. Becker*, 1994, S. 64; *Bitter/Bitter*, BB 1996, 2153, 2155 Fn. 56; *Schmidt*, ZIP 1991, 1325, 1326.

den Unternehmensverband eingeflossenes Beteiligungsvermögen zu beschränken.[610] Die geforderte Herausnahme des Privatvermögens aus der Haftung wird einerseits rechtspolitisch begründet. Man verweist darauf, dass der Fall des multiplen Beteiligungsbesitzes eines Unternehmens-Gesellschafters gerade im klein- und mittelständischen Unternehmensbereich sehr häufig anzutreffen sei und eine unbeschränkte konzernrechtliche Haftung diesem Adressatenkreis nicht zuzumuten wäre.[611] Weiterhin erblickt man in der Eröffnung von Zugriffsmöglichkeiten auf das nicht unternehmerisch eingesetzte Privatvermögen des Unternehmens-Gesellschafters eine Überkompensation der konzernspezifischen Gefahren. Die konzernrechtliche Haftung verfolge den Zweck, auf die spezifischen Risiken zu reagieren, die durch die Aufspaltung einer wirtschaftlichen Einheit in mehrere rechtlich selbständige Unternehmensträger entständen. Diese Gefahren beschränkten sich auf Vermögensverschiebungen auf der horizontalen Ebene sowie die Allokation von Unternehmensrisiken auf eine oder mehrere der entstandenen selbständigen Einheiten. Betroffen wäre also lediglich die Betriebssphäre der beteiligten Unternehmen. Demzufolge dürfe sich eine konzernrechtliche Haftung auch nicht auf Vermögensbestandteile beziehen, die außerhalb der Unternehmensverbindung lägen.[612]

Dieser Auffassung ist zu widersprechen. Zum einen verkennt sie, dass sich die Konzerngefahren nicht ausschließlich auf der Ebene der Konzerntöchter realisieren. Nachteilig wirkende Vermögenstransaktionen (Stichwort: verdeckte Gewinnausschüttungen) finden auch - und gerade - im Verhältnis zwischen den abhängigen Unternehmen und der Konzernspitze statt. Hier vermag ein horizontaler Ausgleich die negativen Folgen gerade nicht zu beseitigen, sondern es muss eine vertikale Haftung eingreifen. Wird die Konzernspitze durch eine natürliche Person gebildet, so bedeutet dies, dass sich die Haftung regelmäßig auf ihr gesamtes Vermögen bezieht. Denn der im Zivilrecht geltende Grundsatz der unbeschränk-

---

610 *Ziegler*, 1989, S. 234 ff.; *ders.*, WM 1989, 1077, 1078 ff.; *v. Becker*, 1994, S. 63 f.; *Bitter/Bitter*, BB 1996, 2153, 2155; *Decher*, in: Verhandlungen des 59. DJT, 1992, Bd. II, S. R 161, 163; *Hirte*, 1992, S. 10 f.; *Kulka*, DZWir 1995, 45, 49; *Priester*, Sonderheft DNotZ 1993, 121, 143; *ders.*, in: Verhandlungen des 59. DJT, 1992, Bd. II, S. R 115; *Rehbinder*, in: FS Kübler, 1997, 493, 501. Zu demselben Ergebnis gelangen diejenigen Autoren, die dem Mehrheitsgesellschafter im Falle multiplen Beteiligungsbesitzes die Unternehmensqualität absprechen und die Haftungsfrage über einen horizontalen Verlustausgleich der Konzernschwestern im Gleichordnungskonzern zu lösen suchen, vgl. *Ehlke*, DB 1986, 523, 524; *Schmidt*, ZHR 155 (1991), 417, 432 ff; *ders.*, AG 1994, 189, 190 f.; *ders.*, ZIP 1994, 1741, 1743 ff.; *ders.*, in: Heidelberger Konzernrechtstage, 1992, 109, 125.

611 *Decher*, in: Verhandlungen des 59. DJT, 1992, Bd. II, S. R 161, 163; *Priester*, ebd. R 115; *Kulka*, DZWir 1995, 45, 49; *Ziegler*, WM 1989, 1077, 1078.

612 *Ziegler*, WM 1989, 1077; *v. Becker*, 1994, S. 58 f.; *Bitter/Bitter*, BB 1996, 2153, 2155; *Kulka*, DZWir 1995, 45, 49.

ten Vermögenshaftung geht von der haftungsrechtlichen Gleichwertigkeit des Vermögens des Schuldners aus.[613]

Ziegler[614] bemüht sich nun in Abweichung von diesem Grundsatz darum, ein haftungsrechtlich verselbständigtes Sondervermögen „Beteiligungsbesitz" des, die Konzernspitze bildenden, Unternehmens-Gesellschafters zu konstruieren. Zu diesem Zweck beruft er sich auf, von der Rechtsordnung akzeptierte, Vermögensaufspaltungen zu Haftungszwecken, wie etwa die Pfändungsschutzbestimmungen der §§ 811 ff. ZPO, die beschränkte Erbenhaftung gem. §§ 1975 ff. BGB und die - allerdings rechtsgeschäftlich zu vereinbarende - Haftungsbeschränkung der BGB-Gesellschaft auf das Gesellschaftsvermögen. Allen diesen Fällen sei gemeinsam, dass die Gläubiger hier eine unbeschränkte Vermögenshaftung von vornherein nicht erwarten konnten, sondern lediglich auf eine gegenständlich auf das Sondervermögen beschränkte Einstandspflicht vertrauen durften. Diesen Sonderfällen stellt *Ziegler* den Fall des multiplen Konzernbeteiligungsbesitzes eines GmbH-Mehrheits-/Alleingesellschafters gleich. Wer Gläubiger eines in der Rechtsform einer GmbH geführten Konzernunternehmens sei, dürfe nicht erwarten, „daß der herrschende Privatgesellschafter für alle „seine" rechtlich selbständigen Unternehmen, obwohl sie in einer grundsätzlich haftungsbeschränkten Rechtsform geführt werden, mit seinem gesamten Privatvermögen für die Gesellschaftsverbindlichkeiten ohne Schaffung eines zusätzlichen Verpflichtungstatbestandes unbeschränkt haften wird".[615] *Ziegler* verkennt dabei, dass der herrschende „Privat"-Gesellschafter den - hier vermissten - zusätzlichen persönlichen Verpflichtungsgrund gerade durch die Etablierung des qualifizierten Konzernierungszustandes in Form der qualifizierten Konzernhaftung analog § 303 AktG geschaffen hat. Die Gläubigererwartungen beschränken sich mithin nicht mehr auf die Zugriffsmöglichkeiten, die ihnen seitens ihrer - in der Rechtsform der GmbH organisierten - Schuldnerin eröffnet werden, sondern sie knüpfen an an die Rechtsform des zur Konzernhaftung herangezogenen herrschenden Unternehmens. Handelt es sich hierbei um eine natürliche Person, so beinhaltet die den Gläubigern zur Verfügung stehende Haftungsmasse sein gesamtes Vermögen.[616]

Darüber hinaus wäre das wirtschaftliche Ergebnis einer auf das Beteiligungsvermögen beschränkten Haftung des multiplen Unternehmens-Gesellschafters - der Horizontalzugriff auf die Gesellschaftsvermögen der Konzerntöchter - unangemessen. Die haftungsrechtliche Inanspruchnahme der Schwestergesellschaften für „fremde" Schulden sprengt einerseits die unterschiedlichen Haftungs- und Ver-

---

613 So auch BGH, Urt. v. 13.12.1993 "EDV", NJW 1994, 446; *Assmann*, in: FS 100 Jahre GmbH-Gesetz, 1992, S. 657, 715; *Raiser*, ZGR 1995, 156, 158.

614 *Ziegler*, WM 1989, 1077, 1079 ff. Ebenso *v. Becker*, 1994, S. 63.

615 *Ziegler*, WM 1989, 1077, 1080. Ebenso *v. Becker*, 1994, S. 63; *Kulka*, DZWir 1995, 45, 49.

616 *Möhring*, 1992, S. 259 f.

mögenssphären eines Konzerns, da sie die Eigenständigkeit der einzelnen Konzernunternehmen missachtet, und sie benachteiligt andererseits die Gläubiger der Schwestergesellschaften.[617] Schließlich würde ein Ausklammern des Privatvermögens des Unternehmens-Gesellschafters aus der konzernrechtlichen Haftung zu einer nicht gerechtfertigten Bevorzugung seiner Privatgläubiger gegenüber den Gläubigern „seiner“ Konzerntöchter führen: während den Privatgläubigern der Zugriff auf das *gesamte* Vermögen des Unternehmens-Gesellschafters zuständе, wäre es den „Betriebs-“Gläubigern nur gestattet, auf sein Beteiligungsvermögen zuzugreifen.[618]

Die gegenständliche Beschränkung der Verlustausgleichspflicht des multiplen Unternehmens-Gesellschafters auf das „Konzernvermögen“ ist somit abzulehnen.[619]

---

[617] *Basten*, GmbHR 1990, 442, 443; *Donle*, DStR 1995, 1918, 1923; *Hommelhoff*, ZGR 1994, 395, 398; *Jaschinski*, 1997, S. 199; *Limmer*, 1992, S. 353; *ders.*, WPrax 1994, 8, 9; *Lutter*, in: Heidelberger Konzernrechtstage, 1992, S. 183, 192; Hachenburg/*Ulmer*, Anh § 77, GmbH-Konzernrecht, Rdnr. 115.

[618] BGH, Urt. v. 13.12.1993 "EDV", NJW 1994, 446.

[619] Neben den oben genannten Autoren sprechen sich für eine Verneinung der Haftungsbeschränkung aus: *Brandner*, in: Heidelberger Konzernrechtstage, 1992, S. 207, 217; *Boujong*, in: FS Odersky, 1996, S. 739, 750 f.; *Buchner/Weigl*, DNotZ 1994, 580, 603; *Ebenroth/Wilken*, BB 1991, 2229, 2231; *Hüffer*, 1999, § 302, Rdnr. 9; *Kowalski*, GmbHR 1993, 253, 255; *Limmer*, DStR 1993, 765, 766; *Raiser*, ZGR 1995, 156, 157; *Rehbinder*, AG 1986, 83, 93; *Sonenschein/Holdorf*, JZ 1992, 715, 716; *Semler*, in: FS Goerdeler, 1987, S. 551, 569 f.; *Stimpel*, ZGR 1991, 144, 157; *Weigl*, 1996, S. 217; Hachenburg/*Ulmer*, Anh § 77, GmbH-Konzernrecht, Rdnr. 115.

3.Teil: Haftung des herrschenden Unternehmens-Gesellschafters gegenüber den Gesellschaftsgläubigern

§ 1: Analyse der unmittelbar anwendbaren Anspruchsgrundlagen

A. Das Eigenkapitalersatzrecht

Das Recht der eigenkapitalersetzenden Gesellschafterleistungen ist anzusiedeln im Bereich der Unternehmensfinanzierung, genauer der Unterkapitalisierung einer mit einem begrenzten Haftungsfonds ausgestatteten Kapitalgesellschaft. Die Konzeption des Eigenkapitalersatzrechts besteht darin, unter bestimmten Voraussetzungen das der Gesellschaft seitens ihrer Gesellschafter überlassene Fremdkapital wie haftendes Eigenkapital zu behandeln, um auf diese Weise die zur Befriedigung der Gesellschaftsgläubiger zur Verfügung stehende Haftungsmasse zu vergrößern.

Nach dem Grundtatbestand des § 32 a Abs. 1 S.1 GmbHG ist ein GmbH-Gesellschafter unter bestimmten Voraussetzungen daran gehindert, im Falle der Insolvenz seiner Gesellschaft ein ihr zuvor gegebenes Darlehen zurückzufordern.

Die Kapitalersatzregeln vermögen also nur dann zu einer „Auffüllung" des haftenden Gesellschaftskapitals und damit mittelbar zu einem erhöhten Gläubigerschutz zu führen, wenn der Gesellschafter seiner GmbH zunächst *freiwillig* zusätzliches, d.h. über seine Einlagepflicht hinausgehendes (Fremd-)Kapital zugeführt hat.

Dabei ist der Begriff des Gesellschafters weit zu fassen. Gemäß § 32 a Abs. 3 GmbHG können auch Dritte den Pflichten des § 32 a Abs. 1 GmbHG unterfallen. So sollen Darlehen, die der GmbH von einem mit ihrem Gesellschafter verbundenen Unternehmen gewährt werden, wegen der in diesem Fall zu bejahenden wirtschaftlichen Einheit der Unternehmen einem durch den Gesellschafter persönlich gewährten Darlehen gleichzustellen sein.[620] Die die Gleichstellung rechtfertigende wirtschaftliche Einheit ist, nach neuerer Auffassung, aber nicht bei jeglicher Unternehmensverbindung anzunehmen. Man differenziert hier zwischen Vertragskonzernen und qualifizierten faktischen Konzernen einerseits, für die eine unwiderlegliche Vermutung der wirtschaftlichen Einheit sprechen soll, und einfachen Konzernen andererseits, an die nur eine diesbezügliche widerlegbare Vermutung geknüpft sei. Der Streit kann hier unentschieden bleiben, da die Thematik

---

[620] BGHZ 81, 311, 315.

der vorliegenden Arbeit nur die, unstreitig eine wirtschaftliche Einheit bildenden, Fälle qualifizierter faktischer Konzernierung betrifft.

Befragt man die Sachverhalte der einschlägigen Judikate zur qualifizierten GmbH-Konzernhaftung nach Fallgestaltungen, die eine freiwillige Darlehensgewährung durch die herrschenden Unternehmens-Gesellschafter beinhalten, so wird man nur in der Entscheidung *„Sächsisches Porzellanwerk Freiberg GmbH"* des OLG Dresden[621] fündig. Hier wird davon berichtet, dass die Alleingesellschafterin der beherrschten F.-GmbH dieser im Juni und August 1994 Beträge in Höhe von 250.000,- DM und 260.000,- DM als „Zwischenfinanzierung" zur Verfügung gestellt und ihr im Laufe des Jahres 1994 ein weiteres Darlehen i.H.v. 930.000,- DM gewährt hat. Des weiteren verkaufte sie ihrer Tochtergesellschaft im Dezember 1994 die übernommenen Warenbestände zu 500.000,- DM und das Anlagevermögen zu 600.000,-DM, wobei die Kaufpreise gestundet wurden. Die gesamten Verbindlichkeiten der F.-GmbH gegenüber ihrer Alleingesellschafterin wurden bilanziell als eigenkapitalersetzendes Darlehen nach § 32 a GmbHG behandelt.

In ihrer Grundkonstellation, der Darlehensgewährung durch die Gesellschafter in der Krise der Gesellschaft, spielen die Eigenkapitalersatzregeln für den Gläubigerschutz hier demzufolge keine große Rolle.

Allerdings beschränkt sich das Eigenkapitalersatzrecht nicht auf eine Darlehensgewährung durch die GmbH-Gesellschafter. Es bezieht gem. § 32 a Abs. 3 GmbHG auch andere, der Darlehensgewährung wirtschaftlich entsprechende, Rechtshandlungen ein. Eine solche stellt z.B. die Gebrauchs- bzw. Nutzungsüberlassung dar. Hierunter versteht man Fallkonstellationen, in denen der Gesellschafter der Gesellschaft in der Krise materielle oder immaterielle Vermögensgegenstände (unbebaute Grundstücke, Büroräume, Maschinen, PKW, Patente, Urheberrechte) nicht übereignet, sondern lediglich zur Nutzung überlässt. Dieser Verhaltensweise gleichgestellt wird der Fall, dass der Gesellschafter die seiner GmbH in wirtschaftlich gesunden Zeiten überlassenen Gegenstände in der Krise belässt, obwohl er die Möglichkeit des Abzuges hatte. Typisch hierfür ist die sogenannte **Betriebsaufspaltung**. Dabei wird ein einheitliches Unternehmen aufgespaltet in eine Betriebsgesellschaft, die die unternehmerischen Aktivitäten übernimmt, und eine Besitzgesellschaft, die an den zur Betriebsführung erforderlichen Vermögensbestandteilen weiterhin das Eigentum hält und diese der Betriebsgesellschaft nur nutzungsweise zur Verfügung stellt.

---

[621] GmbHR 1997, 215.

Eine solche Nutzungsüberlassung spielt in den Entscheidungen *„A-Schuhfabrik GmbH"*, *„Fertighaus"*, *„Schifffahrtsgesellschaften"*, *„Möbel-KG"* und *„Sächsisches Porzellanwerk Freiberg GmbH"* eine Rolle.[622]

Die Rechtsfolgen, die sich an eine eigenkapitalersetzende Gebrauchsüberlassung knüpfen sollen, sind umstritten. Teilweise ist man der Auffassung, sie bewirke lediglich eine Verstrickung der Miet- bzw. Pachtzinsen.[623]

Nach anderer Meinung kommt es zu einem Verlust der dem Gesellschafter an dem Gegenstand zustehenden dinglichen Rechte zugunsten der Gesellschaft.[624]

Wieder andere sprechen sich für eine Verpflichtung des Gesellschafters aus, der Gesellschaft Wertersatz in Höhe des Substanzwertes der überlassenen Sache zu gewähren.[625]

Nach Auffassung des BGH und der überwiegenden Schrifttumsmeinung ist nur das Nutzungsrecht als eigenkapitalersetzende Leistung anzusehen und so zu behandeln, als hätte es der Gesellschafter als Sacheinlage eingebracht. Der Insolvenzverwalter ist danach nur dazu befugt, das Nutzungsrecht durch eigenen Gebrauch oder durch entgeltliche Überlassung an Dritte zu verwerten.[626] Problematisch ist hier die Bestimmung der Dauer dieses Nutzungsrechts. Die Rechtsprechung stellt maßgeblich auf die *vereinbarte* Nutzungsdauer ab.[627] Die Vereinbarung einer kurzen Vertragsdauer oder Kündigungsfrist gilt allerdings nur dann als gerechtfertigt, wenn hierfür sachliche Gründe angeführt werden können, die auch ernst gemeint sind und nicht gegen Kapitalersatzgrundsätze verstoßen (z.B. vorhersehbarer Eigenbedarf des Gesellschafters; zeitlich befristeter Nutzungsbedarf der Gesellschaft). Wird im Einzelfall die vertraglich bestimmte Laufzeit nicht als sachgerecht gewertet, so ist auf den hypothetischen - „vernünftigen" - Parteiwillen abzustellen (Kriterien: Gegenstand der Gesellschaft).

Folgt man der herrschenden Meinung und beschränkt die Folge einer eigenkapitalersetzenden Nutzungsüberlassung auf ein zeitlich befristetes Nutzungsverwertungsrecht, so vermag dieses nicht zu einer wesentlichen Erhöhung des der Gläubigerbefriedigung dienenden Haftungsfonds der vermögenslos gewordenen ab-

---

[622] Vgl. hierzu die ausführlichen Sachverhaltsdarstellungen unter GP 2. Teil § 1 A. I. 1. b), S. 18 ff.

[623] *Knobbe-Keuk*, in: FS Kellermann, 1991, S. 227, 239 ff.

[624] *Ebenroth/Wilken*, BB 1993, 305, 309; *Keßler*, GmbHR 1993, 541, 545; *Wiedemann*, ZIP 1986, 1293, 1300.

[625] *Bäcker*, GmbHR 1994, 766, 772ff, 774.

[626] BGHZ 127, 1,12.

[627] BGHZ 127, 1, 17 ff.

hängigen GmbH beizutragen. Es verwundert daher nicht, dass das erkennende Gericht in den einschlägigen Entscheidungen diesen Aspekt unberücksichtigt ließ.

Das Eigenkapitalersatzrecht spielt somit im Rahmen des Gläubigerschutzes im „qualifizierten faktischen GmbH-Konzern" nur eine untergeordnete Rolle.

B. Die Insolvenzverschleppungshaftung

Im Schrifttum wird teilweise die Auffassung vertreten, die insolvenzrechtlichen Haftungsregeln seien dazu geeignet, den Schutz der Gläubiger einer abhängigen GmbH vor den Gefahren fremdgesteuerter intensiver Einflussnahme des herrschenden Unternehmens-Gesellschafters auf die (Gemein-)Schuldnerin zu gewährleisten; damit werde die rechtsfortbildend entwickelte qualifizierte GmbH-Konzernhaftung analog §§ 302, 303 AktG partiell oder sogar gänzlich obsolet.[628] Diese Behauptung soll im folgenden auf ihre Tragfähigkeit überprüft werden.

I. Dogmatische Begründung einer *deliktischen* Schadensersatzhaftung wegen Insolvenzverschleppung

Nach herrschender Meinung ist § 64 Abs. 1 GmbHG Schutzgesetz zugunsten der Gläubiger der GmbH i.S.d. § 823 Abs. 2 BGB.[629] Verletzt der Geschäftsführer der GmbH demzufolge schuldhaft seine Pflicht zur rechtzeitigen Insolvenzantragsstellung, so haftet er den geschädigten Gläubigern gegenüber unmittelbar auf Schadensersatz.

---

[628] *Altmeppen*, DB 1994, 1912, 1916; *ders.*, ZIP 1997, 1173, 1183; *Gätsch*, 1997, S. 88 ff., 121 f.; *Schanze/Kern*, AG 1991, 421, 426 f. Aus ökonomischer Sicht verwirft *Kirchner*, Managementforschung 7, 1997, S. 296 ff., das Konzernrecht und fordert, das Problem der möglichen Externalisierung von Kosten zu Lasten der Gläubiger des abhängigen Konzernunternehmens durch eine konsequente Anwendung des Insolvenzrechts zu lösen. Der Insolvenzverwalter habe die Möglichkeiten, "diejenigen negativen Effekte der Konzerneinbindung des abhängigen Konzernunternehmens zu neutralisieren, die aus anfechtbaren Geschäften (im Sinne des Insolvenzrechts) und aus Verstößen gegen die Regeln der Kapitalerhaltung herrühren". Er verkennt, dass sich die nachteilige Einflussnahme nicht auf Akte von konzernindizierten Vermögenstransaktionen reduzieren lässt, und ignoriert auch die Schwierigkeiten des Nachweises solcher Schädigungsakte bei qualifizierter und damit unkontrollierbarer Konzernleitung.

[629] Seit BGHZ 29, 100, 102 ff. ständige Rechtsprechung: BGHZ 75, 96, 106; 100, 19, 21, 126, 181, 190; BGH, NJW 1998, 2667. *Bork*, ZGR 1995, 505, 510; *Flume*, ZIP 1994, 337, 339; *Lutter/Hommelhoff*, § 64 Rdnr. 36; Rowedder/*Rowedder*, § 64 Rdnrn. 19 f.; Scholz/*Schmidt*, 1995, § 64 Rdnr. 37; Baumbach/Hueck/*Schulze-Osterloh*, § 64 Rdnr. 82; Hachenburg/*Ulmer*, § 64 Rdnr. 47.

Gegen den Schutzgesetzcharakter des § 64 Abs. 1 GmbHG und damit gegen einen deliktischen Schadensersatzanspruch der Gesellschaftsgläubiger wegen Insolvenzverschleppung sprechen sich neuerdings *Altmeppen/Wilhelm*[630] aus. Sie glauben aus § 64 Abs. 2 GmbHG die gesetzliche Entscheidung *gegen* eine Interpretation des § 64 Abs. 1 GmbHG als Schutzgesetz i.S.d. § 823 Abs. 2 BGB und damit gegen einen *unmittelbaren* Schutz der Gläubiger ablesen zu können. Der Gesetzgeber habe in § 64 Abs. 2 GmbHG ausdrücklich eine gesetzliche *Innenhaftung* der Geschäftsführer gegenüber der Gesellschaft angeordnet; diese sei in Form einer Organhaftung ausgestaltet. Systematisch sei die Pflicht des Geschäftsführers zur rechtzeitigen Insolvenzanmeldung und die Haftungsfolge bei Pflichtverletzung der allgemeinen Pflichten- und Haftungsbestimmung des § 43 GmbHG zuzurechnen. Ein Schutz der Gläubiger käme unter dieser Prämisse nur mittelbar, d.h. über die Verpflichtung der Geschäftsleitungsorgane zur Auffüllung der Vermögensmasse, in Betracht. Der Schutz der Gesellschaft sei in der Gesetzesformulierung - § 64 Abs. 2 GmbHG spricht von der Verpflichtung zum Ersatz von „Zahlungen" - allerdings nur unvollkommen zum Ausdruck gebracht worden. Was dem Geschäftsführer verboten sei und was er auszugleichen habe, sei nicht die Vornahme von Zahlungen aus dem Gesellschaftsvermögen nach Insolvenzreife, sondern die Fortsetzung der werbenden Geschäftstätigkeit der Gesellschaft. Als Folge des Verstoßes gegen diese Einstellungspflicht hafteten die Geschäftsleiter der GmbH gegenüber auf das negative Interesse; dieses bestehe darin, dass das Gesellschaftsvermögen in dem Bestand erhalten bleiben sollte, den es zum Zeitpunkt des Eintritts der Insolvenzreife hatte. Zu ersetzen sei somit der in der Zeitspanne der verbotenen Geschäftsführung eingetretene Vermögensverlust.[631]

Die Begründung zur Verneinung des Schutzgesetzcharakters des § 64 Abs. 1 GmbHG vermag dogmatisch nicht zu überzeugen. *Altmeppen/Wilhelm* stützen ihre diesbezügliche Behauptung auf eine angeblich dem § 64 Abs. 2 GmbHG zu entnehmende gesetzgeberische Entscheidung für ein reines Innenhaftungsschutzkonzept im Falle der Insolvenzverschleppung. Dagegen spricht zum einen die historische Interpretation des § 64 GmbHG. Bei Schaffung des GmbHG im Jahre 1892 existierte das erst im Jahre 1900 in Kraft getretene BGB und damit auch die ihm angehörige Norm des § 823 Abs. 2 noch gar nicht, so dass es verfehlt wäre anzunehmen, der GmbH-Gesetzgeber habe über auf diese Norm gestützte Sanktionen etwas Ab- oder Ausschließendes sagen wollen.[632] Darüber hinaus stellt die in § 64 Abs. 2 GmbHG angeordnete Innenhaftung - Ersatzanspruch der Gesellschaft gegen ihren Geschäftsführer wegen Schmälerung der Haftungsmasse -

---

[630] *Altmeppen/Wilhelm*, NJW 1999, 673, 678 ff.; ebenso *Müller*, GmbHR 1996, 393, 400; *Wilhelm*, ZIP 1993, 1833, 1835.

[631] So bereits *Wilhelm*, ZIP 1993, 1833, 1836.

[632] BGHZ 126, 181, 195; *Flume*, ZIP 1994, 337, 339, 342; *Wilhelm*, ZIP 1993, 1833, 1835. A.A. *Müller*, ZIP 1993, 1531, 1536 f. Offenlassend *Bork*, ZGR 1995, 505, 513.

zwar die einzige in § 64 GmbHG ausgesprochene Sanktion dar, dies kann aber nicht dahingehend ausgelegt werden, dass § 64 Abs. 2 GmbHG systematisch als Spezialgesetz zu § 64 Abs. 1 GmbHG zu werten ist, mit der Konsequenz, dass der Gläubigerschutz wegen Insolvenzverschleppung nur mittelbar, d.h. als Reflex des der Gesellschaft gegen ihr Geschäftsführungsorgan zustehenden Ersatzanspruchs wegen Verkürzung der Haftungsmasse, gewährleistet wird.[633] Es ist *Altmeppen/Wilhelm* auch in der Annahme zu widersprechen, bei Bejahung des Schutzzweckcharakters des § 64 Abs. 1 GmbHG wäre die in Abs. 2 der Norm angeordnete Innenhaftung überflüssig; tatsächlich sanktioniert diese Bestimmung ein ganz spezielles gläubigerschädigendes Verhalten des Geschäftsleiters einer insolventen GmbH, nämlich die Schmälerung der Haftungsmasse nach Eintritt der Insolvenzreife im Wege von Auszahlungen. Damit ist die Geltendmachung von weiteren Gläubigerschäden, die auf anderen Ursachen als der Masseschmälerung beruhen, gerade nicht ausgeschlossen.[634] Insbesondere, wenn man dem II. Zivilsenat des BGH zustimmt und den Normzweck des § 64 GmbHG (auch) darin erblickt, „konkursreife Gesellschaften mit beschränkter Haftung vom Geschäftsverkehr fernzuhalten...“[635] - diesen Schutzzweck der Insolvenzantragspflicht bejahen auch *Altmeppen/Wilhelm*[636]-, so beinhaltet § 64 Abs.1 GmbHG auch den Schutz des Neugläubigers vor einem Kontrahierungsschaden; damit muss aber nicht gleichzeitig auch eine Masseschmälerung einhergehen. Diese kann sogar durch die ihr zugeflossene (Vor-)Leistung des Neugläubigers angereichert worden sein.[637]

Es ist somit an der *deliktischen* Schadensersatzhaftung wegen Insolvenzverschleppung gem. § 64 Abs. 1 GmbHG i.V.m. § 823 Abs. 2 BGB festzuhalten.

II. Adressaten der Insolvenzverschleppungshaftung

Die deliktische Schadensersatzhaftung wegen Insolvenzverschleppung richtet sich an den *Geschäftsführer* der GmbH. Diesem obliegt es gem. § 64 Abs. 1 GmbHG ohne schuldhaftes Zögern, spätestens aber drei Wochen nach Eintritt der Zahlungsunfähigkeit bzw. Überschuldung der Gesellschaft, die Eröffnung des

---

[633] So BGHZ 29, 100, 102; *Bork*, ZGR 1995, 505, 514; *Flume*, ZIP 1994, 337, 341; *Lutter/Hommelhoff*, § 64 Rdnr. 13; Baumbach/Hueck/*Schulze-Osterloh*, § 64 Rdnr. 82. A..A. *Müller*, GmbHR 1996, 393, 396 ff.

[634] BGHZ 29, 100, 102; Baumbach/Hueck/*Schulze-Osterloh*, § 64 Rdnr. 82.

[635] BGHZ 126, 181, 194; *Flume*, ZIP 1994, 337, 341; *Lutter*, DB 1994, 129, 135; *ders.*, GmbHR 1997, 329, 332; *Lutter/Hommelhoff*, § 64 Rdnr. 40; Rowedder/*Rowedder*, § 64 Rdnr. 22.

[636] NJW 1999, 673, 676.

[637] So auch Roth/*Altmeppen*, § 64 Rdnr.15.

Insolvenzverfahrens zu beantragen. Verletzt er diese Pflicht schuldhaft, so ist er den Gläubigern der insolventen GmbH zum Schadensersatz verpflichtet.

Dem Wortlaut des § 64 Abs. 1 GmbHG nach unterläge der Unternehmens-Gesellschafter nur dann der Schadensersatzpflicht wegen Insolvenzverschleppung, wenn er gleichzeitig die Rolle des Geschäftsführers in der abhängigen Gesellschaft bekleidet. In den einschlägigen Entscheidungen zur qualifizierten Konzernhaftung war dies zwar nahezu immer der Fall.[638] Dieser Befund darf aber nicht darüber hinwegtäuschen, dass eine solche, für den Einmann-GmbH-Konzern typische, Konstellation in der überwiegenden Zahl von Unternehmensverbindungen mit Beteiligung einer abhängigen GmbH eher die Ausnahme darstellen wird. Zu einem beachtenswerten Instrument des Gläubigerschutzes vor den Gefahren der Fremdsteuerung ihrer Schuldnerin - der abhängigen GmbH - durch deren Unternehmens-Gesellschafter vermag der deliktische Schadensersatzanspruch wegen Insolvenzverschleppung somit nur dann zu erstarken, wenn es gelänge, den herrschenden Unternehmens-Gesellschafter - losgelöst von seiner formalen Geschäftsführerposition - generell in den Adressatenkreis der Insolvenzverschleppungshaftung einzubeziehen.

1. Teilnehmerhaftung des herrschenden Unternehmens-Gesellschafters

Der herrschende Unternehmens-Gesellschafter kann durch eine Beeinflussung des ordnungsgemäß bestellten Geschäftsführers - etwa in Form einer an diesen gerichteten Weisung, den erforderlichen Insolvenzantrag trotz bestehender Insolvenzreife nicht (rechtzeitig) zu stellen - der deliktischen Mithaftung als Anstifter gem. §§ 830 Abs. 2, 840 Abs. 1 BGB unterfallen. Die praktische Relevanz dieser Teilnehmerhaftung ist allerdings gering, geht man mit der herrschenden Meinung von der Notwendigkeit einer *vorsätzlichen* Verletzung der Insolvenzantragspflicht durch den Geschäftsführer als „Haupttäter" aus.[639] Die sich hieraus ergebenden Beweisschwierigkeiten beschränken die Anstifterhaftung des Gesellschafters auf wenige krasse Ausnahmefälle.

---

[638] Ausnahmen bilden lediglich folgende Entscheidungen: "Tiefbau", BGHZ 107, 7; BGH, Beschluss vom 13.1.1997, DStR 1997, 503; "Warmwassergeräte", BAG, AG 1991, 434; "Sächsisches Porzellanwerk Freiburg GmbH", OLG Dresden, GmbHR 1997, 215; "Gergen", OLG Saarbrücken, ZIP 1992, 1623.

[639] BGHZ 70, 277, 285; 75, 96, 107; 89, 383, 389; Baumbach/Hueck/*Schulze-Osterloh*, § 64 Rdnr. 89; MünchKomm.-BGB/*Stein*, § 830 Rdnr. 14; Palandt/*Thomas*, 2001, § 830 Rdnr. 4; Hachenburg/*Ulmer*, § 64 Rdnr. 75.

Eine im Vordringen befindliche Literaturmeinung[640] will demgegenüber auch die Teilnahme an einer *fahrlässig* begangenen Haupttat ausreichen lassen, um die Teilnehmerhaftung nach § 830 Abs. 2 BGB auszulösen. Zu denken wäre hier etwa an Fälle, in denen die Buchhaltung und/oder das cash-management konzernzentral geführt werden und der Geschäftsführer vom herrschenden Gesellschafter über die tatsächliche Vermögenssituation der GmbH getäuscht wird.

Aber auch ein Verzicht auf das Merkmal der vorsätzlichen Haupttat verbessert die Beweissituation des Gesellschaftsgläubigers nicht wesentlich. Denn unverzichtbar für eine Haftung gem. §§ 830 Abs. 2, 840 Abs. 1, 823 Abs. 2 BGB i.V.m. § 64 Abs. 1 GmbHG ist zumindest der Vorsatz des Teilnehmers.[641] Der in Anspruch genommene herrschende Gesellschafter wird sich in der Praxis regelmäßig darauf berufen, er selbst habe keine positive Kenntnis von der Insolvenzreife seiner GmbH gehabt und sei auch nicht dazu verpflichtet gewesen, sich über die Vermögenssituation der Gesellschaft zu informieren. Und selbst wenn man auch diese Klippe zu umgehen versucht, indem man an den Umstand, dass der herrschende Unternehmens-Gesellschafter im qualifizierten faktischen GmbH-Konzern seine GmbH mit einer dauernden und umfassenden, auch das operative Tagesgeschäft einbeziehenden Herrschaft überzieht, einen prima-facie-Beweis hinsichtlich seiner positiven Kenntnis von ihrer wirtschaftlichen Situation knüpft,[642] obliegt dem Gläubiger im Rahmen des § 830 Abs. 2 BGB der weitergehende Nachweis, dass der Gesellschafter die Geschäftsleitung der abhängigen GmbH tatsächlich dahingehend beeinflusst hat, den fälligen Insolvenzantrag nicht oder verspätet zu stellen. Mangels Einsicht in die Geschäftsführungsinterna wird dies ebenfalls nur in seltenen Ausnahmefällen gelingen.

Die Teilnehmerhaftung des herrschenden Unternehmens-Gesellschafters scheitert somit häufig an erheblichen Beweisschwierigkeiten.

---

[640] *Ehricke*, 1998, S. 216 ff.; *ders.*, AcP 199 (1999), 257, 295 f.; *Karollus*, ZIP 1995, 269, 273; *Kübler*, ZGR 1995, 481, 503; *Reiner*, in FS Boujong, 1996, S. 415, 450 f.; Scholz/*Schmidt*, 1995, § 64 Rdnr. 45.

[641] BGHZ 75, 96, 107; Roth/*Altmeppen*, § 64 Rdnr. 33; *Ehricke*, 1998, S. 217; *ders.*, AcP 199 (1999), 257, 295; Scholz/*Schmidt*, § 64 Rdnr. 45; Hachenburg/*Ulmer*, § 64 Rdnr. 75. A.A. *Karollus*, ZIP 1995, 269, 273.

[642] *Ehricke*, 1998, S. 215, geht noch darüber hinaus und glaubt, dass das herrschende Unternehmen auch im Falle einer lockeren Konzernverbindung aufgrund des bestehenden Abhängigkeitsverhältnisses die wirtschaftliche Lage der abhängigen GmbH kenne.

2. Täterhaftung des herrschenden Unternehmens-Gesellschafters

Ulmer[643] erwägt eine deliktische Haftung des maßgeblichen Gesellschafters im Insolvenzfall wegen Verletzung einer „Verkehrspflicht" i.S.d. § 823 Abs. 1 BGB. Eine die Gesellschafter treffende allgemeine Verkehrspflicht des Inhalts, dass diese für eine rechtzeitige Insolvenzantragsstellung zu sorgen haben, ist aber schwerlich begründbar. Alleine ihre wirtschaftliche Machtposition in der Gesellschaft vermag als Anknüpfungspunkt für die Entwicklung gläubigerschützender Verkehrspflichten nicht zu überzeugen, da das GmbH-Gesetz den Gesellschaftern weitreichende Weisungsbefugnisse gegenüber der Geschäftsführung einräumt, ohne an diese eine haftungsrechtliche Verantwortung für schädliche Folgen zu knüpfen.[644]

Eine andere Möglichkeit zur Einbeziehung der Unternehmens- Gesellschafter in die Insolvenzverschleppungshaftung liegt in der teleologischen Erweiterung des Adressatenkreises der Insolvenzantragspflicht gem. § 64 Abs. 1 GmbHG. Diese Überlegungen werden unter den Stichworten *„faktischer Geschäftsführer"* oder *„Strohmann-Geschäftsführer"* diskutiert.

Bevor auf die inhaltliche Konkretisierung dieser Begriffe eingegangen wird ist zunächst zu klären, ob einer solchen Ausweitung des Adressatenkreises generelle dogmatische Bedenken entgegenstehen.

Anknüpfend an den Umstand, dass sich der in § 64 Abs. 1 GmbHG angesprochene Personenkreis auch in der Strafnorm des § 84 Abs. 1 Nr. 2 GmbHG wiederfindet, wird die Erweiterung des hier genannten Täterkreises als Verstoß gegen das in Art. 103 Abs. 2 GG niedergelegte Analogieverbot gewertet.[645] Dieser Auffassung ist aber entgegenzuhalten, dass eine als notwendig zu erachtende restriktive Interpretation der strafbewehrten Vorschrift des § 84 GmbHG nicht notgedrungen auch die Auslegungsgrenzen der gesellschaftsrechtlich begründeten Norm des § 64 GmbHG festlegt. Eine einheitliche Bewertung von Strafrecht und Zivilrecht ist wegen der unterschiedlichen Funktionen und Schutzrichtungen beider Materien nicht zwingend vorgegeben. Während das Zivilrecht den wirtschaftlichen Ausgleich für erlittene Schäden unter gleichberechtigten Parteien bezweckt und sich hierzu in stärkerem Maße an den Interessen des Betroffenen orientiert, geht es im Strafrecht um die Unrechtssanktion im Verhältnis Staat-Bürger. Die Bestrafung des überführten Täters erfolgt nicht zwecks Wiederherstellung der

---

643 Hachenburg/*Ulmer*, § 64 Rdnrn. 77 f.

644 Gegen die Entwicklung deliktischer Verkehrspflichten für die Gesellschafter in der Insolvenz sprechen sich ebenfalls aus: *Altmeppen*, ZIP 1997, 1173, 1182; Scholz/*Schmidt*, 1995, § 64 Rdnr. 45; *Stein*, ZHR 148 (1984), 207, 227 f.

645 Scholz/*Tiedemann*, 1995, § 84 Rdnrn. 27 ff.

korrekten Vermögenssituation des Geschädigten, sondern „zur Vergeltung und/oder Spezial- und Generalprävention, Verteidigung der Rechtsordnung, Resozialisierung oder was immer die Strafzwecke sein mögen...“.[646] Für den zivilrechtlichen Einsatz und die Analogiefähigkeit strafrechtlicher Schutzgesetze im Rahmen der Schadensersatzhaftung gem. § 823 Abs. 2 BGB gelten somit andere - nämlich weniger enge - Prämissen.[647]

Ein weiteres - eher formales - Argument gegen die Einbeziehung des (herrschenden) Gesellschafters in den Anwendungsbereich des § 64 Abs. 1 GmbHG wird in seiner vermeintlich fehlenden Befugnis zur Stellung des Insolvenzantrages gesehen.[648] *Haas* begründet das fehlende Antragsrecht des „faktischen Geschäftsführers“ mit dem Normzweck der §§ 15 Abs. 1 S. 1, 18 Abs. 3 InsO: Der Sinn des Insolvenzeröffnungsverfahrens bestehe darin, in möglichst kurzer Zeit die rechtliche Frage zu klären, ob aufgrund eines zulässigen Insolvenzantrags über das Vermögen des Schuldners das Insolvenzverfahren zu eröffnen und vorläufige Maßnahmen zum Schutz der Gläubigergesamtheit einzuleiten seien. Da Voraussetzung für das Insolvenzeröffnungsverfahren ein zulässiger Insolvenzantrag sei, es aber an handhabbaren und justiziablen Kriterien zur schnellen und sicheren Ermittlung des „faktischen Geschäftsführers“ fehle, könne dieses Antragsrecht nur an ein sicheres Kriterium geknüpft werden, wie es der (ggf. auch unwirksame) formale Bestellungsakt zum Geschäftsführer darstelle.[649]

Dieser Rückschluss vom fehlenden Insolvenzantragsrecht auf einen Ausschluss des „faktischen Geschäftsführers“ aus dem Anwendungsbereich des § 64 Abs. 1 GmbHG vermag nicht zu überzeugen, da er den Normzweck des § 64 GmbHG außer Acht lässt. Die Insolvenzantragspflicht dient dazu, die Gläubiger der insolventen GmbH davor zu schützen, dass die Gesellschaft fortgeführt und die noch vorhandene Haftungsmasse weiter geschmälert wird.[650] Demzufolge liegt das von § 64 Abs. 1 GmbHG sanktionierte vorwerfbare Verhalten des Geschäftsführers nicht in der Unterlassung der (rechtzeitigen) Insolvenz*antrag*stellung, sondern in der Insolvenzverschleppung, d.h. in der Fortführung des Unternehmens trotz bestehender Insolvenzreife. Zu einem derartigen Verhalten ist aber auch der „faktische Geschäftsführer“ in der Lage.[651]

---

646 So *v. Olshausen*, in: FS Bemmann, 1997, S. 125, 133.

647 *Ehricke*, 1998, S. 232 f.; *v. Olshausen*, in: FS Bemmann, 1997, S. 125, 130 f., 146.

648 *Haas*, DStR 1998, 1359,1362.

649 *Haas*, DStR 1998, 1359, 1360. Demgegenüber bejahen ein Insolvenzantragsrecht auch des faktischen Geschäftsführers etwa *Ehricke*, 1998, S. 234; *Roth*, ZGR 1989, 421, 423; Rowedder/*Rowedder*, § 63 Rdnr. 18; *Weimar*, GmbHR 1997, 473, 477.

650 *Ehricke*, 1998, S. 370; *Stein*, ZHR 148 (1984), 207, 229.

651 So auch *Ehricke*, 1998, S. 370; Scholz/*Schmidt*, 1995, § 64 Rdnr. 7; *Schmidt*, in: FS Rebmann, 1989, S. 417, 434.

Bejaht man somit die grundsätzliche Möglichkeit, die Insolvenzverschleppungshaftung über den Wortlaut des § 64 Abs. 1 GmbHG hinaus auf Personen auszudehnen, die, ohne formal als Geschäftsführer bestellt zu sein, die Geschäftsleitung tatsächlich beherrschen, so schließt sich die weitere Frage nach der tatbestandlichen Ausgestaltung der Figur des „faktischen Geschäftsführers" an.

Die Rechtsprechung[652] und Teile des Schrifttums[653] stellen darauf ab, dass der Betreffende die Geschäftsführung der GmbH *tatsächlich* übernommen hat. Dabei soll es entscheidend auf das äußere Erscheinungsbild ankommen. Als nicht ausreichend erachtet man die rein interne Einflussnahme auf den ordnungsgemäß bestellten Geschäftsführer; vielmehr müsse der faktische Geschäftsführer durch *eigenes*, auch nach außen hervortretendes Handeln Geschäftsführungsfunktionen wahrgenommen haben.[654] Nicht erforderlich sei dabei, dass der faktische Geschäftsführer das ordnungsgemäß bestellte Geschäftsführungsorgan *vollständig* verdränge; es genüge, dass er die Geschäftsführungsfunktionen „in maßgeblichem Umfang"[655] übernommen habe bzw. ihm im Verhältnis zum eingetragenen Geschäftsführer eine „überragende Stellung"[656] zukomme. Das BayObLG sieht diese überragende Stellung z.B. dann als gegeben an, wenn der faktische Geschäftsführer von den acht klassischen Kernbereichen der Geschäftsführung (Bestimmung der Unternehmenspolitik, Unternehmensorganisation, Einstellung von Mitarbeitern, Gestaltung der Geschäftsbeziehungen zu Vertragspartnern, Verhandlung mit Kreditgebern, Gehaltshöhe, Entscheidung der Steuerangelegenheiten, Steuerung der Buchhaltung) mindestens sechs erfüllt.[657]

In der Literatur finden sich demgegenüber aber auch Stimmen, die sich dafür aussprechen, auch den herrschenden Gesellschafter, der sich *nicht* durch ein äußerlich erkennbares Verhalten die Geschäftsführerposition *anmaßt*, den ordnungsgemäß bestellten Geschäftsführer aber durch ausdrückliche oder konkludente Weisung dahingehend beeinflusst, den notwendigen Insolvenzantrag nicht zu stellen, in den Anwendungsbereich des § 64 Abs. 1 GmbHG und damit in die Haftung wegen Insolvenzverschleppung mit einzubeziehen.[658]

---

[652] BGHSt 31, 118, 120; BGHZ 104, 44; BayObLG, DB 1997, 923.

[653] Rowedder/*Rowedder*, § 64 Rdnr. 11; Baumbach/Hueck/*Schulze-Osterloh*, § 64 Rdnr. 40; Hachenburg/*Ulmer*, § 64 Rdnr. 11 f.

[654] BGHZ 104, 44, 48. Baumbach/Hueck/*Schulze-Osterloh*, § 64 Rdnr. 40.

[655] BGHZ 104, 44, 48.

[656] BHGSt 31, 118, 120; BayObLG, DB 1997, 923.

[657] BayObLG, DB 1997, 923. Kritisch hierzu *Haas*, DStR 1998, 1359, 1360, der diese Aufgaben dem Verantwortungsbereich der Gesellschafterversammlung zuordnet und die originäre Geschäftsführeraufgabe statt dessen im Bereich der laufenden Tagesgeschäfte sieht.

[658] *Altmeppen*, DB 1994, 1912, 1917; *ders.*, ZIP 1997, 1173, 1183; *Ehricke*, 1998, S. 244, 251; *Flume*, ZIP 1994, 337, 342; *Lutter/Hommelhoff*, § 64 Rdnr. 49; *Roth*, ZGR 1989, 421, 433; *ders.*,

Zur Begründung werden zum einen Billigkeitserwägungen angestellt. Die haftungsrechtliche Gleichstellung des „unternehmerischen" Gesellschafters mit dem Geschäftsführer soll der Tatsache Rechnung tragen, dass es zu allererst dem Interesse des ersteren - als des wirtschaftlichen Eigentümers der Gesellschaft - dient, wenn die insolvente GmbH, auf Kosten der Gesellschaftsgläubiger und auf Veranlassung des herrschenden Gesellschafters, ihre Geschäfte am Markt spekulativ weiter betreibt; eine einseitige Verlagerung des Haftungsrisikos auf das Geschäftsführungsorgan würde diese Interessenbewertung verzerren.[659]

Des weiteren argumentiert man mit dem Normzweck des § 64 Abs. 1 GmbHG: Die Insolvenzantragspflicht sei Ausdruck des allgemeinen Verbotes, die Überschuldung der Gesellschaft auf Kosten der Gläubiger durch eine Fortführung der insolventen GmbH zu verschärfen. Gesetzlicher Garant zur Einhaltung dieser Pflicht sei der Geschäftsführer. Schaltet der herrschende Gesellschafter durch missbräuchliche Ausnutzung seiner internen Machtstellung diesen Garanten aus, indem er internen Druck auf ihn ausübt, um ihn zu einem bestimmten Verhalten zu bewegen, so muss er selbst für die Einhaltung der gesetzlichen Pflichterfüllung verantwortlich gemacht werden und bei Verletzung dieser Pflicht auch für die dadurch verursachten Schäden haften.[660] Bliebe eine derartige Beeinflussung ungestraft, so würde zu Lasten der Gesellschaftsgläubiger eine Schutzlücke entstehen, da sie einerseits den gesetzlich vorgegebenen, durch die Inpflichtnahme des tatsächlichen Organträgers verwirklichten Primärschutz vor weiterer Schmälerung der Haftungsmasse verlören und diesen Verlust andererseits auch nicht durch einen Haftungszugriff auf den einflussnehmenden Gesellschafter kompensieren könnten.[661] Darüber hinaus würde eine „Straflosstellung" des herrschenden Gesellschafters, der durch seine Einflussnahme die Pflichterfüllung seitens des zuständigen Geschäftsführungsorgans praktisch verhindere, diesen in seinem gläubigergefährdenden Tun bestärken und der Präventivwirkung des § 64 Abs. 1 GmbHG entgegenwirken.

Uneins sind die Anhänger der zuletzt geschilderten Meinung aber in der Frage, welche Intensität und Dauer die Einflussnahme des herrschenden Gesellschafters auf den tatsächlichen Geschäftsführer erreichen müsse, um ihn in den Pflichtenkreis des § 64 Abs. 1 GmbH einbeziehen zu können. Die einen verlangen hier eine „dauerhafte Einflussnahme"[662] bzw. eine „Dichte der Weisungen", die dazu führe, dass sich die Rolle des tatsächlichen Geschäftsführers auf eine bloße aus-

---

ZGR 1993, 170, 200; Scholz/*Schneider*, § 43 Rdnr. 15; *Stein*, ZHR 148 (1984), 207, 234 ff.; *Wilhelm*, ZIP 1993, 1833, 1837.

[659] *Flume*, ZIP 1994, 337, 342; *Roth*, ZGR 1993, 170, 200.

[660] *Stein*, ZHR 148 (1984), 207, 234 f.; *Lutter/Hommelhoff*, § 64 Rdnr. 49.

[661] *Ehricke*, 1998, S. 244.

[662] Scholz/*Schneider*, 2000, § 43 Rdnr. 18.

führende „Marionette" reduziere.[663] Nach anderer Auffassung reichen bereits einzelne Einwirkungen auf die Geschäftsführung aus, um den einflussnehmenden Gesellschafter als „faktisches Organ" in die Verantwortung mit einzubeziehen.[664]

M.E. vermag eine schematisierende Sichtweise hier nicht weiterzuhelfen. Vergegenwärtigt man sich den überzeugenden Grundgedanken der Haftungserstreckung der §§ 823 Abs. 2 BGB, 64 Abs. 1 GmbHG auf den einflussnehmenden Gesellschafter, nämlich die Verdrängung des eigenverantwortlich handelnden Geschäftsführers als Garanten für die Erfüllung der Insolvenzantragspflicht, so ist entscheidend darauf abzustellen, ob die konkrete Einflussnahme des Gesellschafters auf die Willensbildung des Geschäftsführers nach objektivierten Maßstäben ausreichenden Druck zu erzeugen vermochte, um diesen von der gebotenen gesetzlichen Pflichterfüllung abzuhalten. Dies kann im Einzelfall sicherlich auch bei isolierten Weisungen zu bejahen sein. Kriterien wie Dauerhaftigkeit oder Dichte und Intensität der Einflussnahme vermögen lediglich als Indizien dafür zu dienen, dass sich der Geschäftsführer in einer, seine freie Willensbildung einschränkenden, psychischen Zwangslage befunden hat, und wirken sich somit beweiserleichternd aus. In der Praxis wird diesen Indizien ein besonderes Gewicht zukommen, da dem außenstehenden Gläubiger gerade der Nachweis der Beeinflussung des Geschäftsführers durch den herrschenden Gesellschafter besonders schwer fallen wird. Dieser hat in der Regel keinen Einblick in die Interna der Geschäftsleitung der notleidenden GmbH. Eine condicio sine qua non für die Einbeziehung des herrschenden Gesellschafters in den Adressatenkreis des § 64 Abs. 1 GmbHG stellt die Intensität und Dichte der Einflussnahme aber nicht dar.

Für die Möglichkeit der Ausweitung des Adressatenkreises der Insolvenzantragspflicht gem. § 64 Abs. 1 GmbHG auf den „faktischen" Geschäftsführer sprechen die besseren Argumente. Damit ist es gleichzeitig möglich, den herrschenden Gesellschafter als Täter in die deliktische Haftung wegen Insolvenzverschleppung gem. § 64 Abs. 1 GmbHG i.V.m. § 823 Abs. 2 GmbHG einzubeziehen. De facto wird eine solche Inanspruchnahme aber häufig an beweistechnischen Schwierigkeiten scheitern.

---

[663] *Ehricke*, 1998, S. 251; *ders.* AcP 199 (1999), 257, 296.
[664] *Altmeppen*, ZIP 1997, 1173, 1183; *Stein*, ZHR 148 (1984), 207, 235.

III. Effizienz der deliktischen Insolvenzverschleppungshaftung gem. § 823 Abs. 2 BGB i.V.m. § 64 Abs. 1 GmbHG

1. Schadensersatzrechtliche Differenzierung zwischen „Altgläubigern" und „Neugläubigern"

Neben der Frage nach einer möglichen Ausweitung des Adressatenkreises der Insolvenzverschleppungshaftung steht die Problematik ihres *Umfangs* im Mittelpunkt der Gläubigerschutzbetrachtungen. Jahrzehntelang herrschte in der Rechtsprechung und im Schrifttum die Auffassung vor, § 64 Abs. 1 GmbHG bezwecke ausschließlich den Schutz der Gläubiger*gesamtheit* gegen eine Schmälerung des bei Insolvenzreife noch vorhandenen Gesellschaftsvermögens. Demzufolge begrenzte man den Schadensersatzanspruch der Gläubiger auf den sog. „Quotenschaden", d.h. die Differenz zwischen der Befriedigungsquote, die bei rechtzeitiger Insolvenzantragstellung hätte erzielt werden können, und der tatsächlich erhaltenen Quote.[665] Dieser „Quotenschaden" war für alle Gläubiger im Wege der *Gesamtschadensliquidation* vom Insolvenzverwalter geltend zu machen und diente der Anreicherung der Haftungsmasse.[666]

Ein Blick auf die Insolvenzstatistik 1997[667] belegt sehr schnell, warum die Insolvenzverschleppungshaftung unter dieser einschränkenden Prämisse zu einer stumpfen Waffe in der Hand der Gläubiger degenerierte.[668] Bei einer absoluten Zahl von 11.868 Insolvenzen von Gesellschaften mbH in den alten Bundesländern (neue Bundesländer: 4856) wurde in lediglich 3747 Fällen (neue Bundesländer: 1786) ein Konkursverfahren eröffnet. Dies entspricht einer Eröffnungsquote von lediglich 31,6 % (neue Bundesländer: 36,8 %). In nahezu 70 % der GmbH-Insolvenzen war somit zum Zeitpunkt der Insolvenzantragsstellung nicht einmal genügend Vermögensmasse vorhanden, um überhaupt die Eröffnung eines Insolvenzverfahrens zu rechtfertigen, und in den Fällen, in denen es zur Verfahrenseröffnung kam, wurden die nicht bevorrechtigten Gläubiger mit einer Insolvenz-

---

[665] BGHZ 29, 100, 104 ff., 107; 100, 19, 23 ff.; 108, 134, 136; *Lutter/Hommelhoff*, § 64 Rdnr. 39; Scholz/*Schmidt*, 1995, § 64 Rdnr. 38; Baumbach/Hueck/*Schulze-Osterloh*, § 64 Rdnr. 84; Hachenburg/*Ulmer*, § 64 Rdnrn. 48 f.

[666] *Bork*, ZGR 1995, 505, 511; *Schmidt*, NJW 1993, 2934 f. Für Quotenschaden der "Altgläubiger" auch BGHZ 126, 181, 190.

[667] Insolvenzstatistik 1997, beruhend auf den Daten des Statistischen Bundesamtes, ZIP 1998, 1981.

[668] BGHZ 126, 181, 194; *Dauner-Lieb*, ZGR 1998, 617, 620; *Goette*, DStR 1994, 1048, 1051 ff.; *Kübler*, ZGR 1995, 481, 492; *Müller*, GmbHR 1994, 209, 211; *Reiff/Arnold*, ZIP 1998, 1893; *Schanze*, AG 1993, 376, 380; *Uhlenbruck*, ZIP 1996, 1641, 1643.

bzw. Deckungsquote in Höhe von lediglich 5 % ihrer Gesamtforderungen befriedigt.[669]

Mit seiner Grundsatzentscheidung vom 6.6.1994[670] hat der II. Zivilsenat des BGH die Haftungsbeschränkung auf den Quotenschaden gegenüber vertraglichen *Neugläubigern* aufgegeben und ihnen einen Anspruch auf Ersatz ihres Kontrahierungsschadens zugebilligt. Damit ist ihr negatives Interesse gemeint, d.h. die Neugläubiger sind so zu stellen, als wäre der Antrag auf Eröffnung des Insolvenzverfahrens rechtzeitig gestellt worden. In diesem Falle wäre der Neugläubiger mit der insolventen GmbH keine Vertragsbindungen mehr eingegangen. Der zu ersetzende Vertrauensschaden besteht in dem Verlust seiner (Vor-)Leistungen an die Gesellschaft sowie in sonstigen durch den Kontakt mit der Gesellschaft veranlassten Aufwendungen. Der Neugläubiger kann vom Geschäftsführer Ersatz seines vollen Kontrahierungsschadens verlangen, allerdings gem. § 255 BGB nur Zug um Zug gegen Abtretung seiner Forderung gegen die Gesellschaft, die im Insolvenzverfahren auf die Quote beschränkt ist.[671]

Zur Geltendmachung des negativen Interesses der Neugläubiger sind nach Auffassung des BGH[672] allein diese und nicht der Insolvenzverwalter berechtigt.

Der II. Zivilsenat des BGH begründet diese Rechtsprechungswende im wesentlichen mit einer extensiven Auslegung des Normzwecks des § 64 Abs. 1 GmbHG, der darin bestehe, „konkursreife Gesellschaften mit beschränkten Haftungsfonds vom Geschäftsverkehr fernzuhalten, damit durch das Auftreten solcher Gebilde nicht Gläubiger geschädigt oder gefährdet werden".[673]

Diese Entscheidung ist im wissenschaftlichen Schrifttum auf Zustimmung,[674] aber auch auf Kritik[675] gestoßen. Die der neuen Rechtsprechung entgegengehaltenen Einwände richten sich zum einen gegen eine Ausweitung des persönlichen Schutzbereichs des § 64 Abs. 1 GmbHG, da diese Norm bei der Begründung „als

---

[669] Vgl. die allgemeine Gesetzesbegründung zur Insolvenzrechtsreform, BT-Drs. 12/2443, S. 72.

[670] BGHZ 126, 181.

[671] *Altmeppen/Wilhelm*, NJW 1999, 673, 677.

[672] BGH, NJW 1998, 2667, 2668; *Bork*, ZGR 1995, 505, 524 f. A.A. *Dauner-Lieb*, ZGR 1998, 617, 629.

[673] BGHZ 126, 181, 194. Bestätigt in BGH, NJW-RR 1995, 289; BGH, ZIP 1995, 211; BGH, ZIP 1997, 1542; BGH, NJW 1998, 2667.

[674] *Bork*, ZGR 1995, 505, 523; *Flume*, ZIP 1994, 337, 339 ff.; *Lutter*, DB 1994, 129, 134 f.; *ders.*, GmbHR 1997, 329, 332; *Lutter/Hommelhoff*, § 64 Rdnr. 40; Roth/*Altmeppen*, § 64 Rdnr. 14; Rowedder/*Rowedder*, § 64 Rdnr. 22; *Wellkamp*, DB 1994, 869, 873.

[675] *Bauder*, BB 1993, 2472, 2473 ff.; *Canaris*, JZ 1993, 649, 650 ff.; *Müller*, GmbHR 1994, 209 ff. ; *ders.*, GmbHR 1996, 393, 397 ff.; *Schmidt*, NJW 1993, 2934 f.; Scholz/*Schmidt*, 1995, § 64 Rdnrn. 33, 40; Baumbach/Hueck/*Schulze-Osterloh*, § 64 Rdnr. 84; *Ulmer*, ZIP 1993, 769, 771.

Schutzgesetz für jedermann" ihre „erforderlichen Konturen" verliere,[676] zum anderen sieht man es unter Bezugnahme auf den Grundsatz par condicio creditorum (Gleichbehandlung der Gläubiger) als geboten an, die Insolvenzforderungen von Alt- und Neugläubigern in die Haftung des Geschäftsleiters zur Auffüllung der Masse einzubeziehen, die dann allen Gläubigern zur gleichmäßigen Befriedigung zur Verfügung stehen soll.[677]

Dabei verkennen die Kritiker, dass sich der Neugläubigerschaden im Gegensatz zum Schaden der Altgläubiger gerade nicht in einer Verkürzung der Haftungsmasse realisiert, sondern daraus resultiert, dass er mit einer Gesellschaft kontrahiert hat, zu der er bei rechtzeitiger Insolvenzantragsstellung gar keine Geschäftsbeziehungen mehr hätte eingehen können. Alt- und Neugläubigerschäden sind bereits ihrem Entstehungsgrund nach unterschiedlich, so dass auch ihre jeweilige Kompensation nicht notwendig gleichlaufen muss, sondern jedem Gläubiger sein *individueller* Schaden zu ersetzen ist.[678]

Der Rechtsprechungsänderung zum Neugläubigerschadensersatz ist somit zuzustimmen.

Ob diese aber auch zu einer merklichen Steigerung der Effizienz der Insolvenzverschleppungshaftung führt, ist strittig.[679] Die Aufgabe, die Insolvenzverschleppungshaftung zu einem wirksamen und umfassenden Gläubigerschutzinstrument zu machen, vermag sie jedenfalls nicht zu erfüllen, da die „schadensersatzsteigernde" Neugläubigerposition lediglich Ausnahmefälle betrifft. Die Masse der Forderungsausfälle entfällt auf Rechtsgeschäfte, die bereits vor Insolvenzreife der GmbH abgeschlossen wurden; für diese verbleibt es bei der Beschränkung auf den Ersatz des Quotenschaden.

2. Effizienzsteigerung durch Vorverlegung des Zeitpunktes der Insolvenzreife

Größere Erfolgschancen sind demgegenüber denjenigen Schrifttumsstimmen[680] einzuräumen, die eine Effizienzsteigerung der insolvenzrechtlichen Haftung durch eine Vorverlegung des Zeitpunkts der Insolvenzantragspflicht zu erreichen suchen. Würde man dem Geschäftsführer die Pflicht auferlegen, das Gesellschafts-

---

[676] *Ulmer*, ZIP 1993, 769, 771.

[677] Scholz/*Schmidt*, 1995, § 64 Rdnr. 38.

[678] BGHZ 126, 181, 198; Roth/*Altmeppen*, § 64 Rdnrn. 14 f.; Rowedder/*Rowedder*, § 64 Rdnr. 22.

[679] *Altmeppen/Wilhelm*, NJW 1999, 673; *Altmeppen*, ZIP 1997, 1173; *Meyke*, ZIP 1998, 1179.

[680] *Altmeppen*, ZIP 1997, 1173, 1175; *Gätsch*, 1997, S. 96 ff.

vermögen realistisch zu bewerten und in dem Moment Insolvenzantrag zu stellen, in welchem eine 100%ige Gläubigerbefriedigung nicht mehr gesichert ist, so wäre nach Auffassung *Altmeppens*[681] eine nahe an 100% heranreichende Befriedigungsquote zugunsten der Gesellschaftsgläubiger zu erreichen. Erscheint diese Prognose der idealiter zu erreichenden hypothetischen Insolvenzquote nach Einrechnung aller zuzubilligenden Beurteilungsspielräume und Bedenkfristen und Abzug der Verfahrenskosten und sonstiger Massebelastungen auch als zu positiv,[682] so ist die Möglichkeit einer dadurch zu erzielenden deutlichen Anhebung der Befriedigungsquote und einer damit einhergehenden Verbesserung der Gläubigerposition nicht von der Hand zu weisen. Es lohnt sich also, den Insolvenzantragsgrund der Überschuldung näher zu beleuchten.[683]

a) Der Insolvenzeröffungsgrund der Überschuldung

Gem. § 19 Abs. 2 S. 1 InsO liegt Überschuldung vor, wenn das Vermögen des Schuldners die bestehenden Verbindlichkeiten nicht mehr deckt.

Dieser rein statischen Betrachtung des Überschuldungsbegriffs wurde in der Literatur entgegengehalten, sie werde dem Problemkreis der Überschuldung im Sinne des gesetzlichen Tatbestands nicht gerecht. Dieser solle verhindern, dass die Insolvenz einer *überlebensunfähigen* Gesellschaft bis zur Zahlungsunfähigkeit hinausgezögert werde.[684] Bei einer einstufigen Prüfung des vorhandenen Gesellschaftsvermögens zu Liquidationswerten werde dieses Ziel aber bereits im Ansatz verfehlt, wenn in vorhersehbarer Zukunft ein gesichertes Überleben des Unternehmens bei planmäßiger und fristgerechter Bedienung der Forderungen der Gläubiger gewährleistet ist.[685]

Im Laufe der Zeit hat sich der Überschuldungsbegriff demzufolge von einem statischen zu einem dynamischen entwickelt. Zurückgehend auf Arbeiten *Schmidts*[686] herrscht heute in Rechtsprechung und Literatur der **zweistufige**

---

681 ZIP 1997, 1173, 1178.

682 *Dauner-Lieb*, ZGR 1998, 617, 618; *Roth*, ZGR 1993, 170, 172; Scholz/*Schmidt*, 1995, § 64 Rdnr. 38.

683 Die weiteren Auslösungstatbestände eines Insolvenzverfahrens, die *Zahlungsunfähigkeit* gem. § 17 InsO und die *drohende Zahlungsunfähigkeit* gem. § 18 InsO, deren Antragsbefugnis ausschließlich beim Schuldner liegt, können in diesem Zusammenhang außer Betracht bleiben, da sie zeitlich erst nach der Überschuldung Platz greifen und dem angestrebten Ziel einer frühzeitigen "Arrestierung" der Haftungsmasse zugunsten der Gläubiger daher nicht zu dienen vermögen.

684 Scholz/*Schmidt*, 1995, § 63 Rdnr. 10.

685 Stellungnahme des Fachausschuss Recht FAR 1/1996, WPg. 1997, 22, 23.

686 AG 1978, 334 ff.; ZIP 1980, 233; *ders.*, ZIP 1985, 713, 719; *ders.*, 1997, § 11 VI 3 b.

Überschuldungsbegriff vor: Eine Gesellschaft ist dann überschuldet, wenn ihr Vermögen bei Ansatz von Liquidationswerten unter Einbeziehung der stillen Reserven die bestehenden Verbindlichkeiten nicht deckt (*rechnerische Überschuldung*) **und** ihre Finanzkraft nach überwiegender Wahrscheinlichkeit mittelfristig nicht zur Fortführung des Unternehmens ausreicht (*Fortbestehensprognose*).[687]

Die Frage, welchen Stellenwert die *positive* Fortbestehensprognose für die Bejahung des Überschuldungstatbestandes einnimmt, wird dabei kontrovers diskutiert.

Nach der *modifizierten* zweistufigen Prüfung[688] stellt die „rechnerische Überschuldung" nur *ein* Element der „Überschuldung im Rechtssinn" dar; hinzukommen muss noch eine *negative* Fortbestehensprognose. Dagegen liegt bei Annahme einer *positiven* Fortbestehensprognose eine Überschuldung und damit eine Insolvenzantragspflicht in keinem Fall vor, so dass auf die (zusätzliche) Aufstellung eines Überschuldungsstatus verzichtet werden kann („*Primat*" der *Fortbestehensprognose*).

Die *alternative* zweistufige Prüfung sieht die Bedeutung der Fortbestehensprognose in der Bestimmung der Bewertungsmethode des Gesellschaftsvermögens in der Überschuldungsbilanz (Überschuldungsstatus). Bei *negativer* Fortführungsprognose sind bei der Bewertung der Aktiva Liquidationswerte anzusetzen, bei *positiver* Prognose erfolgt die Bewertung demgegenüber nach Fortführungswerten, auch „Going-Concern-Werte" genannt („*Primat*" des *Status*).[689]

Mit Inkrafttreten der neuen InsO am 1.1.1999 ist dieser Streit zugunsten der *alternativen* zweistufigen Prüfung entschieden worden.[690] In § 19 Abs. 2 S. 2 InsO - diese Norm war im Regierungsentwurf noch nicht enthalten[691] - heißt es: „Bei der Bewertung des Vermögens des Schuldners ist jedoch die Fortführung des Unternehmens zugrunde zu legen, wenn diese nach den Umständen überwiegend wahrscheinlich ist."

Der Gesetzgeber verknüpft mit dieser klaren Absage an die *modifizierte* zweistufige Überschuldungsprüfung die Absicht, die Position der Gesellschaftsgläubiger

---

[687]BGHZ 119, 201, 214; BGHZ 126, 181, 199. Rowedder/*Rowedder*, § 63 Rdnr. 10; Scholz/*Schmidt*, 1995, § 63 Rdnr. 10; Baumbach/Hueck/*Schulze-Osterloh*, § 64 Rdnr. 11; Hachenburg/*Ulmer*, § 63 Rdnrn. 35 ff. A.A. *Altmeppen*, ZIP 1997, 1173, 1175, 1178; *Gätsch*, 1997, S. 96 ff.

[688]*Schmidt*, AG 1978, 337 ff.; Scholz/*Schmidt*, 1995, § 63 Rdnr. 10; *Hachenburg/Ulmer*, § 63 Rdnrn. 31 ff.

[689]*Uhlenbruck*, WPrax 10/1994, 2, 3; Stellungnahme des Fachausschusses Recht FAR 1/1996, WPg. 1997, 22, 24.

[690]*Dauner-Lieb*, ZGR 1998, 617, 631; *Früh/Wagner*, Wpg. 1998, 907, 909 f.; *Kallmeyer*, GmbHR 1999, 16; *Macke/Wegener*, INF 1998, 567, 569; *Noack*, in: FS Claussen, 1997, 307, 314; Baumbach/Hueck/*Schulze-Osterloh*, § 64 Rdnr. 11; *Wimmer*, NJW 1996, 2546, 2547.

[691]Vgl. § 23 RegE InsO, BT-Drs. 12/2443, S. 13.

zu verbessern. Die Begründung des Rechtsausschusses verweist darauf, dass andernfalls eine Gesellschaft trotz fehlender persönlicher Haftung weiter am Markt operieren könnte, ohne dass ein zur Schuldendeckung ausreichendes Kapital bestehe, wodurch sich insbesondere aufgrund der Unsicherheit der Prognose erhebliche Gläubigernachteile ergeben könnten.[692]

Ob die gesetzliche Novellierung die in sie gesetzte Hoffnung auf eine Vorverlegung des Eröffnungszeitpunktes für das Insolvenzverfahren und damit einhergehend auf die Erzielbarkeit einer höheren Befriedigungsquote zugunsten der Gesellschaftsgläubiger erfüllen kann, wird im Schrifttum bezweifelt. Die praktischen Unterschiede zwischen den dargestellten Varianten der zweistufigen Prüfung sollen erheblich geringer ausfallen, als es bedingt durch die theoretischen Unterschiede zwischen diesen Konzeptionen zunächst scheinen mag.[693] Auch nach der neuen gesetzlichen Lesart spielt die Fortführungsprognose eine zentrale Rolle und damit bleiben die grundsätzlichen Bedenken bestehen, die an eine prognostische Beurteilung geknüpft werden: Bei der Fortbestehensprognose ist ausgehend vom vorliegenden Unternehmenskonzept eine Ertragsplanung und darauf fußend eine Finanzplanung zu erstellen. Derartige Planungen unterliegen subjektiven Bewertungen und sehen sich daher immer der Gefahr der Manipulation oder - weniger provozierend formuliert - des Wunschdenkens ausgesetzt. Darüber hinaus sind die Ansatz- und Bewertungsgrundsätze in der anzufertigen Überschuldungsbilanz bei positiver Fortbestehensprognose durchaus zugunsten der krisengeschüttelten Gesellschaft auszunutzen. Die Vermögenswerte sind mit dem Betrag anzusetzen, der ihnen als Bestandteil des Gesamtkaufpreises des Unternehmens zukommen würde. Auch handelsrechtlich nicht bilanzierungsfähige, selbständig verwertbare Vermögenswerte, etwa selbstgeschaffene immaterielle Vermögenswerte, welche die Vermögenssituation der Gesellschaft günstig zu beeinflussen vermögen, können fruchtbar gemacht werden. Des weiteren ist ein originärer Geschäfts- oder Firmenwert ansetzbar, wenn seine Veräußerungsmöglichkeit nach der Marktlage als hinreichend gesichert erscheint.[694]

Es ist somit zusammenfassend zu konstatieren, dass dem Merkmal der Fortbestehensprognose für die Feststellung oder - besser gesagt - die Verneinung des Insolvenzeröffnungsgrundes der Überschuldung auch unter der Geltung des neuen § 19 Abs. 2 S. 2 InsO weiterhin eine entscheidende Bedeutung zukommt. Die vom Gesetzgeber angestrebte - und von den Propagandisten der Insolvenzverschleppungshaftung vehement geforderte - Vorverlegung des Insolvenzeröff-

---

[692] Begründung des Rechtsausschusses zu § 23 RegE InsO, BT-Drs. 12/7302, S. 157.

[693] *Dauner-Lieb*, ZGR 1998, 617, 631; *Früh/Wagner*, Wpg. 1998, 907, 909; *Schmidt*, ZGR 1998, 633, 653 f.

[694] Stellungnahme des Fachausschuß Recht FAR 1/1996, WPg. 1997, 22, 25; *Kallmeyer*, GmbHR 1999, 16, 17.

nungszeitpunktes wurde weitgehend verfehlt. Damit muss aber auch der Versuch einer Effizienzsteigerung der Insolvenzverschleppungshaftung als gescheitert angesehen werden.

b) Behandlung eigenkapitalersetzender Gesellschafterleistungen im Überschuldungsstatus

Der Frage, ob eigenkapitalersetzende Leistungen der Gesellschafter, insb. ein gewährtes Darlehen, im Überschuldungsstatus passiviert werden müssen, kommt unter der oben beschriebenen geänderten Überschuldungsfeststellung gesteigerte Bedeutung zu. Nach bisher h.M. waren diese Leistungen, sofern die Gesellschafter keinen Rangrücktritt erklärt hatten, als Gesellschaftsverbindlichkeiten zu passivieren und erhöhten somit die Wahrscheinlichkeit der „rechnerischen" Überschuldung.[695] Dem stand aber eine beachtliche Gegenauffassung gegenüber, die, gestützt auf den Wortlaut des § 32 a Abs. 1 GmbHG a.F., eine Passivierungspflicht mit der Begründung ablehnte, dass derartige Leistungen im Konkurs- bzw. Vergleichsverfahren sowieso nicht würden geltend gemacht werden können.[696]

Auch diese Streitfrage wurde zwischenzeitlich durch den Gesetzgeber entschieden. Gem. § 39 Abs. 1 Nr. 5 InsO nehmen Forderungen eines Gesellschafters auf Rückgewähr des kapitalersetzenden Darlehens oder gleichgestellte Forderungen als nachrangige Verbindlichkeiten am Insolvenzverfahren teil. Parallel dazu besagt § 32 a Abs. 1 GmbHG n.F., dass diese Forderungen im Insolvenzverfahren nachrangig geltend gemacht werden können. Dies gilt gem. § 39 Abs. 2 InsO insbesondere für Forderungen, für die zwischen Gläubiger und Schuldner der Nachrang im Insolvenzverfahren vereinbart worden ist. Damit sind künftig auch mit einem Rangrücktritt versehene Darlehen im Überschuldungsstatus zu passivieren.[697]

Diese Änderung hat Konsequenzen für die Feststellung der rechnerischen Überschuldung. Nach der alten Gesetzeslage konnte die Passivierungspflicht bzgl. eigenkapitalersetzender Darlehen durch eine Rangrücktrittserklärung beseitigt wer-

---

[695] OLG Hamburg, GmbHR 1987, 97, 98f.; OLG Düsseldorf, DB 1996, 1226; Roth/*Altmeppen*, § 63 Rdnr. 17; *Meyke*, ZIP 1998, 1179, 1180; *Priester*, ZIP 1994, 413, 416; Rowedder/*Rowedder*, § 63 Rdnr. 14; *Schmidt*, 1997a, § 32 a KO, Rdnr. 3 d; Scholz/*Schmidt*, 1995, § 63 Rdnr. 27.

[696] OLG München, NJW 1996, 2366; OLG Düsseldorf, GmbHR 1997, 699; OLG Stuttgart, GmbHR 1998, 235; *Fleischer*, ZIP 1996, 773 ff.; *Götsch*, 1997, S. 104; *Lutter*, GmbHR 1997, 329, 332; *Lutter/Hommelhoff*, § 63 Rdnr. 7; Baumbach/Hueck/*Schulze-Osterloh*, § 63 Rdnr. 15; Hachenburg/*Ulmer*, § 63 Rdnr. 46 a.

[697] *Braun/Uhlenbruck*, Unternehmensinsolvenz, 1997, S. 298; *Macke/Wegener*, INF 1998, 567, 570. A.A.: *Noack*, in: FS Claussen, 1997, 307, 315.

den; die ausgezahlte Darlehenssumme erhöhte also die Habenseite in der Überschuldungsbilanz und verhinderte den Überschuldungseintritt. Nach geltendem Recht kann dieser Zustand nicht mehr durch eine bloße Rangrücktrittserklärung erreicht werden, sondern es bedarf mindestens eines Forderungsverzichts mit Besserungsklausel.[698]

Auch die Bilanzierungspflichten bezüglich eigenkapitalersetzender Gesellschafterdarlehen vermögen somit das negative Gesamturteil hinsichtlich der Effizienz der Insolvenzverschleppungshaftung nicht zu korrigieren.

IV. Zusammenfassende Stellungnahme

Die Analyse der Voraussetzungen einer Schadensersatzpflicht wegen Insolvenzverschleppung gem. § 823 Abs. 2 BGB i.V.m. § 64 Abs. 1 GmbHG hat ergeben, dass diese Haftungsnorm nicht dazu geeignet ist, die Gläubiger einer abhängigen GmbH angemessen vor den negativen Folgen der qualifizierten Beherrschung ihrer Schuldnerin durch ihren Unternehmens-Gesellschafter zu schützen. Die Einbeziehung des herrschenden Unternehmens-Gesellschafters in den Adressatenkreis der Haftungsnorm gelingt nur in Ausnahmefällen, nämlich bei äußerlich erkennbarer, faktischer Übernahme der Geschäftsführerposition durch diesen oder in den beweistechnisch schwer zu erfassenden Fällen einer massiven Unterdrucksetzung des regulären Geschäftsführungsorgan zur Bewirkung einer Insolvenzverschleppung.

Selbst wenn diese Klippe in Einzelfällen überwunden werden kann, ist der Insolvenzverschleppungshaftung nur eine geringe Effizienz zuzusprechen. Der in der Regel auf den Quotenschaden beschränkte Schadensersatzanspruch der Gläubiger ist in der Praxis nahezu vollständig bedeutungslos. Ein darüber hinausgehender Ersatzanspruch der Neugläubiger betrifft nur eine kleine, die Gesamtgruppe der Insolvenzgläubiger nicht repräsentierende Randgruppe. Daran vermag auch die Einführung des § 19 Abs. 2 S. 2 InsO kaum etwas zu ändern. Die rechtspolitisch motivierten Forderungen nach Wegfall der den Überschuldungstatbestand mitbestimmenden Fortführungsprognose wurden nicht realisiert.

Die insolvenzrechtlich geprägten Ersatzansprüche sind daher zur Lösung der Haftungsproblematik im qualifizierten faktischen GmbH-Konzern weder geeignet noch bestimmt.

---

[698] Begr. RegE InsO, BT-Drs. 12/2443, S. 115; *Macke/Wegener*, INF 1998, 567, 570. A.A. *Schmidt*, GmbHR 1999, 9, 10.

C. Die Dritthaftung aus culpa in contrahendo

I. Eignung der Haftung aus c.i.c. als Grundlage für einen unmittelbaren Ersatzanspruch der Gesellschaftsgläubiger gegen den herrschenden Unternehmens-Gesellschafter?

Die Schadensersatzpflicht aus c.i.c. richtet sich grundsätzlich nur gegen denjenigen, der Vertragspartner werden soll; dies gilt auch dann, wenn die haftungsbegründende Verletzung vorvertraglicher Schutzpflichten auf dem Handeln seiner Organe oder Hilfspersonen beruht.[699] Dies würde bedeuten, dass die Gesellschaftsgläubiger Ersatzansprüche aus c.i.c. nur gegen die GmbH, nicht aber gegen deren Gesellschafter, geltend machen könnten.

Unter bestimmten Umständen weichen Rechtsprechung[700] und Lehre[701] aber von diesem Grundsatz ab und beziehen auch einen *Dritten* in die Haftung aus Verschulden bei Vertragsschluss ein.

Bevor auf die dogmatische Begründung dieser *Eigenhaftung* Dritter näher eingegangen wird, soll zunächst der Frage nachgegangen werden, ob und ggf. wie sich diese Haftungserweiterung für Konzernhaftungsprobleme nutzbar machen lässt.

Die wichtigste Fallgruppe der Eigenhaftung aus c.i.c. betrifft die Haftung des *Vertreters* der Vertragspartei, also etwa des Geschäftsführers einer GmbH.

Insbesondere bei Geschäftsabschlüssen mit einer wirtschaftlich angeschlagenen GmbH bejaht man[702] eine Offenbarungspflicht des Geschäftsführers in bezug auf die finanzielle Krisensituation seiner Gesellschaft für den Fall, dass sich der Vertragspartner zu ungesicherten Vorleistungen an diese verpflichtet. Uneinigkeit besteht allerdings über den konkreten Zeitpunkt, zu welchem diese Aufklärungspflicht eingreifen soll. Teilweise wird eine allgemeine, d.h. gegen jeden potentiellen Vertragspartner bestehende Aufklärungspflicht dann angenommen, wenn die GmbH offensichtlich *kreditunwürdig* ist.[703] Der BGH bejaht eine Offenba-

---

[699] BGHZ 56, 81, 83; *Geißler*, ZIP 1997, 2184; *Lutter*, in: Gedächtnisschrift für Knobbe-Keuk, 1997, S. 229, 234; *Medicus*, GmbHR 1993, 533, 535.

[700] RGZ 120, 249, 252f.; BGHZ 14, 313, 318; BGHZ 56, 81, 83; BGHZ 74, 103, 108; BGHZ 87, 27, 32f,; BGH, NJW 1983, 676, 677; BGH, NJW 1988, 2234, 2235; BGH, NJW 1989, 292, 293.

[701] *Altmeppen*, ZIP 1997, 1173, 1174; *Lutter*, GmbHR 1997, 329, 330; *Lutter/Hommelhoff*, § 43 Rdnrn. 35 ff.; Rowedder/*Rowedder*, § 64 Rdnr. 26; Scholz/*Schmidt*, 1995, § 64 Rdnrn. 56 ff.; *Wimmer*, NJW 1996, 2546, 2555.

[702] BGHZ 56, 81, 83; BGH, NJW 1983, 676, 677; BGH, NJW 1983, 1607, 1609. *Kuhn*, in: FS Fischer, 1979, 351; *Lutter/Hommelhoff*, § 43 Rdnr. 35; Scholz/*Schmidt*, 1995, § 64 Rdnr. 60.

[703] *Weitbrecht*, 1990, S. 103 f.

rungspflicht für den Fall, dass die Gesellschaft zum Zeitpunkt des Vertragsschlusses erkennbar *überschuldet* ist[704]. Nach engerer Auffassung vermag der objektive Eintritt der Zahlungsunfähigkeit oder der Überschuldung eine - jedem potentiellen Neugläubiger geschuldete - Offenbarungspflicht dann noch nicht auszulösen, wenn und solange innerhalb der Frist des § 64 Abs. 1 GmbHG erfolgversprechende Sanierungsbemühungen getätigt werden.[705]

Die unterschiedlichen Auffassungen stimmen dahin überein, dass den Geschäftsführer eine allgemeine Aufklärungspflicht *spätestens* zu dem Zeitpunkt trifft, zu welchem er sich wegen Verstoßes gegen die Insolvenzantragspflicht gem. § 64 GmbHG zu verantworten hätte.

Die damit bestehende Parallelität der Anspruchsgrundlagen der Geschäftsführerhaftung aus c.i.c. und der deliktischen Insolvenzverschleppungshaftung gem. § 823 Abs. 2 BGB i.V.m. § 64 Abs. 1 GmbHG wirft die Frage nach ihrem Konkurrenzverhältnis auf. Der BGH gibt nach neuerem Verständnis der Insolvenzverschleppungshaftung, als der gesetzlich geregelten Haftungsgrundlage, den Vorrang vor der im Wege der Rechtsfortbildung entwickelten Haftung wegen Verschuldens bei Vertragsschluss[706] und begründet dies mit der fehlenden Rechtsschutzlücke. Diese sei jedenfalls dann zu verneinen, wenn man die Insolvenzreife der Gesellschaft zur Haftungsvoraussetzung macht und die vorvertragliche Warnpflicht des Geschäftsführers im wesentlichen mit der Insolvenzantragspflicht gleichlaufen lässt. Demgegenüber sprechen sich Teile der Literatur weiterhin für eine Anwendung der c.i.c.-Haftung an Stelle oder neben der Insolvenzverschleppungshaftung aus.[707]

Berücksichtigt man die Möglichkeit, dass die Haftung aus c.i.c. bereits im Vorfeld der Insolvenzverschleppungshaftung einsetzen kann, ihr Anwendungsbereich sich also nicht notwendig mit der deliktischen Haftung deckt, so kann man in der Tat nicht von einer Verdrängung dieses Haftungsinstruments sprechen.

Da die Figur des Gesellschafter-Geschäftsführers in der Rechtspraxis sehr verbreitet ist, kann der *Vertreterhaftung* aus c.i.c. als Instrument einer Außenhaftung des herrschenden Unternehmens-Gesellschafers zugunsten der Gläubiger der abhängigen Gesellschaft auch aus konzernhaftungsrechtlicher Sicht eine nicht zu unterschätzende Bedeutung zukommen.

---

[704]BGH, NJW 1983, 676, 677; NJW 1984, 2284, 2285; NJW 1988, 2234, 2235. Zustimmend: *Lutter/Hommelhoff*, § 43 Rdnr. 35. A.A. *Ulmer*, NJW 1983, 1577, 1578.

[705]Scholz/*Schmidt*, 1995, § 64 Rdnr. 60; Hachenburg/*Ulmer*, § 64 Rdnr. 68.

[706]BGHZ 126, 181, 189 f.; zustimmend: *Ehricke*, 1998, S. 123.

[707]*Altmeppen*, ZIP 1997, 1173, 1174; *Altmeppen/Wilhelm*, NJW 1999, 673, 680 f.; *Flume*, ZIP 1994, 337, 338 f.; *Lutter*, GmbHR 1997, 329, 330; *Schmidt*, 1997, § 36 II 5c, S. 1085 ff.; *ders.* ZGR 1998, 633, 664; Scholz/*Schmidt*, 1995, § 64 Rdnrn. 40, 55 ff.; *Wimmer*, NJW 1996, 2546, 2550.

Der herrschende Unternehmens-Gesellschafter könnte - unabhängig von einer formalen Geschäftsführerstellung - auf der Grundlage der c.i.c.-Haftung aber auch dann in Anspruch zu nehmen sein, wenn er aktiv oder passiv auf die Vertragsverhandlungen Einfluss nimmt und beim Vertragspartner ein besonderes - auf sich bezogenes - „Konzernvertrauen"[708] hervorruft. Ein solches Vertrauen könnte sich etwa darauf beziehen, dass der Gesellschafter seinen Einfluss in der GmbH dazu einsetzt, die ordnungsgemäße Erfüllung der konkreten Vertragsverpflichtungen zu bewirken, oder sich - allgemeiner - auf die (gesteigerte) Leistungsfähigkeit der Unternehmensgruppe gründen.

Damit ist der *Eigenhaftung* aus c.i.c. - vorbehaltlich einer näheren Prüfung ihrer dogmatischen Begründbarkeit - zunächst die grundsätzliche Eignung zuzugestehen, einen Beitrag zum unmittelbaren Gläubigerschutz in den Fällen qualifizierter Konzernherrschaft zu leisten.

II. Dogmatische Begründung der *Eigenhaftung* des GmbH-Geschäftsführers aus c.i.c.

Die Eigenhaftung Dritter aus c.i.c. wird allgemein unter zwei Gesichtspunkten diskutiert. In ständiger Rechtsprechung bejahte der BGH eine Inanspruchnahme des Dritten, wenn „ihm persönlich vom Vertragsgegner besonderes Vertrauen entgegengebracht wurde" oder wenn er am Abschluss des Geschäfts „ein eigenes wirtschaftliches Interesse" hatte.[709]

1. „Wirtschaftliches Eigeninteresse"

Ausgangspunkt dieser Fallgruppe war eine Entscheidung des Reichsgerichts, in welcher der Käufer eines Grundstücks dieses, noch ehe er das Eigentum an ihm erworben hatte, im Namen des Verkäufers weiterveräußerte.[710] Der Käufer nahm bei diesem „Weiterverkauf" quasi „im Gewand des Vertreters" ausschließlich seine eigenen Interessen wahr. Das Gericht entschied, dass sich der Vertreter

---

[708] *Fleischer*, ZHR 163 (1999), 461, 474 ff.; *Lutter*, in: Gedächtnisschrift Knobbe-Keuk, 1997, 229, 235 ff.; *Rehbinder*, 1969, S. 311 ff.; *Wiedemann*, 1988, S. 89 f.; Baumbach/Hueck/*Zöllner*, Schlussanh. I, GmbH-KonzernR, Rdnr. 75.

[709] BGHZ 56, 81, 83 ff.; BGH, NJW 1983, 676, 677; BGH, NJW 1989, 292, 293; BGH, NJW 1994, 2221.

[710] RGZ 120, 249, 252.

dann nicht auf die ausschließliche Haftung des Vertretenen berufen dürfe, wenn er als „procurator in rem suam", „gleichsam in eigener Sache" tätig wird.[711]

Dieses, die Eigenhaftung auslösende, Merkmal des ausschließlichen *wirtschaftlichen Eigeninteresses* wurde von der Rechtsprechung in der Folgezeit mehr und mehr ausgeweitet. Der VIII. Zivilsenat des BGH ließ zunächst bereits die formale Stellung des Geschäftsführers als Allein- oder Mehrheitsgesellschafter der GmbH ausreichen,[712] nahm diese als zu weitgehend empfundene und mit dem Grundsatz der Haftungsseparation gem. § 13 Abs. 2 GmbHG nicht zu vereinbarende Interpretation aber in späteren Entscheidungen zurück.[713] Zwar wurde die Haftungszurechnung auf den Vertreter kraft wirtschaftlichen Eigeninteresses weiter bejaht, man verlangte aber das Vorliegen zusätzlicher Umstände, welche die Annahme trugen, der Vertreter habe „gleichsam in eigener Sache" gehandelt. Dies sollte etwa dann gegeben sein, wenn der Gesellschafter-Geschäftsführer der GmbH zur Absicherung von Verbindlichkeiten persönliche Bürgschaften oder dingliche Sicherheiten gewährt hatte[714] oder wenn der Gesellschafter aus dem angestrebten Vertrag fließende Gelder an der Gesellschaft vorbei in die eigene Tasche zu leiten suchte.[715]

Der II. Zivilsenat des BGH schränkte den Anwendungsbereich der Fallgruppe des „wirtschaftlichen Eigeninteresses" in seinem Grundsatzurteil zur Insolvenzverschleppungshaftung vom 6.6.1994[716] noch weiter ein, indem er die Fälle der Stellung von persönlichen und dinglichen Sicherheiten für Verbindlichkeiten der Gesellschaft durch den Gesellschafter-Geschäftsführer ausklammerte. Damit läuft dieses Zurechnungskriterium in der Praxis aber nahezu leer.

Auch im Schrifttum wird eine c.i.c.-Haftung des Dritten wegen eines persönlichen wirtschaftlichen Interesses am Geschäftsabschluss überwiegend verneint.[717] Zu Recht beruft man sich einerseits darauf, dass das Rechtsinstitut der c.i.c. dogmatisch mit einer besonderen *Vertrauensbeziehung* zwischen den zukünftigen Vertragspartnern begründet wird; ein Kriterium wie das wirtschaftliche Eigeninteres-

---

[711] Zustimmend *Flume*, ZIP 1994, 337, 338; *Geißler*, ZIP 1997, 2184, 2186; *Grunewald*, ZGR 1986, 580, 585.

[712] BGH, WM 1963, 160, 161; BGH, NJW 1983, 676, 677; BGH, NJW 1984, 2284, 2286.

[713] BGH, NJW 1986, 586, 587.

[714] BGH, WM 1987, 1431, 1432; BGH, NJW 1988, 2234, 2235.

[715] BGH, NJW 1986, 586, 588.

[716] BGHZ 126, 181, 186 ff.

[717] *Brandner*, in: FS Werner, 1984, S. 53, 64; *Fleck*, GmbHR 1995, 880, 887; *Geißler*, ZIP 1997, 2184, 2186 ff.; *Grunewald*, ZGR 1986, 580, 586 ff.; *Lutter*, GmbHR 1997, 329, 330; *Medicus*, GmbHR 1993, 533, 535 f.; *Priester*, Sonderheft DNotZ 1993, 120, 133 f.; Rowedder/*Rowedder*, § 64 Rdnr. 26; Scholz/*Schmidt*, 1995, § 64 Rdnr. 58; Hachenburg/*Ulmer*, § 64 Rdnr. 72; *Wimmer*, NJW 1996, 2546, 2550.

se des Dritten, welches dem Vertragspartner in der Regel gar nicht bekannt ist, ist aber mit einer Vertrauenshaftung nicht in Einklang zu bringen. Des weiteren verweist man auf den in § 13 Abs. 2 GmbHG festgeschriebenen Grundsatz der Haftungsbeschränkung, der einer so weitreichenden Ausdehnung der Gesellschafterhaftung entgegenstehe.

Auf das Zurechnungsmerkmal des wirtschaftlichen Eigeninteresses kann eine Dritthaftung aus c.i.c. daher nicht gestützt werden.

2. „Inanspruchnahme besonderen Vertrauens"

In dogmatisch korrekteren Bahnen bewegt sich demgegenüber die zweite Fallgruppe. In Rechtsprechung und Schrifttum herrscht überwiegend Einigkeit darüber, dass eine Eigenhaftung des Vertreters aus c.i.c. dann in Betracht kommt, wenn dieser in besonderem Maße persönliches Vertrauen in Anspruch genommen hat. Umstritten sind allerdings die Anforderungen, die an die Bejahung dieses Merkmals zu stellen sind.

Schmidt[718] ist der Auffassung, dass dem *Geschäftsführer* einer insolventen GmbH, der die Vertragsverhandlungen führt, ausnahmslos in eigener Person das Vertrauen des Vertragspartners in die Solvenz der Gesellschaft entgegengebracht wird; er sei als Repräsentant der Gesellschaft quasi Vertrauensträger „kraft Amtes".[719]

Einer solchen *Repräsentantenhaftung* wird entgegengehalten, der Geschäftsführer könne durch sein sachkundiges Auftreten bei dem Geschäftspartner Vertrauen nur *für die Gesellschaft* erzeugen,[720] da der Geschäftsverkehr wisse, dass der Geschäftsführer im Geschäftskreis der GmbH typischerweise nicht für sich selbst auftrete.[721]

Auch die Rechtsprechung verlangt, dass der Vertreter „über das normale Verhandlungsvertrauen hinausgegangen ist, das bei Anbahnung von Geschäftsbeziehungen immer gegeben ist"; er müsse dem Verhandlungspartner „eine zusätzliche, von ihm persönlich ausgehende Gewähr für den Bestand und die Erfüllung des in Aussicht genommenen Rechtsgeschäftes geboten haben, die für den Wil-

---

718 *Schmidt*, 1997, § 36 II 5 c, S. 1088; Scholz/*Schmidt*, 1995, 64 Rdnr. 59.

719 *Schmidt*, ZIP 1988, 1497, 1503.

720 *Brandner*, in FS Werner, 1984, S. 53, 65; *Haas*, 1997, S. 76 f.

721 *Medicus*, GmbHR 1993, 533, 537. Gegen eine solche Repräsentantenhaftung ebenfalls *Flume*, ZIP 1994, 337, 338; BGHZ 126, 181, 189 f.

lensentschluss des anderen Teils bedeutsam war".[722] Dabei reichen vage Beschwichtigungen wie etwa „Sie können sich doch auf mich verlassen", „wir haben bisher noch immer unsere Verträge erfüllt" etc. nicht aus. Es muss sich vielmehr um Erklärungen handeln, die im Vorfeld einer Garantiezusage anzusiedeln sind.[723]

Teile des Schrifttums wollen einer solchen Erklärung nur dann rechtliche Relevanz zubilligen, wenn diese als konkludentes Angebot zum Abschluss eines rechtsgültigen Garantievertrages gewertet werden kann. Für diesen Fall wäre ein Rückgriff auf eine Haftung aus Verschulden bei Vertragsschlusses aber obsolet.[724]

Auch diesseits der Schwelle eigener vertraglicher Bindung sind die Fälle der Begründung von besonderem persönlichen Vertrauen sehr restriktiv zu behandeln, will man sich nicht dem Vorwurf reiner Billigkeitsentscheidungen aussetzen. Die Übernahme einer „persönlichen Gewähr" ist etwa dann denkbar, wenn der Vertreter eine besondere Sachkunde für sich rekurriert und seiner „Zusicherung" von Seiten der Gegenpartei die Bedeutung zugewiesen wird, man könne auf eigene weitergehende Nachforschungen verzichten.[725]

Im Bereich der im Rahmen der *Vertreterhaftung* besonders relevanten Fallgruppe der vorvertraglichen Aufklärungspflicht wegen fehlender Liquidität der Gesellschaft steht aber eine besondere Sachkunde des Geschäftsführers gerade nicht im Vordergrund, sondern er vermag ein ihm entgegengebrachtes besonderes Vertrauen des Vertragspartners nur zu begründen, indem er eine persönliche Gewähr für die Erfüllung des intendierten Geschäftes bietet.

Ähnlich strenge Anforderungen sind auch an die Fälle eines sogenannten „Konzernvertrauens"[726] zu stellen. Tritt die Konzernmutter nicht - wie in den Fällen des Alleingesellschafter/Geschäftsführers im Einmann-GmbH-Konzern - als *Vertreter* der abhängigen Gesellschaft auf, sondern schaltet sie sich in ihrer Funktion als Konzernobergesellschaft in die Vertragsverhandlungen ein und wirbt bei dem noch zögernden potentiellen Vertragspartner der Tochtergesellschaft mit ihrer Person und ihrer Leistungsfähigkeit um besonderes Vertrauen, so führt dies, wenn ihren Erklärungen ein garantieähnlicher Wert zuzuerkennen ist, zu ihrer c.i.c.-Haftung aus in Anspruch genommenem Vertrauen. Nicht ausreichend für eine derartige Haftung wäre allerdings das (enttäuschte) Vertrauen des Geschäftspart-

---

[722]BGHZ 56, 81, 84 f.

[723]BGHZ 126, 181, 189; *Lutter/Hommelhoff*, § 43 Rdnrn. 36 f.; Hachenburg/*Ulmer*, § 64 Rdnr. 70.

[724]*Geißler*, ZIP 1997, 2184, 2190; *Medicus*, GmbHR 1993, 533, 537.

[725]*Canaris*, ZHR 163 (1999), 206, 233.

[726]*Banerjea*, ZIP 1999, 1153, 1156.

ners in den Einstandswillen oder die Leistungsfähigkeit der Konzernobergesellschaft, wenn die Konzernobergesellschaft dazu keinen Anlass geboten hatte. Positive Beispiele für eine auf „Konzernvertrauen“ gestützte Haftung könnten etwa Konstellationen sein, in denen die Tochtergesellschaft - mit Einverständnis der Konzernspitze - im Geschäftsverkehr etwa mit dem Zusatz wirbt „X-GmbH, ein Unternehmen des Y-Konzerns“ oder den Namen der Muttergesellschaft in ihre Firma aufnimmt (z.B. Veba-Öl AG).[727]

III. Ergebnis

Die Bedeutung der Dritthaftung aus c.i.c. hat nach Wegfall des Zurechnungsgrundes des „wirtschaftlichen Eigeninteresses“ wegen dessen fehlender dogmatischer Herleitbarkeit erheblich an Gewicht verloren.

Eine Eigenhaftung des herrschenden Unternehmens-Gesellschafters aus c.i.c. - sei es in seiner Funktion als Geschäftsführer der abhängigen Gesellschaft oder in seiner originären Rolle als Konzernobergesellschaft - kommt nur in engen Grenzen in Betracht, nämlich dann, wenn er an den Vertragsverhandlungen mit dem Vertragspartner der insolventen abhängigen GmbH selber beteiligt war und dabei durch Abgabe einer „garantieähnlichen Erklärung“ eine persönliche Gewähr für die Erfüllung der Gesellschaftsverbindlichkeiten übernommen hat.

Damit wird bereits aus rechtstatsächlichen und beweistechnischen Gründen nur eine verschwindend geringe Anzahl von Gläubigern der insolventen abhängigen Gesellschaft Zuflucht zu diesem Haftungsinstrument nehmen können. Zur Schließung der Gläubigerschutzlücke in den Fällen des qualifizierten faktischen Konzerns ist die c.i.c.-Haftung nicht geeignet.

D. Die Durchgriffshaftung

Die Durchgriffshaftung soll den Gläubigern einer vermögenslosen Kapitalgesellschaft die Möglichkeit eröffnen, ihre nicht erfüllten Forderungen durch Zugriff auf das Privatvermögen der Gesellschafter zu realisieren. Da auch das herrschende Unternehmen im Konzern Gesellschafter der abhängigen GmbH ist, liegt es nahe, diese „Anspruchsgrundlage“ für seine haftungsrechtliche Einstandspflicht nutzbar zu machen.

---

[727] *Lutter*, in: Gedächtnisschrift Knobbe-Keuk, 1997, S, 229, 236 ff., erwähnt solche Fallgestaltungen, verneint hier aber eine c.i.c.-Haftung wegen Fehlens einer rechtlich relevanten Vertrauensgrundlage.

Teile des Schrifttums sprechen sich dafür aus, die rechtsfortbildend entwickelte qualifizierte faktische GmbH-Konzernhaftung analog §§ 302, 303 AktG durch die allgemeine Durchgriffshaftung zu ersetzen.[728] Sie sprechen dem konzernrechtlichen Haftungsansatz, der die Sanktionierung missbräuchlicher Ausübung von Leitungsmacht auf herrschende Unternehmens-Gesellschafter beschränkt, den privaten Mehrheits-/Alleingesellschafter bei (vergleichbarer) rücksichtsloser Ausübung seiner Gesellschafterbefugnisse aber „straflos" lässt, die Eignung ab, das Problem des Missbrauchs des, den Gesellschaftern einer Kapitalgesellschaft zugestandenen, Haftungsbeschränkungsprivilegs umfassend zu handhaben.[729] Bestätigt sehen sich die Befürworter einer Durchgriffslösung durch die im *„TBB"*-Urteil vollzogene Abkehr der Rechtsprechung und der ihr folgenden Schrifttumsmehrheit von der Konzern-Zustandshaftung und ihrer Zuwendung zur Verhaltenshaftung, die den haftungsauslösenden Tatbestand in einem „Missbrauch" der beherrschenden Gesellschafterstellung erblickt.[730]

Voraussetzung für die Anwendung der Durchgriffshaftung auf die Fälle qualifizierter Beherrschung einer GmbH wäre allerdings, dass sich diese als ein dogmatisch legitimiertes, in seinen Tatbestandsvoraussetzungen und Rechtsfolgen fest umrissenes Rechtsinstitut darstellen ließe.

Daran bestehen in Rechtsprechung[731] und Schrifttum[732] erhebliche Zweifel, denen im folgenden im einzelnen nachgegangen werden soll.

---

[728] *Bauder*, BB 1993, 1103, 1104; *Donle*, DStR 1995, 1918, 1923; *Gäbelein*, GmbHR 1987, 221, 224; *Heidenhain*, LM Nr.6 zu § 302 AktG 1965, (H 7/1993) S. 1327, 1328; *Kowalski*, GmbHR 1993, 253, 258; *Kübler*, NJW 1993, 1204, 1205; *Lehmann*, ZGR 1986, 345, 364; *ders.*, GmbHR 1992, 200, 204, 206; *Reiner*, 1995, 229 ff., 235; *Röhricht*, ZGR 1999, 445, 446; *Schanze*, AG 1993, 376, 378; *Timm*, NJW 1992, 2185, 2194; *Wüst*, JZ 1992, 710, 715.

[729] *Versteegen*, DB 1993, 1225, 1226; *Wüst*, JZ 1992, 710, 715.

[730] Zumindest eine Annäherung der Haftungstatbestände des Durchgriffs und der qualifizierten Konzernhaftung in der vom BGH im "TBB"-Urteil festgeschriebenen Ausprägung konstatieren *Rehbinder*, in: FS Kübler, 1997, S. 493, 498; Rowedder/*Rowedder*, 1997, Anh. nach § 52, Rdnr. 76; *Schulze-Osterloh*, ZIP 1993, 1838, 1841.

[731] In einschlägigen Entscheidungen hat sich der **BGH** zwar in Form von obiter dicta zur theoretischen Möglichkeit einer Durchgriffshaftung geäußert (BGHZ 20, 4, 11; 22, 226, 230; 25, 115, 117; 26, 31, 37; 31, 258, 271; 65, 246, 251 f.; 68, 312, 314 ff.; BGH, Urt. v. 13.6.1977, - II ZR 232/75 -, NJW 1977, 1683, 1686; BGH, Urt. v. 12.11.1984 - II ZR 250/83 - NJW 1985, 740; BGHZ 95, 330, 332; BGHZ 125, 366, 368), einen Haftungsdurchgriff im Ergebnis aber nicht bejaht. Eine Ausnahme bildet der - als atypisch gewertete - "Siedler-Fall" (BGHZ 54, 222, 224 f.). Die Rechtsprechung des **BAG** (Urt. v. 24.9.1974 - 3 AZR 589/73 - AP 1975 H.5/6, Nr. 1 zu § 13 GmbHG, Bl. 285, 287; Urt. v. 19.1.1988 - 3 AZR 263/86 - BAGE 57, 198, 204 f.; Urt. v. 15.1.1991 - 1 AZR 94/90 - AG 1991, 434, 436 f.; Urt. v. 3.9.1998 - 8 AZR 189/97 - AG 1999, 184) beließ es ebenfalls bei allgemeinen Erwägungen zur Durchgriffshaftung, ohne die Entscheidungen im Ergebnis auf eine solche zu stützen. Lediglich das **BSG** bejahte in seinem Urt. v. 7.12.1983 - 7 RAr 20/82 - BSGE 56, 71, 84 - einen Haftungsdurchgriff wegen Unterkapitalisierung, schränkte die Entscheidung aber insoweit wieder ein, als es darauf hinwies, dass der festgestellte Sachverhalt "jeden-

I. Grundlagen der Durchgriffshaftung

1. Konzeption

Gedanklicher Ausgangspunkt der „Durchgriffslehre“ ist die rechtliche Selbständigkeit der juristischen Person und ihre scharfe Trennung von den „hinter ihr stehenden“ Gesellschaftern. Als eigenständiges Zuordnungssubjekt für Rechts- und Pflichtenpositionen ausgestaltet, ist sie gegen die Zurechnung von Verhaltensweisen ihrer Mitglieder geschützt, für ihre Verbindlichkeiten haftet grundsätzlich nur das Gesellschaftsvermögen, §§ 1 Abs. 1 S. 2 AktG, 13 Abs. 2 GmbHG.

Dieses *Trennungsprinzip* soll nach Auffassung der Befürworter der Durchgriffslehre[733] aber nicht uneingeschränkt gelten, sondern in Einzelfällen im Wege des *„Durchgriffs“* auf die hinter der juristischen Person stehenden Gesellschafter durchbrochen werden können.

Methodisch begründet man einen solchen Haftungsdurchgriff mit einer teleologischen Reduktion der haftungsbeschränkenden Norm (§§ 1 Abs. 1 S. 2 AktG, 13 Abs. 2 GmbHG). Diese soll bewirken, dass die Gesellschafter der Kapitalgesellschaft so zu behandeln seien, als hätten sie ihr Unternehmen ohne Haftungsbeschränkung - also quasi wie eine OHG - betrieben. Konsequenz des Haftungs-

---

falls eine Reihe weiterer Umstände (enthalte), die zusammen mit der feststehenden Unterkapitalisierung der Gesellschaften den Missbrauchstatbestand erfüllen".

[732] Aus methodischer Sicht wird die Notwendigkeit einer rechtsfortbildend zu entwickelnden Durchgriffshaftung mit dem Hinweis verneint, die herkömmlichen positivrechtlich normierten Anspruchsgrundlagen des Bürgerlichen und Gesellschaftsrechts seien zur haftungsrechtlichen Heranziehung der Gesellschafter ausreichend: *Drax*, 1992, S. 184 ff.; *Ehricke*, AcP 199 (1999), 257, 275 ff.; *ders.*, 1998, S. 146 ff.; Baumbach/Hueck/*Fastrich*, § 5 Rdnr. 6; Scholz/*Emmerich*, 2000, § 13 Rdnrn. 57, 76, 95; *Kahler*, GmbHR 1985, 294, 297; *Keil*, EWiR § 13 GmbHG 1/99, S. 603 f.; *Schulze-Osterloh*, ZGR 1983, 123, 143 ff.; *Vonnemann*, 1991, S. 125 ff.; *ders.*, GmbHR 1992, 77, 79; *Weitbrecht*, 1990, S. 81 ff.; *Wittkowski*, WiB 1997, 28. Andere Autoren sprechen sich für eine Ersetzung des Haftungsdurchgriffs durch eine *verschuldensabhängige* Innenhaftung des auf die Geschäftsleitung Einfluss nehmenden Gesellschafters aus; als dogmatische Grundlagen für eine solche - gesetzlich nicht geregelte - Innenhaftung werden eine Organhaftung der Gesellschafter (*Wilhelm*, 1981, S. 335 ff.; Roth/*Altmeppen*, § 13 Rdnrn. 24 ff.; *Altmeppen*, ZIP 1999, 881, 882 f.) oder eine Verletzung von Sorgfalts- und Treuepflichten (*Brandner*, in: Heidelberger Konzernrechtstage, 1992, S. 207, 215; *Roth*, ZGR 1993, 170, 200; *Schmidt*, ZIP 1988, 1497, 1505 f.; *ders.*, 1997, § 9 IV 4 c S. 250 ff.) diskutiert.

[733] *Bauschke*, BB 1975, 1322, 1323; *Coing*, NJW 1977, 1793; G. *Kuhn*, in: FS Fischer, 1979, S. 351, 352; *Lutter/Hommelhoff*, § 13 Rdnr. 11 ff.; Hachenburg/*Mertens*, Anh. § 13 Rdnrn 1 ff.; *Rehbinder*, 1969, S. 98, 107; *ders.*, in: FS Fischer, 1979, S. 579, 580; *ders.*, in: FS Kübler, 1997, S. 493, 494 ff.; *Serick*, 1955, S. 1; Staudinger/*Weick*, Einl. zu §§ 21 ff. Rdnr. 43; *Wiedemann*, 1980, § 4 III.

durchgriffs ist danach die persönliche Außenhaftung der Gesellschafter entsprechend §§ 105, 128 HGB.[734]

Charakteristisch für eine „Durchgriffskonstruktion" ist, dass der den Gesellschaftern gegenüber geltend gemachte Anspruch seinen Ursprung in der Rechtsbeziehung Gesellschaft - Gläubiger findet. Es wird „durch" die juristische Person auf die hinter ihr stehenden Gesellschafter zugegriffen. Die Durchgriffshaftung bewirkt mit anderen Worten die Erstreckung einer primär ausschließlich der juristischen Person zugeordneten Verbindlichkeit auf ihre Mitglieder.[735]

Aus diesem Grunde fallen diejenigen Fälle einer Gesellschafterhaftung aus dem Anwendungsbereich der „echten" Durchgriffshaftung heraus, die ihren Rechtsgrund in einer unmittelbaren Rechtsbeziehung zwischen Gesellschaftern und Gläubigern finden.[736] Als eigenständige Verpflichtungsgründe kommen etwa eine rechtsgeschäftliche Haftungsübernahme (Bürgschaft, Schuldmitübernahme, Garantievertrag), eine Vertrauens- (c.i.c.) oder Deliktshaftung (§ 823 Abs. 2 BGB i.V. m. § 263 StGB, § 826 BGB) oder auch die auf eine analoge Anwendung der §§ 302, 303 AktG gestützte qualifizierte Konzernhaftung des herrschenden Unternehmens-Gesellschafters in Betracht.[737]

Ein weiteres Charakteristikum der „echten" Durchgriffshaftung ist die *Außenhaftung*, d.h. die unmittelbare persönliche Inanspruchnahme der Gesellschafter durch die Gesellschaftsgläubiger für Verbindlichkeiten der Gesellschaft. Wenn sich nun einige Stimmen im Schrifttum dafür aussprechen, die Rechtsfolge der Außenhaftung in den anerkannten „Durchgriffslagen" der Vermögensvermischung und Unterkapitalisierung durch eine gegenüber der Gesellschaft bestehen-

---

[734] BGHZ 95, 330, 332 "Autokran"; Scholz/*Emmerich*,, 2000, § 13 Rdnr. 92; *Henssler*, in: FS Zöllner, 1998, S. 203, 223; *Lutter*, ZIP 1985, 1425, 1426; *Lutter/Hommelhoff*, ZGR 1979, 31, 62; *Lutter/Hommelhoff*, § 13 Rdnr. 7; Hachenburg/*Mertens*, Anh. § 13 Rdnr. 17; *Nirk*, in: FS Stimpel, 1985, S. 443, 462; *Raiser*, ZGR 1995, 156, 168; Hachenburg/*Ulmer*, Anh. § 30 Rdnr. 62; *Wiedemann*, 1980, § 10 IV 3b S. 572.

[735] *Benne*, 1978, S. 28, 41; *Bork*, ZGR 1994, 237, 258; *Drax*, 1992, S. 13 f.; *Ehricke*, AcP 199 (1999), 257, 268.

[736] BGHZ 31, 258, 271; Großkomm. AktG/*Brändel*, 1992, § 1 Rdnr. 91; *Ehricke*, AcP 199 (1999), 257, 270; Scholz/*Emmerich*, 2000, § 13 Rdnrn. 58 f., 61 ff.; *Nirk*, in: FS Stimpel, 1985, 443, 449; Rowedder/*Rowedder*, § 13 Rdnr. 25; *Schmidt*, 1997, § 9 IV 1b, S. 241.

[737] Vgl. BGHZ 95, 330, 332 ff.; Roth/*Altmeppen*, § 13 Rdnr. 27; *Blaurock*, in: FS Stimpel, 1985, 553, 568; *Bork*, ZGR 1994, 237, 256 ff.; *Drax*, 1992, S. 174 ff.; *Ehricke*, AcP 199 (1999), 257, 259; Scholz/*Emmerich*, § 13 Rdnr. 84 a; Hachenburg/*Mertens*, Anh. § 13 Rdnr. 4; *Priester*, Sonderheft DNotZ 1993, 120, 127; MünchKomm-BGB/*Reuter*, Vor § 21 Rdnrn. 45; Rowedder/*Rowedder*, § 13 Rdnr. 30; *Teubner*, in: FS Steindorff, 1990, 261, 271; *Willburger*, 1994, S. 22 ff. Demgegenüber interpretieren folgende Autoren die Konzernhaftung als Unterfall der klassischen Durchgriffshaftung: Großkomm. AktG/*Brändel*, 1992, § 1 Rdnr. 101; *Baur*, 1992, S. 203; *Stimpel*, in: FS Goerdeler, 1987, S. 601, 609; *Wiedemann*, ZGR 1986, 656, 661; *Wüst*, JZ 1992, 710, 715.

den Innenhaftung zu ersetzen,[738] so stellt eine solche Haftungskonstruktion ebenfalls keinen Anwendungsfall des „echten“ Haftungsdurchgriffs mehr dar.

2. Fallgruppen der Durchgriffshaftung

Als geeignete Sachverhaltskonstellationen zur Auslösung der Durchgriffshaftung werden folgende Fallgruppen diskutiert:

a) Vermögensvermischung[739]

Kennzeichnend für die Vermögensvermischung ist die fehlende Möglichkeit einer eindeutigen dinglichen Zuordnung von Vermögensgegenständen zum GmbH-Vermögen bzw. zum Privatvermögen ihrer Gesellschafter. Finden zugunsten des Gesellschafters *unkontrolliert* Vermögenstransaktionen aus dem Gesellschaftsvermögen statt - dies kann auch in Form von Zuwendungen an eine von ihm abhängige Schwestergesellschaft geschehen („horizontale Vermögensvermischung“)[740] -, fehlt es also an einer ausreichenden Buchführung über Vermögensbestand und Geschäftsvorgänge der Gesellschaft, so soll dies zu einer Funktionsstörung der Kapitalerhaltungsvorschriften führen, die nach Auffassung des BGH[741] und großer Teile des Schrifttums[742] eine Durchbrechung des Haftungsprivilegs in Form einer unmittelbaren Inanspruchnahme der Gesellschafter rechtfertige.

---

738 Generell *Stimpel*, in: FS Goerdeler, 1987, S. 601, 614. Für die qualifizierte Unterkapitalisierung: *Banerjea*, ZIP 1999, 1153, 1159; *Coing*, NJW 1977, 1793, 1797; *Priester*, Sonderheft DNotZ 1993, 120, 138.

739 Die Terminologie ist nicht einheitlich. Teilweise wird die Vermögensvermischung als Unterfall der *Sphärenvermischung* verstanden, *Wiedemann*, 1980, § 4 III 1 a, S. 224; Hachenburg/*Mertens*, Anh § 13 Rdnr. 49; MünchKomm.-BGB/*Reuter*, Vor § 21 Rdnr. 35.

740 Großkomm. AktG/*Brändel*, 1992, § 1 Rdnr. 104; *Drax*, 1992, S. 87; Rowedder/*Rowedder*, § 13 Rdnr. 23; *Stimpel*, in: FS Goerdeler, 1987, S. 601, 607; *Wiedemann*, ZGR 1986, 656, 658.

741 BGHZ 95, 330, 332; BGHZ 125, 366, 368.

742 *Blaurock*, in: FS Stimpel, 1985, 553, 559; *Boujong*, in: FS Odersky, 1996, S. 739, 742 f.; Großkomm. AktG/*Brändel*, 1992, § 1 Rdnr. 103; *Drüke*, 1990, S. 73 ff.; Scholz/*Emmerich*, 2000, § 13 Rdrn. 86, 91, 95; *Geißler*, GmbHR 1993, 71, 75; *Immenga*, 1970, S. 398 f.; *Koch*, 1997, S. 54; *Lutter/Hommelhoff*, § 13 Rdnr. 10; Hachenburg/*Mertens*, Anh § 13 Rdnr. 49; *Nirk*, in: FS Stimpel, 1985, S. 443, 453; *Raiser*, 1992, § 29 Rdnr. 22; *Rehbinder*, in: FS Kübler, 1997, S. 493, 501; MünchKomm.-BGB/*Reuter*, Vor § 21 Rdnr. 35; *Roth*, LM H. 9/1994, § 13 GmbHG (Nr. 24), Bl. 1759; Rowedder/*Rowedder*, § 13 Rdnr. 28; *Schulze-Osterloh*, ZIP 1993, 1838, 1841; *Stimpel*, in: FS Goerdeler, 1987, 601, 606 f.; Staudinger/*Weick*, Einl zu §§ 21 ff., Rdnr. 45; *Wiedemann*, 1980, § 4 III 1 a, S. 224.

In den einschlägigen höchstrichterlichen Entscheidungen zur qualifizierten Konzernhaftung weisen die Sachverhaltsschilderungen der BGH-Urteile *„Autokran"* und *„TBB"* Konvergenzen mit einer solchen „horizontalen Vermögensvermischung" auf. Der Beklagte der *„Autokran"*-Entscheidung dirigierte im Zuge einer einheitlichen Geschäftsplanung die von den sieben beteiligten Gesellschaften mbH geleasten Autokräne zwischen den Gesellschaften hin und her und setzte sie nach Bedarf ein, ohne dies zwischen ihnen zu verrechnen oder darüber Buch zu führen. Der wirtschaftliche Alleingesellschafter im „TBB"-Fall erteilte seiner kreditierenden Bank eine Saldenverrechnungsermächtigung, die alle fünf der Unternehmensgruppe angehörenden Gesellschaften einer gesamtschuldnerischen Haftung für die Verbindlichkeit jedes einzelnen von ihnen unterwarf.

Anhaltspunkte für eine verschleierte „horizontale Vermögensvermischung" finden sich ferner in den Sachverhaltsschilderungen der Entscheidungen *„Video"* (der Beklagte bot Vermögensbestandteile einzelner der von ihm beherrschten Gesellschaften an, um die Schulden der jeweils anderen zu decken) und *„Architekten-Konzern"* (ein gem. § 2 des Gesetzes über die Sicherung der Bauforderungen vorgeschriebenes Baubuch war nicht geführt worden, was - nach Auffassung der Vorinstanz - dazu beitrug, die Vermögensverhältnisse bei der GmbH zu verschleiern).

b) Sphärenvermischung

Gemeint sind hier Sachverhaltskonstellationen, in denen eine Trennung der Sphären von Gesellschaft und Gesellschaftern wegen Namens- bzw. Firmenähnlichkeit, gemeinsamer Geschäftsräume, gemeinsamen Telefonanschlusses oder gleicher Bediensteten verschleiert wird.[743] In diesen Fällen fehlender organisatorischer Trennung sieht sich der Vertragspartner der Gesellschaft häufig vor die Schwierigkeit gestellt, nicht genau erkennen zu können, mit wem er in rechtsgeschäftlichen Kontakt getreten ist. Die Lösung dieses Problems ist mithin im Bereich der Vertrauens- und Rechtsscheinhaftung zu suchen.[744] Dem Anwendungsbereich der Durchgriffshaftung unterfallen die Konstellationen der organisatorischen Sphärenvermischung demnach nicht.[745]

---

[743] *Lutter/Hommelhoff*, § 13 Rdnr. 11; Baumbach/Hueck/*Fastrich*, § 13 Rdnr. 15; *Nirk*, in: FS Stimpel, 1985, S. 443, 453; Rowedder/*Rowedder*, § 13 Rdnr. 23.

[744] *Blaurock*, in: FS Stimpel, 1985, S. 553, 558; *Canaris*, 1971, S. 179, 366 ff.; *Coing*, NJW 1977, 1793; *Drax*, 1992, S. 55; *Ehricke*, AcP 199 (1999), 257, 300. *Schmidt*, 1997, § 9 IV 2 b, S. 244, sieht hier ein Offenkundigkeitsproblem des Firmen- und Stellvertretungsrechts.

[745] Neben den in Fn. 744 genannten Autoren im Ergebnis ebenso: BGH, WM 1985, 54, 55; *Boujong*, in: FS Odersky, 1996, 739, 742; *Rehbinder*, 1969, S. 133 ff.

c) Unterkapitalisierung

Der nach verbreiteter Meinung im Schrifttum[746] ebenfalls zu einer Durchgriffshaftung führende Tatbestand der (qualifizierten) Unterkapitalisierung zeichnet sich dadurch aus, dass die (Eigen-)Kapitalausstattung der GmbH - gemessen an Art und Umfang ihrer bezweckten Tätigkeit - eindeutig unzureichend ist und einen Misserfolg (Insolvenz) zu Lasten der Gläubiger bei normalem Geschäftsverlauf mit hoher Wahrscheinlichkeit erwarten lässt.

Auch in bezug auf diese Durchgriffsfallgruppe weisen die Sachverhalte der einschlägigen konzernhaftungsrechtlichen Entscheidungen Parallelen auf. Eine *anfängliche* Unterkapitalisierung liegt in den Fällen nahe, in denen eine Tochtergesellschaft mbH schon zum Zeitpunkt ihrer Gründung mit Geschäftsrisiken belastet wurde, die in keinem angemessenen Verhältnis zu ihrer Kapitalausstattung standen, so dass der alsbaldige Ruin der Gesellschaft vorprogrammiert war.[747] Der Tatbestand der *nachträglichen* Unterkapitalisierung liegt in den Fallgestaltungen nahe, in denen die abhängigen Gesellschaften durch den herrschenden Unternehmens-Gesellschafter finanziell geknebelt werden, was durch die Überleitung aller finanziellen Entscheidungen der Tochter auf diesen und/oder durch die vollständige Abschöpfung ihres Gewinns erfolgen kann. Diese Vorgehensweise macht es dem abhängigen Unternehmen unmöglich, eigenverantwortlich Geschäfte abzuschließen und Gesellschaftsvermögen aufzubauen.[748] Schließlich kann eine nach-

---

[746] *Benne*, 1978, S. 61 ff.; *Blaurock*, in: FS Stimpel, 1985, S. 553, 559; *Geißler*, GmbHR 1993, 71, 77 f.; *Immenga*, 1970, S. 402 ff.; *Lutter*, ZGR 1982, 244, 247 ff.; *Lutter/Hommelhoff*, § 13 Rdnrn. 6 f.; *Nirk*, in: FS Stimpel, 1985, S. 443, 454; *Raiser*, ZGR 1995, 156, 162 ff.; *Rehbinder*, in: FS Kübler, 1997, S. 493, 501 f; MünchKomm.-BGB/*Reuter*, Vor § 21 Rdnr. 36 ff.; *Roth*, ZGR 1993, 170, 182; Rowedder/*Rowedder*, § 13 Rdnr. 27; *Stimpel*, in: FS Goerdeler, 1987, 601, 607 ff.; Hachenburg/*Ulmer*, Anh. § 30 Rdnrn. 55 ff.; *Ulmer*, in: FS Duden, 1977, S. 661, 671, 680; *Wiedemann*, 1980, § 4 III 1 b, S. 224 ff.; *Wüst*, JZ 1995, 990, 994 f.

[747] BGHZ 107, 7 **"Tiefbau"**: Die abhängige S-GmbH (Stammkapital: 500.000,- DM) hatte auf Veranlassung des herrschenden Unternehmensgesellschafters bereits im Zeitpunkt ihrer Gründung Verbindlichkeiten von ca. 5 Mio. DM übernommen; BGH, NJW 1994, 446 **"EDV"**: Auf die abhängige S-GmbH (Stammkapital: 50.000,-) wurde die besonders kostenintensive Forschungstätigkeit übertragen; BGH, ZIP 1994, 1690 **"Freiberufler-Konzern"**: Die abhängige GmbH (Stammkapital: 300.000,- DM) trug als Generalunternehmerin das gesamte Bauunternehmerrisiko in bezug auf die "Unternehmensgruppe"; BGHZ 68, 312 **"Fertighaus"**: (Fall der Betriebsaufspaltung) Abhängige Baugesellschaft (Stammkapital: 20.000,- DM) trug das volle Bauunternehmerrisiko; OLG Dresden, GmbHR 1997, 215 **"Sächsisches Porzellanwerk Freiberg GmbH"**: (Fall der Betriebsaufspaltung) Die abhängige "Porzellanwerk F GmbH" (Stammkapital: 50.000,- DM) wurde mit der unrentabelen (Jahresverluste in Millionenhöhe) Weiterführung der Porzellanproduktion belastet; BAG, AG 1999, 184 **"Schifffahrtsgesellschaft"**: (Fall der Betriebsaufspaltung) Abhängige Z-GmbH (Stammkapital: 50.000,- DM) sollte die in finanzielle Schwierigkeiten geratene Schifffahrtsgesellschaft der OHG weiterbetreiben.

[748] BGH, NJW 1980, 231 **"Gervais"**; BGHZ 95, 330 **"Autokran"**; BGHZ 107, 7 **"Tiefbau"**; BAG, ZIP 1999, 723 **"Möbel-KG"**.

trägliche Unterkapitalisierung auch in den Fallgestaltungen des absichtlichen „Leerlaufenlassens" des abhängigen Unternehmens zu Gunsten einer Nachfolgegesellschaft diskutiert werden.[749]

d) Fremdsteuerung

Die Beherrschung der juristischen Person durch ein Unternehmen oder einen Privatgesellschafter birgt die Gefahr in sich, dass das Handeln der Gesellschaft nicht mehr durch ihr eigenes Interesse, sondern durch externe Sonderinteressen bestimmt wird. Das hierin mittelbar enthaltene Gläubigergefährdungspotential hatte im älteren Schrifttum den Ruf nach einer unmittelbaren Ausfallhaftung des herrschenden Gesellschafters laut werden lassen. Dabei sah eine Meinung den haftungsauslösenden Tatbestand bereits dann verwirklicht, wenn durch intensive Formen der Beherrschung die unabhängige Willensbildung der für die juristische Person handelnden Organe eingeschränkt oder gänzlich ausgeschlossen wurde.[750] Andere Schrifttumsstimmen wollten demgegenüber den Haftungsdurchgriff wegen Fremdsteuerung auf Konzernsachverhalte, d.h. auf die Ausübung von Herrschaftsmacht durch einen Unternehmens-Gesellschafter beschränken.[751]

Die Rechtsprechung stand dem Versuch, die Beherrschung einer Gesellschaft als Fallgruppe der Durchgriffshaftung zu etablieren, überwiegend ablehnend gegenüber.[752]

---

[749] BGHZ 115, 187 "Video"; BGH, GmbHR 1996, 366 "**Stahl-Alu-O.&Sohn GmbH**"; BGH, Beschl. v. 3. 11. 1997, DStR 1997, 1937; OLG München, Urt. v. 3.12.1997, GmbHR 1998, 285; OLG Oldenburg, Urt. v. 24.10.1996, GmbHR 1998, 286; OLG Bamberg, Urt. v. 10.5.1995, AG 1998, 191.

[750] *Kellermann*, BB 1969, 1509, 1511; *Möhring*, NJW 1967, 1 ff.; *Nirk*, in: FS Stimpel, 1985, 443, 454.

[751] *Drobnig*, 1959, S. 63; *Müller*, ZGR 1977, 1, 25 f.; *Stimpel*, in: FS Goerdeler, 1987, S. 601, 609; *Wiedemann*, 1980, § 4 III 1 c, S. 227.

[752] BGHZ 22, 226, 233; BGH, NJW 1979, 1823 "Herstatt"; BGHZ 68, 312, 320: "Allein deshalb, weil jemand eine juristische Person beherrscht, kann nicht auf seine Haftung durchgegriffen werden; denn die Beherrschung an sich gefährdet noch nicht die Interessen der Gläubiger...Ob der entscheidende Einfluß auf eine GmbH von einem Privatgesellschafter oder aus einem anderen Unternehmen stammt, ist jedoch unerheblich. Es mag zwar sein, daß ...erfahrungsgemäß ein herrschendes Unternehmen die abhängige juristische Person intensiver mit den eigenen Interessen verknüpfen wird, als dies bei einem Privatgesellschafter der Fall ist. Dieser Umstand rechtfertigt jedenfalls nicht ohne weiteres einen allgemeinen *unmittelbaren* Haftungsdurchgriff der Gläubiger gegen die Muttergesellschaft, wie dies insbesondere auch ein Vergleich mit den konzernrechtlichen Vorschriften für die Aktiengesellschaft ...zeigt". Ergänzend weist der BGH in dieser Entscheidung darauf hin, dass sogar das Vorliegen einer Organschaft, d.h. eine völlige finanzielle, wirtschaftliche und organisatorische Eingliederung der abhängigen Gesellschaft in die Obergesellschaft, einen Haftungsdurchgriff nicht

Diese Auffassung vertritt auch das neuere Schrifttum. Zu Recht verweist man darauf, dass die Problematik der Außensteuerung durch ein anderes Unternehmen adäquat mit Hilfe des ausdifferenzierten, auf einen Innenausgleich abstellenden Konzernhaftungsrechts zu begegnen ist; dieses lasse für einen Rückgriff auf den Haftungsdurchgriffs keinen Raum.[753]

e) Institutsmissbrauch

Unter den Begriffen „Institutsmissbrauch“[754] oder „Rechtsformmissbrauch“[755] wird schließlich eine Fallgruppe der Durchgriffshaftung diskutiert, die dadurch gekennzeichnet sein soll, dass die Figur der juristischen Person zwar formal korrekt gehandhabt wird, mit ihrer Verwendung aber entweder rechtswidrige Ziele verfolgt (*institutioneller* Rechtsmissbrauch) oder Dritte durch eine treuwidrige Berufung auf die Selbständigkeit der juristischen Person bzw. die Haftungsseparation geschädigt werden (*individueller* Rechtsmissbrauch) sollen.

Betrachtet man die hierunter zu subsumierenden Fallgestaltungen näher, so ist allerdings zu bezweifeln, dass der „Institusmissbrauch“ eine eigenständige Durchgriffshaftungsfallgruppe beschreibt.

Die Fälle des *individuellen* Rechtsmissbrauchs charakterisieren sich dadurch, dass dem handelnden Gesellschafter seitens des Gläubigers wegen der besonderen Umstände des Einzelfalls der Vorwurf widersprüchlichen Verhaltens entgegengehalten werden kann. Häufig wird es sich hier um Fälle der Sphärenvermischung, d.h. der Missachtung der Ritualien getrennter Verwaltung und der darauf fußenden fehlenden Offenkundigkeit der Trennung der Rechts*subjekte* handeln.

---

zu begründen vermag (S. 321). Ähnlich äußert sich das BSG, Urt. v. 1.2.1996 - 2 RU 7/95 - GmbHR 1996, 604, 606: "Allein deshalb, weil jemand eine juristische Person beherrscht, kann jedoch nicht auf seine Haftung durchgegriffen werden. Denn die Beherrschung an sich gefährdet noch nicht die Interessen der Gläubiger (BSGE 45, 279, 285)". Lediglich das BAG hat die Fremdsteuerung als denkbare Fallgruppe der Durchgriffshaftung erwähnt: BAGE 57, 198, 204 f.

753 Roth/*Altmeppen*, § 13 Rdnr. 27; *Blaurock*, in: FS Stimpel, 1985, S. 553, 568; *Bork*, ZGR 1994, 237, 256 ff.; *Drax*, 1992, S. 174 ff.; *Ehricke*, AcP 199 (1999), 257, 259; *Geißler*, GmbHR 1993, 71, 78; *Koch*, 1997, S. 99 ff.; Hachenburg/*Mertens*, Anh § 13 Rdnr. 4; *Paschke*, AG 1988, 196, 199; *Priester*, DNotZ 1993, Sonderheft, 120, 127; MünchKomm-BGB/*Reuter*, Vor § 21 Rdnrn. 43 ff.; *Schmidt*, 1997, § 9 IV 3 b, S. 246; *Willburger*, 1994, S. 22 ff.

754 *Ehricke*, AcP 199 (1999), 257, 301 f.; *Lutter*, ZGR 1982, 244, 252; *Lutter/Hommelhoff*, § 13 Rdnr. 12; *Nirk*, in: FS Stimpel, 1985, 443, 453 f.; *Wiedemann*, 1980, § 4 III 1 d, S. 227 f.

755 Die Rechtsprechung verwendet im Zusammenhang mit der Durchgriffshaftung häufig den Begriff des Rechtsformmissbrauchs: BGHZ 31, 258, 271; BGHZ 95, 330, 333; BAGE 57, 198, 204; BAG, Urt. v. 15.1.1991 - 1 AZR 94/90 - AG 1991, 434, 437; BSG, Urt. v.1.2.1996 - 2 RU 7/95- GmbHR 1996, 604, 605; BSG, Urteil v. 27.9.1994 - 10 RAr 1/92 - GmbHR 1995, 46, 47.

Derjenige Gesellschafter, der ständig seine wirtschaftliche Identität mit einer juristischen Person hervorkehrt, verstößt gegen das Verbot des venire contra factum proprium (§ 242 BGB), wenn er sich plötzlich dem Gläubiger gegenüber auf die Selbständigkeit der juristischen Person beruft. Zur rechtlichen Behandlung dieser Problemfälle bedarf es keiner Durchgriffskonstruktion i.S. einer Aufhebung der Trennung zwischen Verband und Mitglied. Neben allgemeinen Grundsätzen der Stellvertretung und der Rechtsscheinhaftung hilft hier der gegen den handelnden Gesellschafter gerichtete, auf § 242 BGB zu stützende, punktuelle Ausschluss der Möglichkeit, sich auf bestimmte Tatsachen, Rechte oder Rechtsverhältnisse zu berufen.[756]

Auch der *institutionelle* Rechtsmissbrauch stellt - bei Lichte betrachtet - keinen eigenständigen, neben die Fallgruppen der Vermögensvermischung und Unterkapitalisierung tretenden Durchgriffs*tatbestand* dar. Eine Bezugnahme auf diesen Begriff stellt vielmehr den Versuch dar, der Durchgriffs*konzeption schlechthin* eine dogmatische Begründung zu geben.[757] Der haftungsrechtliche Durchgriff auf das Privatvermögen der Gesellschafter soll ausnahmsweise statthaft sein, wenn „die Rechtsfigur der juristischen Person in einer Weise verwendet wird, die dem Zweck der Rechtsordnung widerspricht".[758] Beispiele für einen solchen haftungsauslösenden „Rechtsformmissbrauch" sind - nach Auffassung der Befürworter einer Durchgriffshaftung - die oben beschriebenen Sachverhaltskonstellationen des Betreibens einer unterkapitalisierten Gesellschaft oder der unkontrollierbaren Vermögensvermischung zwischen Gesellschafts- und Gesellschaftervermögen. Will man die Methodik der Fallgruppenbildung nicht verlassen, so kommen als weitere Tatbestands*gruppen* für einen *institutionellen* Rechtsmissbrauch aber nur Sachverhaltskonstellationen in Betracht, die nicht schon den bisher genannten Gruppen unterfallen. Die Befürworter einer „Fallgruppe" Institutsmissbrauch führen hier beispielhaft Entscheidungen zur Betriebsaufspaltung[759] an, d.h. Fälle, in denen der Gesellschaft das volle Geschäftsrisiko zugewiesen wurde, die Geschäftschancen aber bei den Gesellschaftern verblieben.[760] Diese gläubigergefährdende Risikoverteilung findet ihren Ursprung aber gerade in der Unterkapitalisierung der Gesellschaft und bildet daher keine gesonderte Tatbestandskategorie der Durchgriffshaftung.

---

[756] MünchKomm.-BGB/*Reuter*, Vor § 21 Rdnr. 47; *Schmidt*, 1997, § 9 III 3, S. 240. Ähnlich schon *Wiedemann*, 1980, § 4 III 1 d, S. 228.

[757] So auch *Schmidt*, 1997, § 9 IV 1 a, Fn. 56.

[758] BAG, Urt. v. 24.9.1974 - 3 AZR 589/73 - AP 1975 H.5/6, Nr. 1 zu § 13 GmbHG, Bl. 285; ähnliche Formulierungen finden sich in BGHZ 20, 4, 14; 22, 226, 230 f.; 25, 115, 117, sowie in den unter Fn. 755 genannten Entscheidungen.

[759] BGH, Urt. v. 16.3.1992 - II ZR 152/91 - ZIP 1992, 694; BGH, Urt. v.30.11.1978 - II ZR 204/76 - WM 1979, 229.

[760] *Lutter/Hommelhoff*, § 13 Rdnr. 12.

Eine eigenständige, die Durchgriffshaftung auslösende Fallgruppe des „Institutsmissbrauchs" ist daher abzulehnen.

II. Versuch einer dogmatischen Legitimation der Durchgriffshaftung

Die Überlegungen zur Dogmatik der Durchgriffshaftung lassen sich systematisierend in zwei, sich kontrovers gegenüberstehende, Theorien zusammenfassen. Die institutionell geprägten *Missbrauchslehren* verfolgen das Ziel, der Durchgriffshaftung eine dogmatische Grundlage zu verschaffen. Demgegenüber vertreten die Anhänger der *Normanwendungslehre* die Auffassung, die Rechtsordnung rechtfertige einen Haftungsdurchgriff gerade nicht. Eine vermittelnde Positionen nehmen - ausdrücklich oder unausgesprochen - diejenigen Schrifttumsstimmen ein, die unter formaler Bezugnahme auf die Normanwendungslehre im Ergebnis doch zur Bejahung eines Haftungsdurchgriffs gelangen (*„Pseudo"-Normanwendungslehren*).

1. Die Missbrauchslehren

a) Subjektive Missbrauchslehre

Gedanklicher Ausgangspunkt der Missbrauchslehren ist der Schutz der juristischen Person. *Serick*, der als Begründer der Durchgriffslehre gilt, zielte mit seiner Habilitationsschrift[761] darauf ab, „der drohenden Gefahr einer Auflösung und Entwertung des Rechtsinstituts der juristischen Person" Einhalt zu gebieten.[762] Ihre Existenz sah er dadurch gefährdet, dass die höchstrichterliche Rechtsprechung - unter Berufung auf wenig aussagekräftige Formeln wie „der Richter habe vor der juristischen Konstruktion die Wirklichkeit des Lebens und die Macht der Tatsachen zu berücksichtigen"[763] - das Trennungsprinzip zwischen Gesellschaft und Gesellschaftern *„willkürlich"* durchbreche.[764] Abhilfe gegen diese Außerachtlassung des „Eigenwertes" der juristischen Person suchte er dadurch zu schaffen, dass er die Zulässigkeit der „Durchgriffsfälle" auf ein stringentes Regel/Ausnahmesystem zurückführte: Das den Regelfall darstellende Trennungsprinzip, das eine exklusive Zurechnungszuordnung auf die Korporation begrün-

[761] Rechtsform und Realität juristischer Personen, 1955.

[762] *Serick*, 1955, S. 203.

[763] RGZ 99, 232, 234; 129, 50, 53 f.

[764] *Serick*, 1955, S. 1, 13 f., 16.

det, sollte nur in eng begrenzten Ausnahmefällen im Wege des „Durchgriffs" aufgehoben werden dürfen. Nur wenn die Gesellschafter die juristische Person *absichtlich* zu unlauteren Zwecken missbrauchten, sollte eine Negation ihrer eigenständigen Rechtspersönlichkeit gerechtfertigt sein (subjektive Missbrauchstheorie).[765]

Subjektive Missbräuche dieser Art bejahte *Serick* - in Anlehnung an die rechtsvergleichend herangezogene anglo-amerikanische Durchgriffsdoktrin - für die Fälle, dass mit Hilfe der juristischen Person ein Gesetz umgangen,[766] Vertragspflichten verletzt bzw. umgangen[767] oder Dritte fraudulös (unlauter) geschädigt würden.[768]

Als Sanktion für einen solchen „Rechtsformmissbrauch" sah *Serick* die Durchbrechung des Trennungsprinzips vor. Diese sollte rechtstechnisch dadurch realisiert werden, dass die juristische Person mit ihren Gesellschaftern *identifiziert* wird, d.h. Gesellschafterprivatvermögen mit Gesellschaftsvermögen gleichgesetzt werden, um somit den Gläubigern der Gesellschaft den Zugriff auf das Privatvermögen der Gesellschafter zu ermöglichen.[769] Dabei ging er nicht - wie heute überwiegend angenommen - von einer gesamtschuldnerischen Haftung zwischen Gesellschaft (als Primärschuldnerin) und Gesellschaftern aus, sondern er wies der Gleichsetzung der beiden Rechtssubjekte in bezug auf die Verbindlichkeiten der Gesellschaft die Wirkung einer cessio legis zu: „Der Gläubiger ist wegen des subjektiv mißbräuchlichen Verhaltens seines Kontrahenten nach dem Durchgriff so zu stellen, als wäre der neue Partner, auf den durchgegriffen werden mußte, vom Zeitpunkt des Mißbrauchs an, Vertragsgegner für die in Frage stehende Verbindlichkeit".[770]

---

765 Neben *Serick*, 1955, S. 24 f., 204 ff., befürworteten diesen *subjektiven* Ansatz: *Bauschke*, BB 1975, 1322, 1324; *Drobnig*, 1959, S. 94 f.

766 Beispiel: Umgehung des § 61 VVG dadurch, dass der Alleingesellschafter einer Einmann-GmbH, der das versicherte "fremde" Objekt schuldhaft in Flammen aufgehen ließ, sich auf die rechtliche Selbständigkeit seiner GmbH - der Versicherungsnehmerin - beruft (*Serick*, 1955, S. 17 ff.).

767 Beispiel: A unterwirft sich vertraglich einem Wettbewerbsverbot zugunsten des B und nimmt durch seine zwischenzeitlich zu diesem Zweck gegründete Einmann-GmbH eine Konkurrenztätigkeit auf (*Serick*, 1955, S. 32 ff.).

768 Beispiel: Ein Gesellschafter, der den Vertragspartner seiner GmbH arglistig getäuscht hat, beruft sich darauf, Dritter i.S.d. § 123 Abs. 2 BGB zu sein, um eine Anfechtung des Vertrages zu verhindern (*Serick*, 1955, S. 42 ff.).

769 *Serick*, 1955, S. 207; *ders.*, 1959, S.26.

770 *Serick*,, 1959, S. 27, 30.

b) Objektive Missbrauchslehre

Während der von *Serick* gewählte dogmatische Ansatz für Durchgriffserwägungen, nämlich die Suche nach den „Grenzen der Selbständigkeit der juristischen Person“,[771] in der Folgezeit auf Zustimmung stieß,[772] rief seine Forderung nach einer subjektiven Missbrauchsabsicht Kritik hervor. Werde eine juristische Person unter Missachtung ihrer institutionellen Selbständigkeit zum bloßen Objekt fremder Interessenverfolgung degradiert, so könne die Rechtsordnung einen solchen Rechtsmissbrauch auch dann nicht hinnehmen, wenn ein subjektiver Missbrauchswille fehle.[773] Die Vertreter der *objektiven* Missbrauchstheorie bejahen einen Durchgriff durch die juristische Person demzufolge bereits dann, wenn diese objektiv in einer gegen die Rechtsordnung verstoßenden Weise verwandt wird.[774]

Einen sehr ähnlichen[775] Begründungsansatz wählt die sogenannte *institutionelle* Betrachtungsweise. Danach ist die juristische Person als eine in der Rechts- und Wirtschaftsordung integrierte *Institution* zu begreifen, deren immanente Schranken sich (auch) in ungeschriebenen, übergeordneten Ordnungsgrundsätzen wiederfänden und im Wege einer Funktionsanalyse, Typen- und Strukturforschung herausgearbeitet werden müssen.[776]

---

[771]So MünchKomm-BGB/*Reuter*, Vor § 21 Rdnr.20.

[772]*Rehbinder*, 1969, S. 96 f.

[773]BGHZ 20, 4, 13; 31, 258, 271; *Immenga*, 1970, S. 405; O. *Kuhn*, 1964, S. 209; G. *Kuhn*, in: FS Fischer, 1979, S. 351, 354; *Reinhardt*, in: FS Lehmann II, 1956, S. 576 ff.; MünchKomm/*Reuter*, Vor § 21, Rdnr. 20.

[774]Ob auch die höchstrichterliche Rechtsprechung der objektiven Missbrauchstheorie anhängt, ist strittig. Dafür spricht, dass sowohl der **BGH** (BGHZ 20, 4, 14; BGHZ 22, 226, 231; BGHZ 31, 258, 271; BGHZ 54, 222, 224; BGH, Urt. v. 3.11.1976, WM 1977, 73, 75; BGHZ 95, 330, 333) als auch das **BSG** (Urt. v. 1.2.1996, GmbHR 1996, 604, 605; Urt. v. 27.9.1994, GmbHR 1995, 46, 47) und das **BAG** (Urt. v. 24.9.1974, AP 1975 H.5/6, Nr. 1 zu § 13 GmbHG, Bl. 285, 287; Urt. v. 10.2.1999, ZIP 1999, 878, 879) in einleitenden Erwägungen zur Durchgriffshaftung wiederholt auf die nicht rechtsordnungsgemäße Verwendung der juristischen Person abstellen. Andererseits finden sich in den materiellrechtlichen Begründungen der einschlägigen Judikate regelmäßig Bezugnahmen auf die Normzwecke der Haftungsbeschränkungsvorschrift des § 13 Abs. 2 GmbHG sowie der Kapitalschutzregeln der §§ 30 ff. GmbHG. Dies könnte als Indiz für eine Zuwendung zur "unechten" Normanwendungslehre gewertet werden.

[775]Insoweit anderer Auffassung ist *Rehbinder*, 1969, S. 96 f., der in der institutionellen Betrachtungsweise eine von der objektiven Missbrauchstheorie zu unterscheidende Erklärungsvariante der Durchgriffshaftung erblickt. Zu Recht weist *Wilhelm*, 1981, S. 10, aber darauf hin, dass fundamentale Unterschiede nicht erkennbar seien.

[776]*O. Kuhn*, 1964, S, 35 ff., 199 ff.

c) Kritik an den Missbrauchslehren

Allen diesen institutionell geprägten, d.h. am „Eigenwert" der juristischen Person ansetzenden Lehren gemeinsam ist die Sorge um eine Aushebelung ihrer selbständigen Rechtspersönlichkeit. Diese drohe, wenn man „Verstöße gegen das Trennungsprinzip" *unkontrolliert* zuließe.

Gerade diese Prämisse birgt aber Anlass zur Kritik. Es stellt sich nämlich die Frage, ob die sogenannten „Durchgriffsfälle" tatsächlich dazu in der Lage sind, die Selbständigkeit der juristischen Person zu tangieren.

Betrachtet man die diskutierten Durchgriffskonstellationen näher, so lassen sie sich nach ihrer Wirkung unterscheiden in den sog. *Zurechnungs*durchgriff und den *Haftungs*durchgriff.[777] Die von *Serick* zugrundegelegten Fälle sind überwiegend dem „Zurechnungsdurchgriff" zuzuweisen. Gemeint sind damit Sachverhalte, in denen der Gesellschaft spezifische Kenntnisse, Eigenschaften, Verhältnisse oder Verhaltensweisen ihres Gesellschafters *zugerechnet* werden (oder umgekehrt: korrigierende Zurechnung auf den Gesellschafter). Nach heute h.M. bedarf es für diese Vorgehensweise aber gar nicht des methodischen Rückgriffs auf einen „Durchgriff" im Sinne der Aufhebung des Trennungsprinzips, mit der Folge der Gleichsetzung von juristischer Person und ihren Mitgliedern; die „Zurechnung" erfolgt vielmehr im Wege einer unmittelbaren Anwendung der einschlägigen bürgerlich-rechtlichen Vorschriften.[778] An einem von *Serick*[779] verwendeten Beispiel soll dies verdeutlicht werden: Beruft sich ein Gesellschafter, der den Vertragspartner seiner GmbH arglistig getäuscht hat, darauf, Dritter i.S.d. § 123 Abs. 2 BGB zu sein, um eine Anfechtung des Vertrages zu verhindern, so ist im Wege der Auslegung des § 123 Abs. 2 BGB zu klären, ob der Normzweck es rechtfertigt, den Gesellschafter in diesem speziellen Fall mit seiner Gesellschaft gleichzusetzen. Eine solchermaßen begründete *Normanwendung* lässt das Trennungsprinzip und damit die Selbständigkeit der juristischen Person unangetastet.

Auch im Falle des „Haftungsdurchgriffs", d.h. der haftungsrechtlichen Inanspruchnahme des Gesellschafters für Verbindlichkeiten seiner Gesellschaft, wird

---

[777] Diese systematische Differenzierung geht zurück auf *Wiedemann* (1980, § 4 III S. 220; *ders.*, 1988, S. 19,21) und entspricht heute nahezu einhelliger Meinung.

[778] Großkomm.AktG/*Brändel*, 1992, § 1 Rdnr. 97; *Coing*, NJW 1977, 1793, 1796 f.; Scholz/*Emmerich*, 2000, § 13 Rdnrn. 68 ff.; Baumbach/Hueck/*Fastrich*, § 13 Rdnrn. 16 f.; Hachenburg/*Mertens*, Anh § 13 Rdnrn. 54 ff.; *Raiser*, 1992, § 29 II, S. 329 f.; *Rehbinder*, 1969, S. 107 ff.; *ders.* in: FS Fischer, 1979, S. 579, 586 ff.; MünchKomm-BGB/*Reuter*, Vor § 21 Rdnr. 21; *Schmidt*, 1997, § 9 III, S. 233 f.; *Stimpel*, in: FS Goerdeler, 1987, S. 601, 604; *Weitbrecht*, 1990, S. 42; *Wiedemann*, 1980, § 4 III, S. 220; *ders.*, 1988, S. 21.

[779] *Serick*, 1955, S. 42 ff.

das Trennungsprinzip weder „aufgehoben“ noch „beiseitegeschoben“. Die juristische Person verliert ihre Rechtssubjektivität nicht.[780] Sie bleibt - entgegen der Auffassung *Sericks* - weiterhin alleinige Vertragspartnerin der in ihrem Namen geschlossenen Rechtsgeschäfte und Trägerin der sich hieraus ergebenden Rechte und Pflichten. Tritt neben ihre Primärhaftung zusätzlich eine (Mit-)Haftung des Gesellschafters, die auf einem besonderen Verhalten des Mitglieds beruht, so ändert dieser Umstand nichts an der grundsätzlichen Trennung zwischen den beiden Vermögensmassen.[781] Der Ausschluss der Gesellschafter von der Haftung ist kein Wesensmerkmal des Rechtsinstituts der juristischen Person. Dies zeigt bereits ein vergleichender Blick auf die Kommanditgesellschaft auf Aktien (KGaA), eine Gesellschaft mit eigener Rechtspersönlichkeit, bei der gem. § 278 Abs. 1 AktG mindestens ein Gesellschafter den Gläubigern unbeschränkt haftet.[782]

Wird somit die *rechtliche Selbständigkeit* der juristischen Person durch die sogenannten „Durchgriffsfälle“ nicht angetastet, so bleibt noch zu erwägen, ob die anerkannten Haftungsdurchgriffskonstellationen der Vermögenvermischung und Unterkapitalisierung zu einer *faktischen Entwertung* der GmbH führen können. In diese Richtung zielt der, auf der institutionellen Betrachtungsweise beruhende, Erklärungsversuch *O. Kuhns*.[783] Er sieht in dem Einsatz einer extrem unterkapitalisierten Gesellschaft eine Bestandsgefährdung der *Institution* juristische Person, da solchermaßen ordnungswidrig organisierte Gesellschaften für die Teilnahme am Rechtsverkehr völlig ungeeignet seien.

Gegen diese Annahme spricht aber der empirische Befund, dass die GmbH die meistgewählte Unternehmens-Rechtsform in der Wirtschaftspraxis darstellt. Ihrer Beliebtheit konnte offensichtlich auch der Umstand keinen Abbruch tun, dass die Rechtsprechung des BGH bis zum heutigen Tage in keinem Fall eine Durchgriffshaftung wegen qualifizierter Unterkapitalisierung bejaht hat.[784]

Der an den Schutz der juristischen Person anknüpfende Missbrauchsgedanke ist somit ungeeignet, die Durchgriffshaftung dogmatisch zu legitimieren.[785] Vielmehr

---

[780] *Nirk*, in: FS Stimpel, 1985, S. 443, 445.

[781] So *Stimpel*, in: FS Goerdeler, 1987, S. 601, 605; *Schmidt*, 1997, § 9 II 3 b, S. 232.

[782] *Drobnig*, 1959, S. 9 ff., 20 ff.; *Müller-Freienfels*, AcP 156 (1957), 522, 528; *Nirk*, in: FS Stimpel, 1985, S. 443, 444; *Rehbinder*, 1969, S. 92 mit Fn. 39; *Ulmer*, in: FS Duden, 1977, S. 661, 678; *Weitbrecht*, 1990, S. 43.

[783] *O. Kuhn*, 1964, S. 216.

[784] Auch *Ulmer*, in: Hachenburg/Ulmer, Anh § 30 Rdnr. 52, sieht durch eine bestehende Unterkapitalisierung die Anerkennung der GmbH als juristische Person nicht als gefährdet an; diese hänge ausschließlich von der Registereintragung ab.

[785] Großkomm. AktG/*Brändel*, 1992, § 1 Rdnr. 114; *Rehbinder*, in: FS Kübler, 1997, 493, 494; MünchKomm.-BGB/*Reuter* , Vor § 21 Rdnr. 20; *Stimpel*, in: FS Goerdeler, 1987, S. 601, 605.

schürt erst die von *Serick* propagierte Durchgriffs*methode*, nämlich die „tatsächliche“ Gleichsetzung der juristischen Person mit ihren Mitgliedern, Zweifel an der Eigenständigkeit der Korporation.

2. Die Normanwendungslehre

Den Missbrauchslehren, die bei der juristischen Person ansetzen und den Durchgriff als eine durch externe oder immanente Schrankenziehung implizierte Begrenzung ihrer Rechtspersönlichkeit betrachten, steht die sogenannte Normanwendungs- bzw. Normzwecklehre gegenüber. Als ihr Begründer gilt *Müller-Freienfels*, der schon frühzeitig davor warnte, „sowie eine juristische Person mit im Spiele ist, die Fragen nur noch im Rahmen einer speziellen Theorie der juristischen Person zu sehen“.[786] Stattdessen forderte er dazu auf, danach zu fragen, „ob und inwieweit eine bestimmte Norm in einem konkreten Fall auf diese oder jene juristische Person ihrem Sinn und Zweck nach im Zuge richtiger Gestaltung der sozialen Ordnung anwendbar ist“.[787]

Die reine Normanwendungslehre[788] wendet die Blickrichtung weg von der juristischen Person hin zu den Interessen des Rechtsuchenden. Ob zwischen den Gesellschaftsgläubigern und den Gesellschaftern einer Kapitalgesellschaft rechtliche Beziehungen bestehen und welche Rechtsfolgen sich daraus herleiten lassen, lässt sich danach ausschließlich im Wege einer methodisch abgesicherten, d. h. sich im Einklang mit der übrigen Rechtsordnung befindenden Auslegung der anspruchsbegründenden Norm beantworten. Gebietet der durch die Auslegung gefundene Normzweck die Inanspruchnahme der Gesellschafter neben oder anstelle der Gesellschaft, so stellt diese gerade keinen „Durchgriff“ im Sinne einer Erstreckung von Rechtsfolgen auf einen hinter dem „eigentlich“ verpflichteten Rechtssubjekt stehenden „nicht von der Norm erfassten“ Dritten dar, sondern sie ist Folge einer zwischen den Parteien bestehenden unmittelbaren Rechtsbeziehung. Klassische *Normanwendung* soll danach eine „übergesetzliche“ Durchgriffskonstruktion ablösen.

A.A. neben der älteren Literatur im Ergebnis wohl auch heute: *Raiser*, 1992, § 29 Rdnr. 23; Staudinger/*Weick*, Einl. zu §§ 21 ff. Rdnrn. 43, 48.

[786] *Müller-Freienfels*, AcP 156 (1957), 522, 540.

[787] *Müller-Freienfels*, AcP 156 (1957), 522, 536.

[788] Vertreten von *Schanze*, 1975, S. 102 f.; *Schmidt*, 1997, § 9 II 2a, S. 231; *O. Kuhn*, 1964, S. 203 f.; ähnlich auch *Kübler*, in: FS Heinsius, 1991, S. 397, 415 ff.

Die Normanwendungslehre schließt eine Durchgriffshaftung somit methodisch aus und kann nicht - wie im Schrifttum teilweise angenommen[789] - zu ihrer dogmatischen Rechtfertigung herangezogen werden.[790]

3. Die „Pseudo-"Normanwendungslehren

Obwohl sich das Schrifttum heute mehrheitlich zur Normanwendungslehre bekennt,[791] wird die sich hieraus ergebende Konsequenz, nämlich die Abkehr vom Durchgriffsdenken und die Verneinung von Durchgriffskonstruktionen, nur selten gezogen.[792] Statt dessen macht man auf halbem Wege Halt. Während die Fälle des sogenannten Zurechnungsdurchgriffs heute nahezu einhellig mit Hilfe reiner Normanwendung gelöst werden,[793] bejaht man in Haftungsfragen weiterhin die Notwendigkeit und Berechtigung einer Durchgriffslösung.

a) Dogmatischer Begründungsversuch

Die „Pseudo-"Normanwendungslehren vermischen Elemente der Normzwecklehre mit Gesichtspunkten der Lehre vom objektiven Institutsmissbrauch.[794] Sie setzen an bei der Vorschrift des § 13 Abs. 2 GmbHG und stellen die Frage nach der inneren Rechtfertigung der hier positivrechtlich angeordneten Haftungsseparation. Diesen Haftungsausschluss interpretiert man als ein, den Gesellschaftern von Kapitalgesellschaften aus wirtschaftspolitischen Gründen gewährtes, *Privileg* gegenüber dem zivil- und handelsrechtlichen Grundsatz, wonach derjenige, der als Einzelperson oder in Gemeinschaft mit anderen Geschäfte betreibt, für die daraus

---

[789] Großkomm. AktG/*Brändel*,, 1992, § 1 Rdnr. 94; Scholz/*Emmerich*, 2000, § 13 Rdnr. 80; Baumbach/Hueck/*Fastrich*, § 13 Rdnr. 16; *Rehbinder*, 1969, S. 95 f.; *Ulmer*, in: FS Duden, 1977, S. 661, 678; Staudinger/*Weick*, Einl zu §§ 21 ff. Rdnr. 43.

[790] Im Ergebnis so auch *Schmidt*, 1997, § 9 II 1b, S. 230; *Flume*, 1983, § 3 III 1, S. 84.

[791] *Blaurock*, in: FS Stimpel. 1985, S. 553, 561; Großkomm. AktG/*Brändel*, 1992, § 1 Rdnr. 99; *Coing*, NJW 1977, 1793, 1794; *Immenga*, 1970, S. 407 ff.; *O. Kuhn*, 1964, S. 207 ff., S. 214 ff.; *Lutter/Hommelhoff*, § 13 Rdnr. 6; *Raiser*, 1992, § 29 II 1, S. 329 f.; *Rehbinder*, 1969, S. 103 ff.; *ders.*, in: FS Kübler, 1997, S. 493, 495; *Stimpel*, in: FS Goerdeler, 1987, S. 601, 607 ff.; *Ulmer*, in: FS Duden, 1977, S. 661, 678; Hachenburg/*Ulmer*, Anh. § 30 Rdnr. 51; Staudinger/*Weick*, Einl zu §§ 21 ff. Rdnr. 43; *Wüst*, JZ 1995, 990, 994 f.

[792] *O. Kuhn*, 1964, S. 203 f.; *Schanze*, 1975, S. 102f.; *Schmidt*, 1997, § 9 II 2a, S. 231.

[793] Vgl. Nachweise unter Fn. 778.

[794] So *Schmidt*, 1997, § 9 II 1b, S. 230; Baumbach/Hueck/*Fastrich*, § 13 Rdnr. 10; *Weitbrecht*, 1990, S. 42.

entstehenden Verbindlichkeiten hafte.[795] Ein solches Haftungsbeschränkungs*privileg* stehe aber unter der Voraussetzung, dass ein in der GmbH den gesetzlichen Regeln entsprechend aufgebrachtes und in seinem Bestand abgesichertes Haftkapital existiere, welches die fehlende persönliche Einstandspflicht der Mitglieder für Verbindlichkeiten der Korporation substituiere und auf diese Weise dem Gläubigerschutz Rechnung trage.[796] Statteten die Gesellschafter ihre GmbH mit einem unzureichenden Kapital aus oder verschleierten sie deren Haftungssubstanz, indem sie Privatvermögen und Gesellschaftsvermögen unkontrollierbar vermengen, so missbrauchten sie das „Institut" der Haftungsbeschränkung. Dieser „Institutsmissbrauch" müsse mit dem Entzug des Haftungsbeschränkungsprivilegs sanktioniert werden, eine Konsequenz, die methodisch mit einer teleologischen Restriktion des § 13 Abs. 2 GmbHG zu begründen sei.[797]

b) Kritische Auseinandersetzung mit den Prämissen der „Pseudo-"Normanwendungslehren

aa) Normzweck des § 13 Abs. 2 GmbHG als *Beschränkung* einer grundsätzlich existierenden Gesellschafterhaftung?

Die Befürworter der „Pseudo-"Normanwendungslehren sehen den Normzweck des § 13 Abs. 2 GmbHG in der *Beschränkung* einer ursprünglich die GmbH-Gesellschafter treffenden unmittelbaren Außenhaftung für die Gesellschaftsverbindlichkeiten. Folgt man dieser Meinung, so muss man sich die Frage stellen, woraus sich eine solche, durch § 13 Abs. 2 GmbHG lediglich zur Seite geschobene, originäre Haftungsverpflichtung der Gesellschafter ergibt.

---

[795] BGHZ 134, 333, 335. *Dauner-Lieb*, DStR 1998, 1517, 1521; *Flume*, 1983, § 5 III 3, S. 164; *ders.*, NJW 1981, 1753, 1754 f.; *Goette*, ZHR 162 (1998), 223, 224; *Raiser*, ZGR 1995, 156, 165; *Schmidt*, 1997, § 18 IV 1 b, § 34 III 3 m.w.N.§ 60 III S. 1787; *ders.*, ZIP 1996, 353, 358; *Stimpel*, in: FS Goerdeler, 1987, S. 601, 604.

[796] *Dauner-Lieb*, DStR 1998, 1517, 1521; *Geißler*, GmbHR 1993, 71, 72, 75; *Goette*, ZHR 162 (1998), 223, 224; *Immenga*, 1970, S. 403; *O. Kuhn*, 1964, S. 207 ff., 214 ff.; *Raiser*, ZGR 1995, 156, 165; *Stimpel*, in: FS Goerdeler, 1987, S. 601, 605; *Ulmer*, in: FS Duden, 1977, S. 661, 676 f.; Hachenburg/*Ulmer*, Anh § 30 Rdnr. 52 f.; *Wiedemann* in: Wiedemann/Bär/Dabin, 1968, S. 5, 6 ff., 17 ff.; *ders.*, 1980, § 4 II 1 b, S. 224 ff., § 10 IV 3 S. 565 ff., 570 ff.

[797] *Immenga*, 1970, S. 402 ff.; 410; *Lutter*, ZIP 1985, 1425, 1426; *Lutter/Hommelhoff*, ZGR 1979, 31, 62; Hachenburg/*Mertens*, Anh. § 13 Rdnr. 17; *Nirk*, in: FS Stimpel, 1985, S. 443, 462; *Raiser*, ZGR 1995, 156, 168; *Rehbinder*, 1969, S. 98, 107; *ders.*, in: FS Fischer, 1979, S. 580; *Stimpel*, in: FS Goerdeler, 1987, S. 601, 605; Hachenburg/*Ulmer*, Anh. § 30 Rdnr. 62; *Wiedemann*, 1980, § 10 IV 3b S. 572 .

Der Anerkennung eines dem Zivil- und Gesellschaftsrecht immanenten unternehmerischen Prinzips,[798] wonach derjenige der allein oder mit anderen ein Handelsgeschäft betreibt, nicht nur mit dem Betriebsvermögen, sondern uneingeschränkt persönlich hafte, sofern ihm keine rechtlich wirksame Haftungsbegrenzung zur Seite stehe, wird entgegengehalten, dass dieser Grundsatz lediglich mit Überlegungen aus der zwischenzeitlich überwundenen Sondervermögenslehre der juristischen Person[799] oder des ebenfalls abzulehnenden Grundsatzes vom Gleichlauf zwischen Herrschaft und Haftung[800] begründbar sei.

Auch der Versuch, § 242 BGB die Eignung zuzusprechen, eine unmittelbare Haftung zwischen Gesellschaftern und Gesellschaftsgläubigern zu begründen,[801] stößt auf Bedenken. Die hierzu gegebenen Begründungen differieren. Eine Meinung stellt auf die *rechtsbegrenzende* Wirkung der Norm ab. Es verstieße gegen den in § 242 BGB normierten Grundsatz von Treu und Glauben, wenn die Gesellschafter einerseits die Grundlage des Haftungsbeschränkungsprinzips, nämlich die Bildung eines angemessenen Haftungskapitals, missachteten, sich andererseits aber gerade auf dieses Privileg berufen dürften. Die Reduktion der Trennungsnorm (allein) begründe die Haftung; eines besonderen Haftungsgrundes in Form einer spezifischen Verpflichtungsnorm bedürfe es daneben nicht.[802] Diese Argumentation vermag nicht zu überzeugen, da die befürwortete Reduktion des § 13 Abs. 2 GmbHG, ohne das Vorhandensein einer die Gesellschafterhaftung aussprechenden Anspruchsgrundlage, lediglich einen „normleeren Raum" eröffnen würde.[803]

Eine andere Meinung verweist auf die *rechtsbegründende* Wirkung des § 242 BGB.[804] Aber auch diesem Begründungsansatz ist nicht zu folgen. § 242 BGB setzt das Bestehen eines Rechtsverhältnisses voraus. Innerhalb solcher existenter oder zumindest angebahnter rechtlicher Bindungen mag man über § 242 BGB zur Ausgestaltung oder Formulierung besonderer Pflichten gelangen. Zwischen Gesellschaftern und Gesellschaftsgläubigern einer GmbH bestehen aber in der Regel keine Sonderbindungen. Will man dem § 242 BGB die Funktion zugestehen, Schuldverhältnisse völlig neu zu schaffen, so entfernt man sich sehr weit von Wortlaut und Zweck der Norm. Dem § 242 BGB ist im Ergebnis daher eine

---

[798] Vgl. Fn. 796.

[799] *Ehricke*, AcP 199 (1999), 257, 268 f.

[800] Nachweise vgl. Fn. 421.

[801] *Serick*, 1959, S. 30; *Immenga*, 1970, S. 410; im Ergebnis auch *O. Kuhn*, 1964, S. 214.

[802] *Immenga*, 1970, S. 402 ff., 410. Die Notwendigkeit eines besonderen Verpflichtungsgrundes verneint ebenfalls *Ulmer*, in: Hachenburg/*Ulmer*, Anh § 30 Rdnr. 52.

[803] *Benne*, 1978, S. 35; *Drax*, 1992, S. 16; *Ehricke*, AcP 199 (1999), 257, 269; *O. Kuhn*, 1964, S. 208; *Rehbinder*, 1969, S. 101; *ders.*, in: FS Fischer, 1979, S. 579, 580; *Wiedemann*, 1980, S. 229.

[804] *Freese*, NJW 1956, 283.

rechtsbegründende Wirkung außerhalb von bestehenden Sonderrechtsverbindungen abzusprechen.[805] Als Haftungsgrundlage kommt die Norm hier nicht in Betracht.

Neben dem Fehlen eines allein auf der Mitgliedsstellung beruhenden, die unmittelbare Inanspruchnahme rechtfertigenden Verpflichtungsgrundes sprechen auch andere Überlegungen gegen die Zweckbestimmung des § 13 Abs. 2 GmbHG als Haftungs*beschränkungs*norm. Zum einen lässt der Normwortlaut gerade die gegenteilige Annahme vermuten: Nicht schon deshalb, weil die GmbH etwas schuldet, sind auch ihre Gesellschafter als Schuldner anzusehen.[806] Darüber hinaus spricht die Existenz von Normen, die eine unmittelbare Haftung der Gesellschafter positivrechtlich festschreiben (§ 128 HGB, § 278 Abs. 1 AktG) dafür, dass die Anordnung einer persönlichen Gesellschafterhaftung bei Kapitalgesellschaften der Disposition des Gesetzgebers vorbehalten bleiben soll. Dieser hat es aber unterlassen, im GmbHG eine, dem § 128 HGB vergleichbare, die Gesellschafter(mit)haftung aussprechende Norm zu etablieren.

bb) Verneinung eines Abhängigkeitsverhältnisses zwischen dem Haftungsausschluss des § 13 Abs. 2 GmbHG und der Beachtung der GmbH-spezifischen Kapitalschutzregeln durch die Gesellschafter

Die Behauptung, der in § 13 Abs. 2 GmbHG angeordnete Ausschluss der Gesellschafterhaftung für Verbindlichkeiten der GmbH sei zwingend verknüpft mit der Einhaltung der Kapitalaufbringungs- und -erhaltungsvorschriften des GmbHG, basiert auf der Hypothese, der Gesetzgeber habe mit Hilfe der Regelungen zur Kapitalbindung innerhalb der GmbH einen gläubigerschützenden Haftungsfonds schaffen wollen, der die fehlende persönliche Einstandspflicht der Mitglieder für Gesellschaftsverbindlichkeiten ersetze.[807] Diese These ist anhand einer Normzweckanalyse der Kapitalschutzregeln zu überprüfen.

aaa) Wortlautinterpretation

Das GmbHG legt den Gesellschaftern in den §§ 5, 9 ff., 19, 24 die Pflicht auf, die GmbH mit einem nominell bestimmten Eigenkapital auszustatten. Die Höhe des aufzubringenden Kapitals wird privatautonom von den Gesellschaftern durch

---

[805] *Benne*, 1978, S. 45; *O. Kuhn*, 1964, S. 211; *Rehbinder*, 1969, S. 101.

[806] *Schmidt*, DNotZ 1993, Sonderheft, S. 120, 149.

[807] Vgl. Fn. 797.

Festschreibung des Stammkapitals im Gesellschaftsvertrag bestimmt; dabei sind sie lediglich an die in § 5 Abs. 1 GmbHG zwingend festgesetzte Mindeststammkapitalhöhe von 50.000,- DM gebunden. Gerade diese Anknüpfung der Stammkapitalausstattung an eine nominale Festgröße schränkt seine Eignung zu einem angemessenen Gläubigerschutz entscheidend ein. Denn das Ausmaß des notwendigen Gläubigerschutzes ist nicht von der absoluten Höhe des Risikopuffers Eigenkapital abhängig, sondern von seiner relativen Höhe, d.h. vom Verhältnis des Eigenkapitals zu dem veränderlichen betriebswirtschaftlichen Kapitalbedarf der Gesellschaft.[808]

Das gesetzlich geforderte Mindesteigenkapital ist völlig ungeeignet dazu, den Gläubigern im Falle der Überschuldung oder der Insolvenz der Gesellschaft eine konkrete Chance zur Abmilderung ihres Forderungsausfalls zu bieten. Seine gläubigerschützende Funktion beschränkt sich darauf, eine Hemmschwelle vor völlig unsoliden GmbH-Gründungen zu errichten,[809] mithin einen abstrakten Schutz zu leisten.[810] Das nominell festgeschriebene Grundkapital vermag nicht auf die individuellen Gegebenheiten der einzelnen Gesellschaft zu reagieren und damit den, von den Vertretern der „Pseudo-" Normanwendungslehren behaupteten, die persönliche Gesellschafterhaftung ersetzenden, einzelunternehmensbezogenen Gläubigerschutz zu gewährleisten.[811]

Dieses Ergebnis wird durch einen Blick auf die Wirkungsweise der GmbH-rechtlichen Kapital*erhaltungs*regeln noch untermauert.

Die §§ 30 ff. GmbHG sichern das gesetzlich korrekt aufgebrachte Stammkapital der GmbH vor unzulässigen Auszahlungen an die Gesellschafter. In Einzelfällen, nämlich beim Vorhandensein von kapitalersetzenden Gesellschafterleistungen im Sinne der §§ 32 a/b GmbHG, geht die Vermögensbindung über den Nominalwert des Stammkapitals hinaus und umfasst auch diese Eigenkapitalersatzleistungen in voller Höhe. Die Wirkung dieser Kapitalsicherungsnormen im Hinblick auf einen adäquaten Gläubigerschutz darf nicht überschätzt werden. Im Krisenfall wird ihr Schutz regelmäßig versagen. Das der Gesellschaft als Eigenkapital zur Verfügung gestellte Stammkapital stellt nämlich nicht, wie der in diesem Zusammenhang häufig verwendete Terminus „Haftungsfonds" fälschlich suggeriert, eine feststehende, vom Betriebsvermögen der Gesellschaft abgesonderte und der Verwertung

---

[808] *Walter*, AG 1998, 370, 371.

[809] So *Schmidt*, Sonderheft DNotZ 1993, S. 154; ähnlich sieht *Reuter*, in: MünchKomm.-BGB, Vor § 21 Fn. 76, den Zweck der Kapitalerhaltungsregelungen nicht in der Gewährleistung einer Haftungsgrundlage für die Gesellschaftsverbindlichkeiten, sondern in einer präventiv wirkenden Risikobeteiligung der Mitglieder der juristischen Person. *Hommelhoff*, ZIP 1998, 8, 10 f., bezeichnet das Mindeststammkapital als bloße Seriositätsschwelle.

[810] So *Weitbrecht*, 1990, S. 69.

[811] *Vonnemann*, 1991, S.48.

seitens der Geschäftsführung entzogene Haftungsmasse dar, die zugunsten der Gläubiger hinterlegt oder bei Verlust aufgefüllt werden müsste; vielmehr handelt es sich hierbei um normales, zum Einsatz im laufenden Geschäftsbetrieb vorgesehenes Betriebskapital. Im Falle der Überschuldung bzw. der Insolvenz der GmbH, also in dem Zeitpunkt, in welchem der Gläubigerschutzaspekt voll zum Tragen kommt, wird es in der Regel vollständig aufgezehrt sein und keinerlei Haftungsfunktion mehr erfüllen können. Die Praxis zeigt, dass nicht in - vom Schutzbereich der §§ 30 ff. GmbHG erfassten - unzulässigen Dividendenzahlungen, sondern in unternehmerischen Verlusten die Ursachen für die Vielzahl von Unternehmensinsolvenzen zu suchen sind.[812]

Das gesetzliche Konzept der Kapitalaufbringung und -erhaltung in der GmbH vermag, seinem Wortlaut nach, die behauptete gläubigerschützende Haftungs- und Garantiefunktion nicht zu erfüllen.

bbb) Systematische Interpretation

Die aufgezeigten „Schwächen" der Kapitalbindung in der GmbH legen es nahe, der eingangs dargestellten Hypothese zu widersprechen, wonach die Kapitalaufbringungs- und -erhaltungsregeln des GmbHG dazu geeignet sein sollen, den in § 13 Abs. 2 GmbHG festgeschriebenen Haftungsausschluss zugunsten der Gesellschafter zu kompensieren und einen ausreichenden - einer unmittelbaren Gesellschafterhaftung in ihrer Wirkung vergleichbaren - Gläubigerschutz zu gewährleisten.

Zu einem anderen Ergebnis gelangte man nur, würde man den Gesellschaftern die Pflicht zu einer *angemessenen* Kapitalausstattung ihrer Gesellschaft auferlegen. Für eine solche teleologische Ausdehnung der Kapitalisierungspflicht setzen sich Teile des Schrifttums vehement ein.

Verschiedene Autoren sehen die Hauptfunktion des von den Gesellschaftern aufzubringenden und zu erhaltenden Stammkapitals darin, eine einseitige Risikoverlagerung auf die Gläubiger zu verhindern.[813] Eine vernünftige Risikoverteilung zwischen Eigenkapital- und Fremdkapitalgebern könne aber nur dadurch gewährleistet werden, dass die Gesellschafter dazu verpflichtet werden, eine *angemessene* Kapitalaufbringung sicherzustellen, und ihnen ein Rückzug auf die Be-

---

[812] *Walter*, AG 1998, 370, 373.

[813] *G. Kuhn*, in: FS Fischer, 1979, S. 351, 359; *Raiser*, ZGR 1995, 156, 165; *Roth*, ZGR 1993, 170, 199; *Ulmer*, in: FS Duden, 1977, S. 661, 676 f.; *Wiedemann*, 1980, § 10 IV 3 b, S. 571; *ders.*, in: Wiedemann/Bär/Dabin, S. 17 f.; *Wüst*, JZ 1992, 710, 712 f.; *ders.*, JZ 1995, 990, 994 f.

reitstellung eines unbedeutenden Mindestkapitals verwehrt werde. Des weiteren wird der gesetzlich vorgeschriebenen Eigenkapitalausstattung die Wirkung eines Finanzpolsters zugesprochen, welches die Gesellschaft in die Lage versetzen soll, Verluste mit eigenen Mitteln aufzufangen und die Gefahr einer Insolvenz zu minimieren. Die Erfüllung dieser Aufgabe setze aber voraus, dass das vorhandene Haftpotential nicht außerhalb jeder Relation zu den voraussichtlichen Verpflichtungen der GmbH stehe.[814]

Da eine solche adäquate Finanzierungsverantwortung der Gesellschafter im Wortlaut der Kapitalschutzbestimmungen des GmbHG keine Stütze findet,[815] versucht man systematische Gründe für ihre Bejahung fruchtbar zu machen.

Immenga[816] hebt den Umstand hervor, dass der Gesetzgeber in großer Ausführlichkeit und Akribie die Kapitalaufbringungs- und -erhaltungsvorschriften im GmbH-Recht manifestiert habe, eine Mühewaltung, die sich als sinnlos darstelle, wenn doch nur ein unbedeutendes Mindestkapital geschützt werden solle. Diese Schutzvorschriften erführen ihre eigentliche Sinngebung daher nur unter der Prämisse der Forderung nach einer angemessenen Kapitalausstattung. Ähnlich argumentiert *Raiser*,[817] der behauptet, das System von Kapitalaufbringung und -erhaltung setze *gedanklich* ein Haftungsvermögen voraus, welches die gewöhnlichen Risiken der Geschäftspartner aufwiege und dessen Höhe sich deshalb an Art und Umfang der Geschäftstätigkeit orientieren müsse.

Diesen Begründungsversuchen ist zu widersprechen. Denn auch in ihrer „abgespeckten“ Version erfüllen die GmbH-spezifischen Kapitalaufbringungs- und -sicherungsregelungen eine wichtige Schutzfunktion. Sie sollen das Vertrauen des Rechtsverkehrs darauf stützen, dass das deklarierte Stammkapital tatsächlich aufgebracht wurde und vor Rückzahlung gesichert ist. Damit tragen sie zur notwendigen Kreditwürdigkeit der Gesellschaft bei. Ohne diese Regelungen liefe die Pflicht zur Aufbringung eines Mindestkapitals und damit der gesetzgeberisch gewollte Mindestschutz leer, da dieses jederzeit und ungeschützt an die Gesellschafter zurückfließen könnte.[818]

Schließlich sehen einige Autoren in der Einführung des § 32 a GmbHG durch die GmbH-Novelle 1980 die gesetzliche Anerkennung eines die GmbH-

---

[814] *Lutter/Hommelhoff*, ZGR 1979, 31, 58 f.

[815] So h.M.: BGHZ 31, 258, 268; 68, 312, 319; 90, 381, 389; BAG, GmbHR 1999, 655, 656; Baumbach/Hueck/*Fastrich*, § 5 Rdnrn. 5 f.; *Lutter/Hommelhoff*, § 5 Rdnr. 5; Rowedder/*Rittner*, § 5 Rdnr. 9; Hachenburg/*Ulmer*, Anh § 30 Rdnrn. 10, 51; *Weitbrecht*, 1990, S.66 f.; *Wilhelm*, 1981, S. 308 ff.; Scholz/*Winter*, 2000, § 5 Rdnr. 18.

[816] *Immenga*, 1970, S. 403; vgl. auch *Winkler*, BB 1969, 1202, 1204.

[817] ZGR 1995, 156, 165.

[818] So auch *Vonnemann*, 1991, S. 48; *Weitbrecht*, 1990, S. 70; *Winter*, 1973, S. 107

Gesellschafter treffenden angemessenen Finanzierungsgebotes bzw. werten diese gesetzgeberische Aktivität zumindest als einen wesentlichen Schritt in diese Richtung. Ein Gesellschafter, der seiner Gesellschaft in der Krise noch (Fremd-)Mittel zur Verfügung stelle, welche dann gem. § 32 a GmbHG unter Umständen in Eigenkapital umqualifiziert werden, dürfe haftungsrechtlich nicht schlechter gestellt werden als derjenige Gesellschafter, der nicht einmal dieses Opfer bringe. Die Rechtsgleichheit verlange es, die GmbH-Gesellschafter im Falle der völlig unzulänglichen Finanzmittelausstattung ebenfalls in die Pflicht zu nehmen.[819]

Dem ist entgegenzuhalten, dass der Regelungsgehalt der §§ 32 a/b GmbHG mit dem Fall der Unterkapitalisierung einer GmbH nicht gleichzusetzen ist.[820] § 32 a GmbHG greift nur für den Fall, dass die Gesellschafter bewusst und freiwillig eine eigene Finanzierungsentscheidung getroffen haben, sei es in Form einer aktiven Kapitalzuführung durch Darlehensgewährung oder einer passiven Kapitalzuführung durch Nichtabzug von Darlehen aufgrund von Prolongation bzw. „Stehenlassen" fälliger Forderungen.[821] Die Entscheidung über das „Ob" der notwendigen Kapitalzuführung bleibt also der freien Gesellschafterdisposition überlassen, lediglich die Anschlussfrage des „Wie" der Finanzierungsform wird gesetzlich beschränkt.[822] Den Regelungen über eigenkapitalersetzende Gesellschafterleistungen kann ein über den geregelten Einzelfall hinausgehendes, das Finanzierungsverhalten der Gesellschafter generell normierendes Kapitalausstattungsgebot nicht entnommen werden.[823] Vielmehr sprechen systematische Erwägungen gerade gegen eine solch weitgefasste Finanzierungsverantwortlichkeit. Ein Blick auf verschiedene Sondergesetze, die für einige Wirtschaftszweige aus Gründen des dort besonders hohen Verkehrsschutzbedürfnisses ausnahmsweise die Bereitstellung eines angemessenen Eigenkapitals verlangen (§§ 8, 115 VAG, § 2 Abs. 2 KAGG, §§ 10f. KWG), zeigt auf, dass der Gesetzgeber das Instrument einer angemessenen Kapitalisierungspflicht nur in ganz engen Grenzen einsetzt. Im Umkehrschluss hierzu kann eine Generalisierung dieser Verpflichtung nicht befürwortet werden.[824]

Schließlich bleiben die Rechtsfolgen, die der Gesetzgeber an einen Verstoß gegen die Kapitalerhaltungsregeln knüpft - Rückerstattung der verbotenen Auszah-

---

[819] *Raiser*, ZGR 1995, 156, 164. Ebenso argumentieren *Lutter/Hommelhoff*, ZGR 1979, 31, 57; *Wiedemann*, 1980, § 10 IV 3 b, S. 573.

[820] Dies sieht auch der Gesetzgeber so, vgl. Begr. der Beschlussfassung des Rechtsausschusses des Bundestages zum RegE. zur GmbH-Novelle 1980, BT-Drucks. 8/1347 S. 39.

[821] Baumbach/Hueck/*Fastrich*, § 32 a Rdnrn. 37 f.; Hachenburg/*Ulmer*, § 32 a Rdnrn. 23 ff.

[822] BGHZ 76, 326, 329 f.; 81, 252, 257. *Joost*, ZHR 148 (1984), 27, 44.

[823] So auch *Vonnemann*, 1991, S.76 f.; *Weitbrecht*, 1990, S. 74.

[824] Vgl. *Ehricke*, AcP 199 (1999), 257, 285; *Kahler*, BB 1985, 1429, 1433; Hachenburg/*Ulmer*, Anh § 30 Rdnr. 10; *Weitbrecht*, 1990, S. 67.

lungen (§ 31 Abs. 1 GmbHG) bzw. Verstrickung der Eigenkapitalersatzleistungen (§§ 32 a Abs. 1, 32 b GmbHG) – in ihren Auswirkungen weit hinter den Folgen einer Durchgriffshaftung - unbeschränkte Ausfallhaftung für Gesellschaftsverbindlichkeiten – zurück.

Die systematische Auslegung der GmbH-rechtlichen Kapitalaufbringungs- und -erhaltungsregeln vermag eine den jeweiligen wirtschaftlichen Verhältnissen angepasste dynamische Kapitalausstattungspflicht der Gesellschafter nicht zu begründen.

ccc) Historische Interpretation

Bereits in der Begründung des Regierungsentwurfs zu einem GmbH-Gesetz 1971/73 hatte der Gesetzgeber die Auffassung vertreten, eine Regelung hinsichtlich der Unterkapitalisierung von Gesellschaften sei nicht durchführbar, da sich der Betrag des dem Geschäftsumfang angemessenen Eigenkapitals weder bei Gründung noch im Laufe der späteren Geschäftstätigkeit der Gesellschaft mit hinreichender Sicherheit feststellen lasse; die Anordnung einer Haftung der Gesellschafter für die fehlende Eigenkapitalausstattung sei deshalb nicht mit dem Gebot der Rechtssicherheit vereinbar.[825] Diesen Standpunkt behielt er auch bei der Diskussion um die GmbH-Reform 1980 bei.[826] Er beschränkte sich darauf, dem Problem der geringen Eigenkapitalausstattung in der GmbH mit Hilfe des neu geschaffenen Eigenkapitalersatzrechts (§§ 32 a/b GmbHG, 32 a KO, 3 f. AnfG) und der Anhebung des Mindeststammkapitalbetrages auf 50.0000 DM zu begegnen. Damit votierte der Gesetzgeber eindeutig für die Beibehaltung des Prinzips des Nominalkapitals und gegen eine dynamische Kapitalausstattungspflicht.[827]

Obwohl die Zweifel an der Praktikabilität eines Gebotes zur angemessenen Finanzierung der GmbH auch vom wissenschaftlichen Schrifttum geteilt werden,[828] sprechen sich Teile der Literatur für ein *Verbot* völlig unzureichender Kapitalaus-

---

[825] BT-Drucks. 7/253, S. 87, 110.

[826] Vgl. Begr. RegE, BT-Drucks. 6/3088, S. 86 f., 110 ff.

[827] *Ehricke*, AcP 199 (1999), 257, 285; *Kahler*, GmbHR 1985, 296; *Keil*, EWiR § 13 GmbHG 1/99, S. 603, 604; *Vonnemann*, 1991, S. 56; *Weitbrecht*, 1990, S. 78 f.

[828] *Boujong*, in: FS Odersky, 1996, S. 739, 746; *Ehricke*, AcP 199 (1999), 257, 281 ff.; *Kahler*, GmbHR 1985, 296; *Keil*, EWiR § 13 GmbHG 1/99, S. 603, 604; *Raiser*, ZGR 1995, 156, 165; MünchKomm.-BGB/*Reuter*, Vor § 21 Rdnr. 37; *Roth*, ZGR 1993, 170, 182; Hachenburg/*Ulmer*, Anh. § 30 Rdnrn. 6, 50.; *Vonnemann*, 1991, S. 134 ff.; *ders.*, GmbHR 1992, 77, 79; *Wittkowski*, WiB 1997, 28; *Wüst*, JZ 1995, 990, 991 ff. Ebenso BGHZ 31, 258, 268; BAG, Urt. v. 10.2.1999, ZIP 1999, 878, 879 f.

stattung aus.[829] Ein solcher, als *qualifizierte Unterkapitalisierung* bezeichneter, Zustand sei, der Definition *Ulmers*[830] folgend, erreicht, wenn „die finanzielle Ausstattung der Gesellschaft unter Einschluß etwaiger Gesellschafterdarlehen eindeutig und für Insider klar erkennbar unzureichend ist und einen Mißerfolg zu Lasten der Gläubiger bei normalem Geschäftsverlauf mit hoher Wahrscheinlichkeit erwarten läßt." Man glaubt, mit der Anknüpfung von Haftungsfolgen erst an eine evidente, d.h. schwerwiegende Abweichung der Ist-Kapitalausstattung von der Soll-Ausstattung die bestehenden Unsicherheiten bei der Bestimmung des betriebswirtschaftlich erforderlichen Kapitalbedarfs umgehen zu können und damit dem Vorwurf der fehlenden Rechtssicherheit zu entgehen. Ob dieses Unterfangen gelingt oder ob die Schwierigkeiten der Feststellung einer Unterkapitalisierung durch das zusätzlich eingeführte Abgrenzungskriterium zwischen einfacher und qualifizierter Unterkapitalisierung nur noch vergrößert werden, ist zweifelhaft.[831] In jedem Falle bedarf auch das propagierte *Verbot* einer völlig unzureichenden Kapitalausstattung der GmbH, welches, bei Zuwiderhandlung, mit der Durchgriffshaftung sanktioniert werden soll, einer gesetzlichen Fundierung. Daran fehlt es aber. Die wörtliche, systematische und historische Auslegung der Kapitalaufbringungs- und -bestandsregeln des GmbH-Rechts ergab, dass sich aus diesen Regeln für die Gesellschafter weder ein Gebot zu angemessener, noch ein Verbot mangelhafter Kapitalausstattung herleiten lassen.[832]

ddd) Ergebnis der Normzweckanalyse

Den gesetzlichen Vorschriften über Kapitalhöhe, -aufbringung und -erhaltung in der GmbH liegt das Prinzip des Nominalkapitals zugrunde. Die Gesellschafter schulden die Aufbringung eines von ihnen betragsmäßig festgeschriebenen Stammkapitals, dessen Mindesthöhe gem. § 5 Abs. 1 GmbHG 50.000 DM betragen muss. Dieses Grundkapital ist zwar vor unzulässigen Auszahlungen an die Gesellschafter (§§ 30 ff. GmbHG), nicht aber vor Aufzehrung durch unternehmerische Verluste geschützt. Damit kann das Stammkapital die ihm zugedachte

---

[829] *Blaurock*, in: FS Stimpel, 1985, S. 553, 559 ff.; *Drüke*, 1990, S. 50; *G. Kuhn*, in: FS Fischer, 1979, S. 351, 359; *Lutter*, ZGR 1982, 244, 247 ff.; *Lutter/Hommelhoff*, § 13 Rdnr. 6; *Raiser*, ZGR 1995, 156, 165 f.; *Rehbinder*, in: FS Kübler, 1997, S. 493, 502; *Stimpel*, in: FS Goerdeler, 1987, S. 601, 608 ff.; *Timm*, NJW 1992, 2185, 2194; Hachenburg/*Ulmer*, Anh § 30, Rdnr. 51 ff.; *ders.* in: FS Duden, 1977, S. 661, 677 f.

[830] Hachenburg/*Ulmer*, Anh § 30 Rdnr. 23.

[831] Kritisch ebenfalls *Ehricke*, AcP 199 (1999), 257, 282. A.A. *Banerjea*, ZIP 1999, 1153, 1155.

[832] *Boujong*, in: FS Odersky, 1996, S. 739, 746; *Ehricke*, AcP 199 (1999), 257, 282 f.; Baumbach/Hueck/*Fastrich*, § 5 Rdnr. 6, *Kahler*, GmbHR 1985, 296, 297; *Keil*, EWiR § 13 GmbHG 1/99, S. 603, 604; *Koch*, 1997, S. 55; *Schulze-Osterloh*, ZGR 1983, 123 144 f.; *Vonnemann*, GmbHR 1992, 77, 79 ff.; *Wilhelm*, 1981, S. 308 ff.

Funktion, den Gläubigern einen ausreichenden, die persönliche Einstandspflicht der Gesellschafter substituierenden Haftungsfonds zur Verfügung zu stellen, nicht erfüllen.

Die Vertreter der „Pseudo-“Normanwendungslehren, die eine Durchgriffshaftung für den Fall der faktischen Defunktionalisierung der Kapitalschutzregeln (im Wege der Vermögensvermischung oder der qualifizierten Unterkapitalisierung) befürworten, müssen, um ihre Argumentation (Abhängigkeitsverhältnis zwischen dem Haftungsausschluss des § 13 Abs. 2 GmbHG und der Beachtung der GmbH-spezifischen Kapitalschutzregeln) schlüssig zu machen, vom Prinzip des Nominalkapitals abweichen und eine den jeweiligen wirtschaftlichen Verhältnissen angepasste, dynamische Kapitalausstattungspflicht zugrundelegen. Die durchgeführte Normzweckanalyse der Kapitalschutzregeln trägt eine solche extensive Auslegung dieses Normenkomplexes nicht.

4. Etablierung einer Durchgriffshaftung im Wege der Rechtsfindung contra legem?

Eingedenk des eindeutig entgegenstehenden gesetzgeberischen Willens stellt eine, auf eine Finanzierungsverantwortlichkeit der Gesellschafter gestützte, Durchgriffshaftung eine Rechtsschöpfung *contra legem* dar.[833] Ob eine solche „Rechtsfindung“ überhaupt zulässig ist, ist umstritten. Im Hinblick auf das Gewaltenteilungs-, Rechtsstaats- und Demokratieprinzip wird der Judikative aus verfassungsrechtlicher Sicht die Kompetenz hierzu häufig abgesprochen[834] Auch die Verfechter einer „Rechtsfindung contra legem“ wollen diese nur in engen Grenzen zulassen. Voraussetzung sei, dass ohne die in Aussicht genommene „Rechtsschöpfung“ ein „Rechtsnotstand“ drohe,[835] weil sich etwa eine eingetretene Veränderung der allgemeinen Wertvorstellungen in dem „veralteten“ positiven Gesetz nicht widerspiegele und das „blinde“ Festhalten an den gesetzten Normen daher gegen das Willkürverbot verstoße oder weil das Gebot der Einzelfallgerechtigkeit ein Judizieren contra legem rechtfertige.[836]

---

833 *Ehricke*, AcP 199 (1999), 257, 274, 286 ff.

834 Gegen die Zulässigkeit einer "Rechtsfindung contra legem": BVerfGE 58, 300, 328; 69, 315, 372; *Bydlinski*, 1982, S. 475, 500; *Christensen*, 1989, S. 305; *Gusy*, DÖV 1992, 461, 464 ff.; *Müller*, in: FS 600 Jahre Juristische Fakultät Heidelberg, 1986, S. 65, 78 ff., 83 f.; *Seidl*, ZGR 1988, 296, 309 f.; *Wank*, ZGR 1988, 314, 321 ff.

835 *Ehricke*, AcP 199 (1999), 257, 275; *Larenz*, 1991, S. 397 ff. 427.

836 Dazu ausführlich *Neuner*, 1992, S. 147 ff.

Ein unabweisbares Bedürfnis des Rechtsverkehrs an der Institutionalisierung einer Durchgriffshaftung ist unter diesen Prämissen nicht zu bejahen. Zum einen ist die Berufung auf die Alterung der Regeln zur Kapitalaufbringung und -erhaltung ausgeschlossen, da - wie dargelegt - der Gesetzgeber, eingedenk der Problematik der Unterkapitalisierung, ihre Beibehaltung in der GmbH-Novelle von 1980 bestätigt hat. Zum anderen hält die Rechtsordnung geeignete Anspruchsgrundlagen bereit, um die Fallgestaltungen der Vermögensvermischung und der Unterkapitalisierung auch ohne Rückgriff auf eine - dogmatisch nicht begründbare - Durchgriffshaftung zu erfassen.

Die Thematik der *nominellen Unterkapitalisierung* einer GmbH findet ihre Lösung im normierten Eigenkapitalersatzrecht der §§ 32 a/b GmbHG. Im Bereich der *materiellen Unterkapitalisierung* wird der Schutz der Gläubiger zum einen durch die in § 64 Abs. 1 GmbHG angeordnete Insolvenzantragspflicht gewährleistet, die greift, wenn die GmbH zahlungsunfähig wird oder ihr Vermögen nicht mehr die Schulden deckt.[837] Ein Verstoß gegen diese Pflicht löst eine Schadensersatzhaftung gem. § 823 Abs. 2 BGB aus. Darüber hinaus werden die von der Literatur herausgehobenen Fälle qualifizierter Unterkapitalisierung häufig die Voraussetzungen einer sittenwidrigen Gläubigerschädigung erfüllen und eine Deliktshaftung gem. § 826 BGB auslösen.[838] Schließlich vermag auch die qualifizierte Konzernhaftung analog §§ 302, 303 AktG in Fällen der finanziellen Knebelung einer abhängigen GmbH einen adäquate Gläubigerschutz zu bieten.[839]

Die Sachverhalte der Vermögensvermischung werden grundsätzlich von den Kapitalerhaltungsregeln der §§ 30 f. GmbHG erfasst. Der Rückerstattungsanspruch des § 31 Abs. 1 GmbHG setzt allerdings voraus, dass verbotene Auszahlungen an die Gesellschafter nachgewiesen werden können. Wird die Vermögensvermengung verschleiert, so läuft der gesetzliche Kapitalschutz leer. Dieser Gefahr der Defunktionalisierung der §§ 30 f. GmbHG beugt das Recht mittels der Verpflichtung zu einer ordnungsgemäßen Buchführung gem. §§ 41, 42 GmbHG

---

[837] So ausdrücklich BAG, Urt. v. 3.9.1998, AG 1999, 184, "Schifffahrtsgesellschaften". In diese Richtung äußerte sich bereits der BGH, BGHZ 68, 313, 319. Im Ergebnis ebenso: *Ehricke*, AcP 199 (1999), 257, 286 f.; *Wittkowski*, WiB 1997, 28. A.A. *Banerjea*, ZIP 1999, 1153, 1155, der die Insolvenzverschleppungshaftung wegen der unterschiedlichen Behandlung von Alt- und Neugläubigern und ihrer Ausrichtung auf die Geschäftsführer, statt auf die Gesellschafter, für unzureichend erachtet.

[838] BGHZ 68, 312, 315. *Boujong*, GmbHR 1992, 207, 209; *ders.*, in: FS Odersky, 1996, S. 739, 746; *Ehricke*, AcP 199 (1999), 257, 274, 287; *Flume*, 1983, § 3 III, S. 82 ff.; Baumbach/Hueck/*Fastrich*, § 5 Rdnr. 6; *Kahler*, GmbHR 1985, 294, 296 f.; *Keil*, EWiR § 13 GmbHG 1/99, S. 603, 604; MünchKomm.-BGB/*Reuter*, Vor § 21 Rdnr. 37; *Schulze-Osterloh*, ZGR 1983, 123, 143 ff.; *Vonnemann*, 1991, S. 125 ff.; *Weitbrecht*, 1990, S. 81 ff.

[839] *Drax*, 1992, S. 29.

vor.[840] Die Buchführungspflicht ist strafbewehrt (§§ 283 Abs. 1 Nr. 5-7, 283 b StGB) und löst bei Verstößen eine Schadensersatzpflicht der Geschäftsführer gegenüber der GmbH aus, § 43 Abs. 2 GmbHG. Ergänzend hierzu tritt die Haftung der Geschäftsführer für verbotene Auszahlungen nach § 43 Abs. 3 GmbHG.

Demgegenüber betrachten die Verfechter einer Durchgriffshaftung den durch die Verletzung von Buchführungs- und Rechnungslegungspflichten gewährten Schutz in Fällen der Vermögensvermischung als unzureichend. Mittels einer solchen Haftung seien nur die Geschäftsführer, nicht aber die GmbH-Gesellschafter zu erfassen und Nutznießer seien nicht die Gläubiger, sondern nur die GmbH selber.

Diese Kritik überzeugt hingegen nicht. Unter bestimmten Umständen unterfallen auch die Gesellschafter der Haftung wegen ordnungswidriger Buchführung. So finden die §§ 41, 43 Abs. 2 GmbHG unmittelbare Anwendung, wenn der GmbH-Gesellschafter gleichzeitig *formal* auch die Geschäftsführerposition bekleidet; daneben kommt eine analoge Anwendung dieser Vorschriften auf den Gesellschafter für den Fall in Betracht, dass dieser als sog. *faktischer* Geschäftsführer anzusehen ist.[841] Darüber hinaus ist auf eine Teilnehmerhaftung des Gesellschafters nach §§ 41, 43 Abs. 2 GmbHG i. V.m. §§ 830 Abs. 2, 840 Abs. 1, 421 ff. BGB zurückzugreifen, wenn dieser den Geschäftsführer zur ordnungswidrigen Buchführung angestiftet hat.[842]

Auch die Bedenken, die gegen die Konzeption der §§ 41, 43 Abs. 2 GmbH als Innenhaftung geäußert werden, vermögen die Forderung nach einer unmittelbaren Durchgriffshaftung nicht zu begründen. Der Gesetzgeber hat sich im GmbH-Recht generell für das Innenhaftungskonzept entschieden.[843] Gerade auch die Kapitalschutzregeln der §§ 30 f. GmbHG, deren Scheitern in Fällen der Vermögensvermischung ja gerade als dogmatische Begründung für die Durchgriffshaftung herangezogen wird, ordnen eine - auf Rückerstattung des konkreten Auszahlungsbetrages begrenzte - Binnenhaftung an. Angesichts dieser eindeutigen gesetzgeberischen Vorgabe unterliegt nicht etwa die Bejahung einer Innenhaftung, sondern diejenige einer unmittelbaren Außenhaftung zugunsten der Gläubiger einem expliziten - von den Befürwortern der Durchgriffshaftung wegen Vermögensvermischung nicht erbrachten - Begründungszwang.

---

840 *Altmeppen*, 1991, S. 64 ff.; *Drax*, 1992, S. 92; *Ehricke*, AcP 199 (1999), 257, 290 ff.

841 Vgl. dazu im einzelnen GP 3. Teil B. II. 2., S. 175 ff.

842 Dazu im einzelnen *Ehricke*, AcP 199 (1999), 257, 293 ff.

843 BGHZ 134, 333, 338 ff.

Für eine Durchgriffshaftung wegen Vermögensvermischung besteht mithin kein Bedürfnis.[844]

III. Zusammenfassende Stellungnahme

Für die hauptsächlich in der Lehre befürwortete Durchgriffshaftung lässt sich keine Legitimation finden. Weder die Missbrauchstheorien noch die „Pseudo-"Normanwendungslehren vermögen sie dogmatisch zu begründen. Es besteht auch keine Notwendigkeit, sie im Wege der „Rechtsfindung contra legem" zu etablieren. Ruft man sich die Sachverhalte vor Augen, die einen Haftungsdurchgriff rechtfertigen sollen, so fällt auf, dass es immer das *Handeln* der Gesellschafter ist, welches als missbräuchlich bewertet und mit der persönlichen Haftung sanktioniert wird. Es ist daher befremdlich, dass die Verfechter der Durchgriffshaftung die erstrebte Inanspruchnahme der handelnden Gesellschafter nicht unmittelbar auf Normen stützen, die eine Verhaltenshaftung begründen, sondern den Umweg über die juristische Person wählen, durch die erst „durchzugreifen" ist, um die Inanspruchnahme ihrer Mitglieder zu begründen. Nicht das Verhältnis von juristischer Person zu ihren Mitgliedern sollte hier im Vordergrund stehen, sondern das Verhältnis zwischen Gesellschaftern und Gesellschaftsgläubigern. Wie *Flume*[845] zu Recht anmerkt, kennt das Gesetz keine Norm, die eine Haftung des Mitglieds für eigenes Verhalten neben der juristischen Person ausschlösse und die nur mit Hilfe des „Durchgriffs" überwunden werden könnte. Die Antwort auf „Durchgriffsprobleme" ist somit nicht eine „Durchgriffslösung", sondern reine Normanwendung.

Ob es, angesichts dieses negativen dogmatischen Befundes, ratsam wäre, das Institut der Durchgriffshaftung gänzlich zu verabschieden, oder ob es ausreicht, die Subsidiarität dieser Haftungsgrundlage zu betonen und sie auf Fälle zu beschränken, die sich, nach Ausreizung aller Auslegungsmittel, einer normativen Regelung entziehen, kann hier dahingestellt bleiben. Für die - hier zu untersuchenden - Fälle der Gläubigergefährdung bei intensiver Einflussnahme des herrschenden Unternehmens-Gesellschafters auf die Geschäftsleitung der abhängigen GmbH wird die

---

[844] *Drax*, 1992, S. 92 f.; *Ehricke*, AcP 199 (1999), 257, 299; *Priester*, Sonderheft DNotZ 1993, 120, 138; *Schanze/Kern*, AG 1991, 421, 423.

[845] *Flume*, 1983, § 3 I, S. 68.

Durchgriffshaftung jedenfalls durch die gesetzlich kodifizierte Konzernhaftung gem. §§ 302, 303 AktG analog verdrängt.[846]

E. Die Deliktshaftung

I. Haftung wegen sittenwidriger Schädigung gem. § 826 BGB

Ein unmittelbarer Schadensersatzanspruch der Gesellschaftsgläubiger gegen das herrschende Unternehmen könnte sich aus § 826 BGB herleiten lassen. Diese Anspruchsgrundlage wird insbesondere in den Fällen des Betreibens einer qualifiziert unterkapitalisierten Gesellschaft diskutiert.[847] Der haftungsauslösende Verstoß gegen die guten Sitten soll sich hier aus dem Gesichtspunkt des „Spekulierens auf Kosten der Gläubiger" ergeben: Bei einer eindeutig unzureichenden Eigenkapitalausstattung der Gesellschaft, die einen Misserfolg bei normalem Geschäftsablauf mit hoher Wahrscheinlichkeit erwarten lässt, werde das Verlustrisiko einseitig auf die Gläubiger abgewälzt.[848]

Auch die Rechtsprechung griff vereinzelt auf § 826 BGB zurück, um eine unmittelbare Inanspruchnahme der Gesellschafter einer unterkapitalisierten Gesellschaft zu begründen. So bejahte der II. Zivilsenat des BGH in zwei, den Bausektor betreffenden, Entscheidungen ein gegen die guten Sitten verstoßendes schädigendes Verhalten der herrschenden Gesellschafter für den Fall, dass diese die Rechtsverhältnisse innerhalb der Gesellschaft und zu deren Gläubigern bewusst so gestaltet hatten, dass ihnen die Vorteile aus der Geschäftstätigkeit der Gesellschaft zuflossen, die hieraus entstehenden - vorhersehbaren - Nachteile aber notwendig die Gläubiger treffen mussten:[849] In dem *„Architekten"*-Urteil vom 30.11.1978 hatten die beiden einzigen Gesellschafter einer GmbH & Co. KG ihre Gesellschaft vertraglich dazu verpflichtet, schlüsselfertige Eigentumswohnungen auf Gesellschaftergrundstücken zum Festpreis zu errichten. Dabei sollte der über

---

[846] *Drax*, 1992, S. 29; *Geißler*, GmbHR 1993, 71, 78; *Konzen*, ZHR 151 (1987), 566, 570; *Priester*, Sonderheft DNotZ 1993, 121, 140; *Rehbinder*, AG 1986, 85, 97; *Schramm*, 1991, S. 144 ff.; *Weigl*, 1996, S. 76.

[847] Vgl. die Nachweise in Fn. 838.

[848] *Altmeppen*, ZIP 1999, 881; *ders.*, 1991, S. 59; *Flume*, 1983, § 3 III, S. 87; *Lutter/Hommelhoff*, ZGR 1979, 31, 60; *Versteegen*, 1993, S. 86 f.; *Weitbrecht*, 1990, S. 83 f.; *Wüst*, JZ 1995, 990, 994.

[849] BGH, Urt. v. 30.11.1978, NJW 1979, 2104, "Architekten"; BGH, Urt. v. 16.3.1992, ZIP 1992, 694, 695, "PS-Bau". Tendenziell auch BAG, Urt. v. 10.2.1999, ZIP 1999, 878, 880, wobei im Ergebnis die Haftung aus § 826 BGB aber wegen des fehlenden Nachweises der subjektiven Voraussetzungen verneint wurde.

den Kaufpreis hinausgehende Verkaufspreis der Wohnungen in voller Höhe an die Gesellschafter abgeführt werden, so dass die KG keine Gewinne erzielen konnte. Andererseits trug die Gesellschaft das - zum Zeitpunkt des Vertragsschlusses wegen der im Bausektor bestehenden Hochkonjunktur besonders hoch zu veranschlagende - volle Risiko der Baukostenexplosion. Tatsächlich überstiegen die Baukosten die vereinbarten Festpreise um ca. 800.000 DM. Da die Komplementär-GmbH lediglich mit dem Mindeststammkapital von 20.000 DM ausgestattet war und die Kommanditeinlagen lediglich je 5000 DM betrugen, wurden diese Verluste letztlich den Gesellschaftsgläubigern überbürdet. Ähnlich gläubigerschädigend stellte sich das Verhalten des herrschenden Gesellschafter-Geschäftsführers in der *„PS-BAU"*-Entscheidung dar. Dieser hatte im Namen seiner P.S. Bau-GmbH mit Bauhandwerkern Verträge abgeschlossen, obwohl die GmbH zu diesem Zeitpunkt bereits mit mehr als 500.000 DM überschuldet war. Die gewählte Geschäftsstrategie, nämlich der Verkauf der Bauobjekte zu niedrigen Festpreisen einerseits und hohe Angebotspreise gegenüber den Bauhandwerkern andererseits, ermöglichte es der GmbH, durch die Ausnutzung von Zahlungszielen und Abschlagszahlungen, eine beträchtliche Zahl von Bauvorhaben unter Ausschaltung der Konkurrenz durchzuführen und das damit verbundene Verlustrisiko in weitem Umfang den Gesellschaftsgläubigern aufzuerlegen.

Diese recht eindeutigen Fälle einer sittenwidrigen Gläubigerschädigung sollten allerdings nicht den Blick darauf verstellen, dass das von § 826 BGB verlangte Unwerturteil nicht immer schon dann zu bejahen ist, wenn die Gesellschafter ihre lediglich mit dem gesetzlich vorgeschriebenen Mindestkapital ausgestattete und aufgrund negativer Geschäftsentwicklung überschuldete GmbH weiter am allgemeinen Geschäftsverkehr teilnehmen lassen. Die sich hier realisierende Gläubigergefährdung wird durch die Regelungen zur Insolvenzverschleppung erfasst. Das darüber hinausgehende Verlustrisiko hat der Gesetzgeber, angesichts des Haftungsausschlusses gem. § 13 Abs. 2 GmbHG, den Gesellschaftsgläubigern auferlegt.

Auch in Fällen des bewussten „Auslaufenlassen" einer GmbH mit dem Ziele, deren Geschäftsbetrieb durch eine neu gegründete Schwestergesellschaft fortzuführen, auf welche das Gesellschaftsvermögen, unter Ausschluss der Zugriffsmöglichkeiten der Alt-Gläubiger, übertragen wird, hat die Rechtsprechung eine sittenwidrige Schädigung i. S. d. § 826 BGB verneint und darauf abgestellt, die GmbH-Gesellschafter seien nicht dazu verpflichtet, den Geschäftsbetrieb ihrer Gesellschaft im Interesse der Gläubiger im bisherigen Umfang fortzuführen.[850]

---

[850] Vgl. BGH, Urt. v. 12.2.1996, WiB 1996, 525, 526; OLG München, Urt. v. 3.12.1997, NZG 1998, 350, 351.

Besondere Schwierigkeiten ergeben sich im Rahmen des § 826 BGB beim Nachweis des *subjektiven* Tatbestandes.[851] Zwar ist allseits anerkannt, dass hier auch bedingter Vorsatz ausreicht, es also genügt, wenn die für die Finanzierung der Gesellschaft verantwortlichen Gesellschafter die Möglichkeit einer Gläubigerschädigung erkannt und diese billigend in Kauf genommen haben.[852] Nimmt man das Tatbestandsmerkmal der *vorsätzlichen* Schadenszufügung aber ernst, so werden die Gesellschafter ihre haftungsrechtliche Inanspruchnahme häufig mit der Behauptung abwenden können, sie hätten auf eine positive Geschäftsentwicklung und damit auf die Überwindung der bestehenden Finanzierungsengpässe vertraut und eine Schädigung der Gesellschaftsgläubiger nicht beabsichtigt.[853] Nur bei Bejahung einer *anfänglichen* qualifizierten Unterkapitalisierung, d. h. in den Fällen, in denen die GmbH schon zum Zeitpunkt ihrer Gründung mit Geschäftsrisiken belastet wurde, die in keinem angemessenen Verhältnis zu ihrer Kapitalausstattung standen, so dass der alsbaldige Ruin der Gesellschaft vorprogrammiert war, wird man eine dahingehende Einlassung ihrer Gesellschafter als haltlose Schutzbehauptung betrachten und ignorieren dürfen; denn anlässlich solcher beredten äußeren Umstände musste sich ihnen die Wahrscheinlichkeit der Gläubigerschädigung geradezu aufdrängen. Beispiele für eine solche anfängliche Unterkapitalisierung enthalten die Sachverhalte der Entscheidungen *„Tiefbau"*, *„EDV"*, *„Freiberufler-Konzern"*, *„Fertighaus"*, *„Sächsisches Porzellanwerk Freiberg GmbH"* und *„Schifffahrtsgesellschaft"*.[854]

Die Schadensersatzhaftung gem. § 826 BGB vermag den Gesellschaftsgläubigern daher nur in extrem gelagerten Fällen Schutz vor der Gefahr ihres Forderungsausfalls wegen fremdgesteuertem Vermögensverfalls der GmbH zu gewähren.[855]

---

[851] *Altmeppen*, ZIP 1999, 881; *ders.*, 1991, S. 84; Hachenburg/*Ulmer*, Anh § 30 Rdnr. 42; *Wüst*, JZ 1995, 990, 994.

[852] BGH, Urt. v. 30.11.1978 - "Architekten" - NJW 1979, 2104, 2105; *Altmeppen*, ZIP 1999, 881; *Flume*, 1983, § 3 III, S. 87; *Lutter/Hommelhoff*, ZGR 1979, 31, 60; *Weitbrecht*, 1990, S. 83 f.; *Wüst*, JZ 1995, 990, 994.

[853] *Banerjea*, ZIP 1999, 1153, 1157; *Ulmer*, GmbHR 1984, 256, 261; Hachenburg/*Ulmer*, Anh § 30 Rdnr. 42; *Wüst*, JZ 1995, 990, 994. A.A. *Lutter/Hommelhoff*, ZGR 1979, 31, 60.

[854] In Fn. 747 näher dargestellt.

[855] Kritisch ebenso: *Altmeppen*, ZIP 1999, 881, 882; *Roth*, in: LM, H. 9/1994, Nr. 24 zu § 13 GmbHG, Bl.1759; Hachenburg/*Ulmer*, Anh § 30 Rdnr. 42; *Ulmer*, GmbHR 1984, 256, 261; *Wüst*, JZ 1995, 990, 994. A.A. *Röhricht*, ZGR 1999, 445, 446.

II. Haftung wegen Verletzung eines Schutzgesetzes gem. § 823 Abs. 2 BGB

Neben der oben[856] schon behandelten Haftung des herrschenden GmbH-Gesellschafters wegen Insolvenzverschleppung gem. §§ 823 Abs. 2, 840 Abs. 1 BGB i.V.m. § 64 Abs. 1 GmbHG propagieren Teile des Schrifttums deliktsrechtliche Einstandspflichten desselben auch wegen fehlerhafter Buchführung. Als einschlägige Schutzgesetze werden hier die §§ 283 Abs. 1 Nr. 5-7, 283 b StGB[857] und § 41 GmbHG[858] diskutiert.

Dieser Haftungsansatz ist aber sehr kritisch zu betrachten. Zum einen sprechen Rechtsprechung[859] und Schrifttumsmehrheit[860] diesen Normen eine Schutzgesetzeigenschaft i.S.d. § 823 Abs. 2 BGB generell ab. Und selbst wenn man - neueren Tendenzen folgend - den handelsrechtlichen Bilanzierungs- und Dokumentationspflichten im Hinblick auf ihre Neufassung durch das BiRiLiG eine über den Zweck der Selbstinformation des Kaufmanns und den Schutz der Allgemeinheit hinausgehende, unmittelbar gläubigerschützende Eigenschaft zuerkennen will,[861] so setzt ein daraus ableitbarer deliktischer Schadensersatzanspruch des Gesellschaftsgläubigers gegenüber dem zur ordnungsgemäßen Buchführung Verpflichteten den Nachweis voraus, dass sich der konkret eingetretene Schaden des Gläubigers ursächlich auf die Verletzung der Buchführungspflichten zurückführen lässt. Eine Haftung des GmbH-Geschäftsführers aus § 823 Abs. 2 BGB i.V.m. § 41 GmbHG wäre etwa zu bejahen, wenn dem Gläubiger die, vom Geschäftsführer unrichtig geführten, Handelsbücher zugänglich gemacht wurden und dieser, im Vertrauen auf die Richtigkeit des Buchwerks, Vermögenstransaktionen zugunsten der Gesellschaft getroffen hätte, für welche er von der GmbH keine Befriedigung mehr erlangen kann, weil diese, entgegen der durch die unkorrekte Rechnungslegung falsch dargestellten Vermögenslage, nicht kreditwürdig war.[862] Die Inanspruchnahme des - vom Wortlaut des § 41 GmbHG nicht unmittelbar

---

[856] Vgl. GP 3. Teil § 1 B., S. 170 ff.

[857] *Drax*, 1992, S. 94 f.; *Schmidt*, ZIP 1994, 837, 842; Scholz/*Schneider*, 2000, § 43 Rdnr. 236; *Stapelfeld*, GmbHR 1991, 94, 97.

[858] *Biletzki*, ZIP 1997, 9, 10 ff.; Scholz/*Crezelius*, 2000, § 41 Rdnr. 8; Scholz/*Schneider*, 2000, § 43 Rdnrn. 236 f.; *Schmidt*, ZIP 1994, 837, 842; *Stapelfeld*, GmbHR 1991, 94, 95 ff., 98.

[859] RGZ 73, 30, 32 ff.; BGH, BB 1964, 1273.

[860] Roth/*Altmeppen*, § 41 Rdnr. 12; *Brandes*, WM 1995, 641, 655; *Ehricke*, AcP 199 (1999), 257, 298; *Kort*, DB 1990, 921, 923; *Lutter/Hommelhoff*, § 41 Rdnr. 4; Baumbach/Hueck/*Schulze-Osterloh*, § 41 Rdnr. 3; Rowedder/*Wiedemann*, § 41 Rdnr. 4.

[861] Der BGH schließt in seinem Urteil v. 13.4.1994 - BGHZ 125, 366, 378 - eine dahingehende Norminterpretation nunmehr zumindest nicht aus. Befürwortend auch die in Fn. 857, 858 genannten Autoren.

[862] BGHZ 125, 366, 378. Diese einschränkende Interpretation des sachlichen Schutzbereichs des § 41 GmbHG räumen auch *Stapelfeld*, GmbHR 1991, 94, 98 f. und *Biletzki*, ZIP 1997, 9, 11 ein.

erfassten - herrschenden GmbH-Gesellschafters verlangt darüber hinaus, dass dieser gleichzeitig die formale Geschäftsfüherposition bekleidet oder zumindest als „faktischer Geschäftsführer" fungiert.

Nicht ausreichend zur schlüssigen Darlegung einer Schadensersatzpflicht gegenüber den Gläubigern gem. § 823 Abs. 2 BGB i.V.m. § 41 GmbHG ist demgegenüber eine unkorrekte oder völlig fehlende Buchführung in Verbindung mit der (späteren) Insolvenz der GmbH. Es ist zwar denkbar, dass die nicht ordnungsgemäße Buchführung verbotene Vermögenstransaktionen aus dem Gesellschaftsvermögen kaschiert, diese können aber nicht pauschal unterstellt werden. Die notwendige haftungsbegründende Kausalität zwischen Gläubigerschaden und schadensstiftendem Verhalten des Gesellschafter-Geschäftsführers wäre nur dargetan, wenn zum einen die zu den Unregelmäßigkeiten in der Buchführung führenden, das Gesellschaftsvermögen vermindernden Geschäftsführungsmaßnahmen im einzelnen aufgedeckt würden und zum anderen der Nachweis geführt werden könnte, das diese Akte die Ursache für die Insolvenz der GmbH darstellten.[863]

Ebenso wenig vermag die Vermutung, bei ordnungsgemäßer Buchführung wäre der Insolvenzantrag früher gestellt worden und die verbleibende Haftungssumme höher ausgefallen, den haftungsauslösenden Tatbestand zu erfüllen. Denn bei einer fortlaufenden Handlung, wie es die Verletzung der Buchführungspflicht darstellt, kann weder der konkrete Zeitpunkt des Schadenseintritts, noch sein genauer Umfang festgestellt werden.

Resümierend ist somit festzustellen, dass eine den herrschenden Gesellschafter treffende Schadensersatzpflicht wegen Verletzung der Buchführungspflicht - sofern ihr überhaupt ein Schutzgesetzcharakter zugesprochen wird - nur in ganz seltenen Ausnahmefällen bejaht werden kann.

III. Ergebnis

Das auf einzelne schädigende Handlungen abstellende und auf Einzelausgleich ausgerichtete Deliktsrecht vermag die typischen Fälle der qualifizierten Konzernierung, die sich gerade durch eine unüberschaubare Dichte an Einflussnahme und eine daraus resultierende Nichtisolierbarkeit der Einzelmaßnahmen charakterisieren, nicht sachgerecht zu handhaben.[864]

---

[863] Vgl. dazu BGHZ 125, 366, 379; *Reiner*, 1995, S. 298 ff., 302.

[864] *Kiethe/Groeschke*, BB 1998, 1373 f.; *Kleindiek*, 1997, S. 117 ff.

§ 2: Analyse der analog anwendbaren Anspruchsgrundlage des § 303 AktG

§ 303 Abs. 1 AktG gewährt den Gläubigern der vertragskonzernierten AG einen *eigenen* Anspruch gegen das herrschende Unternehmen; dieser bezieht sich auf Sicherheitsleistung und setzt tatbestandlich voraus, dass der Unternehmensvertrag endet und die zu sichernden Forderungen vor Bekanntmachung der diesbezüglichen Handelsregistereintragung begründet wurden.

Der II. Zivilsenat des BGH hat sich erstmals in seiner „*Autokran*"-Entscheidung und seither in ständiger Rechtsprechung dafür ausgesprochen, § 303 Abs.1 AktG analog auch auf die Beendigung eines qualifizierten faktischen GmbH-Konzerns anzuwenden.[865] Dabei geht er im Falle der „Vermögenslosigkeit" der abhängigen GmbH über den Wortlaut der Norm hinaus und bejaht - anstelle der vorgesehenen Sicherheitsleistung - einen unmittelbaren Zahlungsanspruch der Gläubiger gegen das herrschende Unternehmen.[866] Da sowohl die Analogiefähigkeit der Norm generell[867] als auch die Umwandlung ihrer Rechtsfolge in eine unmittelbare Zahlungspflicht[868] im Schrifttum auf Kritik gestoßen sind, soll diesen Fragen im folgenden näher nachgegangen werden.

A. Prüfung der Analogievoraussetzungen

I. Fehlen von *unmittelbar* anwendbaren Regelungen

Die obige Prüfung hat ergeben, dass die Rechtsordnung keine Norm bereitstellt, die den Gläubigern einer qualifiziert faktisch beherrschten GmbH für ihren Forde-

---

[865] BGHZ 95, 330, 346 "Autokran"; BGHZ 107, 7, 16 "Tiefbau"; BGHZ 115, 187, 197 "Video"; BGHZ 122, 123, 126 "TBB"; BGH, NJW 1994, 446 "EDV"; BGH, ZIP 1994, 1690, 1691 "Freiberufler-Konzern"; BGH, NJW 1995, 1544, 1545 "Architekten-Konzern"; BGH, GmbHR 1996, 366 "Stahl-Alu-O.& Sohn GmbH"; BGH, WM 1997, 316 "Wochenkonzern"; BGH, Beschl. v. 13.1.1997. DStR 1997, 503; BGH, Beschl. v. 3.11.1997, DStR 1997, 1937. Auch das **BAG** ("Warmwassergeräte", AG 1991, 434, 436 ; "AG Union", ZIP 1993, 380, 381; "Stahlschutz", GmbHR 1994, 625, 626; "Sanierungs-KG", ZIP 1996, 333, 334; "Schiffahrtsgesellschaft", AG 1999, 184, 185; "Möbel-KG", ZIP 1999, 723,724) und das **BSG** ("KAUG-Zahlungen", GmbHR 1995, 46, 48; "A-Schuhfabrik GmbH", ZIP 1996, 1134, 1135) befürworten diesen Analogieschluss.

[866] Ausführlich dazu: BGHZ 95, 330, 347; BGHZ 115, 187, 200.

[867] *Baur*, 1992, S. 210, 215 ff.; *Heinsius*, AG 1986, 99, 104; *Joost*, in: Heidelberger Konzernrechtstage, 1992, S. 133, 135 f.; *Schmidt*, BB 1985, 2074, 2077 f.; *ders.*, ZIP 1991, 1325, 1330; *ders.*, ZIP 1993, 549, 552; *Schramm*, 1991, S. 135 ff.; *Schwark*, JuS 1987, 443, 450; *Wilhelm*, DB 1986, 2113, 211 f.

[868] *Assmann*, JZ 1986, 928, 937; *ders.*, in: FS 100 Jahre GmbH-Gesetz, 1992, S. 657, 730 ff.; *Deilmann*, 1990, S. 162; *Rehbinder*, AG 1986, 85, 97; *Werner*, in: FS Goerdeler, 1987, S. 677, 683 ff.

rungsausfall gegenüber deren herrschenden Unternehmens-Gesellschafter einen adäquaten Schutz gewährt.

II. Feststellung der *Rechtsähnlichkeit* zwischen dem Tatbestand des § 303 Abs. 1 AktG und der Gläubigersituation nach Beendigung des qualifizierten faktischen GmbH-Konzerns

1. Bestimmung des Vergleichsmaßstabs: Normzweck des § 303 AktG

Die §§ 302, 303 AktG verwirklichen ein *einheitliches* Schutzkonzept im Vertragskonzern.[869] Während der Geltungsdauer des Beherrschungs-/Gewinnabführungsvertrages sichert die jährliche Verlustausgleichspflicht des herrschenden Unternehmens gem. § 302 AktG den Vermögensbestand der konzernierten Gesellschaft und gewährt damit gleichzeitig einen reflexartigen Gläubigerschutz. Nach Beendigung des Unternehmensvertrages tritt ihre Komplementärvorschrift, § 303 AktG, auf den Plan und sichert die Gesellschaftsgläubiger vor einem möglichen Forderungsausfall. Dieser besondere Gläubigerschutz rechtfertigt sich nach der Begründung zum Regierungsentwurf des AktG 1965 aus dem Umstand, das die abhängige Gesellschaft nach ihrer Entlassung aus dem Vertragskonzern „in vielen Fällen nur unter großen Anfangsschwierigkeiten wieder auf eigenen Füßen stehen können [wird]; es mag sogar zweifelhaft sein, ob sie auf sich gestellt noch lebensfähig ist".[870] Die Einbindung der abhängigen Gesellschaft in ein vertragliches Beherrschungsverhältnis führt - wie oben aufgezeigt - zu ihrer organisatorischen und wirtschaftlichen Unselbständigkeit. Ihre Unternehmensführung orientiert sich nicht mehr am Eigeninteresse, sondern am Interesse des herrschenden Unternehmens bzw. des Konzerns. Dies kann zur Folge haben, dass Unternehmensfunktionen, die für ihr eigenständiges unternehmerisches Florieren am Markt von eminenter Bedeutung sind - etwa Einkauf, Produktion, Vertrieb, Entwicklungsabteilung, Marketing etc. -, auf die Konzernspitze übertragen oder zumindest ihren Bedürfnissen entsprechend verändert werden. Ferner kann die vertragskonzernierte Gesellschaft durch eine Zentralisierung ihres Finanzwesens beim herrschenden Unternehmen jeglichen Spielraum für ein eigenständiges unternehmerisches Agieren verlieren. Nach Beendigung des Un-

---

[869] BGHZ 107, 7, 16; *Assmann*, JZ 1986, 928, 937; *Baur*, 1992, S. 212; *Deilmann*, 1990, S. 162; *Ebenroth/Wilken*, BB 1991, 2229, 2232; *Emmerich*, AG 1987, 1, 6; *Eschenbruch*, 1996, Rdnr. 3490; *Fleck*, WM 1986, 1205, 1213; *Limmer*, 1992, S. 337; *Rehbinder*, AG 1986, 85, 87; *Stimpel*, in: FS Goerdeler, 1987, S. 601, 618; *Ulmer*, AG 1986, 123, 124; *ders.*, NJW 1986, 1579, 1582; *Vonnemann*, BB 1990, 217, 221; *Ziegler*, WM 1989, 1041, 1045.

[870] Begr. RegE, zitiert nach *Kropff*, Aktiengesetz 1965, S. 393.

ternehmensvertrages besteht die Gefahr, dass die Nachwirkungen ihrer bisherigen vollständigen strukturellen Eingliederung in den Konzernverbund dazu führen, dass ihre Wiedereingliederung in den freien Wettbewerb erschwert wird und möglicherweise sogar ihre Überlebensfähigkeit am Markt verloren geht. § 303 AktG verfolgt den Zweck, die Gesellschaftsgläubiger vor diesen Risiken, die ihre Wurzeln in der Zeit vor Beendigung des Unternehmensvertrages finden, zu schützen.[871]

Diesen Normzweck lassen diejenigen Schrifttumsstimmen außer Acht, die eine Anwendung des § 303 AktG verneinen wollen, wenn der Beherrschungsvertrag durch die Insolvenz der Tochtergesellschaft endet. Sie stützen ihre Ansicht auf die Behauptung, die Norm setze den Fortbestand der Tochtergesellschaft als eigenständiges, werbendes Unternehmen nach ihrer Entlassung aus dem Konzerverbund voraus; sie schütze die Gläubiger nur vor den Verlusten, welche die Gesellschaft *nach* Beendigung des Unternehmensvertrages erleide, die also nicht mehr unter dem Regime des herrschenden Unternehmens erwirtschaftet worden seien. Auf Abwicklungsverluste sei sie nicht anwendbar.[872]

Es wäre widersinnig, würde man den Gläubigern den Schutz des § 303 AktG gerade dann verweigern, wenn sich das Risiko, gegen welches die Norm sie absichern will, in Form der Insolvenz der Gesellschaft vollständig verwirklicht. Dabei kann es keine Rolle spielen, ob die Insolvenz der konzernierten Tochtergesellschaft vor oder nach formaler Beendigung des Unternehmensvertrages eintritt.[873]

2. Vergleichbarkeit zwischen dem haftungsauslösenden Tatbestand des § 303 Abs. 1 AktG und den Verhältnissen nach Beendigung des qualifizierten faktischen GmbH-Konzerns

Um den für eine Analogie erforderlichen Ähnlichkeitsschluss ziehen zu können ist es nun erforderlich, die eine Ausfallhaftung des herrschenden Unternehmens gem. § 303 Abs. 1 AktG auslösenden Tatbestandsmerkmale anhand seines

[871] BGHZ 95, 330, 346; *Ebenroth/Wilken*, BB 1991, 2229, 2233; *Emmerich/Habersack*, 1998, § 303 Rdnr. 1; *Fleck*, WM 1986, 1205, 1213; *Hüffer*, 1999, § 303 Rdnr. 1; KölnerKomm/*Koppensteiner*, § 303 Rdnr. 2; *Limmer*, 1992, S. 336 f.; *Sonnenschein/Holdorf*, JZ 1992, 715, 720.

[872] So *Schmidt*, BB 1985, 2074, 2079. Ebenso argumentieren: *Baur*, 1992, S. 210; *Deilmann*, 1990, S. 162; *Heinsius*, AG 1986, 99, 104; *Schramm*, 1991, S. 136; *Schwark*, JuS 1987, 443, 450; *Wilhelm*, DB 1986, 2113, 2116. Auch *Joost* (in: Heidelberger Konzernrechtstage, 1992, S. 133, 136, 137 ff.) verneint aus den o.a. Gründen eine Analogie zu § 303 AktG, spricht sich aber für die Begründung einer subsidiären Ausfallhaftung des herrschenden Unternehmens im qualifizierten faktischen GmbH-Konzern im Wege freier Rechtsfortbildung des GmbH-Rechts aus.

[873] *Assmann*, JZ 1986, 928, 937; *Ulmer*, NJW 1986, 1579, 1583 Fn. 41.

Normzwecks zu bestimmen und ihre Parallelen im qualifizierten faktischen GmbH-Konzern herauszuarbeiten.

a) Vorhandensein eines Beherrschungs-/Gewinnabführungsvertrages zwischen zwei Unternehmen

Wie oben[874] dargelegt setzt § 302 Abs. 1 AktG nicht zwingend das Vorhandensein eines Unternehmensvertrages voraus; die Verlustausgleichspflicht des herrschenden Unternehmens rechtfertigt sich vielmehr aus der - von ihm - strukturell herbeigeführten wirtschaftlichen Unselbständigkeit der beherrschten AG. Befindet sich eine faktisch konzernierte GmbH in einem solchen Zustand des vollständigen Autonomieverlustes, so bezeichnet man diese Situation als qualifizierten faktischen GmbH-Konzern; auf diesen ist § 302 Abs. 1 AktG analog anwendbar.

Da § 303 AktG nach überwiegender Auffassung[875] eine Komplementärvorschrift zu § 302 AktG bildet, vermag auch hier das Vorhandensein einer qualifiziert faktisch konzernierten GmbH das Tatbestandsmerkmal des Unternehmensvertrages zu ersetzen.

b) Beendigung des Unternehmensvertrages

Die Beendigung eines Beherrschungs-/Gewinnabführungsvertrages ist gem. §§ 298, 303 Abs. 1 AktG ins Handelsregister einzutragen und bekannt zu machen. In diesem Publizierungsakt erblicken einige Autoren eine essentielle Tatbestandsvoraussetzung des § 303 Abs. 1 AktG und lehnen, da das Ende eines qualifizierten faktischen GmbH-Konzerns keiner registerrechtlichen Kundmachung zugänglich ist, eine analoge Anwendung dieser Vorschrift auf den GmbH-Konzern ab.[876] Dieser Auffassung ist allerdings nicht zu folgen: Die Publizierungspflicht dient dem Schutz des Rechtsverkehrs. Sie soll sicherstellen, dass die Gesellschaftsgläubiger sich über die Gesellschaftsverhältnisse ausreichend unterrichten können.[877] Will man nun an die fehlende Publizität des qualifizierten faktischen GmbH-Konzerns die Konsequenz knüpfen, dass den Gläubigern der qualifiziert beherrschten GmbH der materiellrechtliche Schutz des § 303 AktG ana-

---

[874] Vgl. GP 2. Teil § 3 A. II. 2. d), S. 134 ff.

[875] Nachweise siehe Fn. 869.

[876] *Heinsius*, AG 1986, 99, 104; *Joost*, in: Heidelberger Konzernrechtstage, 1992, S. 133, 135 f.

[877] Vgl. BegrRegE, abgedruckt bei *Kropff*, Aktiengesetz 1965, S. 382.

log gänzlich versagt werden müsse, so wäre dies mit einer normzweckwidrigen „doppelten Bestrafung“ gleichzusetzen.[878]

Mangels Anknüpfbarkeit an eine Handelregisterpublizität müssen für die Beendigung des qualifizierten faktischen GmbH-Konzerns andere, äußerlich erkennbare, Kriterien gefunden werden. Ein Ende des qualifizierten Beherrschungszustandes wäre bei einer weiterhin werbend am Markt auftretenden GmbH etwa dann zu bejahen, wenn ihre Unternehmensstrukturen dahingehend verändert werden, dass ihre organisatorische und wirtschaftliche Selbständigkeit sichergestellt ist. Zu denken ist hier an die Rückverlagerung zuvor ausgeliederter zentraler Unternehmensführungsbereiche (Produktion, Vertrieb; Finanzwesen etc.) auf die GmbH, Rückgängigmachung konzernintegrativ wirkender Umstrukturierungsmaßnahmen (wie etwa die vollständige Ausrichtung der Produktion auf die Konzernbedürfnisse durch Veränderung bzw. Reduzierung der von der Tochtergesellschaft angebotenen Produktpalette, Neuverteilung der Aufgabenbereiche und Märkte etc.), Zerschlagung personeller Verflechtungen auf der Geschäftsführungsebene (z.B. durch Aufgabe der Geschäftsführerposition seitens des herrschenden Unternehmens-Gesellschafters).

In der Regel wird allerdings der Fall eintreten, dass der qualifizierte faktische GmbH-Konzern dadurch endet, dass die Tochter-GmbH wegen Vermögenslosigkeit ihre unternehmerische Aktivität gänzlich einstellt und, nach Durchführung eines Insolvenzverfahrens oder „still“, liquidiert wird.

c) Begründung der Gläubigerforderung vor Bekanntmachung der Handelsregistereintragung über die Beendigung des Unternehmensvertrages

§ 303 Abs. 1 AktG erfasst seinem Wortlaut nach nur Forderungen, die bis zur Bekanntmachung der Handelsregistereintragung über das Ende des Beherrschungs-/Gewinnabführungsvertrages begründet worden sind. Da es im Falle der Beendigung eines qualifizierten faktischen GmbH-Konzerns an einem solchen Publizitätsakt fehlt, stellt sich die Frage, nach welchen Kriterien hier die Auswahl der zu sichernden Forderungen erfolgen kann.

Der BGH stellt auf die *tatsächliche* Beendigung des Beherrschungsverhältnisses ab,[879] macht allerdings insoweit eine Ausnahme, als er das ehemals herrschende Unternehmen auch für die - später entstandenen - Prozesskosten des Gläubigers

---

[878]Vgl. *Limmer*, 1992, S. 339.

[879]BGHZ 95, 330, 347. Ebenso *Ebenroth/Wilken*, BB 1991, 2229, 2233; *Eschenbruch*, 1996, Rdnr. 3492; *Möhring*, 1992, S. 212 f.

einstehen lassen will; diese seien als Annex zu den während des qualifizierten Beherrschungszustandes entstandenen Forderungen zu verstehen, da sie lediglich ihrer Durchsetzung dienten und gar nicht entstanden wären, wenn das herrschende Unternehmen seine Verpflichtungen ordnungsgemäß erfüllt hätte.[880]

Sonnenschein/Holdorf[881] wollen demgegenüber alle Forderungen in den Schutzbereich des § 303 AktG analog einbeziehen die vor Kenntnisnahme des Gläubigers von der Beendigung des qualifizierten faktischen GmbH-Konzerns begründet worden sind. Diese auf das Schutzbedürfnis des Gläubigers abstellende Meinung findet aber weder im Wortlaut des § 303 Abs. 1 AktG noch im Normzweck eine Stütze. Denn die in § 303 Abs. 1 AktG ausgesprochene Erweiterung der Ausfallhaftung des ehemals herrschenden Unternehmens auf Forderungen, die *nach* Beendigung des Unternehmensvertrages, aber *vor* der Bekanntmachung der diesbezüglichen Handelsregistereintragung begründet werden, ist keine Reaktion auf eine besondere Konzerngefahr, sondern Ausdruck des besonderen handelsregisterrechtlichen Vertrauensschutzes.[882] Da sowohl das Bestehen (§ 294 AktG) als auch die Beendigung eines Unternehmensvertrages (§ 298 AktG) eintragungspflichtige Tatsachen sind, wird das typisierte Vertrauen der Gläubiger in die Existenz des Vertragskonzerns und die sich hieraus ergebenden Sicherungen solange geschützt, bis seine Beendigung ordnungsgemäß bekannt gemacht wurde. Im faktischen GmbH-Konzern fehlt es, mangels der Handelsregisterpublizität, an einem solchen typisierten Vertrauensschutz und damit auch an der Notwendigkeit, die Forderungen, die im Zeitraum zwischen Beendigung des Unternehmensvertrages und seiner registerrechtlichen Bekanntmachung begründet worden sind, einer besonderen Behandlung zu unterwerfen.

Ebenfalls kontrovers diskutiert wird die Frage, ob das herrschende Unternehmen analog § 303 Abs. 1 AktG auch für Forderungen, die *vor* der Entstehung des qualifizierten faktischen GmbH-Konzerns begründet worden sind, Sicherheit leisten muss. Der Normwortlaut enthält hierzu keine ausdrückliche Regelung. Gegen die Einbeziehung dieser Forderungen in den Anwendungsbereich des § 303 AktG analog könnte der Umstand sprechen, dass seine Komplementärvorschrift, § 302 Abs. 1 AktG, die Verlustausgleichspflicht des herrschenden Unternehmens auf die Jahresfehlbeträge beschränkt die „während der Vertragsdauer" entstehen. Versteht man die Ausfallhaftung des § 303 Abs. 1 AktG lediglich als

---

880 BGHZ 115, 187, 202. Im Ergebnis ebenso *Joost*, in: Heidelberger Konzernrechtstage, 1992, S. 133, 157 f.; Hachenburg/*Ulmer*, Anh § 77, GmbH-Konzernrecht, Rdnr. 178.

881 *Sonnenschein/Holdorf*, JZ 1992, 715, 721. *Mayer* (DStR 1992, 756, 760) spricht sich noch weitergehend, allerdings ohne Begründung, für eine Erweiterung der Haftung auf alle Forderungen aus, die nach der tatsächlichen Beendigung des Beherrschungsverhältnisses entstanden sind.

882 BGH, NJW 1992, 505, 506 f., "Stromlieferung"; *Möhring*, 1992, S. 213.

„Flankenschutz" der primären Verlustausgleichspflicht,[883] so wäre ihr Umfang durch diese begrenzt.[884] Der Normzweck, der auf die Gefährdungslage abstellt, die für die beherrschte Gesellschaft und deren Gläubiger nach ihrer Entlassung aus der Konzernierung besteht, spricht allerdings für die Erweiterung der Ausfallhaftung auch auf Forderungen, die vor der qualifizierten faktischen Konzernierung entstanden sind. Denn auch die Befriedigungsaussichten der *Alt*gläubiger können sich durch Risiken, die das herrschende Unternehmen während des qualifizierten Konzernierungszustandes begründet hat, wesentlich verschlechtern.[885]

d) Sechsmonatige Meldefrist

Den Gläubigerschutz gem. § 303 Abs. 1 AktG hat der Gesetzgeber an eine Ausschlussfrist geknüpft. Der Anspruch auf Sicherheitsleistung besteht nur, wenn der Gläubiger sich binnen *sechs Monaten* nach Bekanntmachung der Eintragung der Beendigung des Unternehmensvertrages im Handelsregister zu diesem Zweck beim herrschenden Unternehmen meldet. Da die Beendigung eines qualifizierten faktischen GmbH-Konzerns nicht eintragungsfähig ist, fehlt es hier an einem sicheren Anknüpfungskriterium für die sechsmonatige Ausschlussfrist. Aus dieser Tatsache werden in Rechtsprechung und Schrifttum unterschiedliche Konsequenzen gezogen. Teile der Literatur lehnen die analoge Anwendung des § 303 AktG auf den qualifizierten GmbH-Konzern mit der Begründung ab, dem herrschenden Unternehmen sei eine zeitlich unbegrenzte Einstandspflicht nicht zumutbar. Die zeitliche Befristung der Haftung diene den Interessen des herrschenden Unternehmens, welches, aus Gründen der Rechtssicherheit, innerhalb einer kurzen Zeit Klarheit darüber erlangen soll, ob und in welcher Höhe es unmittelbar von den Gläubigern der Tochtergesellschaft in Anspruch genommen werden kann.[886]

Demgegenüber will der BGH die sechsmonatige Ausschlussfrist des § 303 Abs. 1 AktG bei einer entsprechenden Anwendung der Vorschrift auf die Beendigung

---

[883] *Baur*, 1992, S. 212.

[884] So *Joost*, in: Heidelberger Konzernrechtstage, 1992, S. 133, 154. Im Ergebnis ebenso *Möhring*, 1992, S. 213.

[885] BGHZ 115, 187, 199; *Ebenroth/Wilken*, BB 1991, 2229, 2233; *Mayer*, DStR 1992, 756, 760; *Sonnenschein/Holdorf*, JZ 1992, 715, 720; Hachenburg/*Ulmer*, Anh § 77, GmbH-Konzernrecht, Rdnr. 177.

[886] *Baur*, 1992, S. 215; *Heinsius*, AG 1986, 99, 104; *Joost*, in: Heidelberger Konzernrechtstage, 1992, S. 133, 158 f.; *Schramm*, 1991, S. 136 f.; *Werner*, in: FS Goerdeler, 1987, S. 677, 693 ff.

eines qualifizierten faktischen GmbH-Konzerns durch die allgemeinen Verwirkungsgrundsätze ersetzen.[887]

Die letztgenannte Auffassung verdient Zustimmung. Berücksichtigt man den Normzweck des § 303 AktG, so wird deutlich, dass das herrschende Unternehmen hier den Gesellschaftsgläubigern für ein Risiko haftet, dessen Ursachen es während der Dauer des Unternehmensvertrages - respektive während des Bestehens eines qualifizierten faktischen GmbH-Konzerns - selbst gesetzt hat. Seine vollständige Haftungsfreistellung - bei Verneinung der analogen Anwendung des § 303 AktG auf die Beendigung eines qualifizierten faktischen GmbH-Konzerns - ließe die berechtigten Gläubigerinteressen zu Unrecht unberücksichtigt. Darüber hinaus ist die in § 303 Abs. 1 AktG ausgesprochene zeitliche Befristung der Haftung nur gerechtfertigt, wenn die berechtigten Gläubiger zum einen positive Kenntnis von ihren Ansprüchen gegen das herrschende Unternehmen haben und zum anderen der genaue Beginn des Fristablaufs feststeht. Diese Voraussetzungen werden im originären Anwendungsbereich der Norm dadurch sichergestellt, dass die Gläubiger gem. § 303 Abs. 1 S. 2 AktG in der, den Fristablauf auslösenden, Bekanntmachung der Handelsregistereintragung über die Beendigung des Unternehmensvertrages auf ihre Rechte *hingewiesen* werden müssen.[888] Mangels Registereintragung und Bekanntmachung scheidet diese Gläubigerinformation im Rahmen des qualifizierten faktischen GmbH-Konzerns aus.

Der Gedanke der positiven Kenntniserlangung der Gläubiger von ihren Ansprüchen könnte allerdings für eine notwendige Konkretisierung der vom BGH herangezogenen Verwirkungsgrundsätze fruchtbar gemacht werden. Erlangt der Gläubiger einer GmbH Kenntnis davon, dass seine Schuldnerin in einen qualifizierten faktischen GmbH-Konzern eingegliedert war, dass dieses qualifizierte Konzernverhältnis zwischenzeitlich beendet wurde und dass ihm aus dieser Konstellation ein Recht auf Sicherheitsleistung für seine offenen Forderungen gegen das (ehemals) herrschende Unternehmen zusteht, so muss er seinen Anspruch innerhalb von sechs Monaten geltend machen; andernfalls gilt der Anspruch als verwirkt.[889] Diese Kenntnis wäre etwa dann zu bejahen, wenn das herrschende Unternehmen seine Einstandspflicht öffentlich bekannt gemacht hat.[890] Nicht ausreichend wäre aber - entgegen der Auffassung *Werners*[891] - eine freiwillige Bekanntmachung

---

[887] BGHZ 95, 330, 347 "Autokran"; BGHZ 115, 187, 202 f. "Video". In der Literatur trifft diese Meinung auf Zustimmung, vgl.: Scholz/*Emmerich*, 2000, Anh. § 44, GmbH-Konzernrecht, Rdnr. 130; *Eschenbruch*, 1996, Rdnr. 3492; *Limmer*, 1992, S. 338; *Möhring*, 1992, S. 213; Hachenburg/*Ulmer*, Anh § 77, GmbH-Konzernrecht, Rdnr. 180.

[888] Vgl. BGHZ 115, 187, 203; *Möhring*, 1992, S. 213.

[889] *Möhring*, 1992, S. 214; *Sonnenschein/Holdorf*, JZ 1992, 715, 721.

[890] Hachenburg/*Ulmer*, Anh § 77, GmbH-Konzernrecht, Rdnr. 180.

[891] *Werner*, in: FS Goerdeler, 1987, S. 677, 694.

der Beendigung des qualifizierten Konzernverhältnisses *ohne* Hinweis auf die Anspruchsberechtigung.

3. Ergebnis der Ähnlichkeitsprüfung

Der Vergleich zwischen dem Tatbestand der zur Analogie herangezogenen Norm des § 303 Abs. 1 AktG und dem „ungeregelten" Lebenssachverhalt der Beendigung eines qualifizierten faktischen GmbH-Konzerns hat ergeben, dass letzterer in allen für die Normsetzung maßgeblichen Wertungen mit dem geregelten haftungsauslösenden Tatbestand des § 303 Abs. 1 AktG übereinstimmt. Die erforderliche Rechtsähnlichkeit ist somit zu bejahen.

III. Prüfung, ob der analogen Anwendung von § 303 AktG auf die Beendigung des qualifizierten faktischen GmbH-Konzerns andere gesetzliche Vorschriften entgegenstehen

Die Analogie zu § 303 AktG setzt weiterhin voraus, dass die Übertragung der Ausfallhaftung auf die Verhältnisse im qualifizierten faktischen GmbH-Konzerns nicht in einen Wertungswiderspruch zu anderen einschlägigen Regelungen führt.

1. Wertungswiderspruch zum Insolvenzrecht?

Eine Kollision mit dem Insolvenzrecht sehen Teile des Schrifttums dann als gegeben an, wenn der qualifizierte faktische Konzernierungszustand dadurch endet, dass die GmbH wegen Vermögenslosigkeit liquidiert wird: Während die Insolvenzregeln das Ziel verfolgten, durch Bündelung der Ansprüche in der Hand des Insolvenzverwalters die zur Verteilung bereitstehende Insolvenzmasse zu erhöhen, um eine gleichmäßig Befriedigung der Gläubiger zu erreichen, führe die Außenhaftung gem. § 303 Abs. 1 AktG zu einem unerwünschten Gläubigerwettlauf und damit zu einer Aushöhlung des Insolvenzverfahrens.[892] Um diesem vermeint-

---

[892] *Assmann*, JZ 1986, 928, 937; *ders.*, in: FS 100 Jahre GmbH-Gesetz, 1992, S. 657, 730 ff.; *Baur*, 1992, S. 210; *Deilmann*, 1990, S. 162; *Rehbinder*, AG 1986, 85, 97; *Schmidt*, BB 1985, 2074, 2077 f.; *ders.*, ZIP 1991, 1325, 1330; *ders.*, ZIP 1993, 549, 552; *ders.*, in: Heidelberger Konzernrechtstage, 1992, S. 109, 123; *Schramm*, 1991, S. 136; *Schwark*, JuS 1987, 443, 450; *Ulmer*, NJW 1986, 1579, 1582; *ders.*, AG 1986, 123, 128 f.; *Wilhelm*, DB 1986, 2113, 2116.

lichen Wertungswiderspruch zu begegnen, werden verschiedene Lösungswege diskutiert.

Einige Autoren lehnen die Analogie zu § 303 AktG generell ab und propagieren statt dessen ein reines Innenhaftungskonzept.[893] Bei durchgeführtem Insolvenzverfahren könne der Insolvenzverwalter den, der GmbH gegenüber dem ehemals herrschenden Unternehmen zustehenden, Verlustausgleichsanspruch analog § 302 Abs. 1 AktG zugunsten der Insolvenzmasse geltend machen. Werde ein Insolvenzverfahren mangels Masse nicht eröffnet oder wieder eingestellt,[894] so sollen die Gesellschaftsgläubiger selbst befugt sein, den Verlustausgleichsanspruch der GmbH geltend zu machen. Zu diesem Zweck soll ihnen eine, als Prozessstandschaft zu begreifende, Klagebefugnis analog §§ 309 Abs. 4 S. 3, 317 Abs. 4; 318 Abs. 4 AktG zustehen.[895] Andere Schrifttumsstimmen bejahen zwar die Außenhaftung analog § 303 Abs. 1 AktG im Grundsatz, wollen diese aber im Falle der Durchführung eines Insolvenzverfahrens dahingehend beschränken, dass, unter entsprechender Heranziehung des § 171 Abs. 2 HGB, die unmittelbaren Gläubigeransprüche in der Hand des Insolvenzverwalters gebündelt und von diesem zugunsten der Insolvenzmasse geltend gemacht werden.[896]

Die Ansicht, die Außenhaftung analog § 303 Abs. 1 AktG sei mit den Wertungen des Insolvenzrechts nicht vereinbar und müsse - jedenfalls für den Fall der Durchführung eines Insolvenzverfahrens - einer Binnenhaftung weichen, geht fehl. Die unmittelbare Ausfallhaftung gem. § 303 Abs. 1 AktG kann mit der Verlustausgleichspflicht gem. § 302 Abs. 1 AktG nicht gleichgesetzt werden. In ihrer gläubigerschützenden Wirkung geht sie über diese hinaus.[897] Dies wird besonders deutlich, wenn man sich den Fall vor Augen führt, dass eine ehemals konzernierte Gesellschaft ihre unternehmerische Tätigkeit nach ihrem Ausscheiden aus dem qualifizierten Konzernverbund fortsetzt. Gerät sie nun in Vermögensverfall, so genießen ihre Gläubiger auch dann den Schutz des § 303 AktG, wenn das ehemals herrschende Unternehmen zuvor seine Verlustausgleichspflicht gem. § 302

---

[893] Vgl. die Nachweise in Fn. 872.

[894] Der Auffassung *Wilhelms* (DB 1986, 2113, 2116), wonach es zu einer Ablehnung des Insolvenzverfahrens mangels Masse gar nicht kommen kann, da der insolventen GmbH nach Beendigung der qualifizierten Beherrschungssituation ein Verlustausgleichsanspruch gegenüber dem ehemals herrschenden Unternehmen zusteht, ist nicht zu folgen. Denn es ist denkbar, dass dieser Anspruch nicht oder jedenfalls nicht in voller Höhe durchsetzbar ist, etwa weil das herrschende Unternehmen selber nicht über ausreichende Vermögenswerte verfügt.

[895] *Rehbinder*, AG 1986, 85, 97; *Schmidt*, BB 1985, 2074, 2077 f.; *ders.*, ZIP 1991, 1325, 1330; *ders.*, ZIP 1993, 549, 552; *ders.*, in: Heidelberger Konzernrechtstage, 1992, S. 109, 123; *Schwark*, JuS 1987, 443, 450; *Wiedemann*, ZGR 1986, 656, 667; *Wilhelm*, DB 1986, 2113, 2116; *Ziegler*, WM 1989, 1041, 1044 f.

[896] *Assmann*, JZ 1986, 928, 937; *ders.*, in: FS 100 Jahre GmbH-Gesetz, 1992, S. 657, 731 f.; *Drüke*, 1990, S. 186; *Emmerich*, GmbHR 1987, 213, 221; *Wiedemann*, ZGR 1986, 656, 667.

[897] *Limmer*, 1992, S. 338 f.; *Stimpel*, in: FS Goerdeler, 1987, S. 601, 617.

Abs. 1 AktG vollständig erfüllt hat, die geleisteten Ausgleichszahlungen aber von der Gesellschaft schon wieder verwirtschaftet wurden.[898] Auch in den - hier diskutierten - Fällen der Beendigung des Vertragskonzerns durch die Insolvenz der beherrschten Gesellschaft hat der Gesetzgeber den unmittelbaren Sicherungsansprüchen der Gesellschaftsgläubiger gem. § 303 Abs.1 AktG bewusst den Vorrang vor einer reinen Innenhaftung eingeräumt, was ein Vergleich mit den §§ 93 Abs. 5 S. 1, 309 Abs. 4 S. 3, 317 Abs. 4 AktG verdeutlicht. In diesen Normen ordnete der Gesetzgeber ausdrücklich einen mittelbaren Gläubigerschutz an, indem er den Gesellschaftsgläubigern für den Fall, dass sie bei ihrer Schuldnerin keine Befriedigung erlangen können, das Recht einräumte, etwaige Schadensersatzansprüche der Gesellschaft gegen ihre Organe oder gegen das herrschende Unternehmen in Prozessstandschaft selbst geltend zu machen. In § 303 AktG fehlt die Kodifikation eines solchen Klagerechts. Dieses kann, entgegen der oben beschriebenen Meinung,[899] auch nicht im Wege der Analogie begründet werden, da ein solches Vorgehen den ausdrücklichen entgegenstehenden Willen des Gesetzgebers missachten würde. Im GmbH-Recht gilt dies umso mehr, als diesem die Gewährung von eigenen Klagerechten der Gläubiger in bezug auf Gesellschaftsansprüche gänzlich fremd ist.[900]

Statt dessen gewährleistet § 303 AktG den notwendigen Gläubigerschutz in Form einer unmittelbaren Außenhaftung. Das ehemals herrschende Unternehmen ist verpflichtet, den Gläubigern der vormals vertraglich/qualifiziert konzernierten Gesellschaft für ihre noch offenen Forderungen *unbeschränkt* Sicherheit zu leisten. Es schuldet mithin den von § 303 Abs. 1 AktG erfassten Altgläubigern volle Befriedigung. Die, von den Kritikern des Außenhaftungskonzepts befürchtete, ungleiche Behandlung der Gläubiger ist also bereits in der gesetzlichen Wertung des § 303 AktG angelegt; der Vorwurf der Aushöhlung des Insolvenzverfahrens geht hier demnach fehl.[901] Und auch der Vorschlag, die unmittelbaren Gläubigeransprüche über eine entsprechende Anwendung des § 171 Abs. 2 HGB in der Hand des Insolvenzverwalters zu bündeln und zugunsten der Insolvenzmasse einzuziehen, verkennt die Rechtsfolge des § 303 Abs. 1 AktG. § 171 Abs. 2 HGB soll im Falle der Insolvenz einer KG die gleichmäßige Befriedigung der Gläubiger aus einer zahlenmäßig *beschränkten* Haftungssumme sicherstellen; eine derartige

---

898 BGHZ 115, 187, 198; *Fleck*, WM 1986, 1205, 1213; *Joost*, in: Heidelberger Konzernrechtstage, 1992, S. 133, 138; *Limmer*, 1992, S. 337; *Stimpel*, in: FS Goerdeler, 1987, S. 601, 617.

899 Vgl. Nachweise in Fn. 895.

900 *Eschenbruch*, 1996, Rdnr. 3489; *Fleck*, WM 1986, 1205, 1213; KölnerKomm/*Koppensteiner*, § 302 Rdnr. 23; *Möhring*, 1992, S. 134; Hachenburg/*Ulmer*, Anh § 77, GmbH-Konzernrecht, Rdnr. 169; Großkomm. AktG/*Würdinger*, 1975, § 302 Rdnr. 16.

901 *Sonnenschein/Holdorf*, JZ 1992, 715, 722.

Haftungskanalisierung verfehlt ihren Zweck, wenn die Einstandspflicht von vornherein *unbeschränkt* ist.[902]

Erst für den Fall, dass auch das herrschende Unternehmen insolvent wird und seinen Verpflichtungen aus § 303 AktG nicht mehr nachkommen kann, besteht Bedarf nach einem geregelten Verteilungsverfahren.[903] Bis zu diesem Zeitpunkt ist dem unmittelbaren Zugriff der Gläubiger auf das Vermögen des herrschenden Unternehmens keine Grenze gesetzt. Die Insolvenz der ehemals beherrschten Tochtergesellschaft hat auf die unmittelbare Außenhaftung des herrschenden Unternehmens gem. § 303 AktG keinen Einfluss. Dies ist auch im Rahmen einer analogen Anwendung der Norm auf die Beendigung eines qualifizierten faktischen GmbH-Konzerns zu berücksichtigen.

2. Wertungswiderspruch zum GmbH-Recht: geringes Gläubigerschutzniveau?

Der unmittelbaren Zugriffsmöglichkeit der Gläubiger auf das Vermögen des herrschenden Unternehmens-Gesellschafters analog § 303 AktG - und darüber hinausgehend der entsprechenden Anwendung der aktienkonzernvertraglichen Regelungen der §§ 302, 303 AktG auf den qualifizierten faktischen GmbH-Konzern generell- wird der Einwand entgegengehalten, er führe zu einer ungerechtfertigten Verbesserung der Gläubigerposition gegenüber dem gesetzlich vorgesehenen status quo.[904] Das in der GmbH gesetzlich vorgegebene Institut der Haftungsbeschränkung bewirke eine akzeptierte Risikoverlagerung von den Verbandmitgliedern hin zu den Gläubigern, die im Insolvenzfall zu bedeutenden negativen externen Effekten führen könne. Wenn der Gesetzgeber den als erforderlich erachteten Gläubigerschutz auch nach der GmbH-Novelle von 1980 - die u.a. die Verbesserung der Gläubigerposition bezweckte[905] - auf die Einhaltung der Kapitalaufbringungs- und Erhaltungsregeln, einschließlich der neu geschaffenen Regelung zu den Eigenkapitalersatzleistungen (§§ 32a/b GmbHG), beschränkte und die Gesellschaft somit für gläubigergefährdende Einflussnahmen durch ihre Gesellschafter offen hielt, so sei daraus abzuleiten, dass die Gefahren, die sich aus einer Instrumentalisierung der GmbH ergäben, von den Gesellschaftsgläubiger zu tra-

---

[902] BGHZ 115, 187, 200 f.; *Joost*, in: Heidelberger Konzernrechtstage, 1992, S. 133, 143 f.; *Möhring*, 1992, S. 144 f.; *Rehbinder*, AG 1986, 85, 97; *Schramm*, 1991, S. 138; *Stimpel*, in: FS Goerdeler, 1987, S. 601, 618; Hachenburg/*Ulmer*, Anh § 77, GmbH-Konzernrecht, Rdnr. 175.

[903] *Joost*, in: Heidelberger Konzernrechtstage, 1992, S. 133, 144.

[904] *Heinsius*, AG 1986, 99, 105; *Kirchner*, Managementforschung 7, 1997, 271, 292 ff; *Koch*, 1997, S. 80 ff.; *Kübler*, in: FS Heinsius, 1991, 397, 403 ff.; *Schanze/Kern*, AG 1991, 421, 423 f.

[905] Amtliche Begründung zum RegE GmbHG 1977, BT-Drucks. 8/1347, S. 27.

gen seien; zumindest müsse ein spezifisch konzernrechtlich begründeter Gläubigerschutz in seiner Intensität aber hinter den aktienrechtlichen Schutzkautelen zurückbleiben.[906]

Diese Argumentation lässt den Umstand außer Acht, dass die Konzernierung einer GmbH und insbesondere ihre qualifizierte Beherrschung durch einen Unternehmens-Gesellschafter eine ganz neue, von der Situation in der unverbundenen Gesellschaft zu unterscheidende Gefahrenquelle für die Gesellschaftsgläubiger schafft. Das primäre Interesse der Gesellschafter einer unverbundenen GmbH richtet sich auf eine erfolgreiche wirtschaftliche Geschäftstätigkeit ihrer Gesellschaft; diese garantiert eine lukrative Verzinsung des eingesetzten Kapitals. Und hiervon profitieren auch die Gesellschaftsgläubiger. Auch bei der unverbundenen GmbH beschränkt sich der Gläubigerschutz nicht auf die im Gesetz positiv verankerten Schutzrechte (§§ 5, 9a, 19, 30 f., 32a, 43, 64 GmbHG). Dieser „harte Kernbereich" des Gläubigerschutzes wird, wie *Rehbinder*[907] zu Recht darlegt, ergänzt durch die „weiche Schale" der Chance auf eine gedeihliche Entwicklung der GmbH, die sich aus der Verhaltenserwartung an einen wirtschaftlich rational handelnden Gesellschafter ergibt. Anders sieht die Situation aber in der konzernverbundenen GmbH aus. Angesichts der anderweitigen wirtschaftlichen Interessenbindung des herrschenden Unternehmens-Gesellschafters kann hier nicht mehr automatisch davon ausgegangen werden, dass der Gläubigerschutz durch den Gleichklang der Gesellschafterinteressen und ihre Ausrichtung auf das Wohlergehen der GmbH gewährleistet wird.

Der analogen Anwendung der aktienvertragskonzernrechtlichen Regelungen auf den qualifizierten GmbH-Konzern wird des weiteren entgegengehalten, das hier verwirklichte Gefährdungshaftungskonzept missachte die Pflicht der Gläubiger zu einer eigenverantwortlichen Risikominimierung und lasse die notwendige Differenzierung der verschiedenen Gläubigergruppen nach ihrer individuellen Schutzwürdigkeit nicht zu. Es sei nicht Aufgabe des Gesellschaftsrechts, Teilnehmer am Wirtschaftsleben davor zu schützen, sich auf erkennbare Risiken einzulassen. Die „freiwilligen" Vertragsgläubiger seien - anders als etwa die Deliktsgläubiger - bei Vertragsschluss durch die GmbH-Rechtsform ihres Vertragspartners hinreichend vor den besonderen Risiken gewarnt und aufgerufen, sich durch einen Blick in das Handelsregister oder die Nutzung anderer Informationsquellen über die risikobegründenden Faktoren wie Eigenkapitalausstattung der GmbH, anderweitige

[906] *Altmeppen*, 1991, S. 50 f.; *Baur*, 1992, S. 182.; *Ehlke*, DB 1986, 523, 525; *Hoffmann-Becking*, in: Verhandlungen des 59. DJT, 1992, Bd. II, S. R 8, R 25; *Kirchner*, Managementforschung 7, 1997, 271, 292; *Lutter*, ZIP 1985, 1425, 1433; *Rehbinder*, AG 1986, 85; 94 f.; *Schanze*, in: Mestmäcker/Behrens (Hrsg.), 1991, S. 473, 500.

[907] *Rehbinder*, AG 1986, 85, 93 ff. Vgl. ebenfalls *Beinert*, 1995, S. 113; *Koch*, 1997, S. 44 ff.; *Limmer*, 1992, S. 41 ff.; *Baumgartl*, 1986, S. 114.

unternehmerische Betätigungen ihrer Gesellschafter etc. zu informieren. Unterließen sie es aber bei Begründung der Verbindlichkeiten von vertraglich zu vereinbarenden Sicherungsmöglichkeiten gegen einen Forderungsausfall Gebrauch zu machen, so verstießen sie gegen die Anforderungen kaufmännischer Sorgfalt und verlören ihre Schutzwürdigkeit.[908] Diese eigenverantwortliche Absicherungspflicht obläge den Vertragsgläubigern grundsätzlich auch gegenüber der konzernierten GmbH und erführe nur insoweit eine Einschränkung, als die Einbeziehung der GmbH in einen Konzernverbund erst nach Vertragsschluss erfolgte.[909]

Gegen diese Behauptung eines fehlenden Gläubigerschutzbedürfnisses sprechen aber gravierende Bedenken. Die Differenzierung zwischen „freiwilligen" schutzunwürdigen und „unfreiwilligen" schutzwürdigen Gläubigern verkennt, dass es auch Vertragsgläubigern häufig faktisch unmöglich sein wird, ihre Sicherungsinteressen gegenüber ihrer marktmächtigen Schuldner-GmbH durchzusetzen. Abgesehen von kreditgebenden Banken und Großlieferanten wird die große Mehrzahl der GmbH-Gläubiger, Kleinlieferanten, Handwerker, Dienstleister aber auch die Arbeitnehmer der Gesellschaft, aufgrund wirtschaftlicher Zwänge, fehlender Verhandlungsmacht oder mangelnder Professionalität keinen individuellen Schutz begründen können.[910] Es muss daher Aufgabe der Rechtsordnung bleiben, für einen angemessenen Gläubigerschutz in der GmbH und insbesondere in der konzernierten GmbH Sorge zu tragen.

Darüber hinaus ist die ökonomisch begründete Schlussfolgerung, die Etablierung einer konzernspezifischen Gefährdungshaftung verleite den Vertragspartner von Konzernuntergesellschaften zum moral hazard, also zur bewussten Nachlässigkeit,[911] mit gleichem Recht auch in ihr Gegenteil zu verkehren: Die Gefährdungshaftung kann als Verhaltenssteuerungsmechanismus genutzt werden, da sie dem herrschenden Unternehmen den wirtschaftlichen Anreiz gibt, die abhängige GmbH nicht zu Lasten der Gläubiger zu instrumentalisieren.[912]

Es ist den Schrifttumsstimmen zu widersprechen, die eine Analogie zu den §§ 302, 303 AktG mit der Begründung verneinen, es mangele den Gläubigern einer konzernierten GmbH am notwendigen Schutzbedürfnis bzw. dem GmbH-Recht an einem entsprechend hohen Gläubigerschutzniveau. Dies sieht auch der BGH so, der wegen der geringeren Kapitalbindung und der größeren Einfluss-

---

[908] *Heinsius*, AG 1986, 99, 105; *Kirchner*, Managementforschung 7, 1997, 271, 292 ff.; *Kübler*, in: FS Heinsius, 1991, 397, 403 ff.; *Koch*, 1997, S. 93 ff.; *Schanze*, in: Mestmäcker/Behrens (Hrsg.), 1991, S. 473, 500; *Schanze/Kern*, AG 1991, 421, 423 f.

[909] *Koch*, 1997, S. 95.

[910] *Stodolkowitz*, ZIP 1992, 1517, 1526; *Ulmer*, in: FS Duden, 1977, 661, 662 f.

[911] So *Koch*, 1997, S. 93.

[912] *Lehmann*, GmbHR 1992, 200. 205.

möglichkeiten des herrschenden Gesellschafters das Bedürfnis nach einem konzernrechtlich begründeten Schutz in der GmbH noch höher erachtet als in der AG.[913]

IV. Ergebnis der Analogieprüfung

§ 303 Abs. 1 AktG ist auf die Beendigung des qualifizierten faktischen GmbH-Konzerns analog anzuwenden.[914]

B. Rechtsfolge der analogen Anwendung des § 303 AktG auf den qualifizierten faktischen GmbH-Konzern

I. Umwandlung des Anspruchs auf Sicherheitsleistung gem. § 303 Abs. 1 AktG analog in einen unmittelbaren Zahlungsanspruch

§ 303 Abs. 1 AktG sieht lediglich eine Ausfallhaftung des ehemals herrschenden Unternehmens gegenüber den Gläubigern der vertraglich konzernierten Tochtergesellschaft vor. Die Gläubiger dürfen die von ihm zu leistenden Sicherheiten erst verwerten, wenn sie von ihrer Primär-Schuldnerin keine Befriedigung mehr erlangen können. Steht der Forderungsausfall allerdings fest, so stellt es einen unnötigen Umweg dar, die Gläubiger weiterhin auf ihr Recht auf Sicherheitsleistung zu verweisen. Denn eine Sicherheitsleistung ist nur sinnvoll, solange der Eintritt des abgesicherten Risikos noch zweifelhaft ist. Zu Recht hat der BGH daher eine unmittelbare Zahlungspflicht des herrschenden Unternehmens für den Fall bejaht, dass die abhängige Gesellschaft vermögenslos ist und ihre Verbindlichkeiten nicht mehr erfüllen kann.[915] Die gegen diese Erweiterung der Rechtsfolge des

---

[913] BGHZ 95, 330, 335 "Autokran".

[914] *Assmann*, JZ 1986, 928, 937; *ders.*, in: FS 100 Jahre GmbH-Gesetz, 1992, S. 657, 730 ff.; *Drüke*, 1990, S. 186; *Ebenroth/Wilken*, BB 1991, 2229, 2231 ff.; *Emmerich*, GmbHR 1987, 213, 220 f.; *ders.*, AG 1987, 1, 6; *Eschenbruch*, 1996, Rdnrn. 3491 f.; *Fleck*, WM 1986, 1205, 1213; *Limmer*, 1992, S. 336 ff.; *Mayer*, DStR 1992, 756, 760; *Möhring*, 1992, S. 212 ff.; *Sonnenschein/Holdorf*, JZ 1992, 715, 720 ff.; *Stimpel*, in: FS Goerdeler, 1987, S. 601, 617 f.; *Ulmer*, NJW 1986, 1579, 1582; *ders.*, AG 1986, 123, 124; *Vonnemann*, BB 1990, 217, 221 ff.; *Weigl*, 1996, S. 219; *Ziegler*, WM 1989, 1041, 1044 ff.

[915] BGHZ 95, 330, 347; BGHZ 115, 187, 200. Ebenso: *Assmann*, JZ 1986, 928, 937; *ders.*, in: FS 100 Jahre GmbH-Gesetz, 1992, S. 657, 730; *Drüke*, 1990, S. 186; *Ebenroth/Wilken*, BB 1991, 2229, 2233; *Emmerich*, GmbHR 1987, 213, 220 f.; *ders.*, AG 1987, 1, 6; *Emmerich/Habersack*, 1998, § 303 Rdnr. 23; Scholz/*Emmerich*, 2000, Anh. § 44, GmbH-Konzernrecht, Rdnr. 131; *Eschenbruch*, 1996, Rdnr. 3491; *Fleck*, WM 1986, 1205, 1213; *Hüffer*, 1999, § 303 Rdnr. 7; *Limmer*, 1992, S.

§ 303 Abs. 1 AktG in der Literatur[916] geäußerten Bedenken vermögen nicht zu überzeugen. Eine gesetzgeberische Entscheidung *gegen* eine unmittelbare Zahlungspflicht des herrschenden Unternehmens glaubt *Werner*[917] aus einem Vergleich zwischen dem Wortlaut des § 303 Abs. 1 AktG und den Formulierungen anderer gesellschaftsrechtlicher Ansprüche auf Sicherheitsleistung, wie etwa § 225 Abs. 1 S.1, 321 Abs. 1 S. 1 AktG, herleiten zu können. Während die letztgenannten Vorschriften den Anspruch auf Sicherheitsleistung nur gewährten, „soweit sie [die Gläubiger] nicht Befriedigung erlangen können", und damit indirekt auch eine Zahlungsverpflichtung ins Auge fassten, fehle diese Einschränkung bei § 303 AktG.

Werner verkennt, dass die einschränkenden Formulierungen in den §§ 225, 321 AktG darauf zurückzuführen sind, dass die zur Sicherheitsleistung Verpflichteten hier gleichzeitig auch die Primärschuldner der Gläubiger sind, während § 303 Abs. 1 AktG das herrschende Unternehmen mit einer Ausfallhaftung für *fremde* Verbindlichkeiten belegt. Über die - hier interessierende - Frage, ob und unter welchen Voraussetzungen eine solche Ausfallhaftung in eine unmittelbare Zahlungspflicht „umgewandelt" werden kann, enthält die zitierte Norm keine Aussage. Auch sein weiteres systematisches Argument, das bürgerliche Recht kenne keinen unmittelbaren Zahlungsanspruch des Sicherungsgläubigers gegen den Drittbesteller von Sicherheitsleistungen, die §§ 1142 und 1223 Abs. 2 BGB gewährten dem Drittbesteller von dinglichen Sicherheiten zwar ein eigenes Zahlungs*recht*, auferlege ihnen aber keine Zahlungs*pflicht*, übersieht die unterschiedlichen Regelungsinhalte dieser Normen. Während es im Falle der tatsächlichen Bestellung einer dinglichen Sicherheit oder eines Pfandrechts an einer beweglichen Sache um die Frage geht, ob der Sicherungssteller berechtigt sein kann, durch eine „freiwillige" Zahlung an den Gläubiger die Verwertung der Sicherheit zu verhindern, geht es bei der Bestimmung der sich aus § 303 Abs. 1 AktG ergebenden Pflichten darum, zu klären, ob die Stellung von Sicherheiten unter bestimmten Umständen durch eine unmittelbare Zahlungspflicht ersetzt werden *muss*.[918]

347; *Mayer*, DStR 1992, 756, 760; *Möhring*, 1992, S. 142; *Sonnenschein/Holdorf*, JZ 1992, 715, 721 f.; *Stimpel*, in: FS Goerdeler, 1987, S. 601, 617; *Ulmer*, NJW 1986, 1579, 1582; Hachenburg/*Ulmer*, Anh § 77, GmbH-Konzernrecht, Rdnr. 173; *Vonnemann*, BB 1990, 217, 222 f.; *Weigl*, 1996, S. 219; *Wiedemann*, DB 1993, 141, 153; *Ziegler*, WM 1989, 1041, 1046; Baumbach/Hueck/*Zöllner*, Schlussanhang I, GmbH-KonzernR, Rdnr. 97.

[916] *Assmann*, JZ 1986, 928, 937; *ders.*, in: FS 100 Jahre GmbH-Gesetz, 1992, S. 657, 730 ff.; *Deilmann*, 1990, S. 162; *Heinsius*, AG 1986, 99, 104; *Rehbinder*, AG 1986, 85, 97; *Werner*, in: FS Goerdeler, 1987, S. 677, 683 ff.

[917] *Werner*, in: FS Goerdeler, 1987, S. 677, 684 f.; ebenso argumentiert *Baur*, 1992, S. 216.

[918] Vgl. *Möhring*, 1992, S. 143.

Schließlich vermag die Bejahung einer unmittelbaren Zahlungspflicht gem. § 303 Abs. 1 AktG auch nicht mit der Behauptung widerlegt zu werden, das Gesetz wolle dem herrschenden Unternehmen bei Beendigung des Beherrschungsverhältnisses eine schonende Behandlung zuteil werden lassen.[919] Zwar hat der Gesetzgeber sich in § 303 AktG bewusst „nur" für eine Ausfallhaftung des herrschenden Unternehmens entschieden und ihm darüber hinaus in § 303 Abs. 3 AktG die „Vergünstigung" zugesprochen, die Pflicht zur Sicherheitsleistung durch eine persönliche Bürgschaft zu ersetzen, die ihm die Einrede der Vorausklage belässt; damit trägt er dem Umstand Rechnung, dass das herrschende Unternehmen im Rahmen des § 303 AktG für *fremde* Verbindlichkeiten einzustehen hat und (auch) durch die Pflicht zur Sicherheitsleistung in erhebliche wirtschaftliche Schwierigkeiten geraten kann.[920] Eine „Schonung" des ehemals herrschenden Unternehmens ist allerdings nur solange gerechtfertigt, als Unklarheit über die wirtschaftliche Entwicklung der, aus dem Konzernverbund entlassenen, Tochtergesellschaft besteht. Steht fest, dass diese ihre Verbindlichkeiten nicht mehr wird erfüllen können, so greift die *unbeschränkte* Einstandspflicht des herrschenden Unternehmens. In diesem Fall macht es wirtschaftlich für den Verpflichteten keinen Unterschied, ob die Befriedigung der Gläubiger durch die Verwertung der zuvor von ihm gestellten Sicherheiten erfolgt oder aus einer unmittelbaren Zahlung resultiert.[921] Die unmittelbare Zahlungspflicht tangiert schützenswerte Interessen des ehemals herrschenden Unternehmens somit nicht.

Zu klären bleibt allerdings die Frage, welche konkreten Sachverhaltskonstellationen die Sicherheitsleistungspflicht des herrschenden Unternehmens gem. § 303 Abs. 1 AktG in eine unmittelbare Zahlungspflicht umschlagen lassen. Hier werden verschiedene Ansatzpunkte diskutiert:

1. Eröffnung eines Insolvenzverfahrens über das Vermögen der ehemals qualifiziert faktisch konzernierten GmbH

Vereinzelt wird angenommen, dass bereits die Eröffnung des Insolvenzverfahren die Ersetzung der Sicherheitsleistungspflicht durch einen unmittelbaren Zahlungsanspruch rechtfertige, da in diesem Falle die Möglichkeit einer vollständigen Befriedigung ausscheiden müsse und den Gläubigern ein weiteres Zuwarten nicht zuzumuten sei.[922] Dieser Auffassung wird aber zu Recht von der Rechtspre-

---

[919] So aber *Baur*, 1992, S. 217 f.; *Werner*, in: FS Goerdeler, 1987, S. 677, 686 f.

[920] Begr. RegE, zitiert nach *Kropff*, Aktiengesetz 1965, S. 393.

[921] *Sonnenschein/Holdorf*, JZ 1992, 715, 722; Hachenburg/*Ulmer*, Anh § 77, GmbH-Konzernrecht, Rdnr. 174; *Ziegler*, WM 1989, 1041, 1046.

[922] *Joost*, in: Heidelberger Konzernrechtstage, 1992, S. 133, 149; *Eschenbruch*, 1996, Rdnr. 3491.

chung[923] und der Mehrheit der Schrifttumsstimmen[924] widersprochen. Das Insolvenzverfahren dient gerade auch dazu, das zur Verteilung an die Gläubiger zur Verfügung stehende Gesellschaftsvermögen durch die Eintreibung noch offenstehender Gesellschaftsansprüche - und hierzu ist auch ein etwa gegen das herrschende Unternehmen noch ausstehender Verlustausgleichsanspruch analog § 302 AktG zu zählen - zu vermehren. Erst nach Abschluss des Verfahrens steht die auf die Gläubiger entfallende Insolvenzquote und damit die Höhe des Forderungsausfalls fest. Während des Insolvenzverfahrens werden die Schutzinteressen der Gläubiger durch die Bestellung von Sicherheiten seitens des herrschenden Unternehmens ausreichend berücksichtigt.

2. Ablehnung bzw. Einstellung des Insolvenzverfahrens mangels Masse

Wird das Insolvenzverfahren mangels Vorhandenseins einer liquiden Masse nicht eröffnet oder später eingestellt, so bedeutet dies nicht unbedingt, dass die ehemals faktisch konzernierte GmbH völlig vermögenslos ist.[925] Es ist denkbar, dass ihr noch offene Forderungen gegen Dritte zustehen, die aber vom Insolvenzverwalter nicht aufgedeckt oder durchgesetzt werden konnten. Hier stellt sich die Frage, ob den Gläubigern ein unmittelbarer Zahlungsanspruch analog § 303 AktG mit dem Argument verweigert werden darf, ihr Forderungsausfall stehe nicht fest, da noch Gesellschaftsvermögen vorhanden sei. Dies wird insbesondere für den Fall bejaht, dass der GmbH noch ein offener Verlustausgleichsanspruch analog § 302 Abs. 1 AktG gegenüber dem herrschenden Unternehmen zusteht.[926]

Der BGH weist diesen Einwand unter Hinweis auf § 242 BGB zurück. Werde das Insolvenzverfahren mangels Masse abgelehnt oder werde die Gesellschaft still liquidiert, obwohl ein Verlustausgleichsanspruch noch bestehe, so sei es den Gläubigern nicht zuzumuten, auf die (Wieder-) Eröffnung des Insolvenzverfahrens hinzuwirken oder den Verlustausgleichsanspruch in eigenem Namen zu ver-

---

[923] BGHZ 95, 330, 347; BGHZ 115, 187, 200.

[924] *Assmann*, in: FS 100 Jahre GmbH-Gesetz, 1992, S. 657, 731; *Drüke*, 1990, S. 186; *Emmerich*, GmbHR 1987, 213, 220; *Fleck*, WM 1986, 1205, 1213; *Limmer*, 1992, S. 346; *Möhring*, 1992, S. 145; *Vonnemann*, BB 1990, 217, 222.

[925] Darauf weist zu Recht *Limmer*, 1992, S. 346, hin.

[926] *Fleck*, WM 1986, 1205, 1213; *Hüffer*, 1999, § 303 Rdnr. 7. Im Ergebnis ähnlich argumentiert *Emmerich* (GmbHR 1987, 213, 221), der einen unmittelbaren Zahlungsanspruch nur für den Fall bejaht, dass Verlustausgleichsansprüche nicht mehr bestehen.

werten.[927] Ihnen stehe in diesen Fällen ein unmittelbarer Zahlungsanspruch gegen das herrschende Unternehmen gem. § 303 Abs. 1 AktG zu.[928]

Dieses Ergebnis tangiert auch keine schutzwürdigen Interessen des herrschenden Unternehmens. Die unmittelbare Zahlungspflicht stellt für dieses keine erhöhte wirtschaftliche Belastung dar, da es auch im Falle der Verwertung zunächst bestellter Sicherheiten oder bei (mittelbarer) Geltendmachung der offenen Verlustausgleichsansprüche für die Gläubigerforderungen vollständig einstehen müsste.[929] Darüber hinaus besteht für seine „Schonung" auch keine Veranlassung; einerseits hat das herrschende Unternehmen die Ursachen für den Vermögensverfall der ehemals konzernierten GmbH zumindest teilweise selbst gesetzt, andererseits kann es seine unmittelbare Inanspruchnahme durch die Gläubiger mittels einer freiwilligen Leistung des vollständigen Verlustausgleichs an die Gesellschaft vermeiden.[930]

3. Liquidation/Löschung der ehemals konzernierten GmbH ohne Beantragung eines Insolvenzverfahrens

Wird die „vermögenslose" GmbH „still" liquidiert und im Handelsregister gelöscht, so ist die Situation der Gläubiger vergleichbar mit den oben geschilderten Fällen der Nichtdurchführung eines Insolvenzverfahrens mangels Masse. Auch im Liquidationsverfahren besteht die Gefahr, dass die Liquidatoren noch offene Gesellschaftsforderungen, insbesondere wenn diese sich gegen sie selber richten, nicht geltend machen werden. Dieses Risiko darf aber nicht den Gläubigern auferlegt werden. Diese sind für eine möglichst umfassende Abwicklung der Gesellschaft nicht verantwortlich.[931] Daher ist den Gläubigern auch in diesen Fällen ein unmittelbarer Zahlungsanspruch analog § 303 Abs. 1 AktG gegen das ehemals herrschende Unternehmen zuzusprechen.[932]

---

[927] BGHZ 115, 187, 201.

[928] Im Ergebnis ebenso *Assmann*, JZ 1986, 928, 937; *Drüke*, 1990, S. 186; *Emmerich/Habersack*, 1998, § 303 Rdnr. 23 f.; *Eschenbruch*, 1996, Rdnr. 3491; *Limmer*, 1992, S. 346 f.; *Lutter/Hommelhoff*, Anh § 13 Rdnr. 34; *Mayer*, DStR 1992, 756, 760; *Stimpel*, in: FS Goerdeler, 1987, S. 601, 617; Hachenburg/*Ulmer*, Anh § 77, GmbH-Konzernrecht, Rdnr. 173 f.; *Vonnemann*, BB 1990, 217, 223; *Weigl*, 1996, S. 218.

[929] A.A. aber *Möhring*, 1992, S. 146 f.

[930] *Möhring*, 1992, S. 147 f.

[931] *Limmer*, 1992, S. 347.

[932] BGHZ 115, 187, 201; *Assmann*, in: FS 100 Jahre GmbH-Gesetz, 1992, S. 657, 731; *Emmerich/Habersack*, 1998, § 303 Rdnr. 23; *Eschenbruch*, 1996, Rdnr. 3491; *Limmer*, 1992, S. 346 f.; *Mayer*, DStR 1992, 756, 760; Hachenburg/*Ulmer*, Anh § 77, GmbH-Konzernrecht, Rdnr. 173.

II. Umfang des Zahlungsanspruchs gem. § 303 Abs. 1 AktG analog

Verschiedentlich wird im Schrifttum die Auffassung vertreten, die Pflicht zur Sicherheitsleistung bzw. zur unmittelbaren Zahlung gem. § 303 Abs. 1 AktG werde der Höhe nach durch die Stammkapitaldeckungsziffer beschränkt. Man zieht hier Parallelen zur Verlustausgleichspflicht gem. § 302 AktG und sieht einen Wertungswiderspruch darin begründet, dass das herrschende Unternehmen andernfalls während der Dauer des Unternehmensvertrages bzw. der qualifizierten faktischen Konzernierung umfangmäßig geringer hafte als nach Beendigung dieses Zustandes.[933]

Diese Auffassung geht in zweifacher Hinsicht fehl. Einerseits unterliegt, wie oben nachgewiesen,[934] auch die Verlustausgleichspflicht analog § 302 Abs. 1 AktG keiner höhenmäßigen Beschränkung, andererseits geht die Einstandspflicht des herrschenden Unternehmens gem. § 303 Abs. 1 AktG, ihrem Normzweck entsprechend, über die Haftung nach § 302 Abs. 1 AktG hinaus: Nach Beendigung des Beherrschungs-/Gewinnabführungsvertrages werden die Altgläubiger im Rahmen des § 303 Abs. 1 AktG davor geschützt, dass ihre, aus dem Konzernverbund entlassene, Schuldnerin ihre Verbindlichkeiten nicht mehr erfüllen kann. Ob diese Illiquidität auf Verluste zurückzuführen ist, die bereits während der Konzernierung entstanden und zu einer Verlustausgleichspflicht geführt haben oder ob sie durch „neue" Verluste bewirkt wurden, ist dabei unerheblich. Maßgeblich ist nur, dass das durch § 303 Abs. 1 AktG abgesicherte Risiko des wirtschaftlichen Scheiterns der Tochtergesellschaft aus der früheren Konzernierung resultiert.[935] Die Notwendigkeit einer höhenmäßigen Beschränkung der Pflichten aus § 303 Abs. 1 AktG ist somit zu verneinen.[936]

---

[933] *Deilmann*, 1990, S. 165; *Ebenroth/Wilken*, BB 1991, 2229, 2233.

[934] Vgl GP 2. Teil § 3 B. I., S. 162.

[935] BGHZ 115, 187, 198 f.; *Möhing*, 1992, S. 120 f.; *Ulmer*, AG 1986, 123, 129.

[936] Ebenso *Joost*, in: Heidelberger Konzernrechtstage, 1992, S. 133, 141; *Sonnenschein/Holdorf*, JZ 1992, 715, 720; *Ziegler*, WM 1989, 1041, 1046.

4. Teil: Zusammenfassung der Ergebnisse

§ 1: Der Schutz der abhängigen GmbH gegenüber ihrem herrschenden Unternehmens-Gesellschafter bei qualifizierter Fremdsteuerung

A. Versagen der klassischen Haftungsgrundlagen des Gesellschaftsrechts

Die **Kapitalsicherungsregeln** der §§ 30, 31 GmbHG vermögen der in einen Konzernverbund integrierten GmbH keinen ausreichenden Schutz vor schädigenden Einflussnahmen seitens ihres herrschenden Unternehmens-Gesellschafters zu gewähren.[937] Verschiedene, für die einheitliche Leitung eines Unternehmensverbundes typische, Konzernleitungsakte, wie etwa konzernintegrativ wirkende Strukturmaßnahmen, die „Indienstnahme" der Tochtergesellschaft für Konzernzwecke im Wege der statutarischen Zuweisung einer rein „dienenden" Funktion oder das „Auslaufenlassen" der Geschäftstätigkeit der abhängigen GmbH durch Übertragung ihres operativen Geschäftes auf andere Konzerngesellschaften, lassen sich nicht unter das Tatbestandsmerkmal der Auszahlung i. S. d. § 30 Abs. 1 GmbHG subsumieren. Darüber hinaus erfassen die §§ 30 f. GmbHG nur diejenigen Eingriffe des Unternehmens-Gesellschafters in das Gesellschaftsvermögen der abhängigen GmbH, die im Zustand der Unterbilanz oder Überschuldung erfolgen. Den vereinzelten Versuchen des Schrifttums zur teleologischen Erweiterung des Anwendungsbereiches der Kapitalschutzregeln ist aus dogmatischen Gründen eine Absage zu erteilen.[938]

Schließlich stoßen die Kapitalschutzregeln des GmbHG auf erhebliche Nachweisschwierigkeiten, wenn der herrschende Unternehmens-Gesellschafter seine Leitungsmacht über die abhängige GmbH „dauernd und umfassend" ausübt. Hier lassen sich die Fremdsteuerungsakte nicht mehr isoliert feststellen und in ihren Auswirkungen quantifizieren, so dass das auf Einzelausgleich abstellende Haftungssystem versagt. Dieses „Leerlaufen" der gesetzlichen Regeln kann auch nicht mit Hilfe von prozessual wirkenden Beweiserleichterungen - insbesondere der Grundsätze der Beweisvereitelung - aufgefangen werden.[939]

Die rechtsfortbildend entwickelte **Vorbelastungshaftung**[940] gewährt der GmbH gegen ihre Gründungsgesellschafter einen Ersatzanspruch für im Gründungsstadi-

---

[937] Vgl. 2. Teil § 1 A., S. 13 ff.

[938] Vgl. 2. Teil § 1 A. I. 2. b). S. 26 ff.

[939] Vgl. 2. Teil § 1 A. III., S. 33 ff.

[940] Vgl. 2. Teil § 1 B., S. 37 ff.

um der Gesellschaft entstandene Verluste. Sie endet mit der Eintragung der GmbH im Handelsregister und scheidet daher als Schutzinstrument für die werbend am Markt agierende GmbH aus.

Als geeignetes Haftungsinstrument kommt ebenfalls die von Teilen des Schrifttums propagierte verschuldensabhängige **Organhaftung** des die Geschäftsführung der GmbH maßgeblich beeinflussenden Gesellschafters nicht in Frage, da sie im Gesetz keine dogmatische Stütze findet.[941]

Schließlich ist auch einer Schadensersatzhaftung wegen Verletzung der **gesellschaftlichen Treuepflicht** die Eignung abzusprechen, die schadensstiftende Ausübung intensiver Konzernleitungsmacht durch den herrschenden Unternehmens-Gesellschafter angemessen zu sanktionieren.[942] In Ermangelung eines, der Dispositionsbefugnis der Gesellschaftergesamtheit entzogenen, „Eigeninteresses" der GmbH ist ein auf eine Treuepflichtverletzung gestützter Ersatzanspruch der Gesellschaft gegen ihren herrschenden Gesellschafter bereits tatbestandsmäßig zu verneinen, wenn es sich um eine Einmann-GmbH handelt oder wenn, in der mehrgliedrigen GmbH, die Minderheitsgesellschafter dem schädigenden Verhalten des Mehrheitsgesellschafters zustimmen. Selbst in der mehrgliedrigen GmbH mit dissentierenden Minderheitsgesellschaftern vermag der Treuepflichtansatz der GmbH nur einen eingeschränkten Schutz zu gewähren, hält man sich vor Augen, dass dem herrschenden Mehrheitsgesellschafter aufgrund seiner Anteilsmehrheit eine tragende Rolle bei der Bestimmung des Gesellschaftszwecks zukommt. Damit vermag er Inhalt und Schanken der gesellschaftlichen Treuebindungen und damit letztlich auch seine Haftungsverantwortlichkeit entscheidend mit zu prägen. Schließlich scheitert die Durchsetzung von Schadensersatzansprüchen aus Treuepflichtverletzung in Fällen qualifizierter Ausübung von Konzernleitungsmacht häufig an der fehlenden Nachweisbarkeit eines objektiven Pflichtverstoßes.

B. Bejahung einer analogen Anwendung der §§ 311, 317 AktG auf den *einfachen* faktischen GmbH-Konzern

Entgegen der herrschenden Meinung in Rechtsprechung und Literatur ist das in den §§ 311, 317 AktG zugrundegelegte konzernrechtliche Schutzsystem analog auch auf den einfachen faktischen GmbH-Konzern zu übertragen.[943] Die §§ 311 ff. AktG bezwecken die Gewährleistung eines adäquaten Schutzes der außenstehenden Aktionäre und Gesellschaftsgläubiger einer AG/KGaA die sich in einem

[941] Vgl. 2. Teil § 1 C., S. 39 ff.
[942] Vgl. 2. Teil § 1 D., S. 47 ff.
[943] Vgl. 2. Teil § 2., S. 63 ff.

Abhängigkeits- oder Konzernverhältnis zu einem herrschenden Unternehmen befindet. Dieser Außenseiterschutz wird rechtstechnisch durch die Sicherung der abhängigen Gesellschaft gewährleistet: Nutzt das herrschende Unternehmen seine Einflussmöglichkeiten dazu, die abhängige Gesellschaft zu für sie nachteilig wirkenden Rechtsgeschäften oder Maßnahmen zu veranlassen, so macht es sich ihr gegenüber schadensersatzpflichtig, sofern es die Nachteile nicht innerhalb des Geschäftsjahres ausgleicht. Damit vermeidet das aktienkonzernrechtliche Ausgleichssystem die offenen Flanken der Treuepflichtlösung bei der Einmann-Gesellschaft und in Fällen des einvernehmlichen Zusammenwirkens der Gesellschaftergesamtheit.

Die Situation der Minderheitsgesellschafter und Gläubiger einer faktisch beherrschten GmbH ist derjenigen der Außenseiter in der abhängigen AG vergleichbar. Auch sie bedürfen eines besonderen, konzernrechtlich geprägten, Schutzes vor negativen Einwirkungen seitens des herrschenden Unternehmens.

Die gegen einen Analogieschluss erhobenen Bedenken vermögen nicht zu überzeugen. Der im Schrifttum häufig geäußerte Vorwurf der fehlenden Effizienz der §§ 311 ff. AktG rührt aus der Fehlvorstellung her, das aktienrechtliche Ausgleichssystem beschränke sich auf die Sicherung eines rein vermögensmäßig definierten Eigeninteresses der abhängigen Gesellschaft. Tatsächlich vermag das systematische Zusammenwirken von legitimierendem Nachteilsausgleich gem. § 311 Abs. 1 AktG und Schadensersatzhaftung bei fehlendem Ausgleich gem. § 317 Abs. 1 AktG den Schutz sowohl vor lediglich punktuell wirkenden, quantifizierbaren Einzeleingriffen in den Vermögensbestand der abhängigen Gesellschaft als auch vor global wirkenden, konzernintegrativen Strukturmaßnahmen, die den wirtschaftlichen Status der Gesellschaft verändern, zu gewährleisten.

Ebenfalls nicht haltbar ist die Behauptung, im Falle der entsprechenden Anwendung der §§ 311, 317 AktG auf den faktischen GmbH-Konzern würde ein, dem GmbH-Recht fremdes, „Benachteiligungsprivileg“ zugunsten des herrschenden Unternehmens eingeführt. Ein solches Privileg spricht § 311 Abs. 1 a.E. AktG auch in seinem originären Anwendungsbereich nicht aus. Denn die Norm knüpft die „Legitimation“ des herrschenden Unternehmens zur Veranlassung von nachteilig wirkenden Rechtsgeschäften und Maßnahmen an die Erbringung eines Nachteils*ausgleichs*. Das Verbot einer Schädigung der abhängigen Gesellschaft bleibt also auch unter dem Regime des § 311 Abs. 1 AktG uneingeschränkt bestehen.

C. Verneinung einer analogen Anwendung der §§ 311, 317 AktG auf die *qualifiziert* fremdgesteuerte GmbH

Das auf Einzelausgleich gerichtete Schutzsystem der §§ 311, 317 AktG scheitert allerdings in den Fällen, in denen einzelne, vom herrschenden Unternehmen veranlasste Geschäftsführungsakte und ihre Auswirkungen wegen der Intensität und Breite seiner Einflussnahme auf die Geschäftsführung der abhängigen Gesellschaft nicht mehr zu identifizieren sind.

Das sich hier zeigende Problem der Unkontrollierbarkeit der vom herrschenden Unternehmens-Gesellschafters qualifiziert ausgeübten Konzernleitungsmacht lässt sich auch nicht mit dem Instrumentarium des Beweisrechts lösen:[944]

Im Rahmen der *objektiven Beweislast* ist zu konstatieren, dass die Rechtsordnung keine Norm kennt, die eine gesetzliche Vermutung dahingehend begründet, dass die bei einer abhängigen Gesellschaft entstandenen Verluste auf ein pflichtwidriges, das Eigeninteresse der Gesellschaft vernachlässigendes Verhalten des herrschenden Unternehmens-Gesellschafters zurückzuführen sind. Ein Rückgriff auf § 93 Abs. 2 S. 2 AktG vermag eine dahingehende Wirkung nicht zu erzielen, da sich die hier zu Lasten der Vorstandsmitglieder einer AG normierte Beweislastumkehr nicht auf das gesamte haftungsbegründende Verhalten bezieht; der AG obliegt es weiterhin, den Nachweis für eine konkrete, schadensstiftende Handlung des Vorstandsmitgliedes zu führen. Ihr wird lediglich nachgelassen, die Pflichtwidrigkeit dieses Verhaltens darzulegen und zu beweisen.

Auch die grundsätzliche Möglichkeit der Gewährung von Beweiserleichterungen zugunsten der abhängigen GmbH schwächt die Problematik der Unkontrollierbarkeit verdichteter, fremdgesteuerter Leitungsmachtausübung nicht ab. Die „dauernde und umfassende" Beherrschung der abhängigen GmbH durch ihren Unternehmens-Gesellschafter lässt den zwingenden Schluss auf eine pflichtwidrige Vernachlässigung ihres Eigeninteressen nicht zu. Selbst wenn diese Beherrschungssituation in der Insolvenz der abhängigen Gesellschaft endet, lassen sich keine Erfahrungsgrundsätze dafür fruchtbar machen, dass die eingetretene Vermögenslosigkeit auf einem rechtswidrigen, einzelausgleichspflichtigen Leitungsverhalten des herrschenden Unternehmens-Gesellschafters basiert. Auf einen *Anscheinsbeweis* kann sich die abhängige Gesellschaft somit nicht berufen.

Der Vorwurf, in Fällen qualifizierter Konzernierung verhalte sich der herrschende Unternehmens-Gesellschafter regelmäßig beweisvereitelnd, indem er die gesetzlichen Dokumentationspflichten missachte und es der geschädigten Gesellschaft

---

[944] Vgl. 2. Teil § 2 B. II. 3. b), S. 91 ff.

somit unmöglich mache, mit Hilfe einer ordnungsgemäßen Buchführung den Nachweis schädigender Einzeleingriffe zu führen, verhilft der abhängigen GmbH ebenfalls nicht zu einer besseren Beweissituation. Die Beweisvereitelung bewirkt, dass die Behauptungen der beweisbelasteten Partei als richtig fingiert werden. Diese Richtigkeits-Fiktion kann aber nur an die Behauptung *konkreter* Einzeltatsachen geknüpft werden. Die Möglichkeit eines solchen punktuellen Vortrags ist der geschädigten GmbH bei qualifizierter Beherrschung aber gerade verschlossen.

Aus denselben Gründen vermögen hier auch die Grundsätze zur sphärenbezogenen Verteilung der *Substantiierungslast* wegen fehlender Einsicht in die gegnerische Herrschaftssphäre nicht weiterzuhelfen. Diese knüpfen die Geständnisfiktion des § 138 Abs. 3 ZPO ebenfalls an einen schlüssigen Klägervortrag.

Schließlich lässt sich die Unkontrollierbarkeit einer qualifizierten Konzernleitung auch nicht mit Hilfe des § 287 ZPO handhaben, da diese Norm nur im Rahmen der haftungsausfüllenden Kausalität greift, den Nachweis der Tatbestandserfüllung aber nicht ersetzt.

Der von einzelnen Autoren propagierte „Wechsel" vom gesetzlich vorgesehenen Einzelausgleich schädigender Eingriffe hin zum global wirkenden Verlustausgleichsanspruch, für den Fall, dass das Ausgleichssystem der §§ 311, 317 AktG versagt, ist abzulehnen, da sich hierfür keine überzeugende dogmatische Rechtfertigung findet.[945]

D. Analoge Anwendung des § 302 Abs. 1 AktG auf die qualifiziert fremdgesteuerte GmbH

Der herrschende Unternehmens-Gesellschafter schuldet der von ihm qualifiziert fremdgesteuerten GmbH einen jährlichen Verlustausgleich *analog* § 302 Abs. 1 AktG. Diese Norm begründet eine *Gefährdungshaftung*. Sie verfolgt den Zweck, auf die Gefahrenlage einer - durch das herrschende Unternehmen - strukturell begründeten, wirtschaftlichen Unselbständigkeit der abhängigen Gesellschaft dadurch zu reagieren, dass sie das unternehmerische Verlustrisiko dem herrschenden Unternehmen zuweist.[946] Diesem Gefährdungshaftungscharakter ist auch bei der analogen Übertragung des § 302 AktG auf die qualifiziert faktisch beherrschte GmbH Rechnung zu tragen. Entgegen der herrschenden Meinung in

---

[945] Vgl. 2. Teil § 2 B. II. 3. a), S. 89 f.

[946] Vgl. 2. Teil § 3 A. II. 1., S. 107 ff.

Rechtsprechung und Literatur[947] kann der haftungsauslösende Tatbestand einer Verlustausgleichspflicht analog § 302 Abs. 1 AktG nicht an eine Rechtsverletzungshandlung im Sinne einer „nachhaltigen Beeinträchtigung des Eigeninteresses der abhängigen GmbH" geknüpft werden, sondern er setzt die Schaffung einer gefährlichen Konzernstruktur voraus. Eine dem Beherrschungs-/Gewinnabführungsvertrag gem. § 291 Abs. 1 AktG *rechtsähnliche* - und damit analogiefähige - Situation ist im faktischen GmbH-Konzern dann zu bejahen, wenn das herrschende Unternehmen innerhalb des Konzerns bewusst Entscheidungsstrukturen schafft, die der abhängigen GmbH eine eigenverantwortliche Unternehmensführung unmöglich machen. Ein solcher, zur wirtschaftlichen Unselbständigkeit der GmbH führender, Konzernorganisationszustand liegt vor, wenn das herrschende Unternehmen seine Leitungsmacht - über die Wahrnehmung strategischer Aufgaben hinaus - auch auf das operative „Tagesgeschäft" ausdehnt *und* diese umfassende „Außenherrschaft" strukturell absichert. Diese strukturelle Absicherung kann dadurch bewirkt werden, dass die für das selbständige unternehmerische Agieren am Markt entscheidenden Unternehmensführungsbereiche aus der abhängigen GmbH ausgegliedert und der Konzernspitze zugewiesen werden.[948] Ein geeignetes Mittel stellt ferner die Herbeiführung einer personellen Verflechtung auf der Geschäftsführerebene dar. Wird diese - wie etwa in der "Gervais"-Entscheidung - bewusst und zweckgerichtet dazu eingesetzt, die Fremdherrschaft der Konzernspitze, unter gleichzeitiger Verdrängung der autonomen Leitungsorgane der abhängigen Gesellschaft, organisatorisch zu verfestigen, so löst dies die Verlustausgleichspflicht analog § 302 Abs. 1 AktG aus. Allerdings lässt der Umstand, dass der Allein- oder Mehrheitsgesellschafter einer GmbH, der außerhalb dieser Gesellschaft noch anderweitige unternehmerische Interessen verfolgt, gleichzeitig die Position des Alleingeschäftsführers in der GmbH bekleidet, noch nicht den Schluss darauf zu, dass er sich bei dieser Geschäftsführung von seinen „Fremdinteressen" leiten lassen wird. Erst wenn festgestellt werden kann, dass er seine Leitungsmacht *kontinuierlich* dazu einsetzt, „seine" GmbH zugunsten anderer Konzerngesellschaften zu benachteiligen, ist anzunehmen, dass die bestehende Personenidentität auf der Geschäftsführungsebene bewusst zur Herbeiführung einer wirtschaftlichen Unselbständigkeit der beherrschten GmbH eingesetzt wird. Dies rechtfertigt seine Belastung mit der Verlustausgleichspflicht.[949]

Es ist nicht gerechtfertigt, den Mehrheits-/Alleingesellschafter einer GmbH aus dem Anwendungsbereich der qualifizierten GmbH-Konzernhaftung analog § 302

[947]Vgl. 2. Teil § 3 A. II. 2. e), S. 145 ff.

[948]Vgl. 2. Teil § 3 A. II. 2. d) bb) bbb) aaaa), S. 139 ff.

[949]Vgl. 2. Teil § 3 A. II. 2. d) bb) bbb) bbbb); S. 142 ff.

AktG auszuklammern, da er als herrschendes Unternehmen im Sinne des § 17 Abs. 1 AktG zu qualifizieren ist.[950]

Die tatbestandlich auf eine gefährliche Konzernstruktur abstellende analoge Anwendung des § 302 Abs. 1 AktG auf den faktischen GmbH-Konzern kollidiert nicht mit Wertungen anderer gesetzlicher Regeln.[951] Der Gewaltenteilungsgrundsatz des Art. 20 Abs. 2 GG bleibt unangetastet, da eine eindeutige gesetzgeberische Entscheidung *gegen* die konzernrechtlich geprägte, haftungsrechtliche Inanspruchnahme des herrschenden Unternehmens-Gesellschafters der GmbH nicht erkennbar ist. Auch der im Schrifttum geäußerte Vorwurf, die strukturell geprägte qualifizierte Konzernhaftung analog § 302 AktG hebele das, die GmbH prägende, Haftungsbeschränkungsprivileg aus und verstoße damit gegen die Gesetzesbindung gem. Art. 20 Abs. 3 GG, ist nicht haltbar. Der haftungsauslösende Tatbestand knüpft nicht bereits an die Ausübung von intensiver Leitungsmacht durch den Unternehmens-Gesellschafter an, sondern setzt eine *bewusst* herbeigeführte, die wirtschaftliche Unselbständigkeit der abhängigen GmbH begründende Organisationsstruktur voraus. Damit wird ein „Haftungsautomatismus“, wie von Teilen des Schrifttums insbesondere für den Bereich der Einmann-Konzerne befürchtet, gerade vermieden.

Die analoge Übertragung der Verlustausgleichspflicht analog § 302 AktG auf den qualifizierten faktischen (Einmann-) GmbH-Konzern verstößt auch nicht gegen die Wertungen der 12. Gemeinschaftsrechtlichen EG-Richtlinie (sog. Einmann-Richtlinie). Dies wäre nur dann zu bejahen, wenn die qualifizierte Konzernhaftung eine tatbestandliche Ausweitung aufwiese, die dazu führte, dass der GmbH-Alleingesellschafter *regelmäßig* mit einer Haftung überzogen würde.

Schließlich lassen sich auch die zwischen der GmbH und der AG bestehenden Strukturunterschiede (originäre Leitungsbefugnis des GmbH-Gesellschafters; Schädigungsprivileg; niedriges Kapitalschutzniveau) nicht gegen eine analoge Anwendung des § 302 AktG auf die qualifiziert beherrschte GmbH ins Feld führen. Diese GmbH-spezifischen Besonderheiten fußen auf dem gesetzlichen Leitbild der unverbundenen Gesellschaft und tragen der spezifischen Konzerngefahr - die auch bei der abhängigen GmbH besteht[952] - keine Rechnung.[953]

Ein „qualifizierter faktischer GmbH-Konzern“, verstanden als Synonym für die Tatbestandsvoraussetzungen, die es erlauben, die Rechtsfolgen des aktienrechtli-

---

[950]Vgl. 2. Teil § 2 B. II. 2. a), S. 71 ff. und § 3 A. II. 2. b), S. 127 ff.

[951]Vgl. 2. Teil § 3 A. II. 3., S. 151 ff.

[952]Vgl. 2. Teil § 2 B. II. 2. b) aa), S. 75 ff.

[953]Vgl. 2. Teil § 3 A. II. 2. a), S. 124 ff.

chen Vertragskonzerns analog §§ 302 f. AktG auf den faktischen GmbH-Konzern anzuwenden, ist gegeben, wenn folgende Merkmale vorliegen:

(1) Bestehen eines Konzernverhältnisses gem. § 18 Abs. 1 AktG zwischen dem herrschenden Unternehmen und der abhängigen GmbH.

(2) Vom herrschenden Unternehmens-Gesellschafter geschaffene Konzernorganisation, die seine „Außenherrschaft" über die abhängige GmbH strukturell absichert und zu ihrer wirtschaftlichen Unselbständigkeit führt.

Die den herrschenden Unternehmens-Gesellschafter analog § 302 Abs. 1 AktG treffende Verlustausgleichspflicht ist angesichts ihres Zwecks - Zuweisung des unternehmerischen Verlustrisikos an das herrschende Unternehmen - weder umfangmäßig noch gegenständlich zu beschränken.[954]

§ 2: Der Schutz der Gesellschaftsgläubiger bei qualifizierter Fremdsteuerung der GmbH

A. Versagen der unmittelbar anwendbaren Haftungsregeln des Zivil- und Gesellschaftsrechts

Das **Eigenkapitalersatzrecht**[955] gem. § 32 a GmbHG vermag nur dann zu einer Vermehrung des haftenden Gesellschaftskapitals führen, wenn der Gesellschafter seiner GmbH zuvor *freiwillig* zusätzliches, d.h. über seine Einlagepflicht hinausgehendes (Fremd-)Kapital zugeführt hat. Damit spielt es im Rahmen des Gläubigerschutzes nur eine zu vernachlässigende Rolle.

Auch die Schadensersatzpflicht wegen **Insolvenzverschleppung**[956] gem. § 823 Abs. 2 BGB i.V.m. § 64 Abs. 1 GmbHG vermag die Gläubiger einer abhängigen GmbH nicht angemessen vor den negativen Folgen der qualifizierten Beherrschung ihrer „Schuldnerin" durch deren herrschenden Unternehmens-Gesellschafter zu schützen. Zum einen unterfällt der Gesellschafter nur in Ausnahmefällen dem Adressatenkreis dieser Haftungsnorm. Zum anderen führt die grundsätzliche Beschränkung des Schadensersatzanspruchs auf den Quotenscha-

[954] Vgl. 2. Teil § 3 B., S. 162 f.
[955] Vgl. 3. Teil § 1 A., S. 167 ff.
[956] Vgl. 3. Teil § 1 B., S. 170 ff.

den, die nur für Neugläubiger nicht gilt, dazu, dass dieses Haftungsinstrument in der Praxis weitgehend leerläuft.

Eine Eigenhaftung des herrschenden Unternehmens-Gesellschafters aus **culpa in contrahendo**[957] ist tatbestandlich auf die Fallkonstellationen beschränkt, in denen der herrschende Unternehmens-Gesellschafter an den Vertragsverhandlungen mit dem anspruchstellenden Gläubiger der insolventen GmbH selbst teilgenommen und dabei durch die Abgabe einer „garantieähnlichen Erklärung" die persönliche Gewähr für die Erfüllung der Gesellschaftsverbindlichkeit übernommen hat.

Die **Durchgriffshaftung**[958] lässt sich dogmatisch weder aus den Missbrauchstheorien noch aus den „Pseudo-"Normanwendungslehren herleiten. Auch ihre Etablierung im Wege der Rechtsfindung contra legem scheidet - jedenfalls für die hier diskutierten Fälle der qualifizierten Fremdsteuerung einer GmbH - aus, da die qualifizierte Konzernhaftung analog §§ 302, 303 AktG ihr als die speziellere, gesetzlich normierte Haftungsgrundlage vorgeht.

Eine **Deliktshaftung**[959] wegen sittenwidriger Schädigung gem. § 826 BGB kommt angesichts der Schwierigkeit, ihren subjektiven Tatbestand (vorsätzliche Schädigung) nachzuweisen, nur in den seltenen Ausnahmefällen des Betreibens einer bereits im Zeitpunkt ihrer Gründung qualifiziert unterkapitalisierten GmbH zum Tragen. Auch eine deliktische Einstandspflicht des herrschenden Unternehmens-Gesellschafters wegen fehlerhafter Buchführung gem. § 823 Abs. 2 BGB i.V.m. §§ 283 Abs. 1 Nr. 5-7, 283 b StGB bzw. § 41 GmbHG stößt auf erhebliche Bedenken. Selbst wenn man diesen Normen - entgegen der h.M. - Schutzgesetzqualität zusprechen will, setzt ein hieraus ableitbarer Schadensersatzanspruch des Gesellschaftsgläubigers den Nachweis voraus, dass sich sein konkret eingetretener Schaden ursächlich auf die Verletzung der Buchführungspflichten zurückführen lässt. Das wäre nur zu bejahen, wenn dem Gläubiger die unkorrekt geführten Bücher tatsächlich zur Einsicht vorgelegt worden wären und er, im Vertrauen auf die Richtigkeit der Dokumentation, Vermögenstransaktionen zugunsten der Gesellschaft getroffen hätte.

Auch das Deliktsrecht vermag den Gläubigerschutz im qualifizierten faktischen Konzern somit nicht zu gewährleisten.

---

[957] Vgl. 3.Teil § 1 C., S. 188 ff.
[958] Vgl. 3. Teil § 1 D, S. 194 ff.
[959] Vgl. 3. Teil § 1 E., S. 224 ff.

B. Analoge Anwendung des § 303 Abs. 1 AktG auf die Fälle der Beendigung einer qualifizierten Fremdsteuerung der GmbH[960]

§ 303 Abs. 1 AktG gibt den Gläubigern der vertragskonzernierten AG nach Beendigung des Unternehmensvertrages einen *eigenen* Anspruch gegen das herrschende Unternehmen. Dieser richtet sich auf Sicherheitsleistung für die vor Bekanntmachung der Vertragsbeendigung begründeten Forderungen gegen die abhängige Gesellschaft. Die Norm verfolgt den Zweck, die Gläubiger vor dem Risiko zu schützen, dass die vertragskonzernierte Gesellschaft nach ihrer Entlassung aus dem Konzernverbund zunächst große Anfangsverluste erleidet oder sich - schlimmstenfalls - gar nicht mehr selbständig am Markt behaupten kann, da sich die während des vertraglichen Beherrschungszustandes durchgeführten, konzernintegrativ wirkenden Strukturmaßnahmen weiterhin nachteilig auswirken. Da eine vergleichbare Gefahrensituation auch für die Gläubiger einer qualifiziert faktisch fremdgesteuerten GmbH besteht, ist § 303 Abs. 1 AktG analog auf die Beendigung dieses Organisationszustandes anwendbar.

Diesem Analogieschluss stehen auch keine insolvenzrechtlichen Bedenken entgegen. Der vom Schrifttum erhobene Vorwurf der Aushöhlung des Insolvenzverfahrens durch die Zuerkennung einer unmittelbaren Außenhaftung analog § 303 Abs. 1 AktG zugunsten der Gesellschaftsgläubiger vermag nicht zu überzeugen. Das ehemals herrschende Unternehmen hat die Ursachen für die später eingetretene Vermögenslosigkeit der GmbH während der Zeit ihrer qualifizierten Konzernierung selbst gesetzt. Daher ist es gerechtfertigt, wenn das Gesetz es ihm auferlegt, für die noch offenen Gläubigerforderungen *unbeschränkt* Sicherheit zu leisten. Die von den Kritikern des Außenhaftungskonzepts angeprangerte Ungleichbenadlung zwischen Alt- und Neugläubigern gründet auf einer bewussten gesetzgeberischen Entscheidung.

Ebenso wenig vermag die Behauptung zu überzeugen, die unmittelbare Zugriffsmöglichkeit der Gläubiger auf das Vermögen des herrschenden Unternehmens-Gesellschafters analog § 303 AktG sei mangels eines besonderen Schutzbedürfnisses der GmbH-Gläubiger zu verneinen, zumindest müsse ein spezifisch konzernrechtlich begründeter Gläubigerschutz in seiner Intensität hinter den aktienrechtlichen Schutzkautelen zurückbleiben. Denn schon die Konzernierung, im verstärkten Maße aber die qualifizierte Beherrschung einer GmbH schafft besondere, von der Situation in der unverbundenen Gesellschaft zu unterscheidende Gefahrenquellen, auf die mit spezifischen Sanktionen reagiert werden muss.

---

[960] Vgl. 3. Teil § 2., S. 229 ff.

Tatbestandlich setzt eine analoge Anwendung des § 303 AktG neben den Merkmalen des qualifizierten faktischen GmbH-Konzerns (Bestehen eines Konzernverhältnisses gem. § 18 Abs. 1 AktG zwischen dem herrschenden GmbH-Gesellschafter und der abhängigen GmbH; vom herrschenden Unternehmens-Gesellschafter strukturell herbeigeführte wirtschaftliche Unselbständigkeit der beherrschten GmbH) die tatsächliche, nach außen erkennbare Beendigung desselben voraus. Dies kann dadurch geschehen, dass die organisatorische und wirtschaftliche Autonomie der bisher qualifiziert faktisch konzernierten GmbH wiederhergestellt wird. In der Regel endet der qualifizierte faktische GmbH-Konzern - wie die einschlägigen Judikate belegen - aber durch die Insolvenz der GmbH.

Die Pflicht zur Sicherheitsleistung analog § 303 Abs. 1 AktG umfasst sowohl Forderungen, die *vor* der Entstehung des qualifizierten faktischen Konzerns begründet wurden, als auch nach Beendigung entstehende, aber unmittelbar mit den zu sichernden Forderungen verbundene Annexansprüche, wie etwa Prozesskosten.
Die Gläubiger verwirken ihre Ansprüche aus § 303 Abs. 1 AktG aber, wenn sie davon Kenntnis erlangen, dass ihnen aus der Beendigung eines qualifizierten faktischen GmbH-Konzerns Ersatzansprüche gegen das ehemals herrschende Unternehmen zustehen, und diese nicht innerhalb einer Frist von sechs Monaten geltend machen.

Der Anspruch auf Sicherheitsleistung gem. § 303 Abs. 1 AktG wandelt sich in einen unmittelbaren Zahlungsanspruch gegen das ehemals herrschende Unternehmen um, wenn die GmbH vermögenslos wird und die Durchführung eines Insolvenzverfahrens mangels Masse abgelehnt oder zunächst begonnen, später aber wieder eingestellt wird. Das gleiche gilt für den Fall ihrer „stillen" Liquidation. In diesen Fällen wäre es wenig sinnvoll, die Gläubiger weiter auf ihr Recht zur Sicherheitsleistung zu verweisen, da bereits feststeht, dass sie von ihrer Schuldnerin keine Befriedigung mehr erlangen können.

Rechtsprechungsverzeichnis

BGH:

"Fertighaus"	Urt. v. 4.5.1977	VIII ZR 298/75	BGHZ 68, S. 312 ff.
"Gervais"	Urt. v. 5.2.1979	II ZR 210/76	NJW 1980, S. 231 ff.
"Autokran"	Urt. v. 16.9.1985	II ZR 275/84	BGHZ 95, S. 330 ff.
"Tiefbau"	Urt. v. 20.2.1989	II ZR 167/88	BGHZ 107, S. 7 ff.
"Video"	Urt. v. 23.9.1991	II ZR 135/90	BGHZ 115, S. 187 ff.
"Stromlieferung"	Urt. v. 11.11.1991	II ZR 287/90	BGHZ 116, S. 37 ff.
"TBB"	Urt. v. 29.3.1993	II ZR 265/91	BGHZ 122, S. 123 ff.
"EDV"	Urt. v. 13.12.1993	II ZR 89/93	NJW 1994, S. 446 ff.
"Freiberufler-Konzern"	Urt. v. 19.9.1994	II ZR 237/93	ZIP 1994, S. 1690 ff.
"Architekten-Konzern"	Urt. v. 27.3.1995	II ZR 136/94	NJW 1995, S. 1544 ff.
"Stahl-Alu-O, & Sohn GmbH"	Urt. v. 12.2.1996	II ZR 279/94	GmbHR 1996, S. 366 ff.
"Wochenkonzern"	Urt. v. 25.11.1996	II ZR 352/95	ZIP 1997, S. 416 ff.
BGH	Beschl. v. 13.1.1997	II ZR 304/95	DStR 1997, S. 503 ff.
BGH	Beschl. v. 3.11.1997	II ZR 328/96	DStR 1997, S. 1937 ff.

BAG:

"Warmwassergeräte"	Urt. v. 15.1.1991	1 AZR 94/90	AG 1991, S. 434 ff.
"Rank Xerox"	Urt. v. 28.4.1992	3 AZR 244/91	ZIP 1992, S. 1566 ff.
"AG-Union"	Urt. v. 6.10.1992	3 AZR 242/91	ZIP 1993, S. 380 ff.
"Betriebsrenten-anpassung"	Urt. v. 14.12.1993	3 AZR 519/93	GmbHR 1994, S. 315 ff.
"Stahlschutz"	Urt. v. 8.3.1994	9 AZR 197/92	GmbHR 1994, S. 625 ff.
"AEG-Betriebsrenten-anpassung"	Urt. v. 4.10.1994	3 AZR 910/93	ZIP 1995, S. 491 ff.
"Sanierungs-KG"	Urt. v. 1.8.1995	9 AZR 378/94	ZIP 1996, S. 333 ff.
"Schifffahrtsgesell-schaft	Urt. v. 3.9.1998	8 AZR 189/97	AG 1999, S. 184 ff.
"Möbel-KG"	Urt. v. 8.9.1998	3 AZR 185/97	ZIP 1999, S. 723 ff.

BSG:

"KAUG-Zahlungen"	Urt. v. 27.9.1994	10 RAr 1/92	GmbHR 1995, S. 46 ff.
"A-Schuhfabrik GmbH"	Urt. v. 1.2.1996	2 RU 7/95	ZIP 1996, S. 1134 ff.

BVerfG:

BVerfG	Beschl. v. 20.8.1993	2 BvR 1610/91	NJW 1993, S. 2600 f.

OLG:

OLG Saarbrücken "Gergen"	Urt. v. 22.9.1992	7 U 4/92	ZIP 1992, S. 1623 ff.
OLG Bamberg	Urt. v. 10.5.1995	8 U 93/94	AG 1998, S. 191 ff.
OLG Oldenburg	Urt. v. 24.10.1996	8 U 68/96	GmbHR 1998, S. 286 f.

OLG Dresden "Sächsisches Porzellanwerk Freiberg GmbH"	Urt. v. 19.12.1996	7 U 872/96	GmbHR 1997, S. 215 ff.
OLG München	Urt. v. 3.12.1997	7 U 4428/97	GmbHR 1998, . 285 f.
OLG Düsseldorf	Urt. v. 26.11.1998	6 U 57/97	GmbHR 1999, S. 123 ff.

Literaturverzeichnis

Altmeppen, Holger	(1991)	Abschied vom "qualifiziert faktischen" Konzern, Heidelberg, 1991
Altmeppen, Holger	(1991)	Grenzenlose Vermutungen im Recht der GmbH, DB 1991, S. 2225 ff.
Altmeppen, Holger	(1992)	Anmerkung zur Stellungnahme der Bundesregierung zur Verfassungsbeschwerde "Video-Urteil“, ZIP 1992, S. 1668 f.
Altmeppen, Holger	(1994)	Die systematische Einordnung der Rechtsprechung zum qualifiziert faktischen Konzern nach “TBB”, DB 1994, S. 1912 ff.
Altmeppen, Holger	(1996)	Zur Vermögensbindung in der faktisch abhängigen AG, ZIP 1996, S. 693 ff.
Altmeppen, Holger	(1996)	Zur “finanzplanmäßigen Nutzungsüberlassung” als Kapitalersatz, ZIP 1996, S. 909 ff.
Altmeppen, Holger	(1997)	Probleme der Konkursverschleppungshaftung, ZIP 1997, S. 1173 ff.
Altmeppen, Holger	(1999)	Anmerkung zum Urteil des BAG v. 10.2.1999 - 5 AZR 677/97 - ZIP 1999, 878, ZIP 1999, S. 881 ff.
Altmeppen, Holger; Wilhelm, Jan	(1999)	Quotenschaden, Individualschaden und Klagebefugnis bei der Verschleppung des Insolvenzverfahrens über das Vermögen der GmbH, NJW 1999, S. 673 ff.
Arbeitskreis GmbH-Reform	(1972)	Thesen und Vorschläge zur GmbH-Reform, Band II, Heidelberg, 1972
Assmann, Heinz-Dieter	(1986)	Gläubigerschutz im faktischen GmbH-Konzern durch richterliche Rechtsfortbildung, JZ 1986, Teil 1 S. 881 ff., Teil 2 S. 928 ff.
Assmann, Hans-Dieter	(1992)	Der faktische GmbH-Konzern, in: Festschrift 100 Jahre GmbH-Gesetz, hrsg. von Marcus Lutter, Peter Ulmer, Wolfgang Zöllner, Köln 1992, S. 657 ff.
Bäcker, Roland M.	(1994)	Die Rechtsfolgen der eigenkapitalersetzenden Nutzungsüberlassung – Eine Analyse der Lagergrundstück-Urteile III und IV des BGH -, GmbHR 1994, S. 766 ff.

Ballerstedt, Kurt	(1949)	Kapital, Gewinn und Ausschüttung bei Kapitalgesellschaften, Tübingen, 1949
Bälz, Ulrich	(1974)	Einheit und Vielheit im Konzern, in: Funktionswandel der Privatrechtsinstitutionen. Festschrift für Ludwig Raiser, hrsg. von Fritz Baur u.a., Tübingen, 1974, S. 287 ff.
Bälz, Ulrich	(1992)	Verbundene Unternehmen, AG 1992, S. 277 ff.
Banerjea, Nirmal Robert	(1999)	Haftungsfragen in Fällen materieller Unterkapitalisierung und im qualifizierten faktischen Konzern, ZIP 1999, S. 1153 ff.
Basten, Barbara	(1990)	Beschränkung der Verlustausgleichspflicht im qualifiziert faktischen GmbH-Konzern?, GmbHR 1990, S. 442 ff.
Bauder, Wolfgang	(1992)	Neue Haftungsrisiken im qualifizierten faktischen GmbH-Konzern, BB 1992, S. 1009 ff.
Bauder, Wolfgang	(1993)	Gesellschafterhaftung im qualifiziert faktischen GmbH-Konzern - Anmerkung zu "TBB" -, BB 1993, S. 1103 ff.
Bauder, Wolfgang	(1993)	Anmerkung zum BGH-Beschluß v. 20.9.1993 - II ZR 292/91 -, BB 1993, S. 2472 ff.
Baumbach, Adolf; Hueck, Götz	(1996)	GmbH-Gesetz: Gesetz betreffend die Gesellschaften mit beschränkter Haftung. Begr. v. Adolf Baumbach. Fortgef. v. Alfred Hueck. Nunmehr fortgef. von Götz Hueck, 16. Aufl., München, 1996 (zitiert: Baumbach/Hueck/*Bearbeiter*)
Baumbach, Adolf Lauterbach, Wolfgang Albers, Jan; Hartmann, Peter Albert,	(2000)	Zivilprozessordnung. Begr. v. Adolf Baumbach. Fortgef. v. Wolfgang Lauterbach. Nunmehr verf. v. Jan Albers, Peter Hartmann, 58. Aufl., München, 2000
Baumgartl, Michael	(1986)	Die konzernbeherrschte Personengesellschaft, Köln, 1986
Baur, Günther	(1992)	Die unternehmerische Mehrheitsherrschaft im faktischen GmbH-Konzern - Eine rechtsdogmatische Untersuchung zum Schutz der Minderheitsgesellschafter und der Gläubiger im faktisch-beherrschten GmbH-Konzern de lege lata und de lege ferenda, Augsburg, 1992
Bauschke, Hans-Joachim	(1975)	Durchgriff bei juristischen Personen, BB 1975, S. 1322 ff.

Becker v., Bernhard	(1994)	Methodologische Probleme des qualifizierten faktischen GmbH-Konzerns, München, 1994
Becker, Jörn	(1997)	Das gesellschaftsrechtliche Wettbewerbsverbot in der Einmann-GmbH, Frankfurt a.M., 1997
Beinert, Stefanie	(1995)	Die Konzernhaftung für die satzungsgemäß abhängig gegründete GmbH, Köln, 1995
Benne, Dietmar	(1978)	Haftungsdurchgriff bei der GmbH insbesondere im Fall der Unterkapitalisierung, Köln, 1978
Biletzki, Gregor C.	(1997)	Die deliktische Haftung des GmbH-Geschäftsführers für fehlerhafte Buchführung, ZIP 1997, S. 9 ff.
Bitter, Walter; Bitter, Georg	(1996)	Alles klar im qualifiziert faktischen Konzern? Oder: Die Ausweitung der BGH-Rechtsprechung durch das BAG, BB 1996, S. 2153 ff.
Blaurock, Uwe	(1985)	Einfluß im Unternehmen und die gesellschaftsrechtliche Haftungsstruktur, in: Festschrift für Walter Stimpel, hrsg. von Marcus Lutter u.a., Berlin, New York, 1985, S. 553 ff.
Bork, Reinhard	(1994)	Zurechnung im Konzern, ZGR 1994, S. 237 ff.
Bork, Reinhard	(1995)	Haftung des GmbH-Geschäftführers wegen verspäteten Konkursantrags - Besprechung der Entscheidung BGHZ 126, 181, ZGR 1995, S. 505 ff.
Boujong, Karlheinz	(1992)	Zur Auslegung und Fortbildung des GmbH-Rechts in der neueren Judikatur des Bundesgerichtshofs, GmbHR 1992, S. 207 ff.
Boujong, Karlheinz	(1996)	Legitime richterliche Rechtsfortbildung im Recht des qualifizierten faktischen Konzerns, in: Festschrift für Hans Erich Brandner, hrsg. V. Gerd Pfeiffer u.a., Köln, 1996, S. 23 ff.
Boujong, Karlheinz	(1996)	Das Trennungsprinzip des § 13 Abs. 2 GmbHG und seine Grenzen in der neueren Judikatur des Bundesgerichtshofes, in: Festschrift für Walter Odersky zum 65. Geburtstag, hrsg. v. Reinhard Böttcher, Götz Hueck, Burkhard Jähnke, Berlin, New York, 1996, S. 739 ff.

Brandes, Helmut	(1989)	Die Behandlung von Nutzungsüberlassungen im Rahmen einer Betriebsaufspaltung unter Gesichtspunkten des Kapitalersatzes und der Kapitalerhaltung, ZGR 1989, S. 244 ff.
Brandes, Helmut	(1995)	Die Rechtsprechung des BGH zur GmbH, WM 1995, S. 641 ff.
Brandner, Hans Erich	(1984)	Haftung des Gesellschafter/Geschäftsführers einer GmbH aus culpa in contrahendo?, in: Festschrift für Winfried Werner, hrsg. von Walther Hadding, Berlin, 1984, S. 53 ff.
Brandner, Hans Erich	(1992)	Natürliche Personen als Einmann-Konzernspitze, in: Heidelberger Konzernrechtstage: Der qualifizierte faktische GmbH-Konzern, hrsg. von Peter Hommelhoff u.a., Köln, 1992, S. 207 ff.
Braun, Eberhard; Uhlenbruck, Wilhelm	(1997)	Unternehmensinsolvenz. Grundlagen – Gestaltungsmöglichkeit – Sanierung mit der Insolvenzordnung, 1997
Buchner, Herbert; Weigl, Gerald	(1994)	Die Haftung im qualifizierten faktischen Konzern - Zu den Haftungsrisiken des beherrschenden Gesellschafters einer Kapitalgesellschaft -, DNotZ 1994, S. 580 ff.
Büscher, Dirk	(1999)	Die qualifizierte faktische Konzernierung - eine gelungene Fortbildung des Rechts der GmbH?, Frankfurt a.M., 1999
Bundesregierung	(1992)	Stellungnahme der Bundesregierung vom 26.10.1992 zur Verfassungsbeschwerde "Video-Urteil", ZIP 1992, S. 1664 ff.
Burgard, Ulrich	(1993)	Die Tatbestandsmerkmale des qualifizierten faktischen GmbH-Konzerns und ihre Konkretisierung nach "TBB", WM 1993, S. 925 ff.
Bydlinski, Franz	(1982)	Juristische Methodenlehre und Rechtsbegriff, Wien, New York, 1982
Canaris, Claus-Wilhelm	(1964)	Die Feststellung von Lücken im Gesetz - Eine methodologische Studie über Voraussetzungen und Grenzen der richterlichen Rechtsfortbildung praeter legem, Berlin, 1964
Canaris, Claus-Wilhelm	(1971)	Die Vertrauenshaftung im deutschen Privatrecht, München, 1971
Canaris, Claus-Wilhelm	(1993)	Die Haftung für fahrlässige Verletzungen der Konkursantragspflicht nach § 64 GmbHG, JZ 1993, S. 649 ff.

Canaris, Claus-Wilhelm (1999) Die Reichweite der Expertenhaftung gegenüber Dritten, ZHR 163 (1999), S. 206 ff.

Centrale für Gesellschaften mbH (Hrsg.) (1976) Der GmbH-Konzern, Köln, 1976

Christensen, Ralph (1989) Was heißt Gesetzesbindung? Eine rechtslinguistische Untersuchung, Berlin, 1989

Coing, Helmut (1972) Juristische Methodenlehre, Berlin, 1972

Coing, Helmut (1977) Zum Problem des sogenannten Durchgriffs bei juristischen Personen, NJW 1977, S. 1793 ff.

Dauner-Lieb, Barbara (1998) Die Berechnung des Quotenschadens - Besprechung des Urteils BGH ZIP 1997, 1542, ZGR 1998, S. 617 ff.

Dauner-Lieb, Barbara (1998) Das Sanierungsprivileg des § 32 a Abs. 3 Satz 3 GmbHG, DStR 1998, S. 1517 ff.

Decher, Christian E. (1989) Neues zum qualifiziert faktischen GmbH-Konzern - Anmerkung zum Urteil des BGH vom 20.2.1989, II ZR 167/88, DB 1989 S.816, DB 1989, S. 965 ff.

Decher, Christian E. (1990) Die Zulässigkeit des qualifizierten faktischen Aktienkonzerns, DB 1990, S. 2005 ff.

Decher, Christian E. (1990) Personelle Verflechtungen im Aktienkonzernrecht - Loyalitätskonflikt und qualifizierter faktischer Konzern, Heidelberg, 1990

Decher, Christian E. (1992) Diskussionsbeitrag zum 59. Deutschen Juristentag, in: Verhandlungen Des Neunundfünfzigsten Deutschen Juristentages Hannover 1992, hrsg. von der Ständigen Deputation des deutschen Juristentages, München, 1992, Bd. II, R 161, 163

Deilmann, Barbara (1990) Die Entstehung des qualifizierten faktischen Konzerns, Berlin, 1990

Döllerer, Georg (1990) Verdeckte Gewinnausschüttungen und verdeckte Einlagen bei Kapitalgesellschaften, 2. Aufl., Heidelberg, 1990

Donle, Christian	(1995)	Der faktische GmbH-Konzern: Resümee aus der bisherigen Rechtsprechung und Lösungsansatz für noch nicht geklärte Probleme, DStR 1995, S. 1918 ff.
Drax, Manfred	(1992)	Durchgriffs- und Konzernhaftung der GmbH-Gesellschafter - Ein Vergleich, München, 1992
Dreher, Meinrad	(1993)	Die gesellschaftsrechtliche Treuepflicht bei der GmbH, DStR 1993, S. 1632 ff.
Drobnig, Ulrich	(1959)	Haftungsdurchgriff bei Kapitalgesellschaften, Frankfurt a.M., 1959
Drüke, Heiner	(1990)	Die Haftung der Muttergesellschaft für Schulden der Tochtergesellschaft, Köln, 1990
Druey, Jean Nicolas	(1992)	Empfiehlt es sich, das Recht faktischer Unternehmensverbindungen - auch im Hinblick auf das Recht anderer EG-Staaten - neu zu regeln?, Gutachten H, in: Verhandlungen Des Neunundfünfzigsten Deutschen Juristentages Hannover 1992, hrsg. von der Ständigen Deputation des deutschen Juristentages, München, 1992, Bd. I
Drygala, Tim	(1991)	Der Gläubigerschutz bei der typischen Betriebsaufspaltung, Köln, 1991
Drygala, Tim	(1992)	Konzernhafung und Einmann-Richtlinie, ZIP 1992, S. 1528 ff.
Drygala, Tim	(1992)	Anmerkung zum Gergen-Urteil des OLG Saarbrücken, ZIP 1992, S. 1628 ff.
Drygala, Tim	(1993)	Verhaltenshaftung im faktischen GmbH-Konzern, GmbHR 1993, S. 317 ff.
Drygala, Tim	(1995)	Betriebsaufspaltung und Haftungsausschluß doch keine Illusion?, NJW 1995, S. 3237 ff.
Ebenroth, Carsten Thomas	(1990)	Die qualifiziert faktische Konzernierung und ihre körperschaftssteuerliche Auswirkung, AG 1990, S. 188 ff.
Ebenroth, Carsten Thomas; Wilken, Oliver	(1991)	Verlustübernahme als Substitut konzernspezifischer Kapitalerhaltung - Betrachtungen zum neuen Video-Urteil des BGH, BB 1991, S. 2229 ff.
Ebenroth, Carsten Thomas; Wilken, Oliver	(1993)	Kapitalersatz und Betriebsaufspaltung, BB 1993, S. 305 ff.
Ebenroth, Carsten Thomas; Wilken, Oliver	(1993)	Beweislast und Gesellschafterhaftung im qualifizierten faktischen GmbH-Konzern, ZIP 1993, S. 558 ff.

Ehlke, Michael	(1986)	Konzerninduzierter Haftungsdurchgriff auf den GmbH-Gesellschafter?, DB 1986, S. 523 ff.
Ehricke, Ulrich	(1998)	Das abhängige Konzernunternehmen in der Insolvenz. Wege zur Vergrößerung der Haftungsmasse abhängiger Konzernunternehmen in der Insolvenz und Verfahrensfragen. Eine rechtsvergleichende Analyse, Tübingen, 1998
Ehricke, Ulrich	(1999)	Zur Begründbarkeit der Durchgriffshaftung in der GmbH, insbesondere aus methodischer Sicht, AcP 199 (1999), S. 257 ff.
Emmerich, Volker	(1975)	Das GmbH-Konzernrecht, AG 1975, S. 253 ff.
Emmerich, Volker	(1987)	Nachlese zum Autokran-Urteil des BGH zum GmbH-Konzernrecht, GmbHR 1987, S. 213 ff.
Emmerich, Volker	(1987)	Der heutige Stand der Lehre vom GmbH-Konzernrecht, AG 1987, 1 ff.
Emmerich, Volker ; Habersack, Mathias	(1998)	Aktienkonzernrecht, München, 1998
Emmerich, Volker; Sonnenschein, Jürgen	(1997)	Konzernrecht. Ein Studienbuch, 6. Aufl., München, 1997
Engisch, Karl	(1987)	Die Einheit der Rechtsordnung. (Neudruck der Ausgabe 1935), Darmstadt, 1987
Ensthaler, Jürgen; Kreher, Markus	(1995)	Verlustausgleichspflicht im qualifizierten faktischen GmbH-Konzern, BB 1995, S. 1422 ff.
Eschenbruch, Klaus	(1996)	Konzernhaftung: Haftung der Unternehmen und der Manager, 1.Aufl., Düsseldorf, 1996
Fabritius, Andreas	(1980)	Vermögensbindung in AG und GmbH - tiefgreifender Unterschied oder grundsätzliche Identität?, ZHR 144 (1980), S. 628 ff.
Fachausschuss Recht	(1997)	"Empfehlungen zur Überschuldungsprüfung bei Unternehmen", WPg 1997, S. 22 ff.
Falkenstein, Norbert	(1992)	Grenzen für die Entnahmerechte der GmbH-Gesellschafter, Frankfurt a.M., 1992
Fleck, Hans-Joachim	(1986)	Die Rechtsprechung des Bundesgerichtshofes zum Recht der verbundenen Unternehmen, WM 1986, S. 1205 ff.

Fleck, Hans-Joachim	(1990)	Mißbrauch der Vertretungsmacht oder Treuebruch des mit Einverständnis aller Gesellschafter handelnden GmbH-Geschäftführers aus zivilrechtlicher Sicht, ZGR 1990, S. 31 ff.
Fleck, Hans-Joachim	(1992)	Der Grundsatz der Kapitalerhaltung - seine Ausweitung und seine Grenzen, in: Festschrift 100 Jahre GmbH-Gesetz, hrsg. von Marcus Lutter, Peter Ulmer, Wolfgang Zöllner, Köln, 1992, S. 391 ff.
Fleck, Hans-Joachim	(1995)	Neuere Entwicklungen im GmbH-Recht. GmbHR 1995, S. 880 ff.
Fleischer, Holger	(1996)	Eigenkapitalersetzende Gesellschafterdarlehen und Überschuldungsstatus, ZIP 1996, S. 773 ff.
Fleischer, Holger	(1999)	Konzernrechtliche Vertrauenshaftung, ZHR 163 (1999), S. 461 ff.
Flume, Werner	(1981)	Zur Enträtselung der Vorgesellschaft, NJW 1981, S. 1753 ff.
Flume, Werner	(1983)	Allgemeiner Teil des Bürgerlichen Rechts, Bd. 1/ 2. Teil: Die juristische Person, Berlin, Heidelberg, New York, Tokio, 1983
Flume, Werner	(1992)	Das Video-Urteil als eine Entscheidung des II. Senats des BGH aus dessen Selbstverständnis der Innehabung gesetzgeberischer Gewalt, ZIP 1992, S. 817 ff.
Flume, Werner	(1992)	Das Video-Urteil und das GmbH-Recht, DB 1992, S. 25 ff.
Flume, Werner	(1994)	Die Haftung des GmbH-Geschäftsführers bei Geschäften nach Konkursreife der GmbH, ZIP 1994, S. 337 ff.
Flume, Werner	(1996)	Die Rechtsprechung des II. Zivilsenats des BGH zur Treupflicht des GmbH-Gesellschafters und Aktionärs - Zugleich eine Besprechung des Girmes-Urteils des BGH vom 20.März 1995 - II ZR 205/94, ZIP 1995, 819 -, ZIP 1996, S. 161 ff.
Freese, Bernhard	(1956)	Haftungsprobleme der Einmann-GmbH, NJW 1956, S. 283 ff.
Früh, Hans-Joachim; Wagner, Wolfgang	(1998)	Überschuldungsprüfung bei Unternehmen, WPg. 1998, S. 907 ff.
Gäbelein, Wolfgang	(1987)	GmbH-Konzernrecht - neue Konzeption erforderlich?, GmbHR 1987, S. 221 ff.

Gäbelein, Wolfgang	(1990)	Definition eines qualifizierten faktischen Konzerns, AG 1990, S. 185 ff.
Gäbelein, Wolfgang	(1992)	Ende der Haftungsgrenzen im Konzern? Video-Urteil des BGH vom 23.9.1991, GmbHR 1992, S. 273 ff.
Gätsch, Andreas	(1997)	Gläubigerschutz im qualifizierten faktischen GmbH-Konzern, Berlin, 1997
Geißler, Marcus	(1993)	Zukunft, Stillstand oder Geltungsverlust für die Durchgriffshaftung im Recht der GmbH, GmbHR 1993, S. 71 ff.
Geißler, Markus	(1997)	Strittige Restanten bei der Haftung des GmbH-Geschäftsführers aus culpa in contrahendo, ZIP 1997, S. 2184 ff.
Geitzhaus, Georg	(1989)	Verlustausgleichspflicht als Motor der Konzernplanung, GmbHR 1989, S. 397 ff.
Geßler, Ernst	(1974)	Leitungsmacht und Verantwortlichkeit im faktischen Konzern, in: Festschrift für Harry Westermann, hrsg. von Wolfgang Hefermehl u.a., Karlsruhe, 1974, S. 145 ff.
Goette, Wulf	(1993)	Haftungsvoraussetzungen im qualifiziert faktischen Konzern, DStR 1993, S. 568 ff.
Goette, Wulf	(1994)	Zur persönlichen Haftung des Geschäftsführers einer GmbH gegenüber Dritten aus Geschäften, die nach Eintritt der Konkursreife mit ihnen geschlossen werden. - Die Änderung der höchstrichterl. Rspr. durch das Urteil des II. Zivilsenats des BGH v. 6.6.1994, II ZR 292/91, DStR 1994, S. 1048 ff.
Goette, Wulf	(1998)	Einige Aspekte des Eigenkapitalersatzrechts aus richterlicher Sicht, ZHR 162 (1998), S. 223 ff.
Greiffenhagen, Ulrich	(1993)	Fragen zu Funktion und Nachweis des Rechnungswesen im Zusammenhang mit dem Haftungsdurchgriff im qualifizierten faktischen (GmbH)-Konzern nach dem "TBB"-Urteil des BGH, WPg 1993, S. 525 ff.
Gromann, Hans-Georg	(1979)	Die Gleichordnungskonzerne im Konzern- und Wettbewerbsrecht, Köln, 1979
Großfeld, Bernhard	(1968)	Aktiengesellschaft, Unternehmenskonzentration und Kleinaktionär, Tübingen, 1968

Großkommentar Aktiengesetz	(1975)	Begr. v. Wilhelm Gladow, neubearb. v. Hans Barz u.a., 4. Bd., 3. Aufl., Berlin, 1975 (zitiert: Großkomm. AktG/*Bearbeiter*, 1975)
Großkommentar Aktiengesetz	(1992)	Hrsg. v. Klaus J. Hopt; Herbert Wiedemann, 4. Aufl., Berlin 1992 (zitiert: Großkomm. AktG/*Bearbeiter*, 1992)
Grunewald, Barbara	(1986)	Die unbeschränkte Haftung beschränkt haftender Gesellschafter für die Verletzung von Aufklärungspflichten im vorvertraglichen Bereich, ZGR 1986, S. 580 ff.
Grunewald, Barbara	(1994)	Die Beweislastverteilung bei der Verletzung von Aufklärungspflichten, ZIP 1994, S. 1162 ff.
Gummert, Hans	(1994)	Haftung im qualifiziert faktischen GmbH-Konzern, WiB 1994, S. 217 ff.
Gusy, Christoph	(1992)	Richterrecht und Grundgesetz, DÖV 1992, S. 461 ff.
Haas, Ulrich	(1997)	Geschäftsführerhaftung und Gläubigerschutz, München, 1997
Haas, Ulrich	(1998)	Insolvenzantrag und -pflicht in der GmbH insbesondere des "faktischen Geschäftsführers" nach neuem Recht, DStR 1998, S. 1359 ff.
Habersack, Mathias	(1999)	Anmerkung zu OLG Rostock, Urt. v. 14.10.1998 - NZG 1999, 170 -, NZG, 1999, S. 171
Hachenburg, Max	(1992)	Gesetz betreffend die Gesellschaften mit beschränkter Haftung: Großkommentar. Begr. v. Max Hachenburg. Hrsg. v. Peter Ulmer, 8. Aufl., Berlin, 1992 (zitiert: Hachenburg/*Bearbeiter*)
Hadding, Walther	(1992)	Anmerkung zum BGH Urt. v. 11.11.1991 - ZR II 287/90 - JZ 1992, S. 736 ff.
Hager, Johannes	(1989)	Die verdeckte Gewinnausschüttung in der GmbH - Ein Beitrag zu den gesellschaftsrechtlichen Sanktionen -, ZGR 1989, S. 71 ff.
Heidenhain, Martin	(1993)	Anmerkung zu "TBB", LM Nr. 6 zu § 302 AktG 1965, S. 1327 ff.
Heinsius, Theodor	(1986)	Haftungsfragen im faktischen GmbH-Konzern, AG 1986, S. 99 ff.
Hennrichs, Joachim	(1995)	Treuepflichten im Aktienrecht, AcP 1995, S. 221 ff.

Henssler, Martin	(1998)	Minderheitenschutz im faktischen GmbH-Konzern, in: Festschrift für Wolfgang Zöllner, hersg. von Manfred Lieb, Ulrich Noack, Harm Peter Westermann, Köln 1998, S. 203 ff.
Heyder, Stefan	(1997)	Der qualifizierte faktische Aktienkonzern, Frankfurt a. M., 1997
Hirte, Heribert	(1992)	Die Zwölfte EG-Richtlinie als Baustein eines Europäischen Konzernrechts, ZIP 1992, S. 1122 ff.
Hirte, Heribert	(1992)	Der qualifizierte faktische Konzern, Köln, 1992. Fortsetzungsband, Köln, 1993
Hoffmann-Becking, Michael	(1989)	Der qualifizierte faktische AG-Konzern - Tatbestand und Abwehransprüche -, in: Probleme des Konzernrechts, Symposion zum achtzigsten Geburtstag von Wolfgang Schilling, hrsg. von Peter Ulmer, ZHR Beiheft 62, Heidelberg, 1989, S. 68 ff.
Hoffmann-Becking, Michael	(1992)	Referat zum 59. Deutschen Juristentag, in: Verhandlungen Des Neunundfünfzigsten Deutschen Juristentages Hannover 1992, hrsg. von der Ständigen Deputation des deutschen Juristentages, München, 1992, Bd. II, R 8 ff.
Hoffmann-Becking, Michael	(1992)	Vermutungs- und Beweisfragen: Qualifizierungsvermutung; Haftungsausschluß, in: Heidelberger Konzernrechtstage: Der qualifizierte faktische GmbH-Konzern, hrsg. von Peter Hommelhoff u.a., Köln, 1992, S. 89 ff.
Holzwarth, Gabriele	(1994)	Konzernrechtlicher Gläubigerschutz bei der klassischen Betriebsaufspaltung, Köln, 1994
Hommelhoff, Peter	(1982)	Die Konzernleitungspflicht, Köln, Berlin, Bonn, München, 1982
Hommelhoff, Peter	(1987)	Der Verlustausgleich im Mehrmütter-Vertragskonzern, in: Bilanz- und Konzernrecht, Festschrift zum 65. Geburtstag von Dr. Dr. h. c. Reinhard Goerdeler, hrsg. von Hans Havermann, Düsseldorf, 1987, S. 221 ff.
Hommelhoff, Peter	(1992)	Vorkehr gegen qualifizierte Abhängigkeits- und Konzernlagen, in: Heidelberger Konzernrechtstage: Der qualifizierte faktische GmbH-Konzern, hrsg. von Peter Hommelhoff u.a., Köln, 1992, S. 245 ff.

Hommelhoff, Peter	(1992)	Konzernpraxis nach "Video", DB 1992, S. 309 ff.
Hommelhoff, Peter	(1994)	Die qualifizierte faktische Unternehmensverbindung: ihre Tatbestandsmerkmale nach dem TBB-Urteil und deren rechtsdogmatisches Fundament, ZGR 1994, S. 395 ff.
Hommelhoff, Peter	(1998)	Wider das Akzessorietätsdogma in der Gesellschaft bürgerlichen Rechts, ZIP 1998, S. 8 ff.
Hueck, Alfred	(1947)	Der Treuegedanke im modernen Privatrecht, München, 1947
Hüffer, Uwe	(1990)	Zur gesellschaftsrechtlichen Treupflicht als richterrechtlicher Generalklausel, in: Festschrift für Ernst Steindorff, hrsg. von Jürgen F. Baur, Klaus Hopt und K. Peter Mailänder, Berlin, New York, 1990, S. 59 ff.
Hüffer, Uwe	(1999)	Aktiengesetz, 4. Aufl., München, 1999
Immenga, Ulrich	(1970)	Die personalistische Kapitalgesellschaft Eine rechtsvergleichende Untersuchung nach deutschem GmbH-Recht und dem Recht der Corporations in den Vereinigten Staaten, Bad Homburg v.d.H., 1970
Immenga, Ulrich	(1975)	Besprechung der Entscheidung BGHZ 60, 324, ZGR 1975, S. 487 ff.
Immenga, Ulrich	(1978)	Schutz abhängiger Gesellschaften durch Bindung oder Unterbindung beherrschenden Einflusses?, ZGR 1978, S. 269 ff.
Immenga, Ulrich	(1992)	Bindung von Rechtsmacht durch Treuepflichten, in: Festschrift 100 Jahre GmbH-Gesetz, hrsg. von Marcus Lutter, Peter Ulmer, Wolfgang Zöllner, Köln, 1992, S. 189 ff.
Jansen, Christina	(1993)	Konzernbildungskontrolle im faktischen GmbH-Konzern, Münster, New York, 1993
Jaschinski, Susanne	(1997)	Die Haftung von Schwestergesellschaften im GmbH-Unterordnungskonzern, Frankfurt a. M., 1997
Joost, Detlev	(1984)	Grundlagen und Rechtsfolgen der Kapitalerhaltungsregeln in der GmbH, ZHR 148 (1984), S. 27 ff.

Joost, Detlev	(1992)	Ausfallhaftung im qualifizierten faktischen GmbH-Konzern, in: Heidelberger Konzernrechtstage: Der qualifizierte faktische GmbH-Konzern, hrsg. von Peter Hommelhoff u.a., Köln, 1992, S. 133 ff.
Kahler, Ulrich	(1985)	Die Haftung des Gesellschafters im Falle der Unterkapitalisierung einer GmbH, BB 1985, S. 1429 ff.
Kahler, Ulrich	(1985)	Anmerkung zum Urteil des BSG v. 7.12.1983 - 7 RAr 20/82 -, GmbHR 1985, S. 294 ff.
Kallmeyer, Harald	(1999)	Good will und Überschuldung nach neuem Insolvenzrecht, GmbHR 1999, S. 16 ff.
Karollus, Martin	(1995)	Weitere Präzisierungen zur Konkursverschleppungshaftung - Zugleich eine Besprechung des Urteils des BGH vom 7.11.1994, ZIP 1995, 211 -, ZIP 1995, S. 269 ff.
Keil, Tilo	(1999)	Anmerkung zuBAG, Urt. v. 10.2.1999 - 5 AZR 677/97 -, EWiR § 13 GmbHG 1/99, S. 603 f.
Kellermann, Christof	(1969)	Schadensersatz und Ausgleich im faktischen Konzern, BB 1969, S. 1509 ff.
Kern, Hans-Günther	(1998)	Die Unbestimmtheit des selbständigen Konzernhaftungstatbestandes, Berlin, 1998
Keßler, Jürgen	(1993)	Zivilrechtliche Haftungsrisiken der Betriebsaufspaltung, GmbHR 1993, S. 541 ff.
Kiethe, Kurt ; Groeschke, Peer	(1994)	Darlegungs- und Beweislast für die Haftung im qualifizierten faktischen Konzern, BB 1994, S. 2149 ff.
Kiethe, Kurt; Groeschke, Peer	(1997)	Haftungsverstärkung infolge der sog. „Ingerenz" als Anwendungsfall der mißbräuchlichen Ausübung der Leitungsmacht im qualifizierten faktischen Konzern, BB 1997, S. 1957 ff.
Kiethe, Kurt; Groeschke, Peer	(1998)	Die Ausplünderung des insolventen Unternehmen - Kein Fall der Haftung im qualifizierten faktischen Konzern, BB 1998, S. 1373 ff.
Kindler, Peter	(1992)	Gläubigerschutz im qualifizierten faktischen Einmann-GmbH-Konzern - BGH, NJW 1991, 3142 ("Video") -, JuS 1992, S. 636 ff.

Kindler, Peter	(1992)	Diskussionsbeitrag zum 59. Deutschen Juristentag, in: Verhandlungen Des Neunundfünfzigsten Deutschen Juristentages Hannover 1992, hrsg. von der Ständigen Deputation des deutschen Juristentages, München, 1992, Bd. II, R 127
Kindler, Peter	(1993)	Gemeinschaftsrechtliche Grenzen der Konzernhaftung in der Einmann-GmbH, ZHR 157 (1993), S.1 ff.
Kirchner, Christian	(1997)	Zur Fehlkonstruktion des deutschen Konzernrechts - Kritik und Neuansätze in interdisziplinärer Perspektive, in: Managementforschung 7: Gestaltung von Organisationsgrenzen, 1997, S. 271 ff.
Kleffner, Thomas	(1994)	Erhaltung des Stammkapitals und Haftung nach §§ 30, 31 GmbHG, Berlin, 1994
Kleindiek, Detlef	(1991)	Strukturvielfalt im Personengesellschafts-Konzern, Köln, 1991
Kleindiek, Detlef	(1991)	Strukturkonzepte für den qualifizierten faktischen GmbH-Konzern, ZIP 1991, S. 1330 ff.
Kleindiek, Detlef	(1992)	Haftung, freie Beweiswürdigung und Beweiserleichterung im qualifiziert faktischen GmbH-Konzern, GmbHR 1992, S. 574 ff.
Kleindiek, Detlef	(1993)	Kurskorrektur im GmbH-Konzernrecht - Zum "TBB"-Urteil des Bundesgerichtshof vom 29. März 1993 -, DZWir 1993, S.177 ff.
Kleindiek, Detlef	(1997)	Deliktshaftung und juristische Person, Heidelberg, 1997
Kleinert, Detlef	(1994)	Das GmbH-Recht in der Rechtsprechung des BGH, in: Für Recht und Staat, Festschrift für Herbert Helmrich, hrsg. v. Klaus Letzgus, München, 1994, S. 667 ff.
Knobbe-Keuk, Brigitte	(1991)	Die Verpachtung von Anlagevermögen und § 32 a GmbHG, in: Festschrift für Alfred Kellermann zum 70. Geburtstag, hrsg. v. Reinhard Goerdeler u.a., Berlin, New York, 1991, S. 227 ff.
Knobbe-Keuk, Brigitte	(1992)	Zum Erdbeben "Video", DB 1992, S. 1461 ff.

Knobbe-Keuk, Brigitte	(1992)	Diskussionsbeitrag zum 59. Deutschen Juristentag, in: Verhandlungen Des Neunundfünfzigsten Deutschen Juristentages Hannover 1992, hrsg. von der Ständigen Deputation des deutschen Juristentages, München, 1992, Bd. II, R 157
Koch, Stefan	(1997)	Rechtliche und ökonomische Aspekte des Schutzes von Gläubigern konzernverbundener GmbH, Berlin, 1997
Kölling, Lars	(2000)	Der qualifizierte faktische GmbH-Konzern, NZG 2000, S. 8 ff.
Kölner Kommentar zum Aktiengesetz	(1986 ff.)	Hrsg. von Wolfgang Zöllner, 2. Aufl., Köln, 1986 ff. (zitiert: KölnerKomm/*Bearbeiter*)
Kohl, Reinhard	(1992)	Aller guten Dingen sind drei: Bemerkungen zum "Video"-Urteil des BGH vom 23.9.1991, MDR 1992, S. 204 ff.
Kohl, Reinhard	(1993)	Die "TBB"-Entscheidung - Entwarnung im faktischen GmbH-Konzern?, MDR 1993, S. 715 ff.
Kort, Michael	(1990)	Zur Eigenhaftung des GmbH-Geschäftsführers gegenüber privatrechtlichen Dritten, DB 1990, S. 921 ff.
Konzen, Horst	(1989)	Geschäftsführung, Weisungsrecht und Verantwortlichkeit in der GmbH und GmbH & Co KG, NJW 1989, S. 2977 ff.
Koppensteiner, Hans-Georg	(1989)	Über die Verlustausgleichspflicht im qualifizierten AG-Konzern, in: Probleme des Konzernrechts, Symposion zum achtzigsten Geburtstag von Wolfgang Schilling, hrsg. von Peter Ulmer, ZHR Beiheft 62, Heidelberg, 1989, S. 87 ff.
Koppensteiner, Hans-Georg	(1990)	Abhängige Aktiengesellschaften aus rechtspolitischer Sicht, in: Festschrift für Ernst Steindorff, hrsg. von Jürgen F. Baur, Klaus Hopt und K. Peter Mailänder, Berlin, New York 1990, S. 79 ff.
Koppensteiner, Hans-Georg	(1991)	GmbH-rechtliche Probleme des Management Buy-Out, ZHR 155 (1991), S. 97 ff.
Kowalski, Andre	(1993)	TBB" - Rückkehr zu "Autokran"?, GmbHR 1993, S. 253 ff.
Kowalski, Andre	(1993)	Anmerkung zum Video-Beschluß des BVerfG v. 20.8.1993, EWiR § 302 AktG 4/93, S. 945 f.

Krieger, Gerd	(1992)	Der Tatbestand des qualifizierten faktischen Konzerns, in: Heidelberger Konzernrechtstage: Der qualifizierte faktische GmbH-Konzern, hrsg. von Peter Hommelhoff u.a., Köln, 1992, S. 41 ff.
Krieger, Gerd	(1994)	Kann die Praxis mit TBB leben?, ZGR 1994, S. 375 ff.
Kropff, Bruno (Hrsg.)	(1965)	Aktiengesetz - Textausgabe des Aktiengesetzes vom 6.9.1965 mit Begründung des Regierungsentwurfs -, Düsseldorf, 1965
Kropff, Bruno	(1987)	Konzerneingangskontrolle bei der qualifiziert konzerngebundenen Aktiengesellschaft, in: Bilanz- und Konzernrecht, Festschrift zum 65. Geburtstag von Dr. Dr. h. c. Reinhard Goerdeler, hrsg. von Hans Havermann, Düsseldorf, 1987, S. 259 ff.
Kropff, Bruno	(1992)	Benachteiligungsverbot und Nachteilsausgleich im faktischen Konzern, in: Kontinuität und Wandel: Beiträge zum Unternehmensrecht, Festschrift für Walther Kastner, hrsg. von Peter Doralt, Wien, 1992, S. 279 ff.
Kropff, Bruno	(1993)	Der GmbH-Beherrschungsvertrag: Voraussetzung für den Vorrang von Konzerninteressen?, in: Festschrift für Johannes Semler, hrsg. von Marcus Bierich, Peter Hommelhoff, Bruno Kropff, Berlin, 1993, S. 517 ff.
Kropff, Bruno	(1993)	Das TBB-Urteil und das Aktienkonzernrecht, AG 1993, S. 485 ff.
Kübler, Bruno	(1995)	Die Konkursverschleppungshaftung des GmbH-Geschäftsführers nach der "Wende" des Bundesgerichtshofes - Bedeutung für die Praxis - Besprechung der Entscheidung des BGHZ 126, 181, ZGR 1995, S. 481 ff.
Kübler, Friedrich	(1991)	Haftungstrennung und Gläubigerschutz im Recht der Kapitalgesellschaften, in: Festschrift für Theodor Heinsius, hrsg. von Friedrich Kübler, Hans-Joachim Mertens und Winfried Werner, Berlin, 1991, S. 397 ff.
Kübler, Friedrich	(1993)	Anmerkung zu "TBB", NJW 1993, S. 1204 ff.

Kübler, Friedrich	(1998)	Gesellschaftsrecht, 5. Aufl., Heidelberg 1998
Kühbacher, Uli	(1993)	Darlehen an Konzernunternehmen: Besicherung und Vertragsanpassung, Berlin, 1993
Kuhn, Georg	(1979)	Haften die GmbH-Gesellschafter für Gesellschaftsschulden persönlich?, in: Festschrift für Robert Fischer, hrsg. v. Marcus Lutter, Berlin, 1979, S. 351 ff.
Kuhn, Ottmar	(1964)	Strohmanngründung bei Kapitalgesellschaften, in: Tübinger rechtswissenschaftliche Abhandlungen, Bd. 10, 1964, S. 203 ff.
Kulka, Michael	(1995)	Der "Freiberufler-Konzern" - Zugleich eine Besprechung zum Urteil des BGH vom 19.9.1994 -, DZWiR 1995, S. 45 ff.
Langenbucher, Katja	(1996)	Die Entwicklung und Auslegung von Richterrecht, München, 1996
Larenz, Karl	(1991)	Methodenlehre der Rechtswissenschaft, 6. Aufl., Berlin, Heidelberg, New York, Tokio, 1991
Lehmann, Jürgen	(1992)	Diskussionsbeitrag zum 59. Deutschen Juristentag, in: Verhandlungen Des Neunundfünfzigsten Deutschen Juristentages Hannover 1992, hrsg. von der Ständigen Deputation des deutschen Juristentages, München, 1992, Bd. II, R 85
Lehmann, Jurgen	(1993)	Der qualifizierte faktische Konzern - ein Phantom?, in: Festschrift für Karl Beusch, hrsg. v. Heinrich Beisse u.a., Berlin, 1993, S. 479 ff.
Lehmann, Michael	(1986)	Das Privileg der beschränkten Haftung und der Durchgriff im Gesellschafts- und Konzernrecht - Eine juristische und ökonomische Analyse -, ZGR 1986, S. 345 ff.
Lehmann, Michael	(1992)	Schranken der beschränkten Haftung - Zur ökonomischen Legitimation des Durchgriffs bei der GmbH-, GmbHR 1992, S. 200 ff.
Limmer, Peter	(1992)	Die Haftungsverfassung des faktischen GmbH-Konzerns: haftungsrechtliche Konsequenzen von Konzernleitung und -organisation, Köln, 1992
Limmer, Peter	(1993)	Der qualifizierte faktische GmbH-Konzern nach "TBB" - Analyse und Folgerungen für die Praxis, DStR 1993, S. 765 ff.

Limmer, Peter	(1994)	Anmerkung zu BGH, Urt. v. 13.12.1993 - II ZR 89/93 - , WPrax 10/94, S. 8 ff.
Luchterhandt, Hans Friedrich	(1970)	Leitungsmacht und Verantwortlichkeit im faktischen Konzern, ZHR 133 (1970), S. 1 ff.
Lutter, Marcus	(1964)	Kapital, Sicherung der Kapitalaufbringung und Kapitalerhaltung in den Aktien- und GmbH-Rechten der EWG, 1964
Lutter, Marcus	(1980)	Theorie der Mitgliedschaft, AcP 180 (1980), S. 84 ff.
Lutter, Marcus	(1982)	Die zivilrechtliche Haftung in der Unternehmensgruppe, ZGR 1982, S. 244 ff.
Lutter, Marcus	(1985)	Die Haftung des herrschenden Unternehmens im GmbH-Konzern - Überlegungen zur "Autokran" - Entscheidung des BGH v.16.9.1985, ZIP 1985, 1263-, ZIP 1985, S. 1425 ff.
Lutter, Marcus	(1986)	Das System des deutschen GmbH-Konzernrechts, in: Entwicklungen im GmbH-Konzernrecht, 2. deutsch-österreichisches Symposion zum Gesellschaftsrecht, hrsg. von Peter Hommelhoff u.a., ZGR-Sonderheft 6, 1986, S. 192 ff.
Lutter, Marcus	(1987)	100 Bände BGHZ: Konzernrecht, ZHR 151 (1987), S. 444 ff.
Lutter, Marcus	(1990)	Der qualifizierte faktische Konzern, AG 1990, S. 179 ff.
Lutter, Marcus	(1992)	Natürliche Personen als Einmann-Konzernspitze, in: Heidelberger Konzernrechtstage: Der qualifizierte faktische GmbH-Konzern, hrsg. von Peter Hommelhoff u.a., Köln, 1992, S. 183 ff.
Lutter, Marcus	(1993)	Anmerkung zum TBB-Urteil, JZ 1993, S. 580 ff.
Lutter, Marcus	(1994)	Gefahren persönlicher Haftung für Gesellschafter und Geschäftsführer einer GmbH, DB 1994, S. 129 ff.
Lutter, Marcus	(1997)	Haftungsrisiken des Geschäftsführers einer GmbH, GmbHR 1997, S. 329 ff.
Lutter, Marcus	(1997)	Haftung aus Konzernvertrauen?, in: Gedächtnisschrift für Brigitte Knobbe-Keuk, hrsg. von Wolfgang Schön, Köln, 1997, S. 229 ff.

Lutter, Marcus	(1998)	Treupflichten und ihre Anwendungsprobleme, ZHR 162 (1998), S. 164 ff.
Lutter, Marcus; Drygala, Tim	(1995)	Grenzen der Personenverflechtung und Haftung im Gleichordnungskonzern, ZGR 1995, S. 557 ff.
Lutter, Marcus; Hommelhoff, Peter	(1979)	Nachrangiges Haftkapital und Unterkapitalisierung in der GmbH, ZGR 1979, S. 31 ff.
Lutter, Marcus; Hommelhoff, Peter	(2000)	GmbH-Gesetz, Kommentar, 15. Aufl., Köln, 2000
Lutter, Marcus; Wahlers, Henning W.	(1989)	Der Buyout: Amerikanische Fälle und die Regeln des deutschen Rechts, AG 1989, S. 1 ff.
Maasch, Beate	(1995)	Der EuGH und das Chaos, in: Unternehmen, Recht und Wirtschaftsordnung, Festschrift für Peter Raisch, hrsg. von Karsten Schmidt und Eberhard Schwark, Köln, 1995, S. 417 ff.
Macke, Heinrich; Wegener, Wolfgang	(1998)	Neudefinition der Insolvenztatbestände durch die Insolvenzrechtsreform, INF 1998, S. 567 ff.
Marsch-Barner, Reinhard	(1993)	Treuepflichten zwischen Aktionären und Verhaltenspflichten bei der Stimmrechtsbündelung, ZHR 157 (1993), S. 172 ff.
Martens, Klaus-Peter	(1979)	Der Ausschluß des Bezugsrechts: BGHZ 33, S. 175, in: Festschrift für Robert Fischer, hrsg. v. Marcus Lutter, Berlin, 1979, S. 437 ff.
Mayer, Dieter	(1992)	Die Haftung im qualifizierten und faktischen GmbH-Konzern unter besonderer Berücksichtigung des "Video-Urteils" des BGH vom 23.9.1991, DStR 1992, Teil 1 S. 756 ff.; Teil 2 S. 791 ff.
Medicus, Dieter	(1993)	Die Außenhaftung des GmbH-Geschäftsführers, GmbHR 1993, S. 533 ff.
Meilicke, Wienand	(1992)	Unvereinbarkeit der Video-Rechtsprechung mit EG-Recht, DB 1992, S. 1867 ff.
Mertens, Hans-Joachim	(1979)	Die Geschäftsführungshaftung in der GmbH und das ITT-Urteil, in: Festschrift für Robert Fischer, hrsg. v. Marcus Lutter, Berlin, 1979, S. 461 ff.
Messer, Herbert	(1995)	Kreditsicherung im Konzern, ZHR 159 (1995), S. 375 ff.

Mestmäcker, Ernst Joachim	(1967)	Zur Systematik des Rechts der verbundenen Unternehmen im neuen Aktiengesetz, in: Das Unternehmen in der Rechtsordnung, Festgabe für Heinrich Kronstein, hrsg. von Kurt H. Biedenkopf, Helmut Coing und Ernst-Joachim Mestmäcker, Karlsruhe, 1967, S. 129 ff.
Meyke, Rolf	(1998)	Zivilprozessuale Aspekte der Haftung wegen Konkursverschleppung, ZIP 1998, S. 1179 ff.
Michalski, Lutz; Zeidler, Finn	(1996)	Die Ausgleichshaftung im qualifiziert faktischen Konzern - eine Analyse für die Praxis, NJW 1996, S. 224 ff.
Möhring, Ludwig	(1992)	Schutz der Gläubiger einer konzernabhängigen GmbH, Berlin, 1992
Möhring, Philipp	(1967)	Die gesetzliche Regelung der Unternehmensverbindungen im neuen Aktiengesetz, NJW 1967, S. 1 ff.
Möhring, Philipp	(1973)	Zur Systematik der §§311, 317 AktG, in: Gesellschaftsrecht und Unternehmensrecht, Festschrift für Wolfgang Schilling, hrsg. von Robert Fischer und Wolfgang Hefermehl, Berlin, 1973, S. 255 ff.
Mülbert, Peter O.	(1995)	Aktiengesellschaft, Unternehmensgruppe und Kapitalmarkt, München, 1995
Mülbert, Peter O.	(1999)	Unternehmensbegriff und Konzernorganisationsrecht, ZHR 163 (1999), S. 1 ff.
Müller, Friedrich	(1986)	Richterrecht - rechtstheoretisch formuliert, in: Richterliche Rechtsfortbildung - Erscheinungsformen, Auftrag und Grenzen - Festschrift der Juristischen Fakultät zur 600-Jahr-Feier der Ruprecht-Karls-Universität Heidelberg, hrsg. v. d. Hochschullehrern der Jur. Fakultät, Heidelberg, 1986, S. 65 ff.
Müller, Gerd	(1993)	Zur Haftung des Gesellschafter-Geschäftsführers aus culpa in contrahendo und aus § 64 Abs. 1 GmbHG, ZIP 1993, S. 1531 ff.
Müller, Gerd	(1994)	Zum Schutz der Neugläubiger nach § 64 GmbHG, GmbHR 1994, S. 209 ff.

Müller, Gerd	(1996)	Geschäftsführerhaftung für Neugläubigerschäden Eine kritische Nachbetrachtung zur Änderung der Rspr. des BGH bzgl. der Haftung aus § 64 GmbHG, GmbHR 1996, S. 393 ff.
Müller, Klaus	(1977)	Die Haftung der Muttergesellschaft für die Verbindlichkeiten der Tochtergesellschaft im Aktienrecht, ZGR 1977, S. 1 ff.
Müller, Welf	(1994)	Ist nach dem TBB-Urteil des Bundesgerichtshofs eine Verlustübernahmeverpflichtung im qualifiziert faktischen Vertrag noch begründbar?, in: Festschrift für Heinz Rowedder, hrsg. von Gerd Pfeiffer u.a., München, 1994, S. 277 ff.
Müller-Freienfels, Wolfram	(1957)	Zur Lehre vom sogenannten "Durchgriff" bei juristischen Personen im Privatrecht, AcP 156 (1957), S. 522 ff.
Münchener Kommentar zum Aktiengesetz	(2000)	Hrsg. von Bruno Kropff, Johannes Semler, 2. Aufl., München, 2000 (zitiert: MünchKomm.-AktG/*Bearbeiter*)
Münchener Kommentar zum Bürgerlichen Gesetzbuch	(1993)	Hrsg. von Kurt Rebmann, Bd. 1, §§ 1-240, 3. Aufl., München, 1993 (zitiert: MünchKomm.-BGB/*Bearbeiter*)
Münchener Kommentar zum Bürgerlichen Gesetzbuch	(1994)	Hrsg. von Kurt Rebmann, Bd. 2, §§ 241-432, 3. Aufl., München, 1994 (zitiert: MünchKomm.-BGB/*Bearbeiter*)
Münchener Kommentar zum Bürgerlichen Gesetzbuch	(1997)	Hrsg. von Kurt Rebmann, Bd.5, §§ 705-853, 3. Aufl., München 1997 (zitiert: MünchKomm.-BGB/*Bearbeiter*)
Münchener Kommentar zur Zivilprozessordnung	(2000)	Hrsg. von Gerhard Lüke, Alfred Wachshöfer, 2. Aufl., München, 2000 (zitiert: MünchKomm.-ZPO/*Bearbeiter*)
Mutter, Stefan	(1993)	Das "TBB"-Urteil des BGH: Haftung im qualifiziert faktischen Konzern - NJW 1993, 1200 -, JuS 1993, S. 999 ff.
Neuner, Jörg	(1992)	Die Rechtsfindung contra legem, München, 1992

Neye, Hans-Werner	(1992)	Diskussionsbeitrag zum 59. Deutschen Juristentag, in: Verhandlungen Des Neunundfünfzigsten Deutschen Juristentages Hannover 1992, hrsg. von der Ständigen Deputation des deutschen Juristentages, München, 1992, Bd. II, R 124 f.
Nirk, Rudolf	(1985)	Zur Rechtsfolgenseite der Durchgriffshaftung, in: Festschrift für Walter Stimpel, hrsg. von Marcus Lutter u.a., Berlin, New York, 1985, S. 443 ff.
Nissing, Karin	(1993)	Eigeninteresse der Gesellschaft oder Liquidation auf kaltem Wege, Baden-Baden, 1993
Noack, Ulrich	(1996)	Kapitalersatz bei verbundenen Unternehmen, GmbHR 1996, S. 153 ff.
Noack, Ulrich	(1997)	Neues Insolvenzrecht - neues Kapitalersatzrecht?, in: Festschrift für Carsten Peter Claussen, hrsg. von Klaus-Peter Martens, Harm Peter Westermann, Wolfgang Zöller, Köln, 1997, S. 307 ff.
Olshausen v., Eberhard	(1997)	Über die Verwendung strafrechtlicher Normen im Zivilrecht, insbesondere über ihren Einsatz als Schutzgesetze i.S. des § 823 Abs. 2 BGB, in: Festschrift für Günter Bemmann, hrsg. von Joachim Schulz u. Thomas Vormbaum, Baden-Baden, 1997, S. 125 ff.
Orth, Bernhard	(1994)	Haftung des herrschenden Gesellschafters im einfachen faktischen GmbH-Konzern, DStR 1994, S. 250 ff.
Paehler, Otto Heinrich	(1972)	Die Zulässigkeit des faktischen Konzerns, Bielefeld, 1972
Palandt	(2001)	Bürgerliches Gesetzbuch, 60. Aufl., München, 2001
Paschke, Marian	(1988)	Rechtsfragen der Durchgriffsproblematik im mehrstufigen Unternehmensverbund, AG 1988, S. 196 ff.
Paulus, Christoph G.	(1996)	Konzernrecht und Konkursanfechtung, ZIP 1996, S. 2141 ff.
Pawlowski, Hans Martin	(2000)	Einführung in die juristische Methodenlehre, 2. Aufl., Heidelberg, 2000
Pöggeler, Wolfgang	(1995)	Haftungsverhältnisse im qualifizierten faktischen GmbH-Konzern - Eine Zwischenbilanz -, JA 1995, S. 438 ff.

Priester, Hans-Joachim	(1986)	Unbeschränkte Konzernhaftung des GmbH-Gesellschafters, ZIP 1986, S. 137 ff.
Priester, Hans-Joachim	(1992)	Konzernaufbau - Vermeidung des Unternehmensstatus beim Privatgesellschafter, in: Heidelberger Konzernrechtstage: Der qualifizierte faktische GmbH-Konzern, hrsg. von Peter Hommelhoff u.a., Köln, 1992, S. 223 ff.
Priester, Hans-Joachim	(1992)	Diskussionsbeitrag zum 59. Deutschen Juristentag, in: Verhandlungen Des Neunundfünfzigsten Deutschen Juristentages Hannover 1992, hrsg. von der Ständigen Deputation des deutschen Juristentages, München, 1992, Bd. II, R 112 ff.
Priester, Hans-Joachim	(1993)	Die eigene GmbH als fremder Dritter - Eigensphäre der Gesellschaft und Verhaltenspflichten ihrer Gesellschafter, ZGR 1993, S. 512 ff.
Priester, Hans-Joachim	(1993)	Uneingeschränkter Verlustausgleich - zwingende Folge qualifizierter Konzernherrschaft?, in: Festschrift für Johannes Semler zum 70.Geburtstag, hrsg. v. Marcus Bierich, Peter Hommelhoff, Bruno Kropff, Berlin, New York, 1993, S. 561 ff.
Priester, Hans-Joachim	(1993)	Vortrag und Diskussionsbeiträge, in: 24. Deutscher Notarstag, Sonderheft DNotZ 1993, S. 120 ff.
Priester, Hans-Joachim	(1994)	Gesellschafterdarlehen in der Vorbelastungsbilanz, ZIP 1994, S. 413 ff.
Raisch, Peter	(1985)	Zur Analogie handelsrechtlicher Normen, in: Festschrift für Walter Stimpel, hrsg. von Marcus Lutter u.a., Berlin, New York, 1985, S. 29 ff.
Raisch, Peter	(1995)	Juristische Methoden - Vom antiken Rom bis zur Gegenwart -, Heidelberg, 1995
Raisch, Peter; Maasch, Beate	(1989)	Analogie: ein eigener Auslegungstopos?, in: Wettbewerb als Herausforderung und Chance, Festschrift für Werner Benisch, hrsg. von Clemens-August Andreae u.a., Köln, 1989, S. 201 ff.
Raiser, Thomas	(1987)	100 Bände BGHZ: GmbH-Recht - Die Treuepflichten im GmbH-Recht als Beispiel der Rechtsfortbildung, ZHR 151 (1987), S. 422 ff.

Raiser, Thomas	(1992)	Recht der Kapitalgesellschaften, 2. Aufl., München, 1992
Raiser, Thomas	(1995)	Konzernhaftung und Unterkapitalisierungshaftung - Besprechung der Entscheidung BGH AG 1994, 179 (EDV-Peripherie) -, ZGR 1995, S. 156 ff.
Rehbinder, Eckard	(1969)	Konzernaußenrecht und allgemeines Privatrecht, Bad Homburg v.d.H., Berlin, Zürich, 1969
Rehbinder, Eckard	(1979)	Zehn Jahre Rechtsprechung zum Durchgriff im Gesellschaftsrecht, in: Festschrift für Robert Fischer, hrsg. v. Marcus Lutter, Berlin, 1979, S. 579 ff.
Rehbinder, Eckard	(1986)	Minderheiten und Gläubigerschutz im faktischen GmbH-Konzern, AG 1986, S. 85 ff.
Rehbinder, Eckard	(1997)	Neues zum Durchgriff unter besonderer Berücksichtigung der höchstrichterlichen Rechtsprechung, in: Wirtschafts- und Medienrecht in der offenen Demokratie, Freundesgabe für Friedrich Kübler zum 65. Geburtstag, hrsg. v. Heinz-Dieter Assmann u.a., Heidelberg, 1997, S. 493 ff.
Reiff, Peter; Arnold, Arnd	(1998)	Unbeschränkte Konkursverschleppungshaftung des Geschäftsführers einer GmbH auch gegenüber gesetzlichen Neugläubigern?, ZIP 1998, S. 1893 ff.
Reiner, Günter	(1995)	Unternehmerisches Gesellschaftsinteresse und Fremdsteuerung, München, 1995
Reiner, Günter	(1996)	Der deliktische Charakter der "Finanzierungsverantwortung" des Gesellschafters - Zu den Ungereimtheiten der Lehre vom Eigenkapitalersatz, in: Verantwortung und Gestaltung, Festschrift für Karlheinz Boujong, hrsg. von Carsten Thomas Ebenroth u.a., München, 1996, S. 415 ff.
Reinhardt, Rudolf	(1956)	Gedanken zum Identitätsproblem bei der Einmanngesellschaft, in: Das deutsche Privatrecht in der Mitte des 20. Jahrhunderts, Festschrift für Heinrich Lehmann zum 80. Geburtstag, Bd. II, hrsg. v. H. C. Nipperdey, Berlin, 1956, S. 576 ff.
Reuter, Dieter	(1982)	Die Personengesellschaft als abhängiges Unternehmen, ZHR 146 (1982), S. 1 ff.

Reuter, Dieter	(1986)	Ansätze eines Konzernrechts der Personengesellschaft in der höchstrichterlichen Rechtsprechung, AG 1986, S. 130 ff.
Rittner, Fritz	(1990)	Gesellschaftsrecht und Unternehmenskonzentration - Zu den Vorschlägen der Monopolkommission, ZGR 1990, S. 203 ff.
Röhricht, Volker	(1992)	Das Wettbewerbsverbot des Gesellschafters und des Geschäftsführers, Wpg 1992, S. 766 ff.
Röhricht, Volker	(1999)	Von Rechtswissenschaft und Rechtsprechung, ZGR 1999, S. 445 ff.
Rogge, Clemens	(1998)	Die Haftung im qualifizierten faktischen GmbH-Konzern und ihre Vermeidung, Frankfurt a.M. u.a., 1998
Rosenberg, Leo; Schwab, Karl Heinz; Gottwald, Peter	(1993)	Zivilprozessrecht. Begr. v. Leo Rosenberg, fortg. v. Karl Heinz Schwab, nunmehr bearb. v. Dieter Gottwald, 15. Aufl., München, 1993
Roth, Günter	(1986)	Zur "economic analysis" der beschränkten Haftung, ZGR 1986, S. 371
Roth, Günter	(1989)	Die Haftung als faktischer Geschäftsführer im Konkurs der GmbH - Besprechung der Entscheidung BGHZ 104, 44 ff -, ZGR 1989, S. 421 ff.
Roth, Günter	(1993)	Unterkapitalisierung und persönliche Haftung, ZGR 1993, S. 170 ff.
Roth, Günter	(1994)	Anmerkung zum BGH-Urteil v. 13.4.1994 - II ZR 16/93 - NJW 1994, 1801 -, LM § 13 GmbHG (Nr. 24), Bl. 1759
Roth, Günter; Altmeppen, Holger	(1997)	Gesetz betreffend die Gesellschaften mit beschränkter Haftung (GmbHG), 3. Aufl., München, 1997 (zitiert: Roth/Altmeppen/*Bearbeiter*)
Roth, Wulf-Henning	(1984)	Die Gründerhaftung im Recht der Vor-GmbH, ZGR 1984, S. 597 ff.
Roth, Wulf-Henning	(1992)	"Video"-Nachlese oder das (immer noch) vergessene Gemeinschaftsrecht, ZIP 1992, S. 1054 ff.
Rowedder, Heinz	(1986)	Bestandsschutz im faktischen GmbH-Konzern, in: Entwicklungen im GmbH-Konzernrecht, 2. deutsch-österreichisches Symposion zum Gesellschaftsrecht, hrsg. von Peter Hommelhoff u.a., ZGR-Sonderheft 6, 1986, S. 20 ff.

Rowedder, Heinz	(1997)	Gesetz betreffend die Gesellschaften mit beschränkter Haftung (GmbHG), Kommentar, 3. Aufl., München, 1997 (zitiert: Rowedder/*Bearbeiter*)
Säcker, Franz	(1987)	Zur Problematik von Mehrfachfunktionen im Konzern, ZHR 151 (1987), S. 59 ff.
Schanze, Erich	(1975)	Einmanngesellschaft und Durchgriffshaftung, Frankfurt a.M., 1975
Schanze, Erich	(1982)	Durchgriff, Normanwendung oder Organhaftung?, AG 1982, S. 42 ff.
Schanze, Erich	(1991)	Konzernspezifischer Gläubigerschutz: Vergleich der Regelungsansätze, in: Das Gesellschaftsrecht der Konzerne im internationalen Vergleich, hrsg. von Ernst-Joachim Mestmäcker, Peter Behrens, Baden-Baden, 1991, S. 473 ff.
Schanze, Erich	(1993)	Anmerkung zu TBB, AG 1993, S. 376 ff.
Schanze, Erich; Kern, Hans-Günther	(1991)	Sanierungsversuch und Konzernhaftung, AG 1991, S. 421 ff.
Scheffler, Eberhard	(1987)	Zur Problematik der Konzernleitung, in: Bilanz- und Konzernrecht, Festschrift zum 65. Geburtstag von Dr. Dr. h. c. Reinhard Goerdeler, hrsg. von Hans Havermann, Düsseldorf, 1987, S. 469 ff.
Scheffler, Eberhard	(1990)	Der qualifiziert faktische Konzern, AG 1990, S. 173 ff.
Schießl, Maximilian	(1985)	Zur Problematik von Mehrfachfunktionen im Konzern, 1985
Schießl, Maximilian	(1985)	Die Ersatzpflicht des herrschenden Unternehmens im qualifizierten faktischen Konzern, AG 1985, S.184 ff.
Schilling, Wolfgang	(1957)	Konzernfragen, JZ 1957, S. 529 ff.
Schilling, Wolfgang	(1976)	Grundlagen eines GmbH-Konzernrechts, in: Festschrift für Wolfgang Hefermehl, hrsg. v. Robert Fischer u.a., München, 1976, S. 383 ff.
Schlieper, Marc-Roger	(1996)	Leitungsintensität und Mehrfachfunktion im faktischen Aktienkonzern, Heidelberg, 1996
Schmidt, Karsten	(1978)	Konkursgründe und präventiver Gläubigerschutz - Ein Beitrag zur Diskussion um den Konkursgrund der Überschuldung -, AG 1978, S. 334 ff.

Schmidt, Karsten (1980) Vom Konkursrecht der Gesellschaften zum Insolvenzrecht der Unternehmen, ZIP 1980, S. 233 ff.

Schmidt, Karsten (1983) Die konzernrechtliche Verlustübernahmepflicht als gesetzliches Dauerschuldverhältnis - Eine rechtsdogmatische Problemskizze zu § 302 AktG -, ZGR 1983, S. 513 ff.

Schmidt, Karsten (1985) Zum Haftungsdurchgriff wegen Sphärenvermischung und zur Haftungsverfassung im GmbH-Konzern, BB 1985, S. 2074 ff.

Schmidt, Karsten (1985) Institutionen eines künftigen Insolvenzrechts der Unternehmen, ZIP 1985, S. 713 ff.

Schmidt, Karsten (1986) Konzernhaftung oder mitgliedschaftliche Haftung des privaten GmbH-Gesellschafters?, ZIP 1986, S. 146 ff.

Schmidt, Karsten (1988) Konzernverschleppungshaftung und Konzernverursachungshaftung, ZIP 1988, S. 1497 ff.

Schmidt, Karsten (1989) Die Strafbarkeit "faktischer Geschäftsführer" wegen Konkursverschleppung als Methodenproblem, in: Festschrift für Kurt Rebmann zum 65. Geburtstag, hrsg. v. Heinz Eyrich u.a., München, 1989, S. 417 ff.

Schmidt, Karsten (1989) Verlustausgleichspflicht und Konzernleitungshaftung im qualifizierten faktischen GmbH-Konzern, ZIP 1989, S. 545 ff.

Schmidt, Karsten (1991) Gleichordnung im Konzern: terra incognita?, ZHR 155 (1991), S. 417 ff.

Schmidt, Karsten (1991) Zum Stand des Konzernhaftungsrechts bei der GmbH, ZIP 1991, S. 1325 ff.

Schmidt, Karsten (1992) Verlustausgleich im qualifizierten faktischen Konzern, in: Heidelberger Konzernrechtstage: Der qualifizierte faktische GmbH-Konzern, hrsg. von Peter Hommelhoff u.a., Köln, 1992, S. 109 ff.

Schmidt, Karsten (1992) Unterbilanzhaftung - Vorbelastungshaftung - Gesellschafterhaftung, ZHR 156 (1992), S. 93 ff.

Schmidt, Karsten	(1992)	Diskussionsbeitrag zum 59. Deutschen Juristentag, in: Verhandlungen Des Neunundfünfzigsten Deutschen Juristentages Hannover 1992, hrsg. von der Ständigen Deputation des deutschen Juristentages, München, 1992, Bd. II, R 135
Schmidt, Karsten	(1993)	"Konzernhaftung" nach dem TBB-Urteil - Versuch einer Orientierung, ZIP 1993, S. 549 ff.
Schmidt, Karsten	(1994)	Die wundersame Karriere des Unternehmensbegriffs im Reich der Konzernhaftung, AG 1994, S. 189 ff.
Schmidt, Karsten	(1994)	Konzernhaftung von freiberuflichen Mehrfachgesellschaftern?, ZIP 1994, S. 1741 ff.
Schmidt, Karsten	(1994)	Zur Durchgriffsfestigkeit der GmbH - Grenzen der Gesellschafter- und Geschäftsführerhaftung gegenüber Dritten nach dem BGH-Urteil vom 13.April 1994, ZIP 1994, 867, ZIP 1994, S. 837 ff.
Schmidt, Karsten	(1996)	Außenhaftung und Innenhaftung bei der Vor-GmbH, ZIP 1996, S. 353 ff.
Schmidt, Karsten	(1997)	Gesellschaftsrecht, 3. Aufl., Köln, 1997
Schmidt, Karsten	(1997a)	Insolvenzgesetze, 17. Aufl., München, 1997
Schmidt, Karsten	(1998)	Insolvenzordnung und Gesellschaftsrecht, ZGR 1998, S. 633 ff.
Schmidt, Karsten	(1999)	Eigenkapitalersatz und Überschuldungsfeststellung - Ein Diskussionsbeitrag gegen Fehlschlüsse aus der Insolvenzordnung, GmbHR 1999, S. 9 ff.
Schnauder, Franz; Müller-Christmann, Bernd	(1998)	Durchblick: Der zivilrechtliche Schutz des GmbH-Vermögens vor dem Zugriff der Gesellschafter, JuS 1998, S. 980 ff.
Schneider, Uwe	(1985)	Mittelbare verdeckte Gewinnausschüttungen im GmbH-Konzern, ZGR 1985, S. 279 ff.
Schneider, Uwe	(1993)	Neues zum qualifizierten faktischen GmbH-Konzern: Das "TBB"-Urteil, WM 1993, S. 782 ff.
Schneider, Uwe	(1981)	Konzernleitung als Rechtsproblem, BB 1981, S. 249 ff.
Schön, Wolfgang	(1995)	Kreditsicherung durch abhängige Kapitalgesellschaften, ZHR 159 (1995), S. 351 ff.

Scholz, Franz (1995) Kommentar zum GmbH-Gesetz: mit Anhang Konzernrecht. Begr. v. Franz Scholz. Bearb. v. Georg Crezelius u.a., II. Band, §§ 45-85, 8. Aufl., Köln 1995 (zitiert: Scholz/*Bearbeiter*, 1995,)

Scholz, Franz (2000) Kommentar zum GmbH-Gesetz: mit Anhang Konzernrecht. Begr. v. Franz Scholz. Bearb. v. Georg Crezelius u.a., I. Band, §§ 1-44, 9. Aufl., Köln 2000 (zitiert: Scholz/*Bearbeiter*, 2000,)

Schramm, Volker (1991) Konzernverantwortung und Haftungsdurchgriff im qualifizierten faktischen GmbH-Konzern, München, 1991

Schulze-Osterloh, Joachim (1983) Gläubiger- und Minderheitenschutz bei der steuerlichen Betriebsaufspaltung, ZGR 1983, S. 123 ff.

Schulze-Osterloh, Joachim (1993) Vermeidung der Konzernhaftung nach dem TBB-Urteil durch ordnungsgemäße Buchführung, ZIP 1993, S. 1838 ff.

Schüppen, Matthias (1993) Haftung im qualifiziert faktischen GmbH-Konzern und 12. EG-Richtlinie, DB 1993, S. 969 ff.

Schwark, Eberhard (1987) Die Haftung des herrschenden Unternehmens im qualifizierten faktischen GmbH-Konzern - BGHZ 95, 330 ("Autokran"), JuS 1987, S. 443 ff.

Seidl, Otto (1988) Richterliche Rechtsfortbildung und Verfassungsrecht, ZGR 1988, S. 296 ff.

Semler, Johannes (1987) Fehlerhafte Geschäftsführung in der Einmann-GmbH, in: Bilanz- und Konzernrecht, Festschrift zum 65. Geburtstag von Dr. Dr. h. c. Reinhard Goerdeler, hrsg. von Hans Havermann, Düsseldorf, 1987, S. 551 ff.

Serick, Rolf (1955) Rechtsform und Realität juristischer Personen, Berlin, Tübingen, 1955

Serick, Rolf (1959) Durchgriffsprobleme bei Vertragsstörungen, Karlsruhe, 1959

Servatius, Wolfgang (1998) Nutzungsweise Überlassung von Betriebsmitteln der GmbH an Gesellschafter als Auszahlung gemäß §§ 30, 31 GmbHG, GmbHR 1998, S. 723 ff.

Seydel, Eberhard (1995) Konzernbildungskontrolle bei der Aktiengesellschaft, Baden-Baden, 1995

Sonnenhol, Jürgen; Groß, Wolfgang	(1995)	Besicherung von Krediten Dritter an Konzernunternehmen, ZHR 159 (1995), S. 388 ff.
Sonnenschein, Jürgen; Holdorf, Britta	(1992)	Unbegrenzte Haftung eines GmbH-Gesellschafters im Konzern, JZ 1992, S. 715 ff.
Stapelfeld, Ait	(1991)	Außenhaftung des Geschäftsführers bei Verletzung der Buchführungspflicht, GmbHR 1991, S. 94 ff.
Staub, Hermann	(1967 ff.)	Großkommentar Handelsgesetzbuch. Begr. v. Hermann Staub, 3. Aufl. , neubearbeitet v. Dieter Brüggemann, Berlin, 1967 ff. (zitiert: Großkomm. HGB/*Bearbeiter*)
Staudinger, Julius von	(1995)	Kommentar zum Bürgerlichen Gesetzbuch. Hrsg. v. Günther Beitzke, Buch 1. Allgemeiner Teil, §§ 21-103, 13. Aufl., Berlin, 1995 (zitiert: Staudinger/*Bearbeiter*)
Stein, Ursula	(1984)	Die Normadressaten der §§ 64, 84 GmbHG und die Verantwortlichkeit von Nichtgeschäftsführern wegen Konkursverschleppung, ZHR 148 (1984), S. 207 ff.
Stein, Ursula	(1988)	Konzernherrschaft durch EDV? – Gesellschaftsrechtliche und konzernrechtliche Probleme der EDV-Auslagerung auf ein konzernverbundenes Unternehmen - , ZGR 1988, S. 163 ff.
Stimpel, Walter	(1986)	Die Rechtsprechung des Bundesgerichtshofes zur Innenhaftung des herrschenden Unternehmens im GmbH-Konzern, AG 1986, S. 117 ff.
Stimpel, Walter	(1987)	"Durchgriffshaftung" bei der GmbH: Tatbestände, Verlustausgleich, Ausfallhaftung, in: Bilanz- und Konzernrecht, Festschrift zum 65. Geburtstag von Dr. Dr. h. c. Reinhard Goerdeler, hrsg. von Hans Havermann, Düsseldorf, 1987, S. 601 ff.
Stimpel, Walter	(1988)	Unbeschränkte oder beschränkte Außen- oder Innenhaftung der Gesellschafter der Vor-GmbH?, in: Festschrift für Hans-Joachim Fleck, hrsg. V. Reinhard Goerdeler u.a., Berlin, New York, 1988, S. 345 ff.

Stimpel, Walter	(1989)	Rückblick auf das "Gervais"-Urteil, in: Probleme des Konzernrechts, Symposion zum achtzigsten Geburtstag von Wolfgang Schilling, hrsg. von Peter Ulmer, ZHR Beiheft 62, Heidelberg, 1989, S. 11 ff.
Stimpel, Walter	(1991)	Haftung im qualifiziert faktischen GmbH-Konzern - Besprechung der Entscheidung BGHZ 107, 7ff. -, ZGR 1991, S. 144 ff.
Stimpel, Walter	(1992)	Zum Auszahlungsverbot des § 30 Abs. 1 GmbHG, in: Festschrift 100 Jahre GmbH-Gesetz, hrsg. von Marcus Lutter, Peter Ulmer, Wolfgang Zöllner, Köln, 1992, S. 335 ff.
Stimpel, Walter	(1992)	Autokran - Tiefbau - Video: Stand der Rechtsprechung, in: Heidelberger Konzernrechtstage: Der qualifizierte faktische GmbH-Konzern, hrsg. von Peter Hommelhoff u.a., Köln, 1992, S. 5 ff.
Stodolkowitz, Dieter	(1992)	Die Haftung im qualifizierten faktischen GmbH-Konzern nach der Rechtsprechung des Bundesgerichtshofs, ZIP 1992, S. 1517 ff.
Streyl, Annedore	(1992)	Zur konzernrechtlichen Problematik von Vorstands-Doppelmandaten, Heidelberg, 1992
Strohn, Lutz	(1977)	Die Verfassung der Aktiengesellschaft im faktischen Konzern, Köln, Berlin, Bonn, München, 1977
Teubner, Gunther	(1990)	Die "Politik des Gesetzes" im Recht der Konzernhaftung, in: Festschrift für Ernst Steindorff, hrsg. von Jürgen F. Baur, Klaus Hopt und K. Peter Mailänder, Berlin, New York 1990, S. 261 ff.
Theisen, Manuel Renè	(1991)	Der Konzern - Betriebswirtschaftliche und rechtliche Grundlagen der Konzernunternehmung, Stuttgart, 1991
Timm, Wolfram	(1987)	Geklärte und offene Fragen im Vertragskonzernrecht der GmbH - Anm. zum Urteil des LG Bochum vom 1.7.1986 -, GmbHR 1987, S. 8 ff.
Timm, Wolfram	(1991)	Treuepflichten im Aktienrecht, WM 1991, S. 481 ff.
Timm, Wolfram	(1992)	Das Recht der faktischen Unternehmensverbindungen im Umbruch, NJW 1992, S. 2185 ff.

Timm, Wolfram	(1992)	Neuere Entwicklungen im GmbH-(Vertrags-) Konzernrecht, GmbHR 1992, S. 213 ff.
Timm, Wolfram; Geuting, Markus	(1992)	Abschied von der Strukturhaftung im qualifizierten faktischen Konzern?, ZIP 1992, S. 821 ff.
Tries; Hermann-Josef	(1991)	Verdeckte Gewinnausschüttungen im GmbH-Recht, Köln, 1991
Uhlenbruck, Wilhelm	(1994)	Die Überschuldung als Insolvenzauslöser - Änderung der höchstrichterlichen Rechtsprechung?, WPrax 10/94, S. 2 ff.
Uhlenbruck, Wilhelm	(1996)	Die Durchsetzung von Gläubigeransprüchen gegen eine vermögenslose GmbH und deren Organe nach geltendem und neuem Insolvenzrecht, ZIP 1996, S. 1641 ff.
Ulmer, Peter	(1977)	Gesellschafterdarlehen und Unterkapitalisierung bei GmbH und GmbH & Co KG, in: Festschrift für Konrad Duden zum 70. Geburtstag, hrsg. von H.-M. Pawlowski, Günther Wiese, Günther Wüst, München, 1977, S. 661 ff.
Ulmer, Peter	(1983)	Volle Haftung des Gesellschafter/Geschäftsführers einer GmbH für die Gläubigerschäden aus fahrlässiger Konkursverschleppung?, NJW 1983, S. 1577 ff.
Ulmer, Peter	(1984)	Der Gläubigerschutz im faktischen GmbH-Konzern beim Fehlen von Minderheitsgesellschaftern, ZHR 148 (1984), S. 391 ff.
Ulmer, Peter	(1984)	Die GmbH und der Gläubigerschutz, GmbHR 1984, S. 256 ff.
Ulmer, Peter	(1986)	Gläubigerschutz im "qualifizierten" faktischen GmbH-Konzern, NJW 1986, S. 1579 ff.
Ulmer, Peter	(1986)	Verlustübernahmepflicht des herrschenden Unternehmens als konzernspezifischer Kapitalerhaltungsschutz, AG 1986, S. 123 ff.
Ulmer, Peter	(1988)	Schutz der GmbH gegen Schädigung zugunsten ihrer Gesellschafter? - Zur Relevanz der Rechtsprechung zu § 266 StGB für das Gesellschaftsrecht, in: Strafrecht, Unternehmensrecht, Anwaltsrecht, Festschrift für Gerd Pfeiffer, hrsg. von Otto Friedrich Freiherr von Gamm u.a., Köln, 1988, S. 853 ff.

Ulmer, Peter	(1992)	Gesellschafterhaftung gegenüber der GmbH bei Vorteilsgewährung unter Verstoß gegen § 30 Abs. 1 GmbHG, in: Festschrift 100 Jahre GmbH-Gesetz, hrsg. von Marcus Lutter, Peter Ulmer, Wolfgang Zöllner, Köln, 1992, S. 363 ff.
Ulmer, Peter	(1992)	Vermutungs- und Beweisfragen: Qualifizierungsvermutung; Kausalitätsgegenbeweis, in: Heidelberger Konzernrechtstage: Der qualifizierte faktische GmbH-Konzern, hrsg. von Peter Hommelhoff u.a., Köln, 1992, S. 65 ff.
Ulmer, Peter	(1993)	Anmerkung zum BGH-Beschluß v. 1.3.1993 - II ZR 292/91 -, ZIP 1993, S. 769 ff.
Unternehmensrechts-kommission	(1980)	Bericht über die Verhandlungen der Unternehmensrechtskommission, hrsg. v. Bundesminister der Justiz, Köln, 1980
Verhoeven, Thomas	(1978)	GmbH-Konzern-Innenrecht, Bonn, 1978
Versteegen, Peter	(1993)	Konzernverantwortlichkeit und Haftungsprivileg, Köln, 1993
Versteegen, Peter	(1993)	Das TBB-Urteil als Wegbereiter einer allgemeinen Intransparenzhaftung in der GmbH?, DB 1993, S.1225 ff.
Vonnemann, Wolfgang	(1990)	Die Haftung im qualifizierten faktischen GmbH-Konzern, BB 1990, S. 217 ff.
Vonnemann, Wolfgang	(1991)	Haftung der GmbH-Gesellschafter bei materieller Unterkapitalisierung, Baden-Baden, 1991
Vonnemann, Wolfgang	(1992)	Haftung von GmbH-Gesellschaftern wegen materieller Unterkapitalisierung, GmbHR 1992, S. 77 f.
Walter, Bernhard	(1998)	Gesetzliches Garantiekapital und Kreditentscheidung der Banken, AG 1998, S. 370 ff.
Wank, Rolf	(1988)	Richterliche Rechtsfortbildung und Verfassungsrecht, ZGR 1988, S. 314 ff.
Weigl, Gerald	(1996)	Die Haftung im (qualifizierten) faktischen Konzern, Heidelberg, 1996
Weimar, Robert	(1997)	Grundprobleme und offene Fragen um den faktischen GmbH-Geschäftsführer (I), GmbHR 1997, S. 473 ff.
Weitbrecht, Cornelius	(1990)	Haftung der Gesellschafter bei materieller Unterkapitalisierung der GmbH, Köln, 1990
Wellkamp, Ludger	(1993)	Der Gleichordnungskonzern – Ein Konzern ohne Abhängigkeit?, DB 1993, S. 2517 ff.

Wellkamp, Ludger	(1994)	Ausweitung und Einschränkung der Eigenhaftung des GmbH-Geschäftführers, DB 1994, S. 869 ff.
Werner, Winfried	(1987)	Probleme der Anwendung des § 303 AktG im qualifizierten faktischen GmbH-Konzern, in: Bilanz- und Konzernrecht, Festschrift zum 65. Geburtstag von Dr. Dr. h. c. Reinhard Goerdeler, hrsg. von Hans Havermann, Düsseldorf, 1987, S. 677 ff.
Westermann, Harm Peter	(1992)	Weichenstellungen im Recht des "qualifizierten faktischen GmbH-Konzerns", DWiR 1992, S. 197 ff.
Westermann, Harm Peter	(1992)	Der Tatbestand des qualifizierten faktischen Konzerns, in: Heidelberger Konzernrechtstage: Der qualifizierte faktische GmbH-Konzern, hrsg. von Peter Hommelhoff u.a., Köln, 1992, S. 21 ff.
Westermann, Harm Peter	(1993)	Das TBB-Urteil - ein Neuansatz bei der Haftung wegen qualifizierter faktischer Konzernierung?, ZIP 1993, S. 554 ff.
Wiedemann, Herbert	(1968)	Haftungsbeschränkung und Kapitaleinsatz in der GmbH, in: Die Haftung des Gesellschafters in der GmbH. Arbeiten zur Rechtsvergleichung, hrsg. von Wiedemann, Herbert, Bär, Rolf, Dabin, Leon, Frankfurt a. M., Berlin, 1968
Wiedemann, Herbert	(1980)	Gesellschaftsrecht, Bd. 1: Grundlagen, München, 1980
Wiedemann, Herbert	(1986)	Gesellschaftsrechtliche Probleme der Betriebsaufspaltung, ZIP 1986, S. 1293 ff.
Wiedemann, Herbert	(1986)	Spätlese zu Autokran, ZGR 1986, S. 656 ff.
Wiedemann, Herbert	(1988)	Die Unternehmensgruppe im Privatrecht, Tübingen, 1988
Wiedemann, Herbert	(1991)	Zu den Treuepflichten im Gesellschaftsrecht, in: Festschrift für Theodor Heinsius zum 65. Geburtstag, hrsg. v. Friedrich Kübler, Berlin, 1991, S. 949 ff.
Wiedemann, Herbert	(1993)	Entwicklungen im Kapitalgesellschaftsrecht, DB 1993, S. 141 ff.
Wilhelm, Jan	(1981)	Rechtsform und Haftung bei der juristischen Person, Köln, Berlin, Bonn, München, 1981
Wilhelm, Jan	(1986)	Konzernrecht und allgemeines Haftungsrecht, DB 1986, S. 2113 ff.
Wilhelm, Jan	(1993)	Konkursantragspflicht des GmbH-Geschäftsführers und Quotenschaden, ZIP 1993, S. 1833 ff.

Wilhelm, Jan	(1998)	Kapitalgesellschaftsrecht, Berlin, New York, 1998
Willburger, Wolfram Günter	(1994)	Der Durchgriff auf die Gesellschafter wegen ausgeübter Herrschaftsmacht im Haftungssystem der GmbH, Mainz, 1994
Wimmer, Richard	(1996)	Die Haftung des GmbH-Geschäftsführers. Insbesondere im Fall der Zahlungsunfähigkeit und Überschuldung, NJW 1996, S. 2546 ff.
Windbichler, Christine	(1994)	Arbeitsrechtler und andere Laien in der Baugrube des Gesellschaftsrechts - Rechtsanwendung und Rechtsfortbildung, in: Arbeitsrecht in der Bewährung, Festschrift für Otto Rudolf Kissel zum 65. Geburtstag, hrsg. von Meinhard Heinze, Alfred Söllner, München, 1994, S. 1287 ff.
Winkler, Karl	(1969)	Die Haftung der Gesellschafter einer unterkapitalisierten GmbH, BB 1969, S. 1202 ff.
Winter, Georg	(1973)	Die Haftung der Gesellschafter im Konkurs der unterkapitalisierten GmbH, Frankfurt a. M., 1973
Winter, Martin	(1984)	Verdeckte Gewinnausschüttungen im GmbH-Recht, ZHR 148 (1984), S. 579 ff.
Winter, Martin	(1988)	Mitgliedschaftliche Treuebindungen im GmbH-Recht, München, 1988
Winter, Martin	(1994)	Eigeninteresse und Treuepflicht bei der Einmann-GmbH in der neueren BGH-Rechtsprechung, ZGR 1994, S. 570 ff.
Wittkowski, Dirk	(1997)	Anmerkung zu BSG - 2 RU 7/95, WiB 1997, S. 28 ff.
Wüst, Günther	(1992)	Das Problem des Wirtschaftens mit beschränkter Haftung, JZ 1992, S. 710 ff.
Wüst, Günther	(1995)	Die unzureichende Eigenkapitalausstattung bei Beschränkthaftern, JZ 1995, S. 990 ff.
Ziegenhain, Hans-Jörg	(1994)	Der qualifizierte faktische Konzern in der Rechtsprechung des Bundesarbeitsgerichts zur betrieblichen Altersversorgung, ZIP 1994, S. 1003 ff.
Ziegler, Klaus	(1989)	Kapitalersetzende Gebrauchsüberlassungsverhältnisse und Konzernhaftung bei der GmbH, Baden-Baden, 1989

Ziegler, Klaus	(1989)	Verlustausgleich und Haftungsdurchgriff beim qualifiziert faktischen GmbH-Konzern, WM 1989, S. 1041 ff. (Teil I); S. 1077 ff. (Teil II)
Zippelius, Reinhold	(1999)	Juristische Methodenlehre, 7. Aufl., München, 1999
Zöller, Richard	(1999)	Zivilprozeßordnung mit Gerichtsverfassungsgesetz und den Einführungsgesetzen, mit internationalem Zivilprozessrecht. Begr. v. Richard Zöller. Bearb. von Reinhold Geimer u.a., 21. Aufl., Köln, 1999
Zöllner, Wolfgang	(1963)	Die Schranken mitgliedschaftlicher Stimmrechtsmacht bei den privatrechtlichen Personenverbänden, München, Berlin, 1963
Zöllner, Wolfgang	(1992)	Referat zum 59. Deutschen Juristentag, in: Verhandlungen Des Neunundfünfzigsten Deutschen Juristentages Hannover 1992, hrsg. von der Ständigen Deputation des deutschen Juristentages, München, 1992, Bd. II, R 35 ff.
Zöllner, Wolfgang	(1992)	100 Jahre GmbH, JZ 1992, S. 381 ff.
Zöllner, Wolfgang	(1997)	Qualifizierte Konzernierung im Aktienrecht, in: Gedächtnisschrift für Brigitte Knobbe-Keuk, hrsg. von Wolfgang Schön, Köln, 1997, S. 369 ff.
Zöllner, Wolfgang	(1998)	Treupflichtgesteuertes Aktienkonzernrecht, ZHR 162 (1998), S. 235 ff.